CONTE *verlag*

Malstatter Beiträge
aus Gesellschaft, Wissenschaft,
Politik und Kultur

In der Reihe »Malstatter Beiträge – aus Gesellschaft, Wissenschaft, Politik und Kultur« präsentiert die Union Stiftung ausgewählte Ergebnisse ihrer Bildungsveranstaltungen, wissenschaftliche Arbeiten saarländischer Hochschulabsolventen, Forschungsergebnisse zur Regionalgeschichte sowie literarische Arbeiten aus dem Saar-Lor-Lux-Raum und europäischen Nachbarländern.

Die Herausgeber der Reihe, Franz Schlehofer (†), Prof. Rudolf Warnking und Dr. Markus Gestier, wollen mit den Malstatter Beiträgen Anregungen zur Auseinandersetzung mit Themen und Literatur unserer Zeit und unserer Geschichte bieten.

Markus Gestier, Katrin Mikulcic (Hrsg.)

Beziehungsstatus: kompliziert

Dreißig Blicke auf die deutsch-französischen Beziehungen

CONTE

Bibliografische Information der Deutschen Nationalbibliothek
Die Deutsche Nationalbibliothek verzeichnet diese Publikation in der Deutschen Nationalbibliografie; detaillierte bibliografische Daten sind im Internet über http://dnb.d-nb.de abrufbar.

ISBN 978-3-95602-119-0

Am Rech 14
66386 St. Ingbert
Tel: (06894) 1664163
Fax: (06894) 1664164
E-Mail: info@conte-verlag.de
Verlagsinformationen im Internet unter www.conte-verlag.de

Übersetzungen der französischsprachigen Beiträge:
Holger Naujokat

Umschlag und Satz: Markus Dawo
Druck und Bindung: Conte Verlag GmbH, St. Ingbert

INHALT

RUDOLF WARNKING

Alles schon gesagt – Oder?

Geleitwort

© Becker & Bredel

Ein Samstagnachmittag in der Saarbrücker Innenstadt: Eine fremde, dem Einheimischen dennoch gleichsam vertraute Sprache dringt an das Ohr: Französisch.

Die Verkäuferinnen und Verkäufer in den Geschäften: bilingual. Die Hinweisschilder: deutsch und französisch. Das Saarland ist wie kein zweites Bundesland in der Republik vom französischen Nachbarn geprägt. Die geographische, historische und kulturelle Nähe spielen für die Identität unserer Gegend eine besondere Rolle.

In der Vergangenheit war die Saarregion mehrfach Teil des französischen Staatsgebietes, Zankapfel zwischen Deutschland und Frankreich. Nach dem Zweiten Weltkrieg stand das Land zunächst unter französischem wirtschaftlichem Protektorat mit eigener Staatsangehörigkeit und innenpolitischer Autonomie. Nach den Plänen von Konrad Adenauer und Pierre Mendès France sollte das Saarland ein europäisches Statut erhalten und damit »Keimzelle Europas« und »Brücke zwischen Deutschland und Frankreich« werden. Es kam jedoch anders und das Land im äußersten Südwesten Deutschlands wurde das »jüngste der alten Bundesländer«.
Die Union Stiftung wurde in dieser Zeit gegründet und ihre Entstehung ist eng mit der saarländischen Geschichte verbunden. So war es auch der Wille der Stiftungsgründer in ihrer Satzung die Förderung der internationalen Verständigung, insbesondere der europäischen Einigung, festzuschreiben. Neben der Förderung von Wissenschaft, Forschung und Kultur soll die Union Stiftung die demokratische und staatsbürgerliche Bildung fördern.

Die saarländische Ministerpräsidentin Annegret Kramp-Karrenbauer hat 2014 die sogenannte »Frankreich-Strategie« entwickelt und so verfolgt die Landesregierung das ambitionierte Ziel, die französische Sprache bis zum Jahr 2043 als Verkehrssprache neben dem Deutschen zu etablieren. Mit der »Frankreich-Strategie« soll ein »multilingualer Raum deutsch-französischer Prägung« erschaffen werden. Welche Maßnahmen in diesem Zuge ergriffen wurden und werden, wird wenige Seiten später im Beitrag von Ministerpräsidentin Annegret Kramp-Karrenbauer ausführlich zu lesen sein.

Die Union Stiftung unterstützt diese Bemühungen in vielfältiger Weise. In unterschiedlichen Veranstaltungsformaten bieten wir dem interessierten Publikum seit vielen Jahren die Möglichkeit, sich über die verschiedensten gesellschaftspolitisch relevanten Fragestellungen zu informieren. Unser Nachbarland Frankreich, insbesondere die vielfältigen deutsch-französischen Beziehungen, sind verstärkt Gegenstand unseres Bildungsprogramms.

In unserer Reihe »Deutschland-Frankreich« begrüßen wir mehrmals im Jahr deutsche und französische Persönlichkeiten u.a. aus Politik, Wissenschaft, Wirtschaft, Kultur und Medien, die in Vorträgen und Podiumsdiskussionen Themen von grenzüberschreitender Relevanz erörtern. Auch externe Projekte aus Wissenschaft, Kunst und Literatur unterstützen wir: So fördern wir beispielsweise literarische Übersetzungen oder auch kulturelle Begegnungen wie das renommierte deutsch-französische Theaterfestival »Perspectives«.

Die Frankfurter Buchmesse empfängt im Jahre 2017 nun schon zum 69. Mal ein Land, welches als Ehrengast in einem eigenen Pavillon seine Literaturlandschaft dar- und vorstellen darf. Diesjähriges Gastland ist Frankreich.

Diese Einladung an unser Nachbarland will die Union Stiftung mit einem eigens zu diesem Anlass konzipierten Sammelband würdigen. Mit der vorliegenden Anthologie »Beziehungsstatus: kompliziert – Dreißig Blicke auf die deutsch-französischen Beziehungen« leistet die Union Stiftung nun einen eigenständigen literarischen Beitrag zur wechselseitigen Verständigung. Dahinter steht die Idee, ein neuartiges Buch zu schaffen, das jenseits geschichtlicher

Reflektionen neue und aktuelle Aspekte im deutsch-französischen Verhältnis beleuchtet.

So versammelt das Werk neben diesem noch 29 weitere Beiträge, in denen Menschen zu Wort kommen, die nicht nur aus ihrem jeweiligen spezifischen Metier eine Einschätzung zu den deutsch-französischen Beziehungen abgeben. Sie sind allesamt auch Zeitzeugen, die deutsch-französischen Alltag und Bikulturalität täglich leben. Im Land des jeweils anderen haben sie die berufliche Erfüllung erreicht, Forschungsfelder für wissenschaftliche Studien, Freunde, den Ehepartner und vielleicht einen anderen Blick auf Europa, erlangt.

Sie sind mit offenen Armen empfangen worden, haben so manche sprachliche Barrieren überwinden müssen oder sogar eine zweite Heimat gefunden.

Dieses Buch wäre ohne die sachkundige und engagierte Mitarbeit verschiedener Personen nicht möglich gewesen. Dank sagt die Union Stiftung den beiden Herausgebern Dr. Markus Gestier und Katrin Mikulcic.

Zu Dank verpflichtet für die hervorragende Zusammenarbeit und die sorgfältige Betreuung des Projektes ist sie auch den Mitarbeitern des Conte Verlages, insbesondere dem Verleger Stefan Wirtz und Gestalter Markus Dawo, sowie dem Übersetzer.

Ich wünsche allen Leserinnen und Lesern, dass sie auf den folgenden Seiten interessante Anregungen und Informationen finden.

Markus Gestier, Katrin Mikulcic

VORWORT DER HERAUSGEBER

»Noch ein Buch über die deutsch-französischen Beziehungen?« wird sich mancher Leser fragen. Das Verhältnis beider Länder war bereits ungezählte Male Gegenstand unterschiedlichster Abhandlungen. Doch immer noch inspiriert es Persönlichkeiten aus allen gesellschaftlichen Bereichen. Kein Wunder: Frankreich ist unser besonderer Nachbar und Partner. Über Jahrhunderte hinweg beherrschten Krieg und Misstrauen das Verhältnis beider Länder zueinander. Anders heute: Franzosen und Deutsche – ehemals Erbfeinde – pflegen eine freundschaftliche Beziehung zueinander. Nicht allein auf oberster diplomatischer Ebene, auch wirtschaftlich und kulturell, in vielen großen und kleinen Initiativen und Institutionen, Projekten und grenzüberschreitenden Kooperationen ist der gemeinsame Geist der Verständigung spürbar. Die Zusammenarbeit der jeweiligen Staats- und Regierungschefs wird in der Presse gerne scherzhaft mit einer Romanze verglichen, manchmal leidenschaftlich, manchmal kühl. Im Sprachgebrauch sozialer Netzwerke würde man sagen: »Beziehungsstatus: kompliziert«.

Inwiefern diese Beziehungen manchmal »kompliziert« oder vielleicht auch nur »komplex« sind, davon zeugen die Beiträge in diesem Band.

Unsere Autorinnen und Autoren hatten wenig feste Vorgaben zur Abfassung ihrer Beiträge. Diese Anthologie sollte vielmehr von der vielleicht eher ungewöhnlichen Idee getragen sein, den Autoren ein Forum zu geben, um ihre Gedanken und Überlegungen gänzlich frei in einer jeweils selbst gewählten Form wiederzugeben. So findet der Leser neben Texten auch Photographien, ein Gemälde, Karikaturen und einen Comic vor. Die Beiträge entstanden zu Beginn des Jahres 2017, vor den Präsidentschaftswahlen und den Wahlen zur Nationalversammlung. Sie sind in der vom Autor gewählten Sprache belassen und drücken damit auch ein gewisses kulturelles Zugehörigkeitsgefühl aus.

Mit »Beziehungsstatus: kompliziert« liegt dem Leser ein facettenreiches Kaleidoskop an Biographien und Geschichten vor.

Wir wünschen viele Anregungen und viel Vergnügen bei der Lektüre und auch wir möchten uns bedanken bei Stefan Wirtz und Markus Dawo vom Conte Verlag für die hervorragende Zusammenarbeit und die sorgfältige Betreuung des Projektes.

Vive l'amitié franco-allemande!

Saarbrücken, im August 2017

ROGER BICHELBERGER

Alptraum oder Heimat?

© Philippe Riedinger

Vielleicht ist es angebracht, gleich am Anfang klarzustellen, »woher« und »wie« ich hier reden und schreiben möchte. Als ein in Lothringen geborener Schriftsteller will ich unser Thema nicht theoretisch abhandeln, sondern mich auf eigene Erfahrungen und Tatsachen stützen, um daraus einige Beobachtungen abzuleiten.

Ich wurde kurz vor dem Zweiten Weltkrieg als Franzose im lothringischen Alsting (Alstingen) unweit der Grenze geboren. Das Saarland, also Deutschland, lag nur zwei Kilometer entfernt. Deutschland, Saarland? Für mich, als Kind, war es ein fremdes, sogar ein feindliches Land. Meine Muttersprache war ein fränkischer Dialekt, und ich fühlte mich sowohl in der deutschen wie in der französischen Sprache fremd. Wir Kinder lebten gewissermaßen auf der Insel unseres Dialekts – hinzu kam, für die Messdiener unter uns, noch etwas Kirchenlatein. Zuallererst habe ich also die Verbindung zu Deutschland wie einen Alptraum empfunden. Ein Alptraum allerdings, der mit den Jahren allmählich verblasste. Es brauchte Zeit, bis das Konzept »Heimat« vorstellbar und schließlich lebbar wurde. Heimat sowohl in Bezug auf Deutschland wie, wenig später, auf Europa.

I. Der Alptraum der Geschichte (die »Große« und die »Kleine«)

Wenn ich heute einen Blick auf einige Tatsachen der Geschichte werfe, so stelle ich Folgendes fest:

Ähnlich wie ein großer Teil Westdeutschlands, so war auch Lothringen durch die Römer besetzt. Unter Karl dem Großen gehörten wir zum selben »Reich« und sprachen dieselbe Sprache. Nach seinem Tod wurde das Reich bekanntlich in drei Teile aufgeteilt. In Frankreich nennt man sie « Francia germanica », « Francia media » und « Francia occidentalis ». Wir, die Lothringer und die Westdeutschen, wir gehörten damals beide zu der « Francia media », zu Lotharingien.

Sind das nicht historische Tatsachen, die uns, in »Deutschland-Lothringen«, eigentlich nicht hätten voneinander entfremden dürfen?

Betrachte ich allerdings die Geschichte der neueren Zeit, dann sieht es anders aus. So hat beispielsweise meine kleine Heimatregion in kurzer Zeit fünf Mal die nationale Zugehörigkeit gewechselt. 1766 wurden wir Franzosen, als der polnische König Stanislas, Herzog von Lothringen, in Lunéville starb. 1870 wurden wir mit Gewalt (d. h. ohne Volksabstimmung) an Deutschland angegliedert. Es folgte die Zwangsgermanisierung in den Schulen, wie ich es in meinem Roman **Anioutka** beschrieben habe. 1919 kehrten wir nach Frankreich zurück. Meine Eltern, als deutsche Staatsangehörige geboren, haben gleichwohl ihre Kinder als Franzosen auf die Welt gebracht. 1942 erfolgte erneut der Zwangsanschluss von Elsass-Lothringen an das Deutsche Reich eines Adolf Hitler, wovon mein Roman **Un exode ordinaire** – **Ein Exodus** erzählt. 1945 dann der Wiederanschluss an Frankreich. Ist das etwa kein Alptraum?

Dazu kommt ein weiterer Alptraum, der der Kindheit. Also jene Erfahrungen, die aus dieser wechselvollen politischen Entwicklung resultierten. Die Flucht vor dem deutschen Feind in die Charente; das Ankommen in einem »fremden« Land, wo eine Fremdsprache (Französisch) gesprochen wurde; die Kriegszeit nach der Rückkehr in die lothringische Heimat; die Armut, die Zwangsgermanisierung, das Leben im Keller; Hunger, Angst, die Bombardierungen. Dann die von den amerikanischen Soldaten gebrachte Freiheit; der Anblick getöteter Soldaten; das Elternhaus, das in Trümmern lag. Dann die Sprache: Der Dialekt war in der Schule verboten. Später, im Gymnasium in der Nähe von Nancy, das Schamgefühl, die Sprache des geschlagenen deutschen Volkes zu verstehen.

Zusammengefasst: Deutschland war für mich zunächst eher ein zuweilen grauenvoller Alptraum denn eine möglicherweise annehmbare »Heimat«. Der Alptraum verblasste allmählich, dank der Sprachen und der Literatur.

II. Der vertriebene Alptraum

Zuallererst also die Sprachen. Nach dem Zweiten Weltkrieg habe ich drei Sprachen gleichzeitig erlernt: Latein, Deutsch und Französisch. Ich entdeckte die Sprache der Römer und, zur gleichen Zeit, dass früher bereits ein Europa der Sprache existiert hatte. Sprach man nicht Latein in ganz Westeuropa? Also auch in Deutschland? Auf diese Weise haben sich die Menschen schon damals verständigen können, auch wenn es die Sprache des Eroberers war. Dazu kam das Kirchenlatein, das ja ebenfalls von einem großen Teil der Bevölkerung verstanden wurde. Es war die Sprache des »christlichen Volkes«, die unter anderem von den Benediktinermönchen verbreitet worden war.

Beim Erlernen der »Fremdsprachen« Französisch und Deutsch habe ich vieles erfahren und entdeckt. Der französische Naturwissenschaftler Buffon (1707-1788) war der Meinung, die Aufgabe von Sprache bestehe darin, Verbindung zu ermöglichen, von dem anderen verstanden zu werden. Denn nur dann kann der andere meine Gedanken nachvollziehen, sie gewissermaßen »annehmen«, sie sich an-eignen. Damit dies geschehen kann, müssen sich ein »Ich« und ein »Du« gegeneinander positionieren, so dass das »Du« die Subjektivität des »Ichs« empfinden kann. Was mich betrifft, so sollten der »Deutsche« und der »Franzose« zu jenen zwei Personen werden, mit denen ich einen Dialog führen musste – um auf diese Weise den Weg zur Menschlichkeit, zum »Miteinander-Menschsein« finden zu können.

Kommen wir zur Literatur. Auch auf diesem Gebiet werden wir die Grenzen der deutsch-französischen Zone überschreiten müssen.

Wie jedermann weiß, ist Literatur Kunst. Bewirkt Kunst nicht eine Humanisierung der erfahrbaren Welt? Eine Humanisierung, die jedoch keineswegs bloß einem theoretischen Wissen entspricht, sondern einen magischen Aspekt in sich trägt. Man sagt auch, dass Kunst untrennbar mit der Sprache verbunden sei. Aber gleich fügt man hinzu, die Kunst trüge nicht in sich selbst ihren Sinn, sie bekomme ihn durch ihre Nutzung. So wurde auch ich in meinen Studienjahren zum Nutzer einer literarischen Kunst. Es war ein Weg der Humanisierung, der mich schon bald zu der Überzeugung brachte, dass es im entstehenden Europa schon seit längerem eine Kunst gibt, die für alle Heimat sein kann.

Dazu drei Beispiele.

Wie man weiß, gab es ein europäisches Possendrama mit Stücken von Carlo Gozzi, von Goldoni, Ferdinand Raimund und Johann Nestroy. Es gab auch eine deutsche und eine französische Romantik (ich selbst habe in meinem Roman **Les Noctambules** Eichendorffs Gedichte zitiert). Hingewiesen werden sollte auch auf den europäischen Naturalismus, der gezeigt hat, dass in unseren beiden Ländern so etwas wie eine »gemeinsame Heimat des Geistes« bzw. der literarischen Inspiration zu finden ist. Gegen Ende des 19. Jahrhundert rollte die Woge des Naturalismus durch viele Länder Europas. In Frankreich, im Théâtre Antoine, spielte man **Les corbeaux, Die Raben** von Henry Becque. In Deutschland **Die Weber** von Gerhart Hauptmann. In Russland schrieb Leo Tolstoi **Die Macht der Finsternis**. In den skandinavischen Ländern findet man Henrik Ibsens **Nora oder Ein Puppenheim.** Von Strindberg **Fräulein Julie**. Diese Autoren haben mich allmählich aus meinem Alptraum erwachen lassen und luden mich in ein anderes Konzept ein: jenes der »Heimat«. Sie haben mich in eine andere Welt geführt; sie haben mir mein eigenes Schicksal aus dem Kopf vertrieben, so dass ich mich auf ein anderes Schicksal einlassen konnte. Sie haben mir geholfen, »mehr Mensch« zu werden und mich in mein eigenes Leben anders einzufühlen.

So habe ich durch Sprache und Literatur gelernt, unsere beiden

Länder als Heimat zu empfinden – selbstverständlich ohne auf meine französische Nationalität zu verzichten. Und was mir einst ein Hindernis gewesen war – unmittelbar an der Grenze geboren zu sein –, dies wurde ein Reichtum.

III. Zum Konzept »Heimat«

Beginnen wir mit dem Wohnen in zwei, wenn nicht drei Kulturen. Als Kind sprach ich nur, wie erwähnt, den fränkischen Dialekt. Es ist eine Sprache, deren Wurzeln bis in die Sprache der Franken, bis zu dem Merowinger-König Chlodwig zurückreichen. Dieser Dialekt erschien mir nun nicht mehr wie eine Insel, auf der wir als Kinder lebten, sondern wie der Grundstein eines kommenden Zusammenlebens. Durch das Erlernen der deutschen und der französischen Sprache bewohnte ich nun auch zwei Kulturen: jene von Rabelais, Montaigne, Blaise Pascal, Racine, Voltaire usw., und jene von Goethe, Schiller, Eichendorff, Rilke, Heinrich Böll usw. »Werch ein Leichtum«!

Ich möchte betonen, dass die französische Sprache für mich zur patrie de l'âme wurde, das heißt zur Sprache des Denkens, des Träumens, des Schreibens. Doch dass die deutsche Sprache danebenstand, stets bereit, mir Türen zu öffnen, mich in eine andere Welt zu führen und mir das Denken und Fühlen des Nachbarn zu offenbaren. Dies nennt man Heimat.

Die Literatur blieb von dieser Tatsache nicht ausgeschlossen. Als Schriftsteller wollte ich Brückenbauer sein zwischen Deutschland und Frankreich. Haben wir nicht gemeinsame Erlebnisse? Erlebnisse, die in meinen Romanen auftauchen mussten. Werke, mit denen eine Brücke zwischen unseren beiden Ländern errichtet wird. Sie seien hier erwähnt:

- 1977 **Die Nachtwanderer.** Eine Suche nach den deutsch-französischen »Müttern«.
- 1983 **Ein Exodus oder Manuel der Irre in Gott**. Im Zweiten

Weltkrieg entsteht, trotz allem, eine Freundschaft zwischen deutschen Soldaten und der französischen Bevölkerung.
- 1987 **Les Années buissonnières/Die grünen Jahre**. Eine Kindheitsgeschichte an der Grenze.
- 1994 **Anioutka**. Das Leben einer jungen Trierer Lehrerin, die während des Ersten Weltkriegs in Lothringen unterrichtet.
- 1997 **Dantes Nacht**. Unsere gemeinsame Kultur.
- 2004 **Le Déserteur**. Die Geschichte eines jungen Lothringers, der sich weigert, in den Zweiten Weltkrieg zu ziehen.
- 2010 **Das Mädchen mit dem goldenen Stern**. Die kleine Judenkönigin aus Trier und der Junge Ansgar, der sich den Nazis zu widersetzen versucht.

All diese Bücher, die komplett oder teilweise ins Deutsche übertragen wurden, haben Zusammentreffen diesseits und jenseits der Grenze mit sich gebracht, sie haben Freundschaft unter Bürgern beiden Länder entstehen lassen. Sie haben Radio- und Fernsehsendungen ermöglicht und so dazu beigetragen, dass sich die Beziehung zwischen Deutschland und Frankreich hier, an der Grenze, nicht mehr so kompliziert darstellt, wie man es nach der historischen Entwicklung hätte vermuten können. Der Alptraum war nun vollständig verschwunden, und die Kategorie »Heimat« begann für mich immer wichtiger zu werden.

IV. Einige Bemerkungen über die Bedingungen einer wachsenden deutsch-französischen Freundschaft

Dies alles funktioniert nicht ohne das politische Wirken. Doch Politik darf sich nie zum Absoluten erheben. Jacques de Bourbon Busset von der Académie française, der gleich nach 1945 Diplomat im Saarland gewesen ist, schrieb: »Das Absolute in der Politik führt geradewegs zum Fanatismus. Wenn die Politik das Absolute ist, so kann daraus Totalitarismus entstehen. Man muss die Politik relativieren, wenn man die Freiheit bewahren will.« Und weiter: »Die wahre

Aufgabe der internationalen Politik ist der Aufbau einer weltlichen Organisation. Im Mittelpunkt aber stehe die Idee einer weltlichen Solidarität.« Dieser Aufbau wird nur dann möglich, wenn unsere beiden Völker wie eine große Familie werden, von einem speziellen »Familiengeist« belebt. Wie könnte dieser »Geist« aussehen?

a) Ein Geist der Wahrheit. Dazu muss man sich gegenseitig kennen lernen, die Sprache des anderen sprechen, seine Kultur »bewohnen«. Das bedeutet Achtung, Respekt, sich gegenseitig wahr- und annehmen, sich objektiv vor dem anderen benehmen, usw.

b) Ein Geist der Gerechtigkeit. Mit Anerkennung der Rechte und Pflichten eines jeden. Dazu gehören Aufmerksamkeit dem anderen gegenüber und die Bereitschaft, zuzuhören. »Wenn man die Gerechtigkeit wegnimmt, wird der Staat leicht zu einer Gesellschaft von Räubern.« So der heilige Augustinus.

c) Ein Geist der Liebe. Um den anderen lieben zu können, muss man ihn gut kennen. Leonardo da Vinci: »Je intensiver die Kenntnis, desto stärker die Liebe.«

d) Ein Geist der Freiheit. Es ist ein Geist, der wechselseitig immer und immer wieder erprobt werden muss. Es bedeutet: große Aufgeschlossenheit, gegenseitiger Respekt angesichts der Differenzen, der unterschiedlichen Verantwortungen und der Entschlüsse des anderen, usw.

e) Ein Geist des Friedens. Alles zuvor Erwähnte kann sich nur im Geist des Friedens entwickeln. Er ist die Grundbedingung der Entwicklung unserer beiden Länder hin zu einer großen »Heimat«, die das natürliche Fundament beim Aufbau der »Heimat Europa« ist und sein muss.

NB.

Damit dies alles geschehen kann, wäre es gut, wenn zwischen unseren beiden Ländern verschiedene »Werkstätten« errichtet würden. Die Werkstatt der Politik zum Beispiel, wo über die Europäische

Union, über weltliche Organisation, Solidarität usw. gearbeitet werden könnte. Oder die Werkstatt der Menschenrechte, wo es gerade heute viel zu besprechen gäbe. Oder die Werkstatt der Sozialen Marktwirtschaft. Nicht zuletzt jene der Kultur. Diese möge als eine der wichtigsten betrachtet werden. Denn Kultur ist der Ausdruck der Würde eines jeden Menschen, seiner Identität, seiner Freiheit!

Wenn es ein Schlusswort geben sollte, so möchte ich sagen, dass der »Alptraum« uns immer wieder wie eine Versuchung und eine Gefahr heimsuchen kann. Indizien dafür gibt es heute reichlich. »Heimat« bleibt also immer noch ein Ziel, für unsere beiden Länder, aber auch darüber hinaus für Europa. Diesem Ziel zuzustreben verlangt, wie erwähnt, Wille und Bereitschaft. Oder, wie der Ludwigshafener Philosoph Ernst Bloch in den berühmten Schlusszeilen seines Hauptwerks »Das Prinzip Hoffnung« geschrieben hat: »Hat sich der Mensch erfasst und das Seine ohne Entäußerung und Entfremdung in realer Demokratie begründet, so entsteht in der Welt etwas, das allen in die Kindheit scheint und worin noch niemand war: Heimat.«

Mein Bericht mag zeigen: Dies ist keine Unmöglichkeit, sondern kann und sollte eine tagtägliche Realität werden. Diese Realität benötigt unser aller Denken und Mit-Tun. Von jedermann an seiner Stelle. Nicht morgen. Heute.

Dieser Text, in deutscher Sprache geschrieben, wurde von Herrn Dr. Ralph Schock freundlicherweise redigiert.

CHARLOTTE DELLION

Enfin chez soi au pays des trois frontières

Eine deutsche Übersetzung dieses Beitrages finden Sie auf Seite 369.

De par notre éducation et notre culture, nous nous faisons tous une idée d'un pays, nous avons tous des a priori. Cela peut-être aussi bien positif que négatif. En ce qui concerne l'Allemagne et ses habitants, mes connaissances se réduisaient à ce que l'on m'avait appris. Lorsqu'on est enfant, on boit les paroles des grandes personnes sans même oser les remettre en question. Mes grands-parents ont vécu la guerre et ont parfois évoqué leurs souvenirs des « Boches » et de la quasi-destruction de ma ville natale, Tours. Même si leurs mots étaient pesés et mesurés, leurs expressions et le ton de leurs voix trahissaient une profonde rancœur envers ces anciens envahisseurs. Bien sûr, la guerre était loin mais la blessure encore ouverte. Malgré leur pratique assidue de la religion catholique, le pardon n'était pas envisageable. Je grandissais donc avec une image négative de ce qu'avait été l'Allemagne sans pour autant ressentir de la haine ou de la colère. Je n'étais et ne suis que spectatrice de ce passé.

Bizarrement, ce n'est pas l'histoire qui me choquait mais l'intonation de la langue allemande. J'ai toujours aimé parler l'anglais, l'espagnol ou le latin mais j'avoue que l'apprentissage de l'allemand ne m'a jamais attirée. Je trouvais les sonorités trop dures, les mots trop saccadés et la mélodie inexistante. Même »Ich liebe dich« ne trouvait pas écho dans mon cœur comme pouvant exprimer de l'amour! J'ai heureusement changé d'avis plus tard en étudiant les textes des Lieder allemands. La richesse du paysage métaphorique peut aller bien plus loin dans le romantisme que certaines poésies françaises. Le texte ainsi porté par la musique devenait enfin accessible à mes sentiments.

Et ce sont ces sentiments qui m'amenèrent vers l'Allemagne en ce beau mois de juillet 2009! À l'époque, j'étudiais au Conservatoire National Supérieur de Musique et de Danse de Paris (CNSMDP) où je préparais mon Master en chant auprès de Mireille Alcantara.

Comme beaucoup d'étudiants, je devais travailler malgré la bourse qui m'était attribuée. Je vivais intensément entre Paris et Tours où je rentrais chaque week-end pour diriger ma chorale, la chorale « Sans nom, cent notes » de Rochecorbon, mais aussi pour donner des cours de chant ou même faire des concerts.

Malgré mon jeune âge, j'avais déjà l'expérience d'une femme mariée et divorcée derrière moi et je savais exactement ce que je voulais mais aussi et surtout ce que je ne voulais pas. En tant que musicienne, j'avais bien sûr l'ambition de faire une belle carrière mais j'étais consciente de ne pas être de ceux et celles qui consacrent leur vie à leur art ou sacrifient leur famille pour celui-ci, pour la simple et bonne raison que l'expression de mon art est vide et dénuée de sens si je ne reçois pas ni ne donne de l'amour. C'était donc essentiel pour moi de fonder une famille et d'avoir un nid vers lequel retourner. Pour cela, je devais trouver un partenaire qui comprenne mon métier, l'accepte et me soutienne. Ce n'est pas si évident que cela d'accepter que sa bien-aimée parte plus d'un mois pour une production à des centaines ou milliers de kilomètres et ce n'est pas que du bonheur d'entendre encore et encore les éternelles mêmes vocalises! Malheureusement, la masse de travail que je m'imposais chaque semaine m'empêchait d'entreprendre des recherches.

Le hasard fait bien les choses dit-on. Je crois qu'il n'y a pas vraiment de hasard, les choses arrivent au moment où l'on est prêt à les accueillir. C'est donc lors d'une soirée occupée seulement par l'ennui que je m'inscrivais sur un site de rencontre en ce début du mois de juin 2009. Je n'avais aucun espoir de rencontrer l'homme de ma vie, j'étais seulement curieuse de voir comment fonctionne ce genre de site. J'avais la conviction que ça ne marchait pas et que ces sites étaient faits pour des gens désespérés. Contre toute attente, il y avait différentes sortes de profils: des désespérés, des curieux comme moi, des chasseurs et des gens plus ou moins sincères dans leur recherche. Après avoir dépassé le stade de la curiosité, je me pris vraiment au jeu de trouver la perle rare. C'est la perle rare qui me trouva seulement quatre jours après mon inscription! Quelle ne fût pas ma surprise de voir que c'était un allemand avec un nom italien! Un beau blond au sourire ravageur, guitariste et luthier! Tino.

Après un mois d'échanges fructueux, en français, nous décidons de nous rencontrer… le 6 juillet 2009… pour ne plus se quitter!

Dès le début, j'entrepris d'apprendre cette langue étrangère et difficile qu'est l'allemand. Au CNSMDP, j'avais des cours de diction allemande, ces leçons nous servaient à chanter correctement dans cette langue sans pour autant savoir la parler. Dès ma rencontre avec Tino, je m'inscrivais aux cours supplémentaires d'apprentissage de l'allemand parlé. Lors de cette première année, je jonglais entre Paris, Tours et Siersburg, mes cours, mon travail et mon amour. L'ennui n'avait plus sa place dans ma vie! Mais la douleur de chaque séparation me fît prendre une décision radicale: partir vivre en Allemagne! Grâce au programme d'échange Erasmus, je décidais de finir mes études à Karlsruhe auprès du ténor Donald Litaker. Karlsruhe ayant la Hochschule la plus proche de Saarland, ce choix s'est imposé de lui-même.

Changer de vie signifiait bien sûr tout quitter. La famille, les amis, le travail, l'école mais aussi les lieux remplis de souvenirs que l'on apprécie. Ce n'est pas une chose facile et il était important que je fasse cette démarche pour moi-même. Tout quitter pour l'être aimé n'est pas forcément une bonne chose car si ça se passe mal, on prend le risque de le lui reprocher plus tard. Je décidais de changer de vie pour moi, d'abord, pour m'enrichir d'une expérience exceptionnelle: tout quitter, recommencer à zéro et tout donner pour réussir dans un pays et une langue que l'on ne connaît que très peu. Et je n'ai pas été déçue! Les expériences ont été nombreuses, pas toutes positives mais toutes enrichissantes.

Mon départ de Tours fut le plus difficile émotionnellement. Je quittais ma famille adorée et une autre famille que je qualifierai de famille adoptive: ma chorale. Je l'aurai dirigée quatre années et ces années furent magiques. C'est indescriptible ce que j'ai vécu auprès de ces gens qui avaient presque tous trois fois mon âge mais qui me considéraient comme un guide et une maîtresse d'école parfois, car ils étaient indisciplinés comme des enfants! Ils m'ont fait confiance alors que j'étais sans expérience. J'ai grandi avec eux et eux avec moi. Ce lien qui nous unissait n'est pas commun entre un chef de chœur et ses choristes, et je sais que je ne retrouverais jamais un tel lien avec une autre chorale. Je ne suis pas défaitiste, c'est juste un constat. J'ai souvent été triste de les avoir quittés mais tellement heureuse d'avoir pu vivre une telle expérience humaine.

J'arrivais en Allemagne presque un an tout juste après mon premier voyage. Tino m'avait réservé une surprise. Je fus accueillie par quelques amis et sa famille, ce qui me fit chaud au cœur.

La première étape fut de trouver une chambre étudiante sur Karlsruhe. J'épluchais les petites annonces sur internet et mettais de côté les plus intéressantes afin que Tino appelle pour fixer un rendez-vous avec les différents propriétaires. Dès le premier appel, il fut vite expédié par le concierge d'un immeuble pour étudiants qui lui fit bien comprendre ne pas être intéressé par une étudiante étrangère n'étant pas capable de parler l'allemand et d'appeler elle-même! Je parlais déjà un allemand de base et je savais me faire comprendre. Mais téléphoner était encore un exercice difficile. Parler en face d'une personne est différent, on comprend bien mieux avec certains gestes, certaines attitudes et parfois même, un regard suffit. Ce n'est pas le cas au téléphone. Je n'avais plus le choix, je devais appeler moi-même. Voilà un exemple d'expérience négative qui trouve son positif. Grâce à cela, j'apprenais une phrase de base et appelais les autres annonces que j'avais trouvées. En une heure, j'avais cinq rendez-vous pour le samedi suivant! J'étais fière de moi mais épuisée, mon cerveau était en surchauffe par trop de concentration!

C'est un élément à ne pas négliger lorsqu'on apprend une nouvelle langue, cette fatigue supplémentaire due à un excès de concentration, cela pouvant durer quelques mois. J'avais besoin de plus de sommeil qu'auparavant. Autre fait intéressant, je ne pouvais plus parler d'autres langues étrangères. Durant deux années, j'étais presque incapable de converser en anglais. Ce n'est que plus tard lors d'une production internationale que j'ai retrouvé mon vocabulaire anglophone.

Ma chambre étudiante se trouvait près de la Hochschule et j'avais eu la chance d'atterrir chez une femme adorable qui parlait français! Je me sentais tout de suite comme à la maison mais j'insistais pour que nous conversions en allemand.

Les six premiers mois à Karlsruhe furent bien occupés. Je participais à la production d' « Orphée et Eurydice », un opéra arrangé dans une version pour enfant dans lequel j'interprétais Eurydice. Je participais à la Master-classe de Júlia Várady, épouse du très regretté Dietrich Fischer-Dieskau. Et j'auditionnais pour différentes agences artistiques. Tout se passait parfaitement bien jusqu'au moment où je découvrais que je ne pouvais plus faire mon examen final à Karslruhe mais que je devais retourner à Paris. Suite à un changement de direction du CNSMDP, il n'était plus autorisé de finir son Master à l'étranger. Et cela, un mois et demi avant la date fatidique! Sachant que les exigences pour un tel examen ne sont pas identiques d'un pays à un autre, il me fallait changer, presque dans son intégralité, mon programme. Je contactais un ami pianiste qui acceptait de m'accompagner. Je revenais à Paris dans l'espoir de trouver de l'aide auprès de la remplaçante de mon professeur, qui était en convalescence suite à un cancer. Ce fut en vain, elle n'accepta pas ma requête. J'étais donc livrée à moi-même pour monter un nouveau programme d'examen. Bien qu'il ne convînt pas totalement aux juges du jour J, j'étais, malgré tout, fière d'avoir fait en un mois et demi ce qui nécessite un an de préparation!

Au lendemain de mon Master, ce fût un changement de vie radical. Pas d'examen en perspective, c'était une libération! Mais elle fut de courte durée car de nouvelles responsabilités m'attendaient. Je vidais ma chambre de Karslruhe et emménageais avec Tino dans un appartement qui, je dois l'avouer, était au-dessus de nos moyens. Les quelques cours que je donnais ne couvraient pas les frais d'un tel appartement et je devais rembourser un prêt étudiant que j'avais contracté lors de mon arrivée en Allemagne. Il me fallait travailler. Grâce à ma belle-mère, je fus de suite engagée en tant que caissière d'un magasin que je ne nommerais pas, mais qui impose à ses caissières de demander aux clients s'ils sont satisfaits. Ma belle-mère étant elle-même caissière en chef de ce magasin, elle trouvait qu'il serait plus agréable pour moi de travailler assise plutôt que de déballer les marchandises. Les bonnes intentions ne sont pas toujours les meilleures. Elle n'avait pas pris en compte mon « handicap » de la langue. Je parlais de mieux en mieux le Hochdeutsch, mais je ne comprenais pas bien le dialecte. Seulement, tous les clients parlaient le dialecte! À part quelques malentendus et incompréhensions, ce n'était pas cela qui me dérangeait le plus, c'était l'irrespect total de certains clients. Lorsqu'on connaît la scène, la lumière qui brille dans les yeux des gens parce qu'on vient de provoquer une émotion grâce à la musique, il est très difficile d'être regardée comme un lieu de passage obligatoire et désagréable. Ils attendaient tous cette question répétitive et désagréable comme si j'allais leur taper dessus avec: »War alles Ok?« J'ai dû m'excuser plusieurs fois d'avoir posé la question et expliquais l'obligation qui m'était imposée. De plus, je commençais les premières semaines avec un déficit d'heures car j'avais dû partir dans le sud de la France pour chanter Fiordiligi dans « Così fan tutte » de Mozart lors d'un Festival d'été. Je rentrais pour rattraper mon retard et me retrouvais avec des semaines de 40 heures assise à la caisse. J'observais, impatiente, les heures, les minutes, les secondes. Le son du scanner me rendait nerveuse et j'entendais encore ce bip dans mes rêves. Je savais que cette situation n'était que temporaire mais cela n'empêchait pas mes larmes de couler chaque soir à mon retour.

Je chantais des récitals et autres concerts avec mon amie pianiste Rita, rencontrée grâce à mon beau-père. J'avais du succès sur scène et le lendemain, j'étais assise, insignifiante, derrière ma caisse, à rayer les minutes sur un vieux ticket de caisse. C'était très déstabilisant, on peut perdre confiance dans de telles situations. Heureusement que Tino était là et me soutenait. Il avait lui-même des difficultés avec son entreprise. Un luthier qui commence a besoin de temps pour se faire connaître. Nous avions tous les deux des hauts et des bas et nous avons tous les deux étaient tentés d'abandonner. C'est une chose que nous nous sommes mutuellement interdite! Ce soutien a été vital pour notre carrière respective.

L'immersion dans la culture allemande me fit prendre conscience de ce que j'aimais en France et qui me manquait terriblement en Allemagne. Heureusement, la frontière n'étant pas loin, j'allais chercher des croissants, des baguettes et d'autres délicatesses dès qu'il m'était possible de le faire! Je ne dénigre pas les produits culinaires allemands mais je ne peux nier que certaines spécialités ne sont pas à mon goût. Il est une chose que j'apprécie particulièrement en Allemagne et que je n'échangerai pour rien au monde, c'est la bière! Rien à voir avec ce qui nous est proposé en France! Finalement, je profitais de ma situation frontalière et prenais dans chaque pays ce qui me convenait le mieux.

Dès mon arrivée, un élément m'a marquée. Je regardais peu la télévision car c'était vite fatigant d'essayer de comprendre. Mais lorsque je zappais, il n'y eut pas une seule fois où je ne tombais pas sur un programme consacré à la seconde guerre mondiale et à Hitler. Je trouvais cela curieux puis au fur-et-à-mesure que le temps passait, je me rendais compte qu'il subsiste une forme de culpabilité chez les allemands. Ils ne s'autorisent pas à tourner la page, c'est comme de l'auto-flagellation. Les générations d'après-guerre et les futures portent et porteront ce poids. Personnellement, je trouve cela malsain. Cela empêche aux jeunes générations d'être fiers de leur pays. Il est vrai que l'histoire, quel que soit le pays, n'a pas de quoi rendre fiers ces descendants. Chaque peuple a commis des actes terribles, et en tant que française, je sais de quoi je parle. Cela fait partie du passé, je n'en suis pas responsable et je n'ai pas à porter le poids des erreurs de mes ancêtres. Mon seul devoir est de ne pas reproduire les mêmes erreurs. Ce qu'il y a de malsain dans le fait de culpabiliser, c'est que les jeunes générations finissent par s'identifier à ce passé. Si ce sont les seules racines qu'on leur donne, alors ils s'y rattachent. C'est, je crois, l'une des raisons pour lesquelles les extrêmes reviennent en force au pouvoir, mais cela reste mon humble avis.

En ce début d'année 2012, je me vis offrir le rôle de Clarice dans l'opéra de Haydn « Il mondo della luna ». Cette production devait être montée pour le théâtre Mouffetard à Paris et devait durer deux mois et demi. Ce fut l'opportunité rêvée pour quitter sans regrets mon poste de caissière. Je ne pensais évidemment pas à ce qui devait arriver après cette production. Lorsqu'on est artiste, on vit au jour le jour! Mon séjour à Paris me permit d'auditionner et de récolter des rôles jusqu'à la fin de l'année.

Après ma production parisienne, j'avais cumulé assez d'heures pour prétendre au statut d'intermittente du spectacle en France. C'est un système qui permet aux artistes de vivre même lorsqu'ils n'ont pas de travail. Le seul problème était que je n'habitais pas en France. Il nous fallut donc déménager. Et cela tombait plutôt bien car nous ne nous plaisions plus dans notre appartement et il faut dire que nous ne plaisions plus au propriétaire. Pour la petite histoire, le propriétaire était notre ami. Il nous a proposé cet appartement qui se trouvait au dernier étage d'un petit immeuble, où il avait lui-même son cabinet de practicien au rez-de-chaussée. Il fallut donc s'assurer que mes vocalises ne seraient pas trop gênantes pour ses oreilles et ses patients. Nous fîmes le test et le contrat fut signé dans la foulée, mes vocalises étaient supportables! Mais voilà que quelques temps après notre installation, il m'appela le soir pour me faire le constat du nombre d'heure chantées dans la journée. Je ne m'exerçais jamais plus d'une heure, mais c'était à l'évidence trop pour lui! Agacés par ces appels, notre départ devenait imminent et notre amitié s'arrêtait malheureusement là.

Comme d'un fait exprès, l'oncle de Tino souhaitait louer une maison qu'il avait rénovée du côté français et qui se trouvait à vingt minutes de la frontière. Sans plus attendre, nous nous installions en France, dans cette maison qui avait bien assez de place pour l'atelier de lutherie et mes vocalises.

Dès lors, j'entrepris de me faire connaître auprès des théâtres les plus proches et notamment à Saarbrücken où j'obtenais une audition. J'étais sur le point d'être engagée dans l'ensemble du théâtre lorsque je découvrais ma grossesse. Nous étions Tino et moi très heureux et ce n'était que partie remise pour mon engagement au théâtre. L'assistant du directeur m'avait rassurée en me disant que c'était encore mieux car cela assurait ma présence dans la région! Cinq mois plus tard, sans nouvelles de sa part, j'appelais le théâtre et découvrais que ma place avait été prise! Je me consacrais donc à ma fille Luna et travaillais de nouveau en France, au théâtre de Metz. Malgré cette première déception, je ne baissais pas les bras et auditionnais de nouveau un an plus tard. Je fus cette fois engagée en tant qu'artiste invitée ce qui n'était pas pour me déplaire car cela me permettait de continuer à donner des cours de chant et à garder une certaine liberté pour m'occuper de ma fille. Il faut croire que mon destin me destine à d'autres théâtres que celui-ci car depuis deux ans, c'est un perpétuel changement dans son administration et sa direction, à tel point qu'il me faut de nouveau auditionner car plus personne ne me connaît. J'y ai pourtant chanté la saison dernière!

C'est une des difficultés lorsqu'on quitte tout, on recommence de zéro et la progression est lente, le chemin est semé d'embûches. Mais la volonté, le bonheur de faire ce métier me pousse encore et toujours à me relever lorsque je tombe. Ma réputation s'étend dans la région et les gens commencent à me connaître. Je fais enfin partie du paysage musical de Saarland et cela a pris du temps et a nécessité beaucoup de patience. La chance est également un facteur de réussite. Il faut simplement savoir prendre cette chance au vol.

J'ai fait de magnifiques rencontres avec des êtres extraordinaires qui m'ont soutenue, aidée et aimée. Grâce à une amie, je suis devenue professeur de chant dans une école à Merzig où je fais également de l'éveil musical. La transmission est très importante pour moi et je n'imagine pas être seulement sur scène. J'ai un besoin de partager ce savoir, ce don qu'est le chant. C'est tellement beau de voir une voix évoluer et s'épanouir. La voix étant le reflet de l'âme, si elle s'épanouit, alors l'âme aussi.

L'aventure n'est pas terminée, je ne suis qu'au début. Cette vie entre l'Allemagne et la France est un avantage et je suis fière de pouvoir transmettre les valeurs de ces deux cultures à mes enfants. L'avenir ne m'effraie pas car je suis ici enfin chez moi!

CHRISTIANE DEUSSEN

Deutschland – Frankreich: Von der Wirkung der Bilder und der Perzeption des Nachbarn

Einleitung

Neue Erkenntnisse zum Bild des Nachbarn Frankreich und umgekehrt zum Bild Deutschlands in Frankreich lassen sich nur schwer »dingfest« machen. An der Entstehung von Vorstellungen über das andere Land wirken viele Akteure mit, deren prägende Kraft unbestritten ist, deren Wirkungsweise sich jedoch als Zusammenspiel von Wahrnehmungen, konkreten Erfahrungen und Begegnungen, Bildern, Leseeindrücken und Presse- bzw. Medienecho erklären lässt. Das Fremdbild, das wir von dem uns in vielerlei Hinsicht vertrauten Nachbarland haben, ist ebenso aufschlussreich für das Selbstbild. Fremdbild und Selbstbild hängen dabei enger miteinander zusammen, als es zunächst den Anschein haben mag. Wir sehen beim anderen das, was wir von uns selbst kennen; gegenseitige Erwartungen und kulturell übermittelte Vorstellungen oder Denkmuster sind Bestandteil dieses komplexen Wechselprozesses zwischen Fremd- und Selbstbild und dem Spiegelbild des Nachbarn von uns selbst. Die so existierenden Vorstellungen oder Repräsentationen und auch Stereotypen sind an bestimmte historische Erfahrungen gebunden, kulturell übermittelt und haben insofern einen »wahren Kern«.[1] Die gegenseitige Perzeption, die nach jeweils aktuellem Kontext variiert, unterliegt dabei historisch-kulturell vermittelten Einflüssen, die gerade am Beispiel Deutschland – Frankreich erhellend sind.

Eng damit verknüpft ist wiederum die Frage nach der Funktion der zu Klischees geronnenen inhaltlichen Versatzstücke, die ungeprüft, unreflektiert, so scheint es, in einen Erzählzusammenhang,

---

1 Vgl. Normand et al. Nationen-Stereotype in Europa. Vorurteile und ihr wahrer Kern. In: SZ online, 26.01.2012. www.sueddeutsche.de/politik/nationen-stereotype-in-europa-vorurteile-und-ihr-wahrer-kern-1.1267775 [Zugriff am 02.05.2017].

in ein »Narrativ«, eingebracht werden und vorschnelle generalisierende Urteile oder Verallgemeinerungen bewirken. Ausgangspunkt dieser Repräsentationen sind also nicht in erster Linie Tatsachen, Fakten oder Daten, sondern subjektiv oder situativ begründete Argumentationsstränge oder bildhafte Zusammenhänge, die mit einer bestimmten erzählerischen Absicht konstruiert werden.

Dass derartige Bilder oder Vorstellungen von Medien, politischen Entscheidungsträgern oder gesellschaftlichen Gruppen politisch benutzt oder instrumentalisiert werden können, ist keine neue Erkenntnis, sondern entspricht täglicher Praxis. Dabei schaffen »stereotype Etikettierungen der eigenen oder der fremden Nation oder Kultur [...] sowohl die Möglichkeit als auch die Probleme interkulturellen Verstehens. Möglichkeiten eröffnen sich dadurch, dass kulturell Differentes, auf nationale Stereotype zurückgeführt, prinzipiell vergleichbar wird«, behauptet Ruth Florack in ihrer lesenswerten Studie »Tiefsinnige Deutsche, frivole Franzosen. Nationale Stereotype in deutscher und französischer Literatur«.[2] Entscheidend ist aber, dass stereotype Zuschreibungen »der Komplexitätsreduktion und somit der Orientierung dienen«.[3]

Bei der Verwendung von stereotypen Bildern kommt es häufig zu Überlagerungen des tradierten Bildes des Nachbarn mit Einflüssen, die der Aktualität unterliegen und sich schnell verändern können. Über die langfristigen Wirkungen dieser kontextgebundenen, aktuellen Zuschreibungen kann nur spekuliert werden. Viele von den im folgenden erwähnten Beispielen, meist aus der Medienberichterstattung, Meinungsumfragen oder Karikaturen, resultieren aus komplexen Wechselbeziehungen und Deutungen, die teilweise in sich durchaus widersprüchlich sein können. Die Zählebigkeit von stereotypen Zuschreibungen und Bildern lässt sich jedoch erklären: »Wer versteht, dass Stereotype der Komplexitätsreduktion und somit der Orientierung dienen«, der weiß: »Nicht trotz, sondern

2 Florack, Ruth. Tiefsinnige Deutsche, frivole Franzosen. Nationale Stereotype in deutscher und französischer Literatur, Stuttgart/Weimar, 2001, S. 1.

3 ebd., S. 2.

wegen der immer engeren und vielfältigeren Kontakte zwischen dem ›Fremden‹ und dem ›Eigenen‹, wegen der explosionsartigen Entwicklung des Wissens und der Massenmedien sind Stereotype jeder Art unverwüstlich, unabhängig davon, welche Differenzen sie beschreiben: geschlechtliche [...], soziale [...], politische [...], religiöse [...] oder eben nationale (wie im Fall von ›französisch‹ und ›deutsch‹).«[4]

Kurzer Rückblick

Angesichts der vielfach durch kriegerische Auseinandersetzungen geprägten Geschichte Deutschlands und Frankreichs sind stereotype Zuschreibungen und Interpretationsmuster im deutsch-französischen Verhältnis besonders häufig anzutreffen. 1949 schreibt Carlo Schmid in »Deutschland, Frankreich und Europa«: »Seit tausend Jahren bestimmt das Thema Deutschland-Frankreich das Schicksal Europas und hat es zumeist in einer höchst tragischen Weise bestimmt. [...] Warum leben diese Völker wohl so lange schon in diesem wirklich heillosen Verstricktsein? Alle Völker betrachten sich im Spiegel des Vorurteils, eines Vorurteils, das nicht immer ein Vorurteil der Vernunft ist – le cœur a des raisons que la raison ne connaît pas ... – Aber niemals verhüllten Völker sich die Wirklichkeit des ›anderen‹ so hartnäckig mit dem Randschleier des Vorurteils als dort, wo es sich um uns Deutsche und Franzosen handelt«, obwohl, wie es in dem gleichen Text später heißt, diese zwei Völker sich »in so wunderbarer Weise ergänzen« und »alles auf das Trefflichste korrespondiert«.[5]

Die Entstehungs- und Wirkungsgeschichte deutsch-französischer Verstrickungen, die mit der Zuschreibung von »typisch deutschen« oder »typisch französischen« Eigenschaften und

4 ebd., S. 2.

5 Schmid, Carlo. Deutschland, Frankreich und Europa. In: Deutsche Rundschau 75 (1949), S. 195.

Nationalstereotypen einhergehen, lässt sich in der erwähnten, 2001 erschienenen literarischen Textsammlung von Ruth Florack ausgezeichnet nachverfolgen. Madame de Staël und Friedrich Sieburg, Heinrich Heine und Ludwig Börne dürfen dabei nicht fehlen; interessant sind jedoch die einführenden Bemerkungen zur Stereotypenforschung, wo festgestellt wird, dass die subjektive Umdeutung von Ereignissen und Erfahrungen in den Ausdruck einer kollektiven nationalen »Mentalität« entscheidend ist, weil sich auf diese Weise »soziale, räumliche und zeitliche Grenzen im Fremden überbrücken lassen«.[6] Wenn auch nach Sichtung der Forschungslage zu nationalen Stereotypen eine präzise terminologische Abgrenzung zwischen Stereotyp, Vorurteil und Klischee nicht möglich erscheint, ist der Rückbezug auf den Gebrauch stereotyper Deutungsmuster, Bilder oder Vorstellungen im je spezifischen historischen Kontext aufschlussreich. Die komplexen Beziehungen zwischen Deutschland und Frankreich, die zwischen gegenseitiger Anziehung und Abgrenzung, zwischen Freund- und Feindbildern oszillieren, liefern hierzu ein beeindruckendes Anschauungsmaterial.

Carlo Schmid sprach 1949 von der unheilvollen Wirkung der Affekte[7] im deutsch-französischen Verhältnis und erhoffte sich deren Überwindung durch die Schaffung von Europa als »einer ökonomischen, politischen und konstitutionellen Einheit«.[8] Dennoch gab er sich keinerlei Illusion hin, denn: »Auch wenn dieses Europa geschaffen sein wird, werden jene Affekte, die uns Deutsche und Franzosen beschweren, nicht sofort aufhören. Aber es will schon etwas bedeuten, dass diese Affekte dann nicht mehr zu Kriegen führen können.«[9] Fast 70 Jahre später scheinen diese, zumindest was die jüngere Generation betrifft, nachgelassen zu haben und nicht mehr zu wirken; stattdessen ist heute – laut

6 Florack, Ruth.Tiefsinnige Deutsche, frivole Franzosen. Nationale Stereotype in deutscher und französischer Literatur, Stuttgart/Weimar, 2001, S. 3.

7 vgl. Schmid 1949, S. 197 ff.

8 ebd., S. 200.

9 ebd., S. 201.

Meinungsumfragen – von mangelnder Emotionalität und sogar eher von einer zunehmenden Gleichgültigkeit die Rede. Beides ist nicht unproblematisch, zumindest im deutsch-französischen Verhältnis, das in Frankreich immer noch sehr viel emphatischer als eine Ehegeschichte, « une histoire de couple », bezeichnet und wahrgenommen wird: « D'union et de séparation. D'attirance et de répulsion. »[10]

Im historischen Rückblick erkennt Carlo Schmid weiterhin: »[…] Unsere beiden Völker haben sich immer aneinander gemessen […] Jedes hat immer seine Bestätigung im Blicke des anderen gesehen.«[11] Dieser Wettstreit zwischen beiden Ländern reicht bis in die Gegenwart, zumindest aus französischer Perspektive. Deutschland gilt in vielerlei Hinsicht in Frankreich als »Modell«, dem nachgeeifert werden sollte, besonders in wirtschaftlicher Hinsicht. Angesichts der überlegenen Stärke Deutschlands als Wirtschaftsmacht muss sich Frankreich mit der ungeliebten Rolle des schwächeren Partners auseinandersetzen, der mit Arbeitslosigkeit, Haushaltsdefizit und hoher Gesamtverschuldung kämpft. »Selten steht ein anderer Staat so sehr im Fokus nationaler Debatten wie Deutschland in Frankreich. Die auf den Nachbarn bezogenen politischen Diskussionen sind ein ebenso altes wie permanentes Phänomen«, bestätigt auch Daniel Vernet: »Drei Kriege in nicht einmal einem Jahrhundert webten ein Netz aus Ablehnung, Wettstreit und Nähe, das sich in den zeitgenössischen Debatten widerspiegelt.«[12] Konnte man bis vor einigen Jahren noch von einer eher ausgeglichenen deutsch-französischen Partnerschaft sprechen, so ist diese Balance seit einigen

10 Truong, Nicolas. France-Allemagne, il est temps de mettre un tigre dans le moteur. In: LeMonde.fr, 06.02.2012. www.lemonde.fr/idees/article/2012/02/06/france-allemagne-il-est-temps-de-mettre-un-tigre-dans-le-moteur_1639432_3232.html?xtmc=allemagne&xtcr=20 [Zugriff am 02.05.2017].

11 Schmid 1949, S. 194.

12 Vernet, Daniel. Zwischen Schreckgespenst und Modell. Die Instrumentalisierung Deutschlands in der französischen Politik. In: Claire Demesmay, Christine Pütz, Hans Stark (Hrsg.): Frankreich und Deutschland – Bilder, Stereotype, Spiegelungen. Wahrnehmung des Nachbarn in Zeiten der Krise. DGAP-Schriften zur Internationalen Politik, 2016, S. 33.

Jahren angesichts der deutschen Wirtschaftskraft nicht mehr gegeben. Die Asymmetrie in den deutsch-französischen Beziehungen, die mit der stärkeren Rolle Deutschlands in Europa zusammenhängt, bewirkt vor allem auf französischer Seite eine Beunruhigung. Mittlerweile lässt sich sagen, dass Deutschland der Motor und das Gesicht Europas ist und Frankreich sich in Zugzwang befindet. Dieses strukturelle Ungleichgewicht zwischen beiden Ländern führt dazu, dass sich Frankreich mehr noch als ohnehin mit Deutschland auseinandersetzen muss und zwangsläufig ein größeres Interesse am Nachbarn Deutschland haben muss als umgekehrt.

Die Frage nach dem jeweiligen Bild vom anderen und dem Interesse für das Nachbarland hängt insofern häufig von den jeweils aktuellen Rahmenbedingungen ab: Nachdem sich die deutschen Medien in den letzten Jahren weniger für das wirtschaftlich schwächere Frankreich interessierten, das im europäischen Kontext wegen der Nichteinhaltung der Maastricht-Kriterien zu einem Problemfall wurde, ist in Deutschland seit 2016 durch die Gefahr eines Wahlergebnisses zugunsten des rechtspopulistischen Front National unter Marine Le Pen bei den Präsidentschaftswahlen ein neues Interesse an Frankreich erwacht. Sowohl in den Medien, die jetzt verstärkt über französische Zustände berichten, als auch in der deutschen Politik und Gesellschaft ist Frankreich ins Zentrum der öffentlichen Wahrnehmung gerückt. Darin äußert sich in erster Linie tiefe Besorgnis im Hinblick auf die politische Entwicklung des Nachbarlandes, das wie kein anderes, zusammen mit dem deutschen Partner, für die Stabilität in Europa entscheidend ist. Ob sich dahinter eine dauerhafte und tiefere Annäherung an den französischen Nachbarn verbirgt, ist schwer zu beurteilen. Es ist jedoch zu vermuten, dass die Schwächung Europas im Gefolge des »Brexit« durchaus dazu führt, dass in Frankreich und Deutschland die Notwendigkeit zu vereinten Lösungsschritten im Hinblick auf den Erhalt Europas verstärkt wahrgenommen wird und dies zu einer Wiederbelebung der deutsch-französischen Zusammenarbeit führt. Deutschland und Frankreich werden mehr denn je als «clef», als Schlüssel für Europa angesehen, ohne den der Zusammenhalt und die Zukunft Europas nicht gegeben sind.

Für die Frage der politisch-kulturellen Wahrnehmung zwischen Deutschland und Frankreich ist mehr denn je der europäische Rahmen entscheidend: Es zeigt sich, wie sehr auch das Deutschlandbild in den französischen Medien von der europäischen Aktualität und internationalen Ereignissen geprägt, verändert oder überlagert wird. Die führende Rolle Deutschlands zunächst in der Euro- und Griechenlandkrise, wenig später in der Flüchtlingskrise, die allesamt europäische Herausforderungen sind, lässt sich am europaweiten bzw. internationalen Medienecho nachvollziehen. Angesichts der Dominanz europäischer Entscheidungen und der Bedeutung internationaler Abhängigkeiten ist es daher zunehmend weniger plausibel, die entstandenen Bilder, Vorstellungen und Erfahrungen ausschließlich in einer deutsch-französischen Perspektive zu verstehen oder zu interpretieren. Die französischen Reaktionen sind jedoch besonders aufschlussreich, da diese ein besonders sensibler Gradmesser für deutschlandbezogene Entwicklungen sind.

Im Spiegel des »Anderen«

Welches sind die Bilder und Vorstellungen, die wir von unserem Nachbarn Frankreich haben und wie sieht es umgekehrt mit der Perzeption Deutschlands aus? Was sagen diese Repräsentationen über den Nachbarn und über uns selber aus? Woran kann man die Wirkung der Bilder/Repräsentationen ablesen?

Bilder des »Anderen«, in diesem Fall des Nachbarlandes, werden durch komplexe historisch-kulturelle Überlieferungsprozesse tradiert, andererseits werden sie »gemacht«: fortgeschrieben, verändert, variiert und pointiert, heute mehr als je zuvor durch die Berichterstattung in den Medien, zu denen auch die neuen sozialen Medien und das Internet zählen. Natürlich gehören auch Bücher und Verlage dazu, die Literatur und Übersetzungen bereitstellen, und nicht zu unterschätzen ist auch die Wirkung der Filmproduktion und des Fernsehens, insbesondere der Fernsehserien (z.B. »Tatort« oder früher »Derrick«). Besonders erfrischend und einfallsreich ist die ARTE-Sendung »Karambolage«, die Aspekte der kulturellen Differenz zwischen Deutschland und Frankreich seit Jahren humorvoll präsentiert.

An der Entstehung von Bilderwelten wirken nicht zuletzt auch Austausch- und Mobilitätsprogramme, z.B. für Schüler und Studenten, mit, wobei beispielsweise durch die Arbeit des Deutsch-Französischen Jugendwerkes sichergestellt wird, dass durch gezielte pädagogische Begleitung diese Jugendbegegnungen fortlaufend analysiert und reflektiert werden. Wir verfügen im deutsch-französischen Verhältnis über die einmalige Situation, über ein ausgebautes Netzwerk von Akteuren und Programmen für die jüngere Generation zu verfügen, das das Entstehen von Vorurteilen oder Negativbildern einschränkt und nach Möglichkeit zu verhindern sucht.

Ein traditionelles Instrument zur Messung der Intensität der deutsch-französischen Beziehungen auf gesellschaftlicher Ebene stellen repräsentative Meinungsumfragen dar, die in den letzten Jahren vermehrt durchgeführt wurden.

Hatte im Jahre 1977 der SPIEGEL noch eine eigene Umfrage veröffentlicht, mit der aufschlussreichen Titelfrage »Wie sehen uns die Franzosen?«, so wurden 2013, anlässlich des 50. Jubiläums des Élysée-Vertrages, gleich mehrere Meinungsumfragen in Auftrag gegeben, die sich im Ergebnis aber nicht sehr voneinander unterscheiden. Alle neueren Umfragen stimmen darin überein, dass das deutsch-französische Verhältnis gut ist, wenn vielleicht auch weniger emotional als früher. Besonders auffällig ist das »emotionale Defizit« bei der jüngeren Generation, die weniger vorurteilsbehaftet ist, dafür aber ein eher rationales, entspanntes Verhältnis zum Nachbarland pflegt.

Waren in der SPIEGEL-Umfrage die Erinnerungen an die Kriegsvergangenheit noch virulent, die dazu führten, dass die Deutschen an fünfter Stelle in der Beliebtheitsskala rangierten (an erster Stelle die Briten!), so hat sich dies gut 25 Jahre später radikal geändert. Die Deutsche Botschaft in Paris veröffentlichte im Januar 2013 eine vergleichende Meinungsumfrage[13], die in ihrem Auftrag vom IFOP-Institut im Dezember 2012 in beiden Ländern im Wege eines Online-Fragebogens durchgeführt worden war. Als Ergebnis ist festzuhalten, dass in beiden Ländern eine positive Meinung über das jeweilige Nachbarland überwiegt (85% in Frankreich, 87% in Deutschland); gleichzeitig sind jedoch bei genauerer Analyse einige markante Unterschiede erkennbar. Bei den französischen Befragten stehen Ereignisse der jüngsten Geschichte (Wiedervereinigung und Mauerfall: 35%) im Hinblick auf das Deutschland-Bild eher im Vordergrund als die Kriegszeit (27%), kulturelle Faktoren rangieren an zweiter Stelle, wobei zunächst das Bier, danach Berlin, Autos und die Esskultur genannt werden. Interessanterweise werden die Deutschen jedoch oft als streng und unflexibel qualifiziert (18%). Für die deutschen Befragten wird Frankreich hauptsächlich mit Paris und dem Eiffelturm, danach mit französischer Esskultur und Tourismus in Verbindung gebracht. Geschichtliche Ereignisse oder die Kriegsvergangenheit werden so gut wie gar nicht erwähnt (Weltkriege: 3%, Napoleon: 1%), mehr noch: Bei den Befragungen gelingt es nur wenigen Deutschen, ein geschichtliches Ereignis oder eine historische Zeitspanne zu nennen. Die Kriege werden nicht erwähnt und spielen anders als im französischen Deutschlandbild keine Rolle.[14]

Auffällig ist auf deutscher Seite hingegen das Fehlen negativer Werturteile über das französische Nachbarland. Das vorherrschende Gefühl gegenüber dem Nachbarland Frankreich ist Sympathie (65%), Respekt (10%) und Bewunderung (9%), während umgekehrt in Frankreich Respekt (33%), Sympathie (26%), Bewunderung

13 IFOP 2013, im Auftrag der Deutschen Botschaft in Frankreich, Der Blick auf den Nachbarn – Wie beurteilen Deutsche und Franzosen 50 Jahre nach der Unterzeichnung des Élysée-Vertrags die Beziehung zwischen ihren beiden Ländern? In: Konrad-Adenauer-Stiftung online, Januar 2013, www.kas.de/wf/doc/kas_33406-1522-1-30.pdf?130131102150 [Zugriff am 02.05.2017].

14 ebd., S. 8-16.

(9%) und Neid (4%) vorherrschen. Der Anteil der negativen Gefühle in Frankreich ist ebenfalls höher (28% im Vergleich zu 15%), wobei 14% Misstrauen empfinden.[15]

Befragt nach der Zuordnung bestimmter Begriffe und Eigenschaften, identifizieren die befragten Franzosen die Deutschen mit Ernsthaftigkeit (76%), Arbeit (76%), Wohlstand (67%) und begrüßen ihren internationalen Einfluss (64%) und ihre Modernität (52%), während Frankreich deutscherseits mit Geselligkeit (60%), Lebensqualität (49%), und kulturellem und geschichtlichem Erbe (49%) in Verbindung gebracht wird.[16] Betrachtet man dabei die Einschätzung der jungen Generation (18 bis 24 Jahre) auf beiden Seiten, so gibt es interessante Unterschiede: Die jungen Franzosen tendieren dazu, die eben erwähnten deutschen Leistungen nicht so hoch zu bewerten wie die älteren und die jüngere Generation der Deutschen assoziiert ihr eigenes Land eher mit Begriffen wie Lebensqualität, Geselligkeit sowie geschichtliches und kulturelles Erbe.[17] Insgesamt wird auf beiden Seiten der Begriff der »Partnerschaft« heute als zutreffender angesehen als der Begriff »Freundschaft«, der die emotionale Ebene evoziert.[18]

Eine weitere repräsentative Meinungsumfrage[19] im Auftrag des Saarländischen Rundfunks, diesmal durchgeführt mit computergestützten Telefoninterviews, wurde (in Deutschland von Infratest dimap und in Frankreich von TNS Sofres) im Erhebungszeitraum 23. bis 25. Juni 2014 durchgeführt. Die Fragen waren von vornherein mit eindeutig politischer Zielrichtung gestellt, die persönlichen Einschätzungen im Sinne von subjektiven Werturteilen keinen

15 ebd., S. 18 f.

16 ebd., S. 24.

17 ebd., S. 25.

18 ebd., S. 29 f.

19 Infratest Dimap und TNS Sofres 2014, im Auftrag des Saarländischen Rundfunks. Deutsch-französisches Verhältnis: Wer gibt den Ton an? www.infratest-dimap.de/umfragen-analysen/bundesweit/umfragen/aktuell/deutsch-franzoesisches-verhaeltnis-wer-gibt-den-ton-an/ [Zugriff am 02.05.2017].

Raum ließ. Auf die Frage, wer gibt im deutsch-französischen Verhältnis den Ton an, waren 75% der interviewten Franzosen, aber nur 47% der Deutschen der Meinung, dass Deutschland den Ton angibt. Die Asymmetrie wird noch deutlicher, wenn man sieht, dass 40% der Deutschen meinen, dass beide sich gleich viel zu sagen haben, aber nur 17% der Franzosen dem zustimmen. Beide sind sich jedoch einig, dass Frankreich so gut wie keine Rolle spielt (7% der Deutschen, 4% der Franzosen). Übereinstimmung besteht auf beiden Seiten, dass die Bewältigung der Euro-/Schuldenkrise eine gemeinschaftliche Aufgabe sei (Deutsche: 54%, Franzosen: 52%) und je zwei Drittel der Befragten auf beiden Seiten sehen einen damals noch hypothetischen Austritt Großbritanniens aus der EU mit Gelassenheit. Unterschiedlich wird wiederum 100 Jahre nach dem Ersten Weltkrieg die Gefahr eines neuen großen Krieges in Europa gesehen: Während die französische Bevölkerung deutlich größere Sorgen um einen neuen Krieg äußert als die deutsche, macht sich die Mehrheit der Bevölkerung in beiden Ländern wenig oder gar keine Sorgen.

Bei einer ähnlichen Meinungsumfrage[20] ein Jahr später (Erhebungszeitraum: 18. bis 24. Juni 2015), wiederum im Auftrag des Saarländischen Rundfunks und des Deutsch-Französischen Journalistenpreises, spielten Gegenwartsprobleme wie insbesondere der Terrorismus und die Flüchtlingsfrage eine herausragende Rolle. Beide Gruppen der Befragten waren sich darin einig, dass die innere Sicherheit ein zentrales Thema für die deutsch-französische Zusammenarbeit sei (58% der Deutschen, 57% der Franzosen); an zweiter Stelle rangierte die Flüchtlingspolitik, die für 75% der deutschen und 24% der französischen Befragten wichtig war. Auf Platz drei der Skala folgte der Klimaschutz (43% der Deutschen, 32% der Franzosen) und an letzter Stelle das Thema Arbeitsplätze, das 34%

20 Infratest Dimap und TNS Sofres 2015, im Auftrag des Saarländischen Rundfunks. Stabilität kennzeichnet deutsch-französische Beziehungen. www.infratest-dimap.de/umfragen-analysen/bundesweit/umfragen/aktuell/stabilitaet-kennzeichnet-deutsch-franzoesische-beziehungen/ [Zugriff am 02.05.2017].

der deutschen, aber 59% der französischen Befragten für entscheidend in der deutsch-französischen Zusammenarbeit hielten. Die Frage nach der Wahrnehmung der deutsch-französischen Beziehungen als gleich- oder ungleichgewichtig wurde wie im Vorjahr eindeutig mit der tonangebenden Rolle Deutschlands beantwortet: sie gelten als »stabil, aber nicht auf Augenhöhe«. Interessanterweise waren sich die Befragten in beiden Ländern darin einig, dass für den gegenseitigen Umgang das Erlernen der Nachbarsprache von großer Bedeutung ist (58% in Deutschland, 60% in Frankreich).

Zu Beginn des Jahres 2017 wurde eine neue Umfrage[21] vorgestellt, die vom Meinungsforschungsinstitut CSA im Auftrag der deutschen Botschaft im November 2016 in Frankreich als Online-Umfrage durchgeführt worden war. Die Ergebnisse bestätigen im Allgemeinen die Umfragewerte von 2012/13, die ein gutes Einvernehmen zwischen beiden Ländern festgestellt hatten, wenn auch die Tendenz zu einer partnerschaftlichen Zusammenarbeit eher als zu einer Freundschaftsbeziehung insbesondere bei der jüngeren Generation zu beobachten ist.[22] Wichtig erscheint jedoch die Feststellung, dass aus französischer Sicht weniger ein Misstrauen als eine Unkenntnis des Nachbarlandes eine wichtige Rolle spielt.

21 CSA 2016, im Auftrag der Deutschen Botschaft in Frankreich. L'Allemagne vue de France, davantage de méconnaissance que de méfiance. http://m.allemagneen-france.diplo.de/contentblob/5019042/Daten/7370334/sondagecsa2017datei.pdf [Zugriff am 02.05.2017].

22 vgl. Robin, Jean-Pierre. Les grands admirateurs de l'Allemagne, espèce en forte diminution en France. In: LeFigaro.fr, 01.03.2017. www.lefigaro.fr/conjoncture/2017/03/01/20002-20170301ARTFIG00348-les-grands-admirateurs-de-l-allemagne-espece-en-forte-diminution-en-france.php [Zugriff am 02.05.2017].

Was lässt sich aus den verschiedenen Meinungsumfragen für die Wahrnehmung und das Verständnis des anderen Landes ableiten?

Alle repräsentativen Meinungsumfragen, die anlässlich des 50-jährigen Bestehens des Élysée-Vertrages durchgeführt wurden, zeigen, dass es ein positives Einvernehmen zwischen beiden Gesellschaften gibt. Deutsche und Franzosen sehen sich als unverzichtbare Partner, als Schicksalsgemeinschaft in Europa, auch wenn das deutsch-französische Verhältnis nicht mehr überwiegend von der Geschichte und durch den Krieg geprägt ist. Sehr viel mehr als Fragen mit der durch Kriege gezeichneten Vergangenheit sind die Herausforderungen der Gegenwart und der Zukunft im europäischen Kontext entscheidend, auch wenn der Krieg als verinnerlichter Bezugspunkt auf französischer Seite immer noch vorhanden zu sein scheint. Dies gilt auch für die auf die Zukunft bezogene Gefahr eines neuerlichen größeren Krieges in Europa, die ein Kriegstrauma durchscheinen lässt. Ein Zitat von Carlo Schmid scheint in diesem Zusammenhang aufschlussreich, der an die deutsche Seite gerichtet sagte: »[…] die Franzosen werden erst dann vergessen können, wenn sie genau wissen, dass wir Deutschen *nicht* vergessen, warum es so kommen konnte!«[23]

Ein wesentlicher Bestandteil des Bildes des jeweils anderen Landes rührt hingegen von den aktuellen Herausforderungen her, vor die beide Länder gestellt sind und die man gemeinsam angehen muss. Deutschland, das ist unverkennbar, wird dabei eine entscheidendere Rolle als politischer Akteur und Wirtschaftsmacht in Europa zugestanden. Dieses hat die Entstehung eines Ungleichgewichts in den deutsch-französischen Beziehungen zufolge, dessen Wirkung auf längere Sicht noch nicht absehbar ist. Wenn auch auf deutscher Seite eine Führungsrolle[24] in Europa nicht gewollt und

23 Schmid 1949, S. 196.

24 In diesem Zusammenhang ist die Neujahrsansprache 2017 der Bundeskanzlerin Angela Merkel interessant, die im Hinblick auf die Rolle Deutschlands in Europa

angestrebt wird, so ist die faktische Überlegenheit der deutschen Position in Wirtschaft und Politik doch ein Anlass zur Beunruhigung und zu ständigen Vergleichen mit dem übermächtigen Nachbarland.

Stereotype Zuschreibungen werden erkennbar, wenn nach den wichtigsten positiven Eigenschaften des Nachbarn gefragt wird. »Die Deutschen« werden als besonders gründlich, diszipliniert und fleißig, »die Franzosen« vorrangig als genießerisch, individualistisch und kreativ, verführerisch und charmant bezeichnet.[25] Es bleibt zu überlegen, ob es sinnvoll ist, derartige, die Stereotypen bedienende Fragen zu stellen oder gar mit ausgewählten Adjektiven die Antworten der Befragten vorzustrukturieren. An dem Erkenntniswert solcher Frage-Antwort-Mechanismen, die Stereotype fördern, indem sie sie selbst benutzen, lässt sich m.E. mit Recht zweifeln.

Erstaunlicherweise wird selten oder gar nicht nach kulturellen Traditionen, Lese- und/oder Mediengewohnheiten gefragt. Wenn man jedoch weiß, wie sehr das Sprachenlernen, Bücher, auch Comics und gerade Kriminalromane oder Kriminalfilme Wahrnehmungswelten sind, die sehr prägend wirken, dann ist es überraschend zu sehen, welch geringe Bedeutung kulturellen Erfahrungen im Rahmen von Meinungsumfragen zugebilligt wird. Es bedarf offenbar immer wieder kultureller Großereignisse, wie beispielsweise die Frankfurter Buchmesse 2017, bei der Frankreich »Gastland« ist, um die Bedeutung und Wirksamkeit anderer Kulturräume in das breitere Bewusstsein zu rufen.

---

sagte: »Wo Europa […] als Ganzes herausgefordert wird, muss es auch als Ganzes die Antwort finden – egal, wie mühsam und zäh das ist. Und wir Deutschen haben jedes Interesse daran, eine führende Rolle dabei zu spielen.« In: www.bundesregierung.de/Content/DE/Bulletin/2017/01/Anlagen/01-1-bk.pdf?__blob=publicationFile&v=2 [Zugriff am 02.05.2017].

25 vgl. IFOP 2013, Umfrageergebnisse von 2012/13.

Die Perzeption des »Anderen« in Krisensituationen

In Krisenzeiten gewinnt die deutsch-französische Partnerschaft eine neue Bedeutung und Qualität. Es scheint geradezu, als ob es krisenhafter Zuspitzungen bedarf, um den tatsächlichen Wert der deutsch-französischen Beziehungen unter Beweis zu stellen. Dieser »Stresstest« ist offenbar erforderlich, um der politischen, aber darüber hinaus auch der breiten oder allgemeinen Öffentlichkeit den besonderen Stellenwert des deutsch-französischen Verhältnisses in Erinnerung zu rufen. Vielleicht kann man in diesem Sinn durchaus von einem deutsch-französischen Sonderverhältnis sprechen, dies weniger wegen seiner exklusiven, d.h. andere verdrängenden oder ausgrenzenden Funktion, als auf Grund der realen, objektiven Bedeutung, die diesen beiden großen, strukturell in großem Maße unterschiedlichen Ländern im Zentrum Europas zukommt. Damit geht parallel eine besondere Verantwortung einher, derer sich die politischen Akteure, aber auch die Medienöffentlichkeit bewusst sind, zumindest in Krisenzeiten, die angesichts der europäischen Aktualität (Brexit, Zunahme populistischer Bewegungen und Tendenzen) eher zu- als abnehmen.

Hieraus lässt sich jedoch nicht schließen, dass Rationalität in krisenhaften Situationen überwiegt, eher scheint das Gegenteil zuzutreffen. Gerade dann, so scheint es, gibt es Raum für stereotype Zuweisungen und Stimmungsbilder, die zirkulär das Bild des Nachbarn beeinflussen und so auf die Wahrnehmung der deutsch-französischen Beziehungen zurückwirken.

Parallel zu dem, wie die Meinungsumfragen bestätigen, positiven Grundbild des Nachbarn gibt es instabile, sich schnell verändernde, sozusagen schwankende Stimmungsbilder, welche von Politik und Wirtschaft geprägt sind. Diese Stimmungsbilder wirken sich auf die Haltung der Bevölkerung und auf die Beziehung zwischen den Nachbarländern aus. Dass es die besondere Aufgabe der Kultur ist, diesem Stimmungskurven entgegenzuwirken, wird an späterer Stelle ausgeführt.

In der heutigen Zeit, die durch die Existenz sozialer Medien gekennzeichnet ist, entstehen und zirkulieren Bilder, Fotografien, Zitate und andere Meinungsäußerungen besonders schnell. Welche Bedeutung diesen simultan übermittelten Informationen zukommt, ist derzeit wohl eher nur spekulativ zu erahnen als empirisch zu ermitteln. Die Gefahr, dass durch die sozialen Medien und die ihnen eigenen Regeln (Beschränkung der Zeichen bei Twitter, Übermittlung von Kurzinformationen, deren Wiedererkennungswert hoch ist im Falle von Facebook) pauschale, eher stereotype Bewertungen und Zuweisungen zunehmen, ist nur zu vermuten. In diesem Kontext kann nicht weiter darauf eingegangen werden; es scheint aber lohnend, den Implikationen dieser privat- bzw. halböffentlichen Informationsvermittlung in Zukunft mehr Bedeutung und Gewicht beizumessen. Angesichts der zunehmenden Nutzung und Verbreitung der sozialen Medien wäre es interessant, ihren Wirkungsgrad als strukturbildende Informationen in künftigen Untersuchungen und Meinungsumfragen zu berücksichtigen.

In der öffentlichen Medienberichterstattung, die hier im Mittelpunkt steht, erscheint es interessant und weiterführend, den Blick auf die Darstellung von Ereignissen mit europaweiter Bedeutung zu richten. Wenn die Repräsentationen des Nachbarlandes um die europäische Dimension erweitert wird, so wird damit auch der Tatsache Rechnung getragen, dass beide Länder, Deutschland und Frankreich, die wichtigsten Partner in Europa, der Motor der europäischen Integration sind. Gerade in den jüngsten europäischen Krisen (Eurokrise, Griechenland- und »Flüchtlingskrise«) hat sich gezeigt, dass Deutschland und Frankreich der Schlüssel zu Europa sind. Man könnte auch den französischen Staatspräsidenten François Hollande zitieren, der in seiner Europarede[26] in der Abbaye des Vaux-de-Cernay am 31.03.2017 sinngemäß gesagt hat: « tout

26 Rede François Hollandes im Rahmen des dritten Think Tanks Tandems zu Europa, Abbaye des Vaux-de-Cernay, 31.03.2017. www.elysee.fr/videos/new-video-133/ [Zugriff am 02.05.2017].

Européen est d'abord franco-allemand – jeder Europäer ist zu allererst Deutsch-Franzose.»

Die Griechenland-Krise

Politische Krisensituationen, wie sie Europa in den letzten Jahren vermehrt erlebt hat, zeigen in erster Linie, wie fragil und auch, wie schwankend und instabil die Vorstellungen sind, die die politisch-mediale Öffentlichkeit von den europäischen Nachbarländern hat. Insbesondere das wirtschaftlich und politisch starke Deutschland mit seiner Solidität und Disziplin verkörpernden Kanzlerin ist in Krisenzeiten im Zentrum aller Bilder und Vergleiche: In der sogenannten Griechenland-Krise im Juni/Juli 2015, in der Deutschland als verhasster Zuchtmeister personifiziert wird, reagiert insbesondere die griechische Presse mit Nazi-Vergleichen und Bildern. Einmal abgesehen davon, dass diese gezielt eingesetzten Bilder als unhistorische »Zitate« die eigentliche Funktion haben, negative Stimmungsbilder durch Projektionen zu erzeugen, so kann gleichzeitig nicht geleugnet werden, dass derartige Instrumentalisierungen der Geschichte sofortige Wirkung zeigen. Aber nicht nur in den griechischen und ausländischen Medien wird die Kanzlerin mit Hitlerbärtchen, an anderer Stelle mit Pickelhaube, gezeichnet, so auch im Juli 2015 auf der Titelseite der französischen Wochenzeitung »Marianne«, mit der Schlagzeile »Ein Abkommen? Nein, ein Diktat!«[27]; paradoxerweise verwendet auch die BILD-Zeitung in der gleichen Situation das Bildmotiv der Kanzlerin mit preußischer Pickelhaube und titelt »Heute brauchen wir die Eiserne Kanzlerin«.[28] Die Langlebigkeit solch vermeintlich historischer Anspielungen zeigte sich unlängst auch in der Türkei-Krise, als die

27 Marianne, Nr. 952, 17.07.2015-23.07.2015.

28 BILD vom 07.07.2015.

türkische Tageszeitung (Günes)[29] im März 2017 die Kanzlerin in Uniform und mit Hitlerbärtchen neben einem Hakenkreuz auf der Titelseite abbildete.

Deutschland als Zuchtmeister Europas ist ein sehr weit verbreitetes Bild in Medien während der Griechenlandkrise, die zugleich eine Krise des Euros und der Euroregion war. Bei diesen gezielt eingesetzten populistischen Stimmungsbildern ist davon auszugehen, dass es den Autoren darauf ankommt, eine bestimmte Wahrnehmung von außen als Fremdwahrnehmung durchzusetzen. Dass sich dies, wie im Falle der BILD-Titelseite, mit der intendierten Eigenwahrnehmung deckt, zeigt die absurde Rolle und die Funktionalisierung dieses Selbstbildes.

Im Hinblick auf den komplexen Wirkungszusammenhang zwischen Selbst- und Fremdbild der deutschen Politik in der Griechenlandkrise vertrat Jürgen Habermas im »Guardian« die Auffassung, die deutsche Regierung habe erstmals mit ihrer disziplinarischen Grexit-Drohung einen Hegemonialanspruch in Europa ausgesprochen, zumindest sei es so aufgefasst worden, als wollte sie es, und diese Perzeption allein zähle.[30] Der Soziologe und Frankreichkenner Wolf Lepenies meinte in der »Welt« vom 08.07.2015: »Aus der Schuldenkrise ist eine Vertrauenskrise geworden, die zu einer Lagerbildung geführt hat. Die deutsche Politik mag sich damit trösten, Länder wie Slowenien und Litauen auf ihrer Seite zu wissen – der Süden Europas schmiedet eine Koalition gegen das als arrogant empfundene Berlin. […] Der entschiedene Widerstand gegen einen temporären Grexit kam nicht aus Griechenland, sondern aus Frankreich. In Brüssel hat sich gezeigt, wie viel Routine – Küsschen links, Küsschen rechts – und wie wenig Substanz anscheinend in den deutsch-französischen Konsultationen steckt.«[31]

29 Günes vom 17.03.2017.

30 Interview mit Jürgen Habermas. Jürgen Habermas's verdict on the EU/Greece debt deal. In: The Guardian, 16.07.2015. www.theguardian.com/commentisfree/2015/jul/16/jurgen-habermas-eu-greece-debt-deal [Zugriff am 02.05.2017].

31 Lepenies, Wolf. Post aus Frankreich. In: Welt vom 18.07.2015.

In der Griechenland-Krise war die deutsche Öffentlichkeit mit der Wiederkehr des Bildes des hässlichen Deutschen in Südeuropa konfrontiert worden, das sie umso mehr überraschte, als sie sich selbst »an die politische Rhetorik eines unglaublich weltoffenen und modernen Landes gewöhnt« hatte.[32]

Die Flüchtlingsdebatte

Nur wenige Wochen später, als die Bundeskanzlerin am 31. August 2015 vor der Bundespressekonferenz den denkwürdigen Satz »Wir schaffen das« im Hinblick auf die steigenden Flüchtlingszahlen äußerte, drehte sich das Deutschlandbild im Ausland mit einem Schlag ins Positive: »Internationale Medien formten das Bild von Deutschland als Zuchtmeister, dem es an Empathie fehlt. Nun aber sind ganz andere Töne aus dem Ausland zu vernehmen. Plötzlich gilt Angela Merkel als Vorbild in Sachen Menschlichkeit, Deutschland als ein Land, in dem Mitgefühl und Moral regieren.«[33] Die Hohe Vertreterin der EU für Außen- und Sicherheitspolitik, Federica Mogherini, wird mit den Worten zitiert: »Deutschland ist mit seiner grandiosen Aufnahmebereitschaft heute das Gesicht der EU.«[34]; während in dem Kommentar der französischen Tageszeitung »Le Parisien« vom 07.09.2015 (« Vilipendée lorsqu'elle se montrait inflexible face à la Grèce sur la dette, l'Allemagne redore son blason et apparaît cette fois comme un modèle de solidarité lorsqu'il s'agit d'aider les centaines de milliers de migrants en

32 Soboszynski, Adam. Eurokrise: Die Ungeliebten. In: ZEIT Nr. 30/2015, 23.07.2015.

33 Kämper, Vera. Ausländische Presse zur Flüchtlingskrise. Vorbild Deutschland. In: SPIEGEL online, 01.09.2015. www.spiegel.de/politik/ausland/fluechtlingskrise-auslaendische-medien-loben-deutschland-als-vorbild-a-1050931.html [Zugriff am 02.05.2017].

34 Mogherini, Federica, zitiert nach Kreimer, Paul. In Italien ist die Kritik an Deutschland verstummt. In: Tagesspiegel, 08.09.2015. www.tagesspiegel.de/politik/fluechtlingskrise-in-italien-ist-die-kritik-an-deutschland-verstummt/12291700.html [Zugriff am 02.05.2017].

détresse.»[35]; »Scharf kritisiert, als es sich gegenüber Griechenland in der Schuldenfrage unflexibel zeigte, vergoldet Deutschland heute sein Wappen und erscheint diesmal als Modell der Solidarität, als es darum geht, Hunderttausenden von unglücklichen Flüchtlingen zu helfen«.) noch die Spuren des negativen Deutschlandbilds in der unlängst zuvor sich ereignenden Griechenland-Krise deutlich erkennbar sind, veröffentlicht das politische Magazin «Le Point» in seiner Ausgabe vom 10.09.2015 die berühmt gewordene Titelseite mit dem Foto der Kanzlerin und dem überaus positiven Spruch «L'incroyable Madame Merkel. Si seulement elle était française» (»Die unglaubliche Frau Merkel. Wäre sie doch nur Französin«).

Der erstaunliche Wechsel innerhalb weniger Wochen vom Negativbild zu einer Wunschprojektion wirkt auch auf die deutschen Medien irritierend und löst Zweifel ob der »Belastbarkeit« dieses neuen Deutschlandbildes aus, um einen häufig benutzten Begriff zu zitieren: »Es sind übrigens dieselben Politiker, dieselben Deutschen, die noch vor Wochen, am Ende der Griechenlandkrise, als hartherzig und kalt galten. Das Klischee, das sich die anderen von den Deutschen gemacht hatten, zerfällt. Hoffentlich zerfällt nicht auch dieses neueste Klischee, das von den grundguten wie gründlichen, warmherzigen und organisierten Deutschen. Denn ohne die deutsche Avantgarde dürfte die EU binnen Wochen in einen Selbstabgrenzungswettbewerb abrutschen.«[36]

Der VW-Abgasskandal

Nach den Nazi-Vergleichen im Umfeld der Griechenland-Debatte und dem SPIEGEL-Cover (vom 18.09.2015) mit Angela Merkel als »Mutter Angela« und der Focus-Titelgeschichte »Heldin

35 L'Allemagne redore son blason avec la crise des réfugiés. In: LeParisien.fr, 07.09.2015. www.leparisien.fr/flash-actualite-monde/l-allemagne-redore-son-image-avec-la-crise-des-refugies-07-09-2015-5069913.php [Zugriff am 02.05.2017].

36 Bittner, Jochen et al. Flüchtlinge. Willkommen, und jetzt? In: ZEIT Nr. 37/2015.

in Not« (vom 18.09.2015) dauerte es wiederum nur wenige Tage, bis das Bild Deutschlands im In- und Ausland durch die Aufdeckung des VW-Abgasskandals erneut in Mitleidenschaft gezogen wurde, diesmal, indem das Image der Marke »Made in Germany« ins Zwielicht geriet. Wenngleich einschränkend gesagt werden muss, dass es einen gewichtigen Unterschied machen sollte, ob die deutsche Regierungspolitik als Repräsentanz Deutschlands kritisch wahrgenommen wird oder ein deutscher Autokonzern durch Manipulation von Abgaswerten für Negativschlagzeilen sorgt, so muss dennoch festgestellt werden, dass ein politischer und nicht nur wirtschaftspolitischer Schaden in der Öffentlichkeit entstanden ist, der umso nachhaltiger ist, als sich Deutschland im Ausland selbst eher als Wirtschaftsmacht denn als politische Macht präsentiert. Als einen »globalen Image-Crash« bezeichnet der SPIEGEL den VW-Abgasskandal und präsentiert eine interessante Medienschau[37]:

»Katastrophe« kommentiert der »Figaro« – auf Deutsch – den Skandal bei den Nachbarn. Zur Trickserei bei Volkswagen titelt das Blatt dramatisch: »Abstieg in die Hölle«. Die linke Libération beschreibt das »Dieselgate« als Schock für die deutsche Wirtschaft, die Tageszeitung »Le Monde« sieht die »Dämmerung einer Ikone« heraufziehen.

Mit »Vergiftete Lüge« überschreibt auch die Tageszeitung »Le Parisien« ihre Berichterstattung und wähnt bittere Folgen für das Image »der gesamten Wirtschaft«. Damit werde ausgerechnet der deutsche Vorzeigekonzern zum »Koloss auf tönernen Füßen«, so das Blatt und sieht den Ruf »Made in Germany« desavouiert.

Zumal die deutschen Hersteller in Frankreich gern mit ihrer Herkunft hausieren gehen.[…] »Nicht nötig, Deutsch zu können«, heißt

37 Medick, Veit et al. VW-Skandal. Globaler Image-Crash. In: SPIEGEL online, 24.09.2015. www.spiegel.de/politik/ausland/volkswagen-vw-skandal-als-globaler-image-crash-a-1054634.html [Zugriff am 02.05.2017].

es in dem Spot, »um zu verstehen, dass der Opel ein echter deutscher Wagen ist.« Audi France beendet seine Werbeclips mit dem Hinweis »Vorsprung durch Technik«, und die Autobauer aus Wolfsburg senden in TV-Spots den deutschsprachigen Slogan: »VW – Das Auto«.

Das ist nun vorbei: Das Argument vom »sauberen Motor«, vom »grünen Auto« entlarvt die satirische Wochenzeitung »Canard Enchaîné« als trickreiches »Greenwashing« und höhnt: »Ein neuer Triumph für die deutsche Wirtschaft – Volkswagen hat den Lügen-Diesel erfunden.«

Deutsche Politiker, wie der damalige Bundeswirtschaftsminister Sigmar Gabriel, gaben sich selbstbewusst-beschwichtigend: »Dass das ein schlimmer Vorfall ist, ist, glaube ich, klar. Ich bin aber sicher, dass das Unternehmen schnell und restlos den Fall aufklären und die denkbar eingetretenen Schäden wiedergutmachen wird. Der Begriff ›Made in Germany‹ ist weltweit ein Qualitätsbegriff. Aber ich glaube nicht, dass das ein dauerhafter und prinzipieller Schaden für die deutsche Industrie ist.«[38] Bundespräsident Gauck, auf Auslandsreise in Südkorea, stellte ebenfalls fest: »Ich konnte keine Einschränkung des Bildes von Deutschland [...] wahrnehmen, dafür bin ich natürlich dankbar.«[39] (Automobilwoche vom 12.10.2015).

Der französische Politiker Laurent Wauquiez, Generalsekretär der Republikaner, hingegen verallgemeinerte, mit unüberhörbar polemischem Unterton, indem er Volkswagen als «*l'incarnation d'une forme d'arrogance du made in Germany*» apostrophierte und den Faktor einer deutsch-französischen Konkurrenz ins Spiel

38 Gabriel nennt VW-Manipulationen »schlimm«. In: Handelsblatt.com, 21.09.2015. www.handelsblatt.com/wirtschaft-handel-und-finanzen-gabriel-nennt-vw-manipulation-schlimm/12348648.html [Zugriff am 02.05.2017].

39 Abgas-Skandal: Gauck sieht Deutschland-Bild in Südkorea nicht beschädigt. In: Automobilwoche.de, 12.10.2010. www.automobilwoche.de/article/20151012/AGENTURMELDUNGEN/310129996/gauck-sieht-deutschland-bild-in-sudkorea-nicht-beschadigt [Zugriff am 02.05.2017].

brachte und feststellte: « *C'est d'abord un scandale qui éclabousse le made in Germany et c'est l'opportunité pour moi de remettre en avant le made in France.* » (»Das ist zuerst ein Skandal, der das ›Made in Germany‹ beschmutzt und es ist aus meiner Sicht zugleich eine Gelegenheit, das ›Made in France‹ nach vorne zu bringen«.[40]). Sehr viel moderater urteilte « Le Monde »: »Die Affäre beschädigt das Image der Europäer, die gern Lektionen erteilen und sich rühmen, Vorreiter im Kampf gegen Umweltverschmutzung und gegen die Klimaerwärmung zu sein.«[41]

Odile Benyahia-Kouider, Journalistin und seit 2015 in der Redaktion des « Canard enchaîné » beschäftigt, die für ihr Buch « L'Allemagne paiera » (Editions Fayard 2013) den *Prix du meilleur livre économique* (den »Preis für das beste Wirtschaftsbuch«) erhielt, bekannte in einem Interview zur Volkswagen-Affäre: »Ich glaube, das war vor allem ein großes Thema, weil jeder Volkswagen kennt. [...] Dass die Deutschen als sehr umweltbewusst gelten, hat die Aufmerksamkeit sicher noch gesteigert. Was mich aber am meisten schockiert, ist, dass Volkswagen belogen und betrogen hat. Und das steht in der Tat im Gegensatz dazu, wie Deutschland seinen Nachbarn gegenüber auftritt, zum Beispiel in der Schuldenkrise, in der Deutschland den Griechen vorgeworfen hat, über ihren Schuldenstand gelogen zu haben.«[42]

40 Wauquiez, Laurent, zitiert in: Pour Wauquiez, Volkswagen symbolise « l'arrogance du ‹ made in Germany › ». In: LeFigaro.fr, 23.09.2015. www.lefigaro.fr/politique/le-scan/citations/2015/09/23/25002-20150923ARTFIG00079-pour-wauquiez-volkswagen-symbolise-l-arrogance-du-8220made-in-germany8221.php [Zugriff am 02.05.2017].

41 Presseschau von ZEIT online, Volkswagen-Skandal: Die Marke Made in Germany ist beschädigt, 23.09.2015. www.zeit.de/wirtschaft/2015-09/vw-abgas-skandal-internationale-presseschau [Zugriff am 02.05.2017].

42 Zitiert nach: Vannier, Sébastien. Merkel, Merkel und nochmals Merkel. Deutschland in der französischen Presse. Interview mit Odile Benyahia-Kouider. In: Claire Demesmay, Christine Pütz, Hans Stark (Hrsg.), Frankreich und Deutschland – Bilder, Stereotype, Spiegelungen. Wahrnehmungen des Nachbarn in Zeiten der Krise. S. 95.

Deutschlands Stärke

Deutschland wird von seinen europäischen Nachbarn und zuvorderst von Frankreich, das zeigen alle Zitate und Kommentare, sehr genau und kritisch beobachtet. Dies hängt mit seiner tatsächlichen Größe, zu der auch die immer noch gegebene demographische Überzahl gehört, zusammen; dazu gehört aber in erster Linie seine wirtschaftliche Stärke, die Deutschland in der Wahrnehmung der anderen europäischen Mitgliedsländer zu einem faktischen Machtzentrum in Europa macht. Das hieraus resultierende Machtgefälle im Vergleich zu den anderen Nachbarländern provoziert kritische Reaktionen, die nicht selten bis hin zu einem mehr oder weniger latenten Gefühl des Misstrauens reichen. Die Eurokrise, die das unzureichende wirtschaftspolitische Instrumentarium der Eurozone zutage brachte, ist dabei ein besonders markantes Ereignis, das die gegenseitigen Ansprüche deutlich werden lässt: Das Pochen deutscherseits auf die Einhaltung der Regeln, die Erwartung im Hinblick auf mehr Solidarität und Flexibilität auf der anderen Seite. Deutschland wird, ob es will oder ob dies berechtigt ist oder nicht, in den letzten Jahren zunehmend mit einer stärkeren Erwartungshaltung im Hinblick auf Ausgleichshandlungen konfrontiert, die aus seiner Sicht nicht gerechtfertigt oder leistbar sind.

Die Ergebnisse der schon erwähnten deutsch-französischen Meinungsumfrage, ermittelt von CSA im Dezember 2016 im Auftrag der Deutschen Botschaft in Frankreich, scheinen diese These zu bestätigen: Deutschland wird vor allem als Wirtschaftsmacht gesehen (80% des breiten Publikums versus 61% bei den Jüngeren) und erst danach in seiner politischen Rolle (62% der älteren versus 55% bei den jüngeren Franzosen). Interessanterweise erwähnt die Hälfte der befragten Deutschen im Hinblick auf Frankreich zunächst seine politische, danach seine kulturelle Ausstrahlung. Die wirtschaftliche Bedeutung Frankreichs rangiert mit deutlichem Abstand an dritter Stelle. Eine negative Rückwirkung des schlechten Europa-Images auf das Deutschlandbild vermutet das

Meinungsforschungsinstitut CSA, das die Ergebnisse seiner Studie im Frühjahr 2017 präsentierte. Bei aller grundsätzlich positiven Gesamteinschätzung der deutsch-französischen Beziehungen ist jedoch eine gewisse Zurückhaltung bei den befragten Franzosen erkennbar, die die Beziehung zum Nachbarland Deutschland positiv, aber überwiegend als partnerschaftlich denn freundschaftlich betrachten. Die Wahrnehmung der deutschen Stärke und einer Asymmetrie im Verhältnis zu Frankreich spielt dabei eine große Rolle und fördert die Entstehung von stereotypen Denkmustern.

Gelegentlich wird sogar eine »regelrechte Deutschlandobsession in Frankreich« beobachtet, »so sehr erregt das ›deutsche Modell‹, ob bewundert oder geschmäht, dort die Gemüter«[43]; andererseits wird »Deutschland für innenpolitische Zwecke«, so häufig vor Präsidentschaftswahlen, missbraucht: »Ich habe das Gefühl, wer sich für Deutschland interessiert, der wird sofort rechts eingeordnet, auch wenn er sich gar nicht positiv geäußert hat«, berichtet Odile Benyaha-Kouider[44], die für diese neue Germanophobie auf dem linken Parteienspektrum insbesondere den früheren Wirtschaftsminister Arnaud Montebourg (mit seinem Merkel/Bismarck-Vergleich) und den soeben gescheiterten linksradikalen Präsidentschaftskandidaten Jean-Luc Mélenchon verantwortlich macht, der 2015 das Pamphlet « Le hareng de Bismarck » (»Der Bismarckhering«) mit dem bezeichnenden Untertitel « le poison allemand » (»das deutsche Gift«) veröffentlicht hat.

Das Buch von Mélenchon gehört zu einer Reihe von französischen Büchern[45], die in den letzten Jahren erschienen sind und

43 vgl. Demesmay, Claire. Schüler mit Hausaufgaben. Frankreich in der politischen Debatte Deutschlands. In: Claire Demesmay, Christine Pütz, Hans Stark (Hrsg.), Frankreich und Deutschland – Bilder, Stereotype, Spiegelungen. Wahrnehmungen des Nachbarn in Zeiten der Krise, S. 49.

44 Vannier, Sébastien. Merkel, Merkel, nochmals Merkel. Deutschland in der französischen Presse. Interview mit Odile Benyahia-Kouider. In: Frankreich und Deutschland, ebd. S. 94 f.

45 Unter anderen: *Qui sont les Allemands ?* von Jean-Louis de la Vaissière (2011), *France-Allemagne, un marché de dupes ?* von Bertrand Gallicher (2013), *Made in Germany. Le modèle allemand au-delà des mythes* von Guillaume Duval (2013),

sich mit dem Nachbarland Deutschland auseinandersetzen. Umgekehrt gibt es auffallend wenig Neuerscheinungen, die eine vertiefte Frankreichanalyse betreiben. Im Umfeld der Frankfurter Buchmesse 2017 mit Frankreich als Gastland ist sicherlich, neben literarischen Übersetzungen, die erfreulich zahlreich sind, mit dem Erscheinen neuer Bücher über Frankreich zu rechnen. Es scheint so, als sei Frankreich für die deutschen Verlage und Medien heute nicht besonders attraktiv, das Image als krisenbehaftetes Land, das wirtschaftlich wenig von sich reden macht, unter einer hohen Arbeitslosenquote leidet, sich reformresistent zeigt und von häufigen Korruptionsskandalen heimgesucht wird, hat in den Augen deutscher Beobachter in den letzten Jahren keine Positivwerte erzielen können. Das verbreitete »Hollande-Bashing«, nicht nur in Frankreich, sondern auch im Ausland anzutreffen, hat das Übrige dazu getan, um kein wirkliches Interesse an dem Nachbarland zu wecken, das weiterhin zwar als grundsätzlich sympathisch, aber kompliziert und – trotz eines ausgebauten Hochgeschwindigkeitsnetzes – nicht wirklich modern und attraktiv-zukunftszugewandt erscheint. Neue Entwicklungen widersprechen diesem Bild und erwähnen innovative Kräfte in Frankreich, wie die hohe Anzahl von Start-ups und technologische Errungenschaften unter Beteiligung der Forschung (z.B. Informatik, Drohnen, Biotechnologie).

Zu diesem in Deutschland verbreiteten Bild eines krisengeschüttelten Landes trägt umgekehrt im Sinne einer Spiegelung das chronisch-negative Selbstbild bei, das die Franzosen von sich selbst haben. Die Vorstellung von dem eigenen Abstieg oder « *décrochage* » ist für die Herausbildung eines attraktiven Selbstbildes hinderlich, sie verstärkt aber auch das Unterlegenheitsgefühl und damit einhergehend latente antideutsche Stimmungen, die sich in Vorurteilen oder historisch unangemessenen Vergleichen entladen können.

Vive l'Allemagne! von Alain Minc (2013), *Petite histoire de la germanophobie* von Georges Valance (2013), *L'Allemagne paiera* von Odile Benyahia-Kouider (2013).

»Die Franzosen sind Gefangene eines tiefsitzenden Antigermanismus und ihres eigenen Pessimismus«, befindet Alain Minc: *»Sie halten den Aufstieg Deutschlands für unumkehrbar und meinen deshalb, Berlin werde der imperialen Versuchung nicht widerstehen können. Das ist jedoch absolut falsch. Die Bundesrepublik trachtet nicht danach, die Welt oder Europa zu beherrschen, sondern sie will eine Art ›große Schweiz‹ sein – erfolgreich und friedlich und sich so weit wie möglich aus den Erschütterungen der internationalen Konflikte heraushaltend.«*[46]

Die nüchterner denkenden Deutschen sind weniger an Frankreich interessiert, weil Frankreich in den letzten Jahren aus ihrer Sicht objektiv an Bedeutung und europäischer Verlässlichkeit verloren hat. Im Umfeld der französischen Präsidentschaftswahlen jedoch und unter dem Eindruck eines bedrohlich gesehenen Wahlerfolgs von Marine Le Pen und des Front National ist in Deutschland ein neues und intensives Interesse an den politischen und sozialen Hintergründen dieser Entwicklung entstanden, das es in dieser ausgeprägten Weise noch nie gegeben hat. Die deutsche Bevölkerung einschließlich der Medien ist sich offenbar der großen Gefahr bewusst geworden, die ein Sieg von Marine Le Pen für ganz Europa bedeuten würde und versucht, z.B. mit »Pulse of Europe«-Demonstrationen, die breite Öffentlichkeit in vielen europäischen Ländern, auch in Frankreich selbst, gegen die von der FN und populistischen Bewegungen ausgehenden Gefahren zu mobilisieren.

Wie kann der Stereotypen- und Klischeebildung entgegengewirkt werden?

Die krisenhaften Entwicklungen in Europa haben die Benutzung nationaler Stereotypen gefördert und der Klischeebildung

46 Minc, Alain. Vive l'Allemagne. Was Deutschland alles richtig macht – und was nicht, Freiburg/Breisgau 2014, S. 8.

Vorschub geleistet, das haben unsere Ausführungen gezeigt. »Die Krisen in der EU haben die Spannungen zwischen Deutschland und Frankreich verstärkt und dabei das Ansehen des jeweiligen Partners beschädigt«, befindet auch Hans Stark.[47] Verantwortlich für die so entstandenen Bilder sind in erster Linie die Medien und die politischen Akteure selbst, die gerade in schwierigen Situationen auf stereotype Zuweisungen und Deutungen zurückgreifen, die wenn nicht immer präsent, so doch latent vorhanden sind. Die Gefahr kurzfristiger politischer Mobilisierung und Instrumentalisierung ist stets vorhanden und insofern berechtigt.

Dennoch muss die Frage erlaubt sein, ob Bilder, Fotografien, Zeichnungen oder Karikaturen nicht auch eine erhellende, politisch aufklärende Funktion haben können, wenn sie auf bestimmte Strukturen oder Ereignisse anspielen und diese in nicht-polemischer Weise sichtbar machen. Ein derart spielerischer Umgang im Sinne einer Zitat-Funktion ist jedoch selten und eher die Ausnahme. Meist verkürzen sie den politischen Sinn, indem sie den Streitwert in rein polemischer Absicht betonen und als bloße Chiffren fungieren (die Anspielungen auf Bismarck, die Pickelhaube und das Nazibärtchen), die negative Gefühle erzeugen sollen.

Gerade in dem durch die Erinnerungen an frühere Kriege historisch aufgeladenen deutsch-französischen Verhältnis ist der Einsatz derartiger Bilder und Stereotype, insbesondere in Krisenzeiten, fatal und verhindert ein besseres gegenseitiges Verstehen. Auf der anderen Seite zeugen gerade die deutsch-französischen Beziehungen von einer Suche nach symbolhaften Bildern, von denen eine positive Wirkung ausgehen kann: In diesem Kontext ist in erster Linie die berühmte Fotografie von dem Händedruck zwischen Kohl und Mitterrand in Verdun und das Bild von der Begegnung von Adenauer und de Gaulle in Reims zu erwähnen. Die Symbolkraft dieser Bilder ist unverändert vorhanden und unterscheidet

47 Stark, Hans. Über Wahrnehmungen des deutsch-französischen Verhältnisses in Krisenzeiten. In: Frankreich und Deutschland, ebd., S. 235.

sich von den benutzten stereotypen Zuweisungen oder Deutungsversuchen, deren polemisch-diskriminierende Absicht unverkennbar ist.

Wenn also an der Existenz der Bilder, Klischees, Stereotypen und auch Vorurteilen nichts zu ändern ist, wie kann dann ihre Wirkung und ihre Deutungskraft begrenzt werden, gerade im Zusammenhang des Erstarkens populistischer Tendenzen?

Bedeutung der Kulturarbeit und des deutsch-französischen Dialogs

Der Übermacht von stereotypen Zuweisungen, Bildern, Positionen und Deutungen, die politische Wirkung entfalten, kann langfristig nur durch eine Kulturarbeit begegnet werden, die differenziert vorgeht, unterschiedliche Schichten der Bevölkerung und Berufsgruppen anspricht und durch die Betonung historisch-rationaler Tatsachen Sinnzusammenhänge wiederherstellt. Darüber hinaus ist auf der Ebene der Zivilgesellschaft das klassische Instrument der Begegnungen und Austauschprogramme nach wie vor vielversprechend im Hinblick auf den Abbau von Vorurteilen durch persönliche Erfahrungen.

Die zentrale Frage lautet jedoch: Wie können, vor dem Hintergrund vielfältiger Globalisierungsprozesse, gerade bei der jüngeren Generation Interesse und Neugier für das Nachbarland Frankreich und die deutsch-französischen Beziehungen geweckt werden? Für die jüngere Generation, die die internationale Mobilität bereits seit der Schule und dem Studium kennengelernt hat, ist das französische Nachbarland, überspitzt gesagt, nicht »cool«, kulturell eher anspruchsvoll und kompliziert, vor allem aufgrund der Sprache und, da wirtschaftlich nicht genügend erfolgreich, auch als Land weniger attraktiv. Aus deutscher Sicht ist das Interesse an Frankreich, das vielfach verkürzend mit der wirtschaftlichen Krise identifiziert wird, zurückhaltender geworden und hat erst durch die

Terroranschläge der letzten zwei Jahre und die Aussicht auf einen möglicherweise drohenden Wahlerfolg des Front National wieder zugenommen.

Paradoxerweise sind es gerade die weltweiten Entwicklungen und Herausforderungen (Migrationsprozesse, Flüchtlingsdrama, Umwelt- und Klimakatastrophen, wachsender religiöser Einfluss auf die innenpolitischen und internationalen Entwicklungen), die ein gemeinsames deutsch-französisches Handeln in und für Europa notwendig machen. Dies bedeutet jedoch, dass der deutsch-französische Dialog auch in Zukunft auf allen Ebenen (politisch, wirtschaftlich, kulturell, sprachpolitisch, und zivilgesellschaftlich) einen wesentlichen Beitrag leisten und daher gezielt gefördert werden sollte.

Das deutsch-französische Verhältnis ist bekanntlich reich an zahlreichen Austauschprogrammen, Institutionen und Kulturbeziehungen, die als deutsch-französische «soft power» genutzt werden. Dazu zählt auch die hervorragende Zusammenarbeit zwischen deutschen und französischen hohen Beamten in vielen Ministerien. Es gibt auch immer wieder neue, sinnvolle Entwicklungen, wie beispielsweise die gemeinsamen Arbeitstreffen deutscher und französischer think tanks seit dem Sommer 2016, die der gemeinsamen Problemanalyse und der Entwicklung von Lösungsstrategien in ausgewählten Bereichen dienen. In Frankreich fehlt es im Allgemeinen vielfach noch an Pendants zu den deutschen Stiftungen, mit Vertretungen im anderen Land (Auslandsbüros), die vertiefte Analysen über das andere Land erstellen und an der Bildung transnationaler Netzwerke mitwirken. Es lohnt sich m.E. auch, die weitgehend noch unübersichtliche Landschaft der Start-ups in eine deutsch-französische Zusammenarbeit einzubeziehen. Von hier könnten Innovationseffekte ausgehen, die für beide Länder wichtig sein könnten.

Erfahrungsberichte und auch wissenschaftliche Untersuchungen zeigen die Bedeutung von Mobilitäts- oder Austauschprogrammen, auf der schulischen wie der universitären Ebene, als Studien- oder

Forschungsaufenthalt. Diese Begegnungen im Rahmen von Projekten oder Aufenthalten im Partnerland sollten weiter ausgebaut werden, auch im Bereich der Medien, um auf diese Weise die Möglichkeiten der Verständigung zu erweitern und grenzüberschreitende Verstehensprozesse anzuregen bzw. zu verstärken. Den Medien, aber auch den Verlagen kommt eine große Verantwortung zu, für eine größere kulturelle Durchlässigkeit zu sorgen und die Vielfalt der Informationen über das Nachbarland zu verstärken.

All diese bereits existierenden, weiterzuführenden oder zu entwickelnden Projekte sind jedoch nur dann erfolgreich, wenn die jeweilige Sprache des anderen Landes gelernt und auch praktiziert wird. Den Gefahren einer »Missverständigung« kann nur durch das verstärkte Erlernen der Sprache des anderen begegnet werden: Die Sprache ist der Schlüssel zur Kultur des anderen Landes. Über sie werden kulturelle Konzepte mitgeliefert, die es zu reflektieren gilt, um besser mit kulturellen Differenzen umgehen zu können. Das Sprachenthema ist jedoch ein besonders schwieriges und komplexes Kapitel in den deutsch-französischen Beziehungen. Umso mehr ist die »Frankreich-Strategie« des Saarlandes zu begrüßen, das sich mit Mut und Entschlossenheit für die Intensivierung der deutsch-französischen Beziehungen und des Erlernens der Partnersprache einsetzt und allen Akteuren im deutsch-französischen Verhältnis als positives Beispiel dienen kann.

JO ENZWEILER

»… die französischen Einflüsse nie ganz verloren …«

Mindestens einmal im Jahr, meist in der Weihnachtszeit, wenn sich die verstreute Familie trifft, sehe ich mich neuerdings, auch vermehrt von der dritten Generation, mit zuweilen versteckt formulierten Fragen konfrontiert: Erzähl doch mal etwas aus deinem langen Leben – am besten etwas Spannendes, das sich entweder in glückhaften oder auch in schwierigen Lebenslagen ereignet hat. Die so gut gemeinten, liebevollen Fragen lösen jedoch bei mir zunehmend fast aggressive Reaktionen aus. Die Furcht davor, anlässlich solcher »Erzählungen« Abläufe aus der Vergangenheit nicht ehrlich und exakt zu erinnern und darstellen zu können, erscheint mir größer als die Möglichkeit persönlicher Reflexion über das Geschehene.

Die Frage, wie das Verhältnis der Völker in Frankreich und Deutschland im Lauf der Geschichte oder zum jetzigen Zeitpunkt zu bewerten ist, nehme ich zum Anlass, dieser komplexen Frage im Sinne einer »Weihnachtsantwort« zu begegnen. Ich versuche darzustellen, wie mich politische Entscheidungen, Kriegshandlungen, Friedensbemühungen, Bildung und Aussöhnung, Reisen und längere Aufenthalte sowie Partizipieren an politischen Entscheidungen durch Wahlen geprägt haben. Obwohl einerseits meine persönliche Lebenszeit nur einen kleinen Teil im mächtigen Strom der Zeit mit ihren historischen Abläufen, auf die ich zurückblicke, darstellt, bleibt andererseits unbestreitbar, dass die Summe der einzelnen menschlichen Schicksale für die Konsistenz einer Zivilisation bedeutend ist.

Geboren 1934 in Büdingen, dem Ort unmittelbar an der Grenze zu Frankreich, ein Jahr vor der sogenannten ersten Saarabstimmung, habe ich als Kleinkind die tägliche Beschränkung des Lebens auf dem Land durch die rigorose Existenz einer politischen Grenze (auf beiden Seiten) erfahren. Die Beweglichkeit war in eine

Richtung, ohne eine für das Kind ersichtliche Begründung, täglich eingeschränkt und sogar mit dem Erlebnis von Gefahr verbunden.

Die damit verbundene Angst und die »Begrenzung« der Möglichkeiten persönlicher Entfaltung hat mein Leben bis in die Jahre der Pubertät begleitet; sie hat aber auch die nötigen Abwehrkräfte entwickelt – immer auf der Suche nach Gründen für die »Begrenzung« und den Möglichkeiten persönlicher Entfaltung. Die Schlagworte Versailler Vertrag, Völkerbund, Status Quo Abstimmung waren in den alltäglichen Kommunikationen der Erwachsenenwelt für mich als Heranwachsenden ständig präsent – bedrückend und unverständlich.

Wie ein Nebel liegt über der ansonsten glücklichen Kindheit die Präsenz des Totalitären, die schon ein Kind zwingt, Freiheit täglich neu zu definieren, Fragen zurückzustellen, religiöses Handeln in Einklang mit der Wirklichkeit zu bringen. Dazu zweimal das Erlebnis der Flucht im eigenen Land bis hin zu dem unmittelbaren Erleben von Kriegshandlungen und Straßenkämpfen in der Schlussphase des Krieges.

Der Mai 1945 mit dem Kontakt zu den ersten kämpfenden Truppenteilen der Alliierten war für mich eine persönliche Befreiung – Befreiung insbesondere von national geprägtem Denken mit der gleichzeitigen Hoffnung auf ein System des geregelten Miteinanders, das Angst im Alltag sowie Terror ausschloss. Für die im Saargebiet lebenden Menschen schien mir die Phase der materiellen Entbehrungen und der geistigen Neuorientierung seinerzeit schnell vollzogen, u. a. durch die enge Anlehnung an Frankreich und die sich entwickelnde Perspektive einer eigenen politischen Einheit, getragen gleichzeitig von zwei Völkern mit gegensätzlichen zivilisatorischen Ansätzen, die einen Jugendlichen faszinieren musste; letztlich aber wegen des aufkeimenden Nationaldenkens eine Utopie blieb.

Dennoch vermittelte insbesondere die Anlehnung an Frankreich Erfahrungen, welche bis dahin undenkbar waren: Zunächst war es der Austausch mit gleichaltrigen Schülern, die Entdeckung der so andersartigen privaten Lebensweisen, verbunden mit einer uneingeschränkten Gastfreundschaft. Das frühe Erlebnis des Austausches, das Erlernen einer schwierigen Sprache und damit verbunden die Entdeckung einer, damals für mich, fremden Kultur, die wieder den Zugang zu neuen Teilen der Welt bedeutete.

Mit großen Hoffnungen begann dann das Studium der Rechtswissenschaft in Saarbrücken an einer jungen, dynamisch wirkenden Universität mit starker Ausrichtung auf beide Länder – für mich mit dem besonderen Schwerpunkt Deutsch-Französisches Recht, betreut von Professoren aus beiden Ländern.

Was im Bildungsbetrieb reibungslos funktionierte, schien mir im Alltag bisweilen unterschwellig nicht die Akzeptanz zu finden, die in meiner jugendlichen Offenheit und Erwartungshaltung selbstverständlich schien. Es gab wieder eine Grenze, die, dieses Mal auf der anderen Seite, in der kurzen Geschichte ihres Vorhandenseins nicht nur kuriose Konsequenzen hatte. Gemeint sind damit die damals weitverbreiteten und vergnüglich diskutierten Erfahrungen mit dem Schmuggel über die Grenze zur Bundesrepublik Deutschland; gemeint ist andererseits auch das aufkommende Unbehagen über die stark eingeschränkten Kontakte in die Bundesrepublik.

All dies hatte für mich selbst weniger Bedeutung als das besondere Gefühl der Nähe zu Frankreich, die dadurch dokumentiert schien, einen Reisepass der Republik Frankreich zu besitzen, was noch gesteigert wurde durch den Zusatz « Nationalité Sarrois ».

Der Immigration-Officer an der schwedischen Grenze in Malmö schenkte dem Dokument einen besonderen Blick und übersah freundlich, dass ich (als Student, der Arbeit suchte) nicht über den nötigen Mindestbetrag von Devisen verfügte, der zur Einreise erforderlich war.

Anders erging es mir in Rom – dort in Schwierigkeiten geraten, suchte ich Hilfe bei der Konsularsektion der französischen

Botschaft, die mir höflich zu verstehen gab, sie sei für mich als « Sarrois » nicht zuständig und verwies mich an das deutsche Konsulat, wo ich noch deutlicher zu hören bekam, das mir eigene Dokument belege nicht die Zuständigkeit des Konsulates, sodass ich – wenn auch sehr kurz wieder – zwischen zwei Stühlen saß: nichts Besonderes für einen Sarrois und seine bizarre europäische Geschichte.

Wenig später, nach diesen privaten Erfahrungen, begann im Land die heftig geführte Auseinandersetzung um die Umsetzung des zwischen Frankreich und Deutschland ausgearbeiteten Saarstatuts, auf das ich meine Lebensplanung aufbauen wollte, dann im Rahmen einer staatsrechtlichen und völkerrechtlichen Form, mit den Garantien der beteiligten Völker.

Es ist hinlänglich belegt, dass die Zeit bis zur Abstimmung 1955 zu einer teilweisen Spaltung der kleinen Gesellschaft des Landes führte, die sich bis in die Familien hinein fortsetzte. Dieser Vorgang und das Ergebnis der Wahl führten bei mir dazu, dass ich mich in meinem politischen Fortschrittsglauben auf einen Zustand gesellschaftlichen Denkens zurückgeworfen fühlte, den ich für überwunden glaubte.

Im Nachhinein entpuppte sich die damals so leidvoll empfundene Wahlentscheidung für mich persönlich als politische Lehre: Zum einen das Wissen darüber, wie tief auch das einzelne politische Individuum durch die Mehrheitsentscheidung belastet wird und zum anderen die Erkenntnis, dass mit größer werdendem zeitlichem Abstand das ehemals so heftige »Für und Wider« an Schärfe verliert. Wichtiger aber scheint mir noch das Wissen darüber, wie lange die Zeit der Aufarbeitung und Verarbeitung demokratischer Entscheidungen währt.

Der für mich geplatzte Traum von der Überwindung nationalstaatlichen Denkens zur Schaffung einer europäischen Vision führte mich in eine persönliche Identitätskrise. Für ein weiteres Studium der Rechtswissenschaft waren mir (auch durch die schnellen

Veränderungen innerhalb der Universität) die Grundlagen entzogen. Um aus diesem Dilemma herauszufinden, half mir die Tatsache, dass ich mich schon längere Zeit parallel zum Studium mit der Malerei beschäftigte. Innerhalb kurzer Zeit stand der Entschluss fest, die bisherige Lebensplanung zu ändern und der Neigung zu künstlerischer Tätigkeit durch ein gezieltes Studium der Bildenden Kunst zu folgen.

Nach ersten Semestern an verschiedenen Kunstschulen in Deutschland und Frankreich erinnerte ich mich an den hervorragenden Ruf der damaligen Schule für Kunst und Handwerk in Saarbrücken.

Es war eine der wichtigsten Entscheidungen der Französischen (Militär-)Verwaltung, dem alten Prinzip der « Pénétration culturelle » folgend, die Entwicklung der Künste – insbesondere der Bildenden Kunst im Saarland – zu fördern. Aufbauend auf der Kunstschule der 1930er Jahre, die strukturell von den neuen Ideen des Bauhauses beeinflusst war, entstand das « Centre de Métiers d'Art Sarrois – Sarrebruck » (das dann in die Werkkunstschule überging).

Innerhalb kürzester Zeit gelang es mir hier geistig anknüpfend, das Studium der Malerei und der Kunsterziehung sowie der Kunstgeschichte hinter mich zu bringen. Damit befand ich mich wieder im gesellschaftlichen und politischen Kreislauf des Landes und konnte der anerzogenen Haltung folgen, auch im künstlerischen Handeln der Verpflichtung gegenüber der Gesellschaft nachzukommen.

Dabei spielte im Hintergrund immer auch die mittlerweile historisch erwiesene Tatsache eine erhebliche Rolle, dass der seinerzeitige kulturpolitische Einfluss Frankreichs im kulturellen Leben lange positiv nachwirkte. Die heute so selbstverständlich erscheinende Infrastruktur der Bildenden Kunst in unserem Land (Künstlerhaus, KuBa, Museum, HBK) ist letztlich eine Folge der bewussten Weiterentwicklung der Grundlagen, die durch die seinerzeitigen behutsamen, auf Übereinkunft zielenden Entscheidungen der beiden Nationen und der Bevölkerung im Land geschaffen wurden.

Wenn heute die derzeitige Ministerpräsidentin erklärt, dass unser Land nun endlich die Chance hat, in eine gesicherte Zukunft im Rahmen der Bundesrepublik zu blicken, lässt dies erkennen, wie schwierig es ist, das gewachsene Projekt Saarland in seiner Identität zu erkennen und zu erhalten als das eindeutige Ergebnis der Übereinstimmung zweier Völker.

So sei mir verziehen, wenn ich hier auf einige Etappen der kulturellen Entwicklung hinweise, an denen ich mitwirken durfte.

Die Galerie St. Johann war, als private, unabhängige Gesellschaft, in der Lage, im Sinne der Kunstvereinsidee des 19. Jahrhunderts über 40 Jahre lang durch z.T. internationale Ausstellungen sowie Editionen und Publikationen, insbesondere über ihre Kontakte zu Künstlern aus Frankreich und ganz Europa bis zu ihrer Schließung, eine bedeutende Impulsgeberin für die Entwicklung der Kunst in der Region zu sein.

Meine berufliche Entwicklung in der Lehre führte mich schließlich in leitende Position des damaligen Fachbereichs Design der Fachhochschule des Saarlandes. Mit dem Fachbereich hatten die Ideen der Nachkriegsjahre und die daraus resultierende Schule für Kunst und Handwerk überlebt – sie waren aber permanent durch politische Entscheidungen in ihrer Existenz bedroht.

Gleichzeitig ging die Erinnerung an die sog. guten Zeiten der Kunstvermittlung, gefördert durch die französischen Einflüsse, nie ganz verloren und immer wieder tauchte der Gedanke auf, die Lehre auf der Höhe einer Hochschule zu etablieren. Gerade die oben mehrfach erwähnten Impulse für die Bildende Kunst, die jahrzehntelang europaweit wirkten und in ihrer Bedeutung für die Identität der Region zumindest von einer bestimmten Gruppe erkannt wurden, verlangten danach, in eine angemessene Institution überführt zu werden.

Sowohl die Gründung der Kunstschule der Vorkriegszeit als auch die durch die französische Verwaltung etablierten Einrichtungen sowie des Fachbereichs Design der Fachhochschule waren

Silvacane 5, 2015, Granit Indian Black, 200 x 60 x 60 cm,
Leihgabe von Jo Enzweiler

Vor dem Institut für aktuelle Kunst in Saarlouis steht als Teil der Kunsthöfe im Ravelin I eine ca. 2 Meter hohe Skulptur aus schwarzem Granit, die Jo Enzweiler als Leihgabe der Dauerausstellung überlassen hat.
Die Arbeit bezieht sich als Reminiszenz auf die Klosteranlage von Silvacane nahe Aix-en-Provence und trägt innerhalb der Werkfolge die Bezeichnung »Silvacane«. Die Auseinandersetzung des Künstlers mit der Klosterbaukunst der frühen Romanik in der Provence reicht zurück auf seine ersten persönlichen Entdeckungen während seines Studiums in Aix-en-Provence. Die Arbeit »Silvacane« ist in besonderer Weise geprägt von der Formensprache des Klosters in der Nähe von Aix. Die künstlerische Auseinandersetzung hat darüber hinaus in seiner Lehre und Kunstvermittlung ihren Niederschlag gefunden.
Foto: Institut für aktuelle Kunst

die besten Grundlagen für die Konzeption der HBKsaar. Es war für mich eine große Herausforderung, als der Ministerrat mir den Auftrag für eine Kabinettvorlage erteilte, eine Entscheidungsgrundlage für die Gründung einer Kunsthochschule zu erstellen. Wenig später erfolgte die Ernennung zum Gründungsbeauftragten und dann zum Gründungsrektor.

Ohne Zweifel war die Entscheidung zur Gründung ein Verdienst der damaligen Landesregierung, die das lange von verschiedener Seite geforderte Projekt mit Sachverstand, politischem Geschick und organisatorischer Kenntnis initiiert und durchgeführt hat.

Im Verlauf des Festaktes zur Gründung der HBKsaar habe ich als Gründungsrektor u. a. im Wissen um den steinigen Weg, auf dem jede Einrichtung dieser Art sich auf die Reise begibt, das Begriffspaar »Regionalität und Internationalität« in den Mittelpunkt meiner Ausführungen gestellt. Was für eine Kunsthochschule Geltung haben kann, gilt schon lange auch allgemein im politischen Zusammenhang: Die Kraft der Regionen ist für den Zusammenhalt der Staaten und der Kommunikation der großen politischen Einheiten von entscheidender Bedeutung. Die interaktiven Kräfte zwischen Völkern in kleinen Grenzregionen können paradigmatisch für das Verhältnis untereinander sein – in dem Land, in dem ich lebe, empfinde ich sie als ausgeglichen und zukunftsweisend.

Ich habe also den Versuch unternommen, aus der Sicht des Künstlers und Kunstvermittlers einen Teil der kulturellen Entwicklung unseres Landes in den letzten Jahrzehnten auf dem Gebiet der Bildenden Kunst persönlich nachzugehen und aufzuzeigen, wie zunächst augenscheinlich und später unterschwellig der Einfluss Frankreichs im Saarland erkennbar war, um daraus zu schließen, dass das Verhältnis der beiden Staaten sich permanent und langfristig fruchtbar entwickelt. Aus meiner frühen Enttäuschung über das Scheitern einer Utopie ist die Freude über das gleichberechtigte friedliche Miteinander im Rahmen der Utopie Europa geworden.

Rückblickend hat sich für mich persönlich, nach der Enttäuschung über den Wahlausgang von 1955, der Lauf der Geschichte trotz allem zum Guten für die Region entwickelt! Die Bedeutung der kulturellen Infrastruktur des Landes – wenn auch zuweilen nicht ausreichend alimentiert und weiterentwickelt – wird heute auf breiter Basis erkannt und anerkannt. Sorge bereitet, dass trotz vieler persönlicher und politischer Ansätze die sich entwickelnde Großregion weiterhin unter den unterschiedlichen Verwaltungsstrukturen leidet und es nicht gelingt, die schon lange angestrebte Mehrsprachigkeit zu etablieren – auf beiden Seiten und auch dieses gilt nicht nur für das Verhältnis zwischen Deutschland und Frankreich.

Eine lange Zeit – bis zu seinem Tode – verband mich eine tiefgehende herzliche Freundschaft mit dem großen österreichischen Bildhauer Karl Prantl, der im Burgenland an der Grenze zu Ungarn gelebt und gearbeitet hat. Prantl hat seinerzeit auf Einladung von Paul Schneider einen Stein auf der Grenze meiner Kindheit im Projekt »Steine an der Grenze« bearbeitet. Beide waren wir uns immer unserer besonderen Verantwortung bewusst – er im Burgenland (gebeutelt von geschichtlichen Umwälzungen) und ich im Saarland. Unsere Korrespondenz endete zumeist mit der Formel »Gruß von Ost nach West«, bzw. »Gruß von West nach Ost«. Die Grenzregionen haben in der abendländischen Kulturgeschichte eine besondere Bedeutung, weil hier der Gedanke eines friedlichen Europas grundgelegt wurde und täglich gelebt wird.

Das ist also meine »Weihnachtsantwort« auf eine, wie ich meine, sowohl komplizierte wie komplexe Frage. Ich bin sicher, dass auf die Frage nach dem derzeitigen Stand der Beziehungen zwischen Deutschland und Frankreich die Antworten der Frage sachbezogener und vielleicht objektiver ausfallen können.

Für mich als Künstler und Vermittler, der immer den gesellschaftlichen Bezug sucht, war dies eine seltene Gelegenheit, der Frage der Verquickung des persönlichen Daseins mit politischen und gesellschaftlichen Entscheidungen und Veränderungen mit dem Lauf des allgemeinen Lebens nachzugehen. Ich sehe mich auch heute noch darin bestätigt, dass die utopischen Ansätze meiner jugendlichen Weltsicht nicht verlorengehen – und immer noch, wenn ich von Reisen zurückkehre, gehe ich den Weg nach Westen.

PHILIPPE ETIENNE
JEAN-CLAUDE TRIBOLET

Une plante qui s'arrose tous les matins

Eine deutsche Übersetzung dieses Beitrages finden Sie auf Seite 380.

C'est pour nous un honneur de contribuer à un ouvrage qui célèbre la qualité de la relation franco-allemande dans toutes ses dimensions : politique bien sûr, mais encore culturelle, économique et tout simplement humaine.

L'étroitesse des liens et de la coopération entre les administrations de nos deux pays est connue de tous. Depuis la déclaration Schuman du 9 mai 1950, le traité de Rome créant la CEE en 1957 et le traité de l'Elysée en 1963 fondant la relation particulière entre nos deux pays, elle constitue un phénomène inédit dans l'histoire des relations internationales : celle de deux Etats souverains, longtemps rivaux, ayant décidé de coordonner leurs actions politiques intérieures comme extérieures dans un esprit de paix et d'amitié. Cette relation n'est pas limitée aux responsables politiques, aux administrations ou aux grandes entreprises : elle est portée par une multitude de liens économiques, d'amitié, de liens familiaux également, à tous les niveaux et dans toutes les villes et régions de France et d'Allemagne.

A l'occasion de la participation de la France à la Foire de Francfort en tant qu'invité d'honneur, il est légitime que cet ouvrage se réjouisse du chemin parcouru et de la qualité de nos relations. Ce livre arrive cependant au bon moment pour d'autres raisons : l'étroitesse de ces liens et leur nécessité doivent être réaffirmés.

L'année 2016 et le début de 2017 ont été marqués par plusieurs événements dont l'addition fait que l'Union européenne traverse l'une des périodes les plus difficiles de sa jeune existence : le Brexit, les crises internes, sécuritaire ou économique, les doutes sur l'engagement américain, les tensions et conflits dans son voisinage … Tout cela teste ses capacités de résistance. Au cœur du projet européen, le couple franco-allemand est l'objet de toutes les attentions : la relation franco-allemande apparaît plus que jamais indispensable.

Nos homologues MM. Nikolaus Meyer-Landrut et Pascal Hector vont dans leur contribution magistralement narrer le passage d'une politique de puissances rivales à une politique de coopération, au sein de l'Union européenne, dans un espace de droit et de paix. Nous ne pouvons qu'appeler avec eux à une Europe unie dans laquelle le couple franco-allemand continuera, face à la montée des menaces, à être le moteur de la construction européenne.

Pour aller dans ce sens, nous voudrions ici rappeler l'exemplarité de la coopération franco-allemande au niveau européen et la force de notre relation bilatérale. Les modalités pratiques de cette relation étant souvent mal connues, nous voudrions donner à voir son fonctionnement concret à partir de notre expérience de diplomates. Mais, au-delà de la qualité des relations institutionnelles, l'enjeu essentiel de notre relation est bien le rapprochement des peuples, des jeunesses, le dialogue des cultures et des idées : c'est ce qui guide notre action de tous les jours.

1- L'Europe a besoin plus que jamais du moteur franco-allemand

Il est inutile ici de revenir en détail sur la centralité historique du couple franco-allemand dans la construction européenne. Rappelons simplement que pour Robert Schuman, dans son dialogue avec Konrad Adenauer, la CECA a d'abord été conçue pour l'acier et le charbon de nos deux pays, symboles de guerre devenus signes de paix, avant d'être étendue à nos partenaires. Le marché et la monnaie uniques ainsi que la plupart des grands progrès réalisés par l'Union sont liés à un accord franco-allemand et à une relation particulière entre dirigeants – pensons aux couples Adenauer-De Gaulle, Schmidt-Giscard d'Estaing ou Mitterrand-Kohl.

Loin d'avoir perdu en importance, cette coopération politique reste à la base des réponses européennes aux crises des dernières années. Dans nos postes à Berlin ou à Bruxelles, nous pouvons témoigner combien, malgré les difficultés, la volonté de compromis et la recherche de solutions communes entre la France et l'Allemagne a permis à l'Europe d'avancer et de largement surmonter les principaux obstacles.

Tous les sujets délicats font l'objet de consultations, en amont des réunions européennes. Les réformes de la Zone Euro et l'établissement de l'union bancaire, par exemple, ont nécessité des consultations extensives pour faire converger des positions de départ éloignées. L'attitude à adopter face à la Russie à la suite de l'annexion de la Crimée et de la crise dans le Donbass a été décidée en étroite coordination et les négociations avec la Russie et l'Ukraine ont été conduites dans le « format Normandie » (Russie, Ukraine, France et Allemagne), à l'initiative de nos deux pays.

Cela n'a pas toujours été souligné, mais la coopération franco-allemande a aussi joué un rôle positif dans la réaction de l'UE aux grands défis migratoires des dernières années. Toutes les mesures adoptées provenaient d'impulsions conjointes franco-allemandes : transformation de l'agence FRONTEX, modification du code des frontières Schengen, adoption du registre sur les données des passagers de l'aérien (PNR)…

Si les progrès réalisés sont indéniables, les défis restent immenses. L'attente des populations européennes appelle des solutions aux problèmes qu'elles vivent. Les promesses de protection et de sécurité à l'intérieur comme à l'extérieur, de progrès social, de prospérité et d'investissement dans notre avenir doivent être tenues par l'Union.

Surtout, les défis auxquels la mondialisation et la révolution numérique nous confrontent seront relevés avec beaucoup plus d'efficacité au niveau européen, par la coopération et l'action commune, que par chacun de nos Etats isolément. Ici encore, la France et l'Allemagne portent la responsabilité principale dans le nécessaire approfondissement de l'Union face à la montée des crises internes et externes.

Nous en sommes persuadés, le renforcement de la coopération franco-allemande en matière de défense, de sécurité et de politique extérieure constitue désormais un des principaux objectifs de notre partenariat et est le pilier qui peut permettre de redonner le goût de l'Europe à nos concitoyens qui s'en éloignent. L'affirmation de l'Europe comme force crédible dans le monde, fondée sur la solidarité entre les Etats membres, est plus important que jamais. Ce renforcement de notre politique de sécurité vaut également pour l'intérieur. Les risques les plus sérieux découlent d'ailleurs souvent de l'interaction entre menaces externes et fragilités internes. C'est le cas de la menace terroriste, que nos forces de police et nos services de renseignement affrontent en améliorant leurs échanges et leur coopération. La montée en puissance de la participation allemande à l'intervention au Mali va dans ce sens : ce sont désormais près de 950 soldats allemands qui sont présents dans ce pays et la Brigade Franco-Allemande a joué un rôle important au sein de la mission européenne au Mali (EUTM).

Assurer la stabilité de nos pays et leur influence dans le monde suppose aussi de parachever l'union économique et monétaire et de promouvoir le modèle social européen. La France et l'Allemagne portent la responsabilité principale de la construction d'une zone euro plus robuste, capable d'affirmer ses intérêts dans un monde de plus en plus compétitif. La convergence de nos politiques économiques, sociales et fiscales doit se poursuivre dans ce contexte. Le développement d'un socle européen des droits sociaux, qui tienne compte de l'évolution du monde du travail, ou la révision de la directive sur les travailleurs détachés participent de cet effort.

2- Le moteur franco-allemand de l'Europe s'appuie sur une relation bilatérale, politique comme économique, exceptionnellement forte

Si la coordination de nos politiques au niveau européen est essentielle, elle ne peut être effective que si notre relation bilatérale est solide. C'est le rôle principal d'une ambassade : faire vivre cette relation dans toutes ses dimensions.

Notre relation politique a ceci de particulier qu'elle s'appuie sur une multitude de dispositifs de consultation et de coordination, permettant un dialogue permanent entre responsables politiques, mais aussi fonctionnaires. C'était bien le but des artisans de la réconciliation franco-allemande après-guerre : créer des mécanismes, des solidarités – et des amitiés – qui rendraient la guerre impensable.

Le traité de l'Elysée du 22 janvier 1963 ne prévoit pas autre chose : des rencontres régulières entre chefs d'Etat et de gouvernement et entre Ministres des Affaires étrangères, une consultation du partenaire « avant tout décision sur toutes les questions importantes de politique étrangère (…) en vue de parvenir, autant que possible, à une position analogue » et une déclinaison de ce dialogue permanent à tous les niveaux de l'administration. Adenauer et De Gaulle savaient combien l'ignorance l'un de l'autre, l'incompréhension et l'absence d'instances de consultation avaient joué un rôle dans la montée des hostilités et le déclenchement des combats avant les deux guerres mondiales.

On pourrait multiplier les exemples : le Conseil économique et financier franco-allemand (CEFFA) réunit les ministres de l'économie et des finances de nos deux gouvernements pour harmoniser autant que possible nos politiques économiques et rapprocher les positions entre la France et l'Allemagne sur les questions internationales et européennes d'ordre économique et financier. Le Conseil franco-allemand de défense et de sécurité (CFADS) réunit les chefs d'Etat et de gouvernement et les responsables militaires (ministres, chefs d'Etat-major). Depuis 2003, le Conseil des Ministres franco-allemand se réunit en alternance dans les deux pays et réunit une grande partie des deux gouvernements, autour des dossiers prioritaires.

A un niveau plus administratif mais également important, de plus en plus de ministères s'échangent des fonctionnaires : ce fut d'abord la pratique de nos services diplomatiques, puis des ministères des finances. Aujourd'hui, presque tous les domaines de l'action publique sont couverts par cet échange.

Toutes ces occasions de rencontre font que les responsables des deux pays se connaissent, savent travailler côte à côte et construisent ensemble les politiques publiques de leurs pays respectifs. Elles font naître de véritables complicités.

Les échanges réguliers ne se limitent pas à la sphère étatique et administrative. Ils concernent tous les domaines de l'économie. Les pères fondateurs de l'Europe l'entendaient ainsi : la paix ne serait garantie que si les intérêts et les économies se rapprochaient et s'imbriquaient. C'est le sens de la déclaration Schuman du 9 mai 1950. Les chaînes de production et de valeur, largement internationalisées, montrent combien nos économies sont aujourd'hui dépendantes les unes des autres et *a contrario* combien les séparer serait risqué et coûteux.

Sur ce point aussi, les pères fondateurs ont gagné leur pari : la France est le deuxième partenaire commercial de l'Allemagne et l'Allemagne le premier de la France. La France est aussi un investisseur de premier ordre en Allemagne : près de 3000 entreprises françaises sont implantées en Allemagne, soit 352 000 emplois, qui génèrent un chiffre d'affaires de plus de 137 milliards d'euros. Les implantations de Nexans et de Thuasne à Hanovre, que nous avons visitées récemment, offrent deux exemples de réussite dans les domaines de la câblerie et des dispositifs médicaux où l'innovation joue un rôle très important. Inversement, les entreprises allemandes sont plus de 3200 à s'être implantées dans l'Hexagone et emploient elles aussi plus de 300 000 personnes.

Les coopérations industrielles entre entreprises françaises et allemandes sont nombreuses, et particulièrement dynamiques dans les secteurs de l'automobile – pensons au partenariat stratégique entre Renault/Nissan et Daimler depuis 2010, au rapprochement d'Opel et de PSA, aux grands fournisseurs de pièces détachées – de l'aéronautique – reflétées par le succès mondial d'Airbus – des technologies de l'information (coopération Atos/Siemens) ou encore de l'armement, avec le rapprochement entre Nexter et KMW. Même concurrentes, les grandes entreprises françaises et allemandes recherchent des partenariats entre elles pour améliorer leur compétitivité et leur présence sur certains marchés impliquant une masse critique. Les rencontres franco-allemandes d'Evian, rendez-vous annuel qui a lieu depuis près de 25 ans, permettent d'approfondir au niveau des entreprises le dialogue franco-allemand et d'établir des relations personnelles entre leurs dirigeants.

Nous pouvons donc être fiers du travail de rapprochement accompli tant par nos administrations que par nos entreprises et nos acteurs économiques.

Tout cela ne fait pourtant pas de la relation franco-allemande une relation dont les modalités vont de soi. Une simple lecture de la presse suffit à montrer que des incompréhensions et des malentendus demeurent. Ceci rend d'autant plus nécessaire ce qui, au fond, constitue l'un des premiers objectifs d'une ambassade : contribuer à expliquer, mettre en contact, préparer les négociations par un éclairage des positions des uns et des autres.

3- La relation franco-allemande est d'abord un dialogue entre les cultures et les sociétés, qui doit en permanence être entretenu

La nécessité de consultation, de coopération et de coordination permanente et à tous les niveaux est d'autant plus grande que les systèmes politiques et les modes de fonctionnement des deux pays, héritage de deux histoires particulières, restent très différents. Comme le rappelle opportunément le titre de cet ouvrage, rien n'est simple entre nos deux peuples et entre nos deux pays.

La longue histoire de l'Allemagne et de la France, faite de conflits et de fascination l'un pour l'autre, est là pour le rappeler : l'ambition universaliste française s'oppose à une vision jugée à tort ou à raison romantique de la culture à l'Est du Rhin, le fédéralisme de l'une diffère profondément du centralisme même décentralisé et déconcentré de l'autre, les systèmes d'éducation et de formation puisent leur inspiration à des traditions différentes…

Ces différences expliquent souvent les incompréhensions là où elles apparaissent. Même au sein de nos administrations, les fonctionnaires de chaque pays ont du mal à saisir les procédures de décision de l'autre pays, d'où aussi l'importance des programmes d'échange. Les entreprises françaises installées en Allemagne auxquelles nous rendons régulièrement visite nous font souvent part de leurs expériences, d'ailleurs passionnantes, et de la manière dont elles gèrent les différences culturelles entre leurs collaborateurs français et allemands, dans l'organisation du travail ou dans la façon plus ou moins explicite d'exprimer leur opinion par exemple.

Quand cela fonctionne et que ces petites frictions sont dépassées, les succès sont au rendez-vous. La différence devient complémentarité, source de créativité, et le meilleur des deux cultures se combine. Comme le déclarait le général de Gaulle dans une vision qui s'applique particulièrement bien à notre mondialisation contemporaine : « Tandis que les temps modernes réduisent les distances, élargissent les économies, concentrent les activités, la France et l'Allemagne se découvrent complémentaires par leur territoire, leur travail, leur génie. Elles mesurent quelle somme représente la conjonction de leurs capacités. »

L'objectif est simple : permettre aux deux peuples de se comprendre, aux forces vives de nos deux pays de se rencontrer et de faire fructifier leur diversité.

De ce point de vue, on ne répétera jamais assez l'importance des relations culturelles, éducatives, scientifiques, de l'échange des savoirs entre nos deux sociétés. France et Allemagne ont toujours été soucieuses de s'inspirer du meilleur de ce qui se faisait de l'autre côté du Rhin. En 1744, Frédéric II avait ainsi choisi de refonder l'Académie royale des sciences de Prusse sur le modèle de l'Académie des Sciences parisienne et avait nommé à sa tête Maupertuis, tout en choisissant le français comme langue de travail (l'historien Etienne François parle à ce propos de « French Connection » !). 127 ans plus tard c'est Emile Boutmy, marqué par la défaite de Sedan, qui crée l'école qui deviendra Sciences Po à Paris en faisant valoir la supériorité du modèle universitaire allemand.

Dans la paix et la coopération, cette relation s'est épanouie et a pris une ampleur inédite. Elle est le fait des grandes institutions fondées dans le sillage de la réconciliation (Office franco-allemand de la Jeunesse) ou un peu plus tard (Université franco-allemande) qui permettent à des milliers de jeunes et d'étudiants de voyager chaque année dans le pays partenaire, d'y faire des études ou des rencontres. Elle s'appuie encore sur cet acteur culturel absolument unique qu'est *Arte*, la chaîne franco-allemande. Notre relation profite de l'extraordinaire tissu de collaborations existant entre nos instituts de recherche, dont le livre de Gérard Foussier « *Forscher + Chercheur = Forcheur* » a rendu compte de manière si vivante en présentant des couples de chercheurs franco-allemands unis par des liens scientifiques et amicaux.

Nos deux pays ont raison d'encourager ces liens : on ne devine pas toujours combien est productive pour la science une amitié intellectuelle comme celle unissant les deux éminents spécialistes de l'optique et de la physique quantique Alain Aspect et Jürgen Mlynek ; combien sont précieuses les aides franco-allemandes à la production cinématographique, qui ont permis le développement de films comme *Franz* de François Ozon. On sous-estime toujours la richesse des échanges scolaires comme celui qui réunit, dans le cadre de la foire de Leipzig, des collégiens français et allemands autour de l'écriture commune d'un roman policier, échanges qui développent les savoirs mais surtout constituent un capital de sympathie pour la vie. On ne sait pas assez que les doubles diplômes universitaires, comme le master en droits français et allemand des universités Paris 1 et de Cologne soutenu par l'Université Franco-allemande, facilitent l'accès simultané aux deux marchés du travail.

Cette année, une nouvelle page de l'histoire culturelle franco-allemande s'écrit : l'invitation de la France à la Foire de Francfort est une occasion unique pour le monde de l'édition française et francophone de mieux se faire connaître en Allemagne et au-delà, d'approfondir ses relations avec les éditeurs allemands. Les multiples événements qui accompagnent «Francfort en français» font de 2017 une année de la culture française dans toute l'Allemagne.

«Francfort en français» réaffirme aussi l'importance de la culture et du dialogue interculturel pour le projet européen. A l'heure où la tentation du repli derrière ses frontières nationales gagne du terrain et alors que le souvenir de la guerre – qui avait porté le désir de réconciliation et de paix des générations précédentes – s'éloigne, tandis que par conséquent la nécessité de s'engager pour le projet européen apparaît moins évidente aux jeunes, nous devons redonner le goût, l'envie du voisin à nos jeunesses et cela passe par la culture.

Nous éviterons l'essoufflement du couple franco-allemand en multipliant les échanges d'expérience et de pensée, dans tous les domaines – politique, économie, culture – mais surtout à tous les niveaux et pour tous nos concitoyens. Si le lecteur pouvait avoir un aperçu de notre agenda, il s'apercevrait que, loin de rester cantonnés à Berlin, nous rencontrons et apportons notre soutien, à travers les Länder de République fédérale, aux communes, entreprises et associations qui font vivre l'amitié franco-allemande. Depuis le premier accord de partenariat entre Montbéliard et Ludwigsbourg en 1950, on compte aujourd'hui plus de 2300 partenariats et jumelages entre collectivités locales, qui s'occupent de voyages scolaires, d'échanges culturels et scientifiques comme de rencontres entre acteurs économiques. Il ne faut pas croire que cette coopération n'est plus actuelle ou ne concerne que les grandes villes : le 11 mars dernier nous assistions à la signature d'un nouvel accord de jumelage entre Glienicke/Nordbahn, au Brandebourg, et Plobannalec-Lesconil, dans le Finistère

Il importe que les jeunesses européennes apprennent la langue de l'autre et apprennent de l'autre, partout où c'est possible. Il faut défendre et développer l'apprentissage du français en Allemagne et de l'allemand en France. Saluons à cet égard les initiatives régionales ambitieuses comme celle de la Sarre, qui a fait le vœu de devenir un Land bilingue, ou encore le programme d'échange entre Länder et académies : « l'année du français à Berlin » répond à « l'année de l'allemand à Paris ». Ces échanges sont un pas vers un droit à la mobilité pour tous les jeunes européens : apprentis, étudiants ou encore jeunes professionnels. L'expérimentation franco-allemande de mobilité des apprentis engagée en 2016 a montré elle aussi le rôle de laboratoire que la coopération franco-allemande peut jouer au bénéfice de tous les citoyens européens.

A travers une meilleure connaissance de l'autre, par le partage du savoir et le dialogue, les conflits et incompréhensions peuvent être durablement surmontés : c'est le sens de l'expérience passée et de l'investissement dans l'avenir que nos deux pays partagent à travers leurs coopérations multiples.

Pour notre part, comme tous ceux qui participent à cette grande entreprise qu'est l'amitié franco-allemande, nous gardons des souvenirs précieux des rencontres et des actions communes que nous menons avec nos collègues allemands : une visite à Sibiu, ou Hermannstadt, en tant qu'Ambassadeur de France en Roumanie, visite effectuée en commun avec l'Ambassadeur allemand ; la mise en place de salles de lecture franco-allemandes à Smolensk et Riazan en Russie, en collaboration avec l'Institut Français et le Goethe Institut. Mais c'est aussi, plus récemment, le souvenir de l'extraordinaire vague de sympathie et de solidarité de nos amis allemands après les attentats de Paris et de Nice, et la solidarité des Français après la catastrophe de l'avion de ligne allemand au-dessus de la Provence. Dans ces moments si particuliers, la relation franco-allemande prend tout son sens et nous voyons que la France et l'Allemagne sont bien devenues des « amis héréditaires », ayant tiré les leçons de l'histoire : le sentiment d'un destin commun se renforce à travers les épreuves comme à travers les réussites.

C'est cette communauté de destin qui justifie que tant de Français et d'Allemands continuent à travailler inlassablement à renforcer la solidarité européenne et la compréhension entre nos deux peuples. Comme le disait l'un de nos prestigieux prédécesseurs, André François-Poncet : « L'amitié franco-allemande est une plante fragile qu'il faut arroser tous les matins ». Au-delà des grandes rencontres et des moments d'émotion, c'est jour après jour et dans un renouvellement permanent que se construisent les liens de confiance entre nos deux pays et nos deux peuples.

MARTIN GRAFF

Die Schadenfreude

Es gibt Wörter, die Grenzen wie Vögel überschreiten, zum Beispiel Realpolitik. Jeder Franzose wurde schon mit dem Wort konfrontiert. »Eine Politik, die auf abstrakte Programme und ideale Postulate verzichtet«, meldet der Duden. Also was typisch Deutsches, das wir Franzosen nicht gebrauchen können. Wir träumen, die Deutschen arbeiten. François Hollande versprach sogar 2012 vor seiner Wahl «*d'enchanter le rêve*». Er hat uns nicht nur einen banalen Traum versprochen, sondern einen Traum, der unser Leben verzaubert. Guy de Maupassant spricht «*d'un horizon de conte enchanteurs*», von einem Horizont voller zauberhafter Märchen.

Gut, inzwischen ist jedem Franzosen klar, dass aus dem Traum ein Albtraum wurde. Auch der neue Präsident sucht immer noch den versprochenen Zauberstab. Die Senkung der Arbeitslosigkeit bleibt in Frankreich ein Traum, während sie in Deutschland trotz Flüchtlingen eine Wirklichkeit ist. Gerade deshalb reagieren wir Franzosen im Handumdrehen beim kleinsten Anzeichen von Schwäche in Deutschland. Und da taucht als Geschenk des Schicksals das Wort »Schadenfreude« auf, das inzwischen in Frankreich, wenn auch nicht so geläufig wie Realpolitik, von den Experten verwendet wird.

Pierre-André Buigues und Elie Cohen beginnen in ihrem Opus «*Le décrochage industriel*», (Das industrielle Abkoppeln) das Kapitel über Deutschland mit dem Wort Schadenfreude. Sie übersetzen es so: «*Mauvaise joie, provoquée par le malheur d'autrui*» (Klammheimliche Freude, wenn es anderen schlecht geht).

Die Autoren schreiben: »Schadenfreude: Wenn es sich nicht um einen deutschen Begriff handeln würde, könnte man behaupten, dass er genau die seelische Lage der französischen Eliten beschreibt, die sich in einer Spirale des Abkoppelns befinden und sich krampfhaft über die vermeintlichen Malheurs ihrer deutschen Freunde freuen.«

In ihrem Buch »Feierabend: eine Reise in die deutsche Seele« exportieren Francesca Pedrazzi und Vanna Vannucini das Wort Schadenfreude nach Italien. Da das Buch auch in Französisch vorliegt: «*Petit voyage dans l'âme allemande*», kommen auch die Franzosen in den Genuss der Beobachtungen der sprachbegabten Ex-Korrespondentinnen von *La Repubblica* und *La Stampa* in Berlin. Sie zitieren ohne Hemmungen Norbert Elias: »Ein Gefühl, das wahrscheinlich in zahlreichen Gesellschaften vorhanden ist, das aber nur die deutsche Sprache in einem einzigen Wort wiedergibt, um es zu einem allgemeinen Merkmal des menschlichen Daseins zu machen.«

Auf französischer Seite gibt es seit Jahren die üblichen Kassandra-Rufe von Professor Gabriel Colletis aus Toulouse: »Bald wird das deutsche Modell auffliegen.« Aber die Deutschen selbst sind nicht ganz unbeteiligt an der französischen Schadenfreude. Olaf Gersemann machte Furore mit seiner »Deutschland-Blase, oder Das letzte Hurra einer großen Wirtschaftsnation«. Genauso wie Marcel Fratzcher mit seinem Buch »Die Deutschland-Illusion. Warum wir unsere Wirtschaft überschätzen und Europa brauchen«. Im Grunde genommen eine Wiederholung von Arnulf Barings: »Scheitert Deutschland? Abschied von unseren Wunschwelten«, erschienen 1997.

Das Magazin *Books* titelt «Le naufrage annoncé du modèle allemand» (Der angekündigte Niedergang des deutschen Modells) mit Beiträgen von Olaf Gersemann und Deutschenfresser Emmanuel Todd: »Deutschland hat noch nie dem Wohl der Bürger vor seinem Streben nach Macht einen Vorrang eingeräumt. Die Überschüsse seiner Handelsbilanz haben nicht als Ziel die Befriedigung der Verbraucher, sondern die Knebelung Europas.«

Drei Informationen, schwer mit Schadenfreude belastet, bleiben hartnäckig wie Smog in der Gedankenwelt der Citoyen hängen. Erstens: Es gibt mehr arme Deutsche als arme Franzosen. Aber ab wann gilt ein Mensch als arm? Zweitens: Die Deutschen sterben aus. Drittens: Das deutsche Straßennetz ist am Ende.

Der Topos der deutschen Armut zirkuliert schon länger, genauso wie der Topos der kinderlosen Deutschen, selbst in Deutschland als Demokalyse bezeichnet. Aber die Meldung der kaputten Infrastruktur fasziniert die Franzosen. Was? Das Land der Autobahnen ist am Ende im wahrsten Sinne des Wortes. Wenn Sie auf eine Brücke zufahren, halten Sie bitte an und prüfen Sie, ob sie noch befahrbar ist. Lkws müssen wegen maroder Brücken bis zu 900 km Umweg in Kauf neben. Die Verkehrswege vergleichbar mit dem Hindukusch. Dies tut wirklich gut. Eine klammheimliche Freude überzieht Frankreich.

Diese Hiobsbotschaften werden regelmäßig gebetsmühlenartig von den französischen Politikern heruntergeleiert. Endlich ein wenig Balsam für unsere geschundene französische Seele. Wobei beim Thema Geburtenrate Vorsicht geboten ist. Kein einziger Journalist stellte die Frage: »Nehmen wir an, es gibt plötzlich mehr Franzosen als Deutsche. Wieso heißt das, dass Frankreich Deutschland wirtschaftlich automatisch überholen wird?« Außerdem übersehen alle die folgende Information: Die Geburtsrate stieg im Herbst 2016 in Deutschland zum ersten Mal seit 33 Jahren auf 1,47% und im Januar 2017 sank die französische Geburtenrate zum ersten Mal seit Jahren.

Jean-Luc Mélenchon, Großmaul der französischen Linken und Deutschenfresser obendrauf, surft natürlich genüsslich auf der Schadenfreudewelle. Er beschimpfte hemmungslos die Kanzlerin, als sie die Reformfreudigkeit der Franzosen bezweifelte.

»Maul zu Frau Merkel! Frankreich ist frei. *Occupez-vous de vos pauvres et de vos infrastructures en ruine.* » (Kümmern Sie sich um Ihre Armen und Ihre kaputten Infrastrukturen).

Olivier Postel Vinay, Chefredakteur von *Books*, zitiert einen Satz von Mélenchon aus dem Jahr 2013:

»Kein Mensch auf der Erde möchte Deutscher sein, wenn er sich für das Leben interessiert. Deutsche sind im Durchschnitt ärmer. Sie sterben früher als andere und haben keine Kinder. Ihre Einwanderer hauen wieder ab, weil sie nicht mehr unter Deutschen leben wollen. Damit ist alles gesagt.« Naturellement!

Und wenn schon ein Deutscher, Olaf Gersemann, Chef des Wirtschaftsressorts von *Die Welt*, es behauptet, muss es doch stimmen: «*Ce pays est un géant de pacotille.*» (Ein Koloss auf tönernen Füssen). Gersemann meldet: «*Nos grandes entreprises sont en train de quitter le pays*» (Unsere großen Unternehmen sind dabei, das Land zu verlassen). Bert Rürup, vom *Handelsblatt Research Institut*, und Dirk Heilemann, auch beim *Handelsblatt*, dreschen ebenfalls auf ihre Heimat ein: «*Le colosse aux semelles de plomb*» (Der Koloss mit Bleisohlen). Ich lese: »Nach Einsicht der Weltbank ist es einfacher, sein Unternehmen in Russland und im Senegal zu gründen als in Deutschland.«

Die Schadenfreude Richtung Paris sorgt ebenfalls für Unterhaltung.

Immer wieder fliegen kleine Drohnen über die AKWs und die Polizei schafft es nicht, sie zu identifizieren. Der Vorfall wird regelmäßig von der Regierung heruntergespielt. Wiederholt wird betont, dass die Drohnen zu klein sind, um Bomben zu transportieren. Die Betonwände seien sicher. Nichtdestotrotz stellt sich die Frage, ob Terroristen nicht recherchieren, um später eine Bombe mit einem stärkeren Flugkörper abzuwerfen. Die Wasserbecken sollen anfällig sein und ein Unfall wird nicht ausgeschlossen.

Um die AKWs gibt es für Flugkörper eine Sperrzone von 5 km. Der Innenminister droht mit einer Gefängnisstrafe von einem Jahr und einem Bußgeld von 70.000 Euro. Die Drohnen-Attacken hören nicht auf, obwohl rund um die Uhr Spezialeinheiten auf der Lauer sind.

Die Spaßmacher erlaubten sich sogar schon, über das Innenministerium und den Élysée-Palast zu fliegen, ohne gefasst zu werden. Nicht ausgeschlossen ist, dass eine Drohne im Sommer bei offenem Fenster ins Schlafzimmer des Präsidenten eindringt und ihm einen giftigen Pfeil in die Brust schießt.

Die Citoyens fragen sich mit Recht, ob es normal ist, dass die sechste Weltmacht Frankreich, stolze Besitzerin eines Atomwaffenarsenals, es nicht schafft, die Piloten zu stellen. Greenpeace dementiert vehement, am Vorfall beteiligt zu sein, und wirft der Regierung ihre Unfähigkeit vor, die AKWs zu schützen.

Vor nicht allzu langer Zeit sorgte ein Tiger, der bei Paris vermutlich frei herumlief, für Schadenfreude. Auch da schafften es die Sondereinheiten der Polizei nicht, die Bevölkerung zu beruhigen. Die Verantwortlichen verhängten eine Sperrzone. Die Bevölkerung wurde aufgerufen, zu Hause zu bleiben. Schulen wurden geschlossen. Die Experten brauchten Tage, um die Tatzen zu analysieren. Schließlich kam die Entwarnung, es handle sich wahrscheinlich doch nur um Katzenpfoten. Auch da zweifeln die Citoyens mit Recht an der Qualität der Ausbildung ihrer Polizei, die nicht fähig ist, Katzen von Tigern zu unterscheiden.

Mit Staunen verfolgten im Herbst 2015 die Deutschen, wie ein paar Air France-Manager halb nackt über einen hohen Zaun kletterten, verfolgt von wütenden Gewerkschaftlern. Aber dann drehte sich der Schadenfreudewind für eine längere Zeit Richtung Berlin, als die Abgasbetrügereien von VW bekannt wurden.

Der Skandal der 136.000 GS 36-Schnellgewehre der Bundeswehr, die um die Ecke schießen, schaffte es nicht über den Rhein, wobei Schadenfreude angebracht war. Ich verstand erst im Sommer 2016 warum, als die französische Öffentlichkeit erfuhr, dass die französische Armee 136.000 deutsche Gewehre gekauft hat. Hat Frau von der Leyen, die sehr gut Französisch parliert, es geschafft, die 136.000 deutschen Gewehre, die wie bei Karl May um die Ecke schießen, an Frankreich zu verscherbeln? Ich werde der Sache nachgehen.

Hänge deine Wurzeln an die Luft pour mieux voir la terre.

DANIEL HAGER

Wanderer zwischen den Welten

Über die Ehe hat Woody Allen einmal gesagt, sie sei der Versuch, »gemeinsam Probleme zu lösen, die man alleine nie gehabt hätte«. Damit hatte er natürlich irgendwie Recht. Andererseits beschrieb er lediglich eine Hälfte der Wahrheit. Denn in einer Beziehung lassen sich Dinge erleben, von denen ein Einzelgänger höchstens träumen könnte. Man kann gemeinsam Ziele erreichen, die allein nie zu schaffen wären. Vor allem aber lässt sich, auch wenn es mitunter mühsam ist, von der Andersartigkeit des anderen lernen und profitieren.

Genau das gilt natürlich auch für die vertrackte, vielschichtige, komplizierte und wunderbare Beziehung zwischen Franzosen und Deutschen.

I. Anfänge

Unser Unternehmen ist, wenn man so will, ein Kind dieser *amour fou*. Mein Vater und mein Onkel hatten 1955 zusammen mit ihrem Vater eine kleine Firma für Elektrotechnik gegründet. Die Hager oHG elektrotechnische Fabrik im saarländischen Ensheim konzentrierte sich zunächst auf die Produktion von Zählertafeln und Verteilerschränken. Mit diesen Systemen wollte sie den Einstieg in den deutschen Markt schaffen.

Zwei Monate vor der Unternehmensgründung hatten sich die Saarländer gerade in einer Volksabstimmung für eine Rückkehr ihres Bundeslandes nach Deutschland ausgesprochen. Damit war der Nachkriegsstatus passé, nach dem das Saarland zunächst Frankreich zugesprochen, dann als eigenständiger Staat dem Direktorat des Europarates unterstellt werden sollte. Im gleichen Zuge wurde aus Frankreich ein souveräner Nachbarstaat mit all den

Grenzkontrollen, Zollbestimmungen und bürokratischen Hürden, die einen Handel über Grenzen damals enorm verkomplizierten.

Unsere Unternehmensgründer standen also vor der Wahl, den französischen Markt ziehen zu lassen oder auf der anderen Seite der Grenze von Neuem zu beginnen. Sie entschieden sich für den Neuanfang. Es war eine gute, vielleicht sogar die beste Entscheidung unserer Firmengeschichte.

Ihre Standortwahl fiel auf Obernai, ein Städtchen an der elsässischen «Route du Vin», in dem mein Onkel Hermann das zweite Standbein unseres Unternehmens aufbaute. Mein Vater Oswald kümmerte sich derweil im saarländischen Ensheim um das Stammwerk und den Vertrieb.

Während unser kleines Unternehmen langsam wuchs, vollzogen sich auf der politischen Bühne gewichtige Veränderungen. Im Januar 1963 unterzeichneten der französische Staatspräsident Charles de Gaulle und der deutsche Kanzler Konrad Adenauer im Élysée-Palast einen Freundschaftsvertrag, der eine dauerhafte Kooperation der einstigen »Erzfeinde« vorsah. Es war ein historischer und zu beiden Seiten der Grenze höchst umstrittener Schritt. Adenauer selbst war beim Machtantritt de Gaulles 1958 noch sehr skeptisch gewesen. Der Franzose und er seien »so grundverschieden, dass eine Verständigung zwischen (…) beiden außerordentlich schwierig« würde, glaubte er damals. Bereits das erste persönliche Treffen der beiden brachte jedoch eine erstaunliche Wende. De Gaulle schlug eine enge außenpolitische Zusammenarbeit vor. Der Kanzler zeigte sich »glücklich, einen ganz anderen Menschen vorgefunden zu haben, als (…) [er] befürchtet hatte«.

Auch mein Onkel und Vater stießen allerorten auf Offenheit. Dabei hätte es im Frankreich der Fünfzigerjahre wahrlich genügend Gründe gegeben, Deutschen zumindest skeptisch gegenüberzutreten. Aber unsere Unternehmensgründer sind nie irgendwelchen Ressentiments begegnet, jedenfalls haben sie nichts davon erzählt.

II. Grenzgänger

Möglicherweise lag es daran, dass sich die beiden Entrepreneure außergewöhnlich schnell assimilierten. Denn die elsässische Lebensart kam ihnen als lebenslustige Saarländer sehr nahe. Auf den Elektro-Messen war Hager jedenfalls bald genauso für seine Zählertafeln wie dafür bekannt, dass Gäste stets mit Champagner und Cognac bewirtet wurden.

Das Frankophile verinnerlichten sie im Laufe der Jahre derart, dass mancher sie tatsächlich für Franzosen hielt. So geschah es zumindest beim Einkaufsleiter eines bayrischen Großhändlers, den mein Vater in den Fünfzigerjahren für uns zu gewinnen versuchte. Der Mann war bekannt für sein knorriges Bayrisch, also reiste mein Vater extra einen Tag vor dem Termin nach München, um sich in den Dialekt einzuhören. Später, als man sich näher kennen und schätzen gelernt hatte, gestand der Bayer meinem Vater: »Wissen's, Herr Hooger, i hab mir lang überlegt was Sie für an Landsmann san. A Bayer sans net, des hört man. A Preiss sans a net. Dafür sans zu sympathisch. Ich hab mir lang überlegt was Sie für an Landsmann san. Sie san a heu bei der Franzos.«

Dieses Grenzgängerhafte war mitunter kurios, vor allem aber nützlich. Die Tatsache, dass sie als Saarländer weder richtige Deutsche noch richtige Franzosen waren, habe ihnen in den Anfangsjahren sehr geholfen, erklärte mein Vater später. »Wir waren so ein Zwischending und sind damit sehr gut zurechtgekommen, weil wir doch das eine und das andere gekannt haben und uns entsprechend verhalten konnten.«

Ich glaube, diese Art von Offenheit ist typisch für die Bewohner von Grenzregionen. Man findet sie in Baden genauso wie im Saarland, dem Elsass oder in Lothringen. Wer wie das Saarland in vier Jahrzehnten viermal die Nationalität gewechselt hat, weiß ohnehin um die Relativität von Pässen und Grenzen. Er weiß vor allem, dass es Wichtigeres gibt als Nationalitäten: Verständigung, beispielsweise. Offene Ohren. Und offene Herzen.

Sich dabei anpassen zu können, ohne seine Identität zu leugnen, scheint mir eine enorm wertvolle Eigenschaft. Vermutlich ist sie heute entscheidender denn je, auch für unser Unternehmen. Ohne sie hätten wir nie zu jener Größe gefunden, die wir heute erreicht haben.

Der Unternehmenssitz unserer mittlerweile 11.700 Mitarbeiter umfassenden Firma liegt im saarländischen Blieskastel, unsere größte Produktionsstätte im elsässischen Obernai. Zwischen beiden Standorten herrscht ein reger grenzüberschreitender Verkehr. Das ist einerseits sehr belebend, reisetechnisch aber mitunter ziemlich mühsam. Unsere Unternehmensform ist mit der Societas Europaea (SE) eine europäische, unser Markt mittlerweile die ganze Welt. In 26 Standorten rund um den Globus produzieren wir heute Komponenten und Lösungen, die Kunden in fast 130 Ländern der Erde nutzen.

Zu verdanken haben wir die Wachstumsstory der Offenheit der vergangenen sechs Jahrzehnte, die Grenzen geöffnet und Menschen einander näher gebracht hat. Was de Gaulle und Adenauer in den Fünfzigern auf den Weg brachten, hat sich zur Globalisierung weiterentwickelt. Aus der Welt ist ein Dorf geworden. Zumindest scheint es so.

III. Die Grenzen der Globalisierung

Sind wir Franzosen und Deutsche einander deshalb ähnlicher geworden? Ich glaube nicht. Und dafür sind vor allem zwei Faktoren verantwortlich.

Die Globalisierung, wie wir sie in den vergangenen Jahrzehnten erlebt haben, hat vor allem Waren in Bewegung gesetzt. Einen Hanuta-Riegel bekomme ich heute überall in Frankreich, umgekehrt einen Danone-Joghurt genauso in Deutschland. Was ein bisschen schade ist, denn früher konnte man sich auf die Einkäufe jenseits der Grenze freuen. Heute gibt es alles überall.

Was für unsere Elterngeneration noch einen enormen Aufwand bedeutete – nämlich Waren ein paar Kilometer weit über die Grenze zu schaffen –, bedarf heute nur noch eines Klicks.

Es stimmt, dass neben Produkten auch wir Menschen häufiger und weiter als früher reisen. Aber wirklich kosmopolitisch ist heute wie damals nur eine vergleichsweise kleine Gruppe von Expats und Handelsreisenden, wie es sie übrigens schon in Antike und Mittelalter gab. Die Mehrheit der Menschen jedoch bleibt ihrer Scholle ein Leben lang treu.

Die Digitalisierung wiederum hat ermöglicht, dass heute theoretisch jeder mit jedem kommunizieren könnte. Wir benutzen die gleichen Programme und Newsfeeds, wir vernetzen uns über dieselben sozialen Medien. Deshalb glauben wir, auch Teil einer globalen Gemeinschaft zu sein, die ähnlich denkt und fühlt.

In Wirklichkeit aber gibt es im globalen Dorf säuberlich voneinander abgetrennte Viertel und Gruppen, von denen jede ihre lokalen Eigenheiten wahrt. Ein banales Beispiel aus unserer Branche: Bis heute leistet sich nahezu jedes europäische Land seine eigenen Standards bei Steckdosen. Und auch die Konsumentenkulturen unterscheiden sich. Bei Services wie Alarmanlagen und -diensten setzen die Franzosen auf Abonnements, die Deutschen kaufen lieber. Genau umgekehrt ist es beim Wohnraum: Zwei Drittel der Franzosen leben unter ihrem eigenen Dach, in Deutschland tut es lediglich die Hälfte der Menschen. All das muss man wissen, verstehen und berücksichtigen, wenn man in unterschiedlichen Märkten unterwegs und erfolgreich sein will.

Meine deutschen und französischen Kollegen diskutieren diese Dinge Tag für Tag. Wir sprechen dabei die gleichen Sprachen, nämlich Deutsch, Französisch oder Englisch. Aber wir bewerten die Dinge naturgemäß anders. Und selbst wenn wir dieselben Begriffe verwenden, meinen wir mitunter etwas ganz anderes.

Damit wären wir bei der größten aller Differenzen, die unseren Beziehungsstatus so kompliziert macht: unserer Art zu kommunizieren.

IV. Parlez-vous allemand?

Wir merken es jeden Tag im Unternehmen: Die deutsche Kommunikation ist expliziter als die französische. Deutsche drehen weniger rhetorische Schleifen, kommunizieren bevorzugt im berühmten ZDF-Modus – Zahlen, Daten, Fakten – und sagen, was und wie sie es wollen. Dann gehen sie es an. Wenn Deutsche ein Vorhaben ins Auge fassen, wird gern sogleich ein Konzept geschmiedet, das bis ins Detail ausgearbeitet ist.

Im Französischen hingegen umreißt man seine Anliegen lieber implizit. Ein französisches «Concept» hat daher einen ganz anderen Charakter als ein deutsches Konzept: Es gleicht eher einer Skizze, die eine Richtung vorgibt, in der man sich bewegen könnte. In unseren Meetings fragen wir einander daher mitunter scherzhaft: »Ist das jetzt ein Konzept oder ein Concept?«

Man kann sich vorstellen, was passiert, wenn deutsche und französische Kollegen mit diesen unterschiedlichen Vorstellungen aufeinandertreffen. Franzosen wollen, dass diskutiert wird. Deutsche erwarten, dass Entscheidungen getroffen werden. Franzosen empfinden die Deutschen tendenziell als unverblümt und direktiv. Sie verstehen nicht, wieso sich die Deutschen überhaupt noch mit ihnen treffen wollen, wo sie doch offenbar schon eine fertige Lösung in der Tasche haben. Die Deutschen wiederum haben das Gefühl, die Franzosen wüssten nicht wirklich, was sie eigentlich wollen (obwohl sie es sehr genau wissen, nur drücken sie es eben nicht so aus).

Im Japanischen gibt es dafür den Ausdruck «Kuuki Yomenai». Er bedeutet so viel wie »unfähig, die Atmosphäre zu lesen«, also jene Botschaften zu deuten, die in einem Gespräch immer unter, über oder neben dem Gesagten mitschwingen. Und natürlich führt dieses Unvermögen nicht selten zu einer ziemlich aufgeheizten Atmosphäre.

Das weiß ich nicht zuletzt von daheim. Meine französische Frau und ich haben im Laufe der gemeinsamen Jahre zwar die Fähigkeit entwickelt, Botschaften des anderen zu entschlüsseln. Wenn sie beispielsweise »Jemand müsste mal mit dem Kind reden« oder »Man müsste den Hund ausführen« andeutet, weiß ich mittlerweile ganz genau, wer gemeint ist. Und dennoch – beziehungsweise: gerade deswegen – bringen mich ihre indirekten Imperative immer wieder auf die Palme.

Kurioserweise bewirkt ausgerechnet die Tatsache, dass wir Deutschen und Franzosen annehmen, einander ähnlich zu sein, die größten Missverständnisse. Gerade dass wir glauben, dasselbe meinen und einander doch verstehen zu müssen, führt dazu, dass wir genau das nicht tun. »Nicht das, was wir *nicht* wissen, bringt uns zu Fall«, wusste schon Mark Twain, »sondern das, was wir fälschlicherweise zu wissen glauben.«

Aber was wissen wir denn überhaupt voneinander?

V. (Vor-)Urteile

Viele der vermeintlich altbekannten Gewissheiten über Deutsche und Franzosen halten keiner Überprüfung stand. Zum Beispiel jene, dass die Deutschen umweltbewusster seien als ihre Nachbarn. In Wirklichkeit produziert der Durchschnittsdeutsche mehr Müll als ein durchschnittlicher Franzose. Oder dass wir beim Autokauf strikt patriotisch entscheiden und Audi & Co gegenüber anderen Marken bevorzugten: In Wirklichkeit liegt der Marktanteil einheimischer Autohersteller in Frankreich mit 57,2 % höher als in Deutschland.

Umgekehrt heißt es häufig, die Franzosen würden weniger hart arbeiten oder länger Urlaub machen. Tatsächlich betrug 2009 die Durchschnitts-Jahresarbeitszeit in Frankreich 1.469 Stunden, in Deutschland lag sie bei nur 1.309 Stunden. Und wer hätte gedacht, dass der Weltmeister in der Käseproduktion nicht etwa Frankreich, sondern Deutschland ist?

Das mögen banale Beispiele sein, aber sie deuten auf etwas sehr Grundlegendes hin. Erstens: Wir sind in der Tat unterschiedlich, aber auf eine andere Art, als wir denken. Unser Beziehungsstatus ist vor allem deshalb so kompliziert, weil wir häufig im Vorhinein zu wissen glauben, was der andere denkt und sagen wird. Und damit liegen wir häufig eben falsch.

Deshalb lohnt es sich, zweitens, genauer hinzuhören und zuzuschauen. Die Unterschiede zwischen Franzosen und Deutschen mit Humor zu nehmen. Sie als etwas Wertvolles und Gewinnbringendes zu begreifen – etwas, das überaus nützlich sein kann, wenn man jenseits seines persönlichen Tellerrands Menschen erreichen will.

»Ich benutze nicht lediglich das eine Gehirn, das ich habe, sondern auch all die anderen Gehirne der Welt, die ich anzapfen kann«, hat Woodrow Wilson einmal erklärt. Der war nicht nur US-Präsident, sondern auch Initiator des Völkerbundes, Friedensnobelpreisträger und ein höchst visionärer Kopf.

VI. Was kommt

Wilson nahm damit ein Konzept vorweg, das heute unter dem Begriff «Diversity» kursiert. In einer Welt, in der plötzlich wieder Zäune hochgezogen, Grenzen geschlossen und die eigenen Interessen über alle anderen gestellt werden, ist es zeitgemäßer denn je.

Ich würde mir daher wünschen, dass wir Deutsche und Franzosen wieder ein gemeinsames Projekt finden – so, wie es nach dem Krieg de Gaulle und Adenauer taten. Dafür müssten wir uns der Insellage Europas bewusst werden und uns vor Augen führen, dass wir nur gemeinsam stark sein können. Wir müssten uns in Erinnerung rufen, dass die unterschiedlichen Sichtweisen von Partnern mitunter anstrengend, unterm Strich aber bereichernd sind.

Was den Status unserer komplizierten Beziehung angeht, meine ich daher: Es ist an der Zeit für einen zweiten Frühling.

SYLVIE HAMARD

La culture, une véritable ambition frontalière

Eine deutsche Übersetzung dieses Beitrages finden Sie auf Seite 393.

J'ai toujours été attirée par l'Allemagne et me suis toujours demandé qu'elle en était la raison. J'ai grandi à l'ouest de la France et personne dans ma famille n'avait de lien avec ce pays d'outre-Rhin, ni ne parlait la langue allemande.

J'ai souvent pensé que les propos de mes deux grands-pères avaient éveillé ma curiosité, m'avaient influencée, questionnée souvent et incitée à partir à la découverte de l'Allemagne dès l'âge de treize ans.

Mon grand-père maternel avait vécu la Deuxième Guerre mondiale et certainement des moments très douloureux, dont il ne parlait jamais. Ce qui était clair, par contre, c'est qu'il détestait les allemands, les « Boches » selon ses propres termes… Mon grand-père paternel, lui, avait vécu les deux guerres. Il avait été brancardier et n'avait jamais eu à se servir d'une arme. Il avait une ferme dans laquelle les allemands venaient se ravitailler lors de la deuxième guerre ; ces derniers n'avaient pas plus envie de faire la guerre que les français. Mon grand-père paternel a toujours parlé sans aucune haine des allemands, mais au contraire avec une certaine tendresse. Deux discours antinomiques donc.

A l'entrée au collège, il était évident que je choisirais l'allemand en première langue. J'ai eu la même enseignante d'allemand pendant quatre ans qui a su me transmettre sa passion pour l'Allemagne.

J'ai très vite trouvé une correspondante près de Cologne et y suis partie à l'âge de treize ans pour un séjour de deux semaines. A cette époque, le taux de TVA était beaucoup plus faible en Allemagne qu'en France, et tout ce qui était high-tech était beaucoup moins cher.

Mon objectif était d'aller chez Saturn, d'y trouver un appareil photo à bon prix et surtout le disque vinyl de « 99 Luftballons » de

Nena, chanson inscrite au hit-parade sur les ondes françaises à ce moment-là !

Je suis tombée sous le charme de l'Allemagne : la découverte de la langue, d'une nouvelle culture, le fameux *Abendbrot,* dîner à base de pain, de fromage et de charcuterie. J'ai bien tenté de convertir mes parents à cette forme de repas, mais en vain ! Il n'en reste pas moins que j'ai pris le goût du pain allemand et si j'ai le choix entre une bonne baguette et un bon pain aux graines de tournesol, mon choix se porte sans hésiter sur le second.

Après un an comme jeune fille au pair à Hildesheim puis des études de biologie, j'ai décidé de poursuivre des études en germanistique à l'Université de la Sarre qui me proposait une équivalence pour les diplômes universitaires acquis en France. Mon histoire avec la Sarre commençait…

Je suis arrivée à Sarrebruck en septembre 1991 et au bout de quelques semaines de grisaille sur le campus universitaire où je logeais à ce moment-là, j'étais certaine de ne pas rester plus d'un an – trop triste, trop gris. J'y ai vécu finalement onze ans avec grand bonheur et continue toujours à y travailler.

Le côté international de l'Université de la Sarre m'a énormément plu, caractéristique que l'on retrouve de manière nettement moins significative dans les facultés de province française. J'ai pu rencontrer des étudiants de tous horizons et de tous pays, un enrichissement personnel fondamental, une ouverture sur le monde.

Cette région frontalière sarro-lorraine m'a fascinée. J'avais une méconnaissance totale de l'Est, des « français de l'extérieur ». J'avais l'image véhiculée par les médias français d'une région déprimée et déprimante, la fermeture des mines, le chômage… Au lieu de cela, j'ai découvert une région chargée d'histoire, des habitants chaleureux, vrais, attachants. J'ai eu la chance de descendre au fond d'une mine du côté français avant la fermeture des derniers puits et d'être émerveillée du côté allemand par les aciéries de Völklingen. Toute une culture s'ouvrait à moi.

J'ai découvert l'ouverture d'esprit des allemands, leur intérêt marqué pour les langues et les cultures étrangères, leur tolérance, leur engagement pour des causes sociétales.

Je me souviens d'avoir, à mon arrivée, apprécié le coté nordique, la présence du bois dans l'habitat, la célébration de l'hiver, la tradition de Noël malheureusement un peu perdue en France, le bonheur des enfants de fêter l'Avent, de préparer les gâteaux traditionnels, de parcourir les marchés de Noël et pour les plus grands, de s'y retrouver le soir autour d'un vin chaud au milieu des odeurs de cannelle qui participent à cette magie de Noël.

J'ai eu la chance en 1996 de débuter ma carrière professionnelle au Carreau – Scène Nationale de Forbach et de l'Est mosellan lors de sa création, chargée de développer les relations franco-allemandes. J'ai continué à vivre à Sarrebruck et passais chaque jour la frontière dans les deux sens.

Nous voulions rendre à Forbach une attractivité par le biais de la culture et d'un programme d'excellence, grâce à l'accueil d'artistes reconnus dans le monde entier. En faire un lieu de rendez-vous incontournable des lorrains et des sarrois et pourquoi pas des luxembourgeois ! Tout était à bâtir…

Il était évident dès l'ouverture du Carreau que cette Scène Nationale située à quinze minutes de Sarrebruck devait devenir une Scène Nationale franco-allemande.

Le projet reposait sur plusieurs enjeux dont une programmation pluridisciplinaire de niveau national et international, intégrant significativement la danse contemporaine et la musique classique et un travail spécifique tourné vers le public frontalier (sarrois de langue allemande), par des documents bilingues, des spectacles surtitrés, une présence significative de propositions ne nécessitant pas la connaissance du français (danse et musique classique), une programmation régulière de spectacles de théâtre en langue allemande. Et enfin, des partenariats avec des institutions culturelles sarroises : le Festival Perspectives de Sarrebruck – qui à ce moment-là n'était pas encore le festival franco-allemand qu'il est devenu en 2001, le Festival Schichtwechsel à Völklingen, le théâtre de Sarrelouis en coopération avec la *Volkshochschule* avec la mise en place d'un abonnement de théâtre français programmé par Le Carreau au Theater am Ring de Saarlouis.

Le développement de relations fortes avec la presse sarroise, les communiqués de presse et les publications systématiquement bilingues, le travail de relations avec le public en Sarre, tout cela a beaucoup contribué au succès de ce projet transfrontalier. J'ai découvert avec enthousiasme la place et la qualité de la presse régionale en Allemagne. Les pages culturelles notamment, vraiment prescriptrices et n'ayant pas d'équivalent dans la presse régionale française. Des critiques de grande qualité du niveau des journaux nationaux français. Je suppose que cela s'explique par le fonctionnement fédéral du pays.

Laurent Brunner, Directeur du Carreau à l'époque, et moi-même, avons été très honorés de recevoir une distinction : le *Goldene Ente* pour saluer notre travail avec la presse sarroise.

Au Carreau, le surtitrage est devenu systématique dans les deux sens : en français pour les spectacles de langue allemande, en allemand pour les spectacles de langue française. Cela nous permettait à nouveau de rassembler les publics de deux pays dans une même salle. Le surtitrage est maintenant une évidence, mais était à ce moment-là peu développé.

Ces projets avec le public allemand ont rendu nécessaire la programmation du théâtre en langue allemande. La tradition du théâtre politique de Brecht n'existait pas en France et le théâtre allemand fascinait.

La scène allemande de 1996 était marquée par un moment de rupture : Heiner Müller venait de laisser orphelin le Berliner Ensemble, qui quitta ainsi son statut d'avant-garde. Frank Castorf venait d'arriver à la Volksbühne et inventait le théâtre allemand le plus décapant des vingt dernières années, invitant notamment Christoph Marthaler, grand metteur en scène suisse, à y faire ses créations. Ces deux artistes représentaient une révolution, vu du monde du théâtre français : des comédiens exceptionnels, des partis pris radicaux et souvent musicaux qui faisaient des relectures percutantes des grands classiques, un foisonnement de créations en réaction aux années de dictature à peine terminées. Virtuosité, anticonformisme, provocation enchantaient le public du monde entier, et n'arrivait que trop peu en France.

Le fonctionnement des théâtres allemands avec le système de répertoire rendait difficile l'organisation de tournées. En France, les théâtres ayant leur propre troupe de comédiens sont extrêmement rares. On citera évidemment la Comédie Française, mais l'essentiel des théâtres français sont des théâtres d'accueil et le système de répertoire n'existe pas. Les compagnies de théâtre sont indépendantes et doivent organiser des tournées pour exister.

La venue d'un spectacle de la Volksbühne mis en scène par Castorf à Forbach fut donc un événement considérable. Mais avant lui c'est Thomas Ostermeier qui était venu le premier. Repéré en 1998, lorsqu'il était simple artiste associé à la Baracke du Deutsches Theater à Berlin, il déployait une énergie fantastique dans un mouchoir de poche, avec des comédiens de la même génération, et des textes essentiellement contemporains – ou ceux du jeune Brecht, nécessitant un investissement physique considérable pour les interprètes. La première tournée de la Baracke, Thomas Ostermeier la fit à Forbach : « Man ist Man » de Brecht, puis « Disco Pigs » avec la découverte de l'extraordinaire Bibiana Beglau, que j'ai revue récemment à Sarrebruck lorsqu'elle a reçu le *Faust* de la meilleure actrice au Staatstheater. Deux spectacles époustouflants, deux explosions salutaires du plateau.

Que de souvenirs, de moments de théâtre forts et inoubliables. Et quelle chance d'avoir connu cette époque de la Baracke, si marquante dans l'histoire du théâtre allemand. Deux ans plus tard, Thomas Ostermeier prenait la direction de la Schaubühne et devenait artiste associé au Festival d'Avignon, invité par Vincent Baudriller et Horstense Archambault. Lors de sa dernière venue au Carreau, l'équipe de la Baracke nous faisait cadeau du (désormais) mythique panneau d'entrée de la Baracke.

Résumer le travail d'Ostermeier, cela serait évoquer son amour des textes rares et des textes du théâtre bourgeois, sa passion des comédiens, et son mélange subtil de provocation au sein d'une rigueur finalement classique : tout le Théâtre allemand tient peut-être là … Et sa passion pour la France et sa langue, bien sûr …

Cette énergie déployée en direction du public sarrois a permis de compter souvent 50% du public de langue allemande. Les propositions très institutionnelles du Staatstheater de Sarrebruck trouvaient une alternative très « moderne » dans les propositions du Carreau.

En 2002, le Directeur du Carreau s'est vu confier la direction du Festival Perspectives, jusque-là Festival du théâtre français en Allemagne qui devenait festival franco-allemand des Arts de la Scène grâce à l'engagement financier du Conseil Général de la Moselle aux côtés du Land de Sarre et de la Ville de Sarrebruck pour le financement de cette manifestation. L'équipe du Carreau a alors vraiment pu travailler de part et d'autre de la frontière et encore intensifier les relations avec la Sarre et son public.

Lorsque j'ai quitté la région pour être secrétaire générale du Théâtre Paris-Villette, le départ de Sarrebruck fut difficile – la Sarre était devenu mon « Zuhause ». Au bout de deux ans, j'ai décidé de me tourner à nouveau vers le théâtral allemand et ai alors créé l'Agence théâtrale franco-allemande, pour aider, conseiller, les théâtres français souhaitant inviter des artistes allemands mais méconnaissant le milieu du théâtre allemand : qui contacter ? Dans quelle langue ? Le barrage de la langue étant alors un frein très important. Comment repérer les artistes allemands émergents ? Comment négocier ? Des compétences que j'étais à même de proposer et un objectif qui m'enthousiasmait.

J'ai commencé par faire venir en France le spectacle de Paul Pampler, « Artaud erinnert sich an Hitler und das Romanische Café » une production du Berliner Ensemble et un solo magistralement interprété par Martin Wuttke, comédien fascinant.

Ce spectacle a été invité par le Théâtre National de Bretagne, sous la direction de François Le Pillouër, qui par la suite a beaucoup œuvré dans le franco-allemand et notamment initié avec la Schaubühne et Thomas Ostermeier le réseau Prospero, la mise en réseau de théâtres européens pour des productions communes.

J'avais découvert le travail de l'auteur et metteur en scène allemand Falk Richter et suis tombée littéralement amoureuse de sa pièce « Unter Eis » produite à la Schaubühne. Un spectacle magistral, que j'ai décidé de promouvoir en France – le premier accueil eu lieu à la MAC – Maison des Arts de Créteil.

J'ai continué à travailler régulièrement avec Falk Richter et j'ai eu la chance de prendre en charge les surtitrages de ses spectacles pour la France. Un travail difficile au regard de la quantité de textes déclamés par les comédiens à un rythme très soutenu, mais un travail absolument passionnant.

En 2006, mon mari ayant été muté à l'Ambassade de France de Berlin, ma joie fut immense de pouvoir revenir vivre en Allemagne. Mon fils, né à Sarrebruck, a alors intégré un jardin d'enfants franco-allemand, ma fille une *Kita* allemande et pour eux aussi le lien à l'Allemagne est devenu très fort. L'occasion pour nous de pratiquer la différence entre les systèmes scolaires de nos deux pays dès le plus jeune âge : pas d'école avant six ans en Allemagne, un système d'apprentissage par le jeu et une notion de collectif, de partage très développée, un rythme plus adapté, des vacances mieux réparties dans l'année pour le bien-être des enfants. En France, une scolarisation dès l'âge de trois ans, l'obligation de rester assis à une table, d'apprendre dès le plus jeune âge la rigueur, l'autorité. Un rythme difficile pour les enfants, des journées longues en classe suivies de devoirs à la maison.

Pourtant, malgré de très mauvais classements internationaux, la France ne parvient toujours pas à imposer une véritable réforme de son système scolaire.

Peu après mon arrivée à Berlin, on m'a proposé de prendre la direction du Festival Perspectives de Sarrebruck et c'est avec fierté et un immense bonheur de que j'ai retrouvé la Sarre, ce festival ambitieux, son public curieux et fervent.

Le festival franco-allemand des Arts de la Scène, festival unique de par son financement binational et son ancrage en Sarre et en Lorraine rassemble un large public de la Grande Région autour de spectacles de théâtre, de danse, de cirque contemporain français et allemands. Perspectives réunit à la fois des artistes de renom et de jeunes artistes fraîchement repérés.

La programmation se fait sur les territoires sarrois et lorrains et le public frontalier ne cesse pendant dix jours de se croiser, de se rencontrer, et de passer la frontière.

Une programmation pluridisciplinaire et exigeante, mais visant à toucher un large public, la mise en place de navettes, le surtitrage systématique, la communication bilingue ont permis de connaître un accroissement considérable du public de la Grande Région, notamment parmi les étudiants.

La recherche de lieux alternatifs et non institutionnels, a fait l'identité du festival.

L'équipe est constituée de jeunes français et de jeunes allemands, tous bilingues, qui soudain développent une énergie commune pour faire vivre cet événement culturel majeur.

J'ai découvert un engagement très fort des entreprises qui s'engagent dans le mécénat culturel depuis des années. Jean-Jacques Aillagon a, en France, fait voter la loi Aillagon sur le mécénat, une avancée fondamentale. Il n'en reste pas moins que la culture du mécénat d'entreprises pour la culture n'a pas la même tradition en France qu'en Allemagne. Le Festival peut compter sur un soutien fort d'entreprises et de fondations implantées en Sarre.

En dix ans, nous avons mis en place beaucoup de partenariats de part et d'autre de la frontière. La coopération entre les structures culturelles de Sarre et de Lorraine est devenue une évidence.

Mais si, pour beaucoup, l'amitié franco-allemande est considérée comme un acquis, cela reste bien utopiste. Rien n'est acquis, il faut travailler continuellement au rapprochement de nos deux pays. Rien n'est jamais simple et un projet franco-allemand sera toujours plus compliqué à mettre en place qu'un projet franco-français ! Mais tellement plus passionnant aussi !

Ne serait ce qu'au niveau administratif, des procédures qui auraient dû être simplifiées au sein de l'Union Européenne ne le sont pas, au contraire, certaines sont récemment devenues plus compliquées. J'aime toujours à citer l'exemple des chapiteaux français qui tournent dans le monde entier mais dont l'homologation n'est pas reconnue en Allemagne. Du côté allemand, les démarches pour que les compagnies françaises ne subissent pas la double imposition et soient par conséquent exonérées de payer l'impôt lors de leur venue en Allemagne sont devenues beaucoup plus lourdes, de même qu'en France, les démarches administratives pour l'accueil des artistes étrangers sont devenues un vrai casse-tête en 2016 … Des petites choses qui compliquent les projets et peuvent faire que certains vont y renoncer.

De nombreuses évolutions ont eu lieu dans les relations franco-allemandes depuis ma première venue en Sarre. Lorsque je suis arrivée, la frontière existait encore et était contrôlée. Le sentiment d'appartenir à une même région n'existait pas. J'avais dans mon porte-monnaie des francs, des *Deutschmarks* et des francs belges ! Quelle libération avec l'arrivée de l'euro et l'ouverture des frontières !

De nombreux partenariats ont vu le jour, la naissance de l'Université franco-allemande, la Fondation pour la coopération culturelle franco-allemande, dont dépend depuis 2007 le Festival Perspectives et qui est devenue un interlocuteur incontournable, de multiples projets européens transfrontaliers Interreg et évidemment, plus récemment, la mise en place par Annegret Kramp-Karrenbauer de la *Frankreichstrategie* : cela devrait permettre une nouvelle accélération et surtout une nouvelle prise de conscience de l'importance des relations franco-allemandes …

JEAN-CLAUDE JUNCKER

Die deutsch-französische Freundschaft lässt Europas Herz höher schlagen

Jean-Claude Juncker hat den ersten Teil seines Beitrages in Französisch verfasst.
Eine deutsche Übersetzung dieses Teils finden Sie auf Seite 404.

Dans mon discours d'investiture à la présidence de la Commission européenne, que j'ai prononcé devant le Parlement européen le 15 juillet 2014, j'ai évoqué trois noms : Jacques Delors, mon ami et mon maître, François Mitterrand qui a dit que les nationalismes mènent à la guerre, et il avait raison, et Helmut Kohl qui fut, de mon vivant, le plus grand Européen que j'ai eu la chance de connaître. J'ai voulu rendre hommage à leur patience, à leur courage, à leur détermination. J'ai voulu aussi revendiquer non pas leur héritage, mais leur inspiration, et rappeler que la relation franco-allemande est vitale pour l'Europe et mérite d'être soutenue, encouragée.

Chacun a en mémoire cette image très forte de Kohl et Mitterrand se tenant par la main à Douaumont en 1984, et scellant par ce geste symbolique l'amitié franco-allemande sur cette terre de la Meuse où soixante-dix ans auparavant leurs deux nations s'affrontèrent brutalement. « Allemands et Français se sont réconciliés : une photo qui va entrer dans l'histoire », titrait alors en Une le *Frankfurter Allgemeine Zeitung*. Cette photo est en effet entrée dans l'histoire, et ainsi que la France et l'Allemagne l'ont rappelé solennellement dans une déclaration commune, Allemands et Français ont tiré la leçon de l'histoire et ont choisi de s'engager sans retour «sur la voie de la paix, de la raison et de la coopération dans l'amitié» en travaillant «dans un esprit fraternel» à l'unification de l'Europe.

La volonté franco-allemande de servir l'Europe me semble être une volonté inébranlable. Mais nous savons combien cette amitié, comme toute affaire de cœur, peut être compliquée, parfois tumultueuse et semée de crises. Ce qui d'ailleurs n'étonne que ceux qui ne comprennent pas ce qu'est un couple. Nous savons aussi que si certains Etats membres peuvent souvent s'agacer de l'étroitesse de la relation entre Paris et Berlin, ils sont néanmoins très inquiets dès que Paris et Berlin ne s'entendent pas. Car nous avons tous conscience que la proximité, je dirais même la complicité entre la France et l'Allemagne, nous sont indispensables. Le couple franco-allemand est une force motrice à laquelle l'Europe ne peut pas renoncer. C'est une chance pour l'Europe. Le vrai danger pour l'Europe c'est quand le fossé entre les deux se creuse, quand l'incompréhension s'installe et qu'ils ne parviennent pas à se mettre d'accord.

C'est la raison pour laquelle j'ai toujours considéré qu'il en allait de notre intérêt à tous de faire en sorte que Français et Allemands maintiennent des liens d'amitié forts et s'entendent le mieux du monde. Je suis le premier à me réjouir lorsque Paris et Berlin présentent des propositions communes parce que la France et l'Allemagne portent une lourde responsabilité qu'elles doivent exercer ensemble. Je me félicite de chaque occasion qui, à l'instar de la Foire de Francfort cette année, permet de renforcer encore davantage les liens entre Français et Allemands, les liens culturels, les liens universitaires, les liens humains. J'ai même parfois eu la tentation de conseiller à mes amis français et allemands d'adopter le modèle du système éducatif luxembourgeois, qui prescrit le double apprentissage de l'allemand et du français. Et, plus d'une fois, j'ai été de ceux qui ont contribué à jeter des ponts entre les conceptions allemande et française au moment où elles divergeaient sérieusement, notamment lorsque nous nous sommes lancés dans ce pari fou, pour certains, de fusionner en une seule monnaie 12 et aujourd'hui 19 monnaies nationales.

Il nous reste encore beaucoup à faire pour améliorer notre gestion collective de l'euro. Mais s'il est vrai que les hommes politiques font beaucoup de bêtises, nous avons tout de même fait deux choses dont je suis fier, c'est l'élargissement avec la réconciliation de l'histoire et de la géographie européennes, et c'est l'Union monétaire. Car pour moi, l'Union monétaire est le moyen d'assurer la paix sur la longue durée. Cette paix à laquelle nos peuples ont toujours aspiré et qui reste la vocation première de l'Europe.

Lors des récents attentats qui ont frappé la France, la Belgique, et l'Allemagne, les terroristes en prenant pour cible des innocents, des femmes, des enfants, des personnes jeunes et âgées, de toutes les religions, et de tous les horizons, se sont attaqués à notre façon de vivre ensemble dans une Europe qui connaît une paix ininterrompue depuis 70 ans. C'est toute l'Europe, toutes les démocraties qui étaient attaquées. Ils ont cru nous affaiblir. Ils ont échoué. Ce fut le message de la marche républicaine organisée à Paris en janvier 2015, après l'attentat contre Charlie Hebdo. J'étais à Paris ce jour-là, avec tous les dirigeants de l'Europe, aux côtés du Président Hollande et de la Chancelière Merkel qui avançaient main dans la main, montrant ainsi que tous ensemble, et encore plus unis, nous ne renoncerons jamais à nos valeurs et à nos libertés, que nous défendons en joignant nos forces contre le terrorisme.

C'est aussi main dans la main, que la France et l'Allemagne préparent l'avenir de l'Europe, avec en particulier la mise en place d'une Europe du numérique, qui est l'une des grandes priorités politiques de ma Commission. J'ai participé aux sommets numériques organisés par Berlin et Paris et je sais pouvoir compter sur la dynamique franco-allemande pour nous soutenir dans cette démarche et pour permettre à l'Europe d'être à l'avant-garde de l'industrie du futur. Paris et Berlin ont notamment décidé de créer un fonds d'investissement franco-allemand de 1 milliard d'euros destiné au financement des start-up, les jeunes pousses innovantes, pour les inciter à se développer sur le sol européen plutôt qu'à aller voir ailleurs.

Ils s'inscrivent ainsi dans les pas de leurs prédécesseurs qui, à Douaumont en 1984, avaient déclaré: «il ne faut pas seulement honorer les morts d'hier, il faut donner aux vivants d'aujourd'hui un avenir.» Et l'Europe aura toujours besoin de la dynamique franco-allemande, dont la réputation n'est plus à faire, pour donner un avenir à tous les jeunes Européens et pour œuvrer sans relâche à la préservation de ce qui reste la plus grande réussite de l'Union européenne : avoir transformé un continent de guerres et de déchirures en un continent de paix et d'unité.

So wie für Immanuel Kant der Friede das Meisterstück der Vernunft war, so ist der Friede auch das Meisterstück Europas. Doch unser gemeinsames Projekt, das Hand in Hand mit der deutsch-französischen Freundschaft geht, ist nicht nur eine Angelegenheit der Vernunft; sondern auch des Herzens. Das hat mir mein Vater beigebracht, der allen Grund gehabt hätte, mich Groll gegenüber den Deutschen zu lehren. Doch seine Lehre aus dem Krieg, in den ihn die Nazis gezwungen hatten, war das Gegenteil. Wie viele seiner Generation kehrte er verwundet zurück und wollte die Wunden des Krieges fortan für immer heilen.

Nie wieder sollte eine Generation aus ihrer Kindheit erwachen in geistigen, moralischen und materiellen Ruinen, wie die luxemburgische Autorin Anise Koltz das Trauma dieses Kontinents beschrieben hat. Nie wieder wollten die Menschen dieses Kontinents Krieg und Hass, Verfolgung und Menschenverachtung, Trennung und Leid erleben. Nie wieder wollten sie zum Spielball menschenverachtender Ideologien und nationaler Egoismen werden.

Diesen Gedanken lebte der »Vater Europas«, Robert Schuman, der gewissermaßen schon ob seiner deutsch-französischen Biografie wegen zum Europäer berufen war: Geboren als deutscher Staatsbürger in Luxemburg, als Sohn einer Luxemburgerin und eines französischen Vaters, ging er als junger Mann zum Studium nach Bonn, München, Berlin und Straßburg – mit mittlerweile französischer Staatsbürgerschaft. Während der Nazi-Zeit war er im französischen Widerstand, um nach dem Krieg die Aussöhnung beider Länder und Europas voranzutreiben, damit ein erneuter Krieg nicht nur undenkbar, sondern faktisch unmöglich werde. Für ihn war die Einigung Europas die logische Konsequenz aus der Vergangenheit.

Heute bleibt Europa auch ein Auftrag für die Zukunft. Schließlich sind die Träume der Gründergenerationen von einem Kontinent in Frieden und Wohlstand, in dem die Menschen über Grenzen hinweg reisen, handeln, leben und lieben können, unsere Wirklichkeit von heute. Als sie den Hebel der deutsch-französischen

Beziehungen umlegten – vom Extrem der Erzfeindschaft hin zur Kraft des Gemeinsamen, setzte das den entscheidenden positiven Schub für Europa frei.

Bis heute hat diese Kombination nichts von ihrem Wirkungspotential eingebüßt. Vieles in Europa ist nur möglich, wenn Paris und Berlin zusammenarbeiten. Diese Erkenntnis scheint auf den ersten Blick fast banal; sie ist aber alles andere als selbstverständlich und umso entscheidender, weil Populisten überall versuchen, die Menschen mit simplen Losungen und nationalen Egoismen auseinanderzudividieren.

Dabei liegt es auf der Hand, dass wir viele Fragen des Friedens, der Sicherheit und der sozialen Fairness nur gemeinsam beantworten können, dass Europa nur dann eine zentrale Rolle auf der Weltbühne spielen kann, wenn wir zusammenhalten. In der Vergangenheit hat es sich immer bewährt, wenn der deutsch-französische Elan die anderen Europäer ansteckt. Das gilt auch jetzt, wenn es beispielsweise darum geht, das Potential des digitalen Binnenmarktes auszunutzen oder die Verteidigung und den Kampf gegen den Terror gemeinsam effizienter zu organisieren.

Doch das ist nur ein kleiner Bruchteil der deutsch-französischen Beziehungen. Die wahre Freundschaft, die auch unser aller europäisches Projekt voranbringt, sehen wir nicht nur auf politischer und wirtschaftlicher, sondern auch auf menschlicher Ebene: Abertausende von lebenslangen Freundschaften sind so beispielsweise dank der Austauschprogramme des deutsch-französischen Jugendwerks entstanden, an denen seit 1963 insgesamt 8,4 Millionen junge Franzosen und Deutsche teilgenommen haben. Dazu kommen kulturelle Austauschprogramme, mehr als 2200 Partnerschaften von Städten, Departements und Regionen sowie die Deutsch-Französische Hochschule.

Wenn darüber hinaus französische Autoren Liebeserklärungen über Berlin schreiben, wenn Fernsehsender in beiden Sprachen senden und wenn ein Ort, der für das literarische Geschehen Deutschlands so wichtig ist wie die Frankfurter Buchmesse, die

Herzen für französische Literatur öffnet, dann sagt das mehr über die deutsch-französischen Beziehungen aus als manche politische Erklärung. All diese täglichen Freundschaftsbeweise sind die Seele dessen, was Europa ausmacht.

Ein solches Europa der Europäer ist die beste Versicherung für unsere Zukunft. Dafür lohnt es sich, diese vielleicht manchmal komplizierte, aber deswegen auch besonders interessante deutsch-französische Partnerschaft voranzubringen.

BERND KISSEL

Grenzenlose Sprache

WAU,
WAU!

OUAF,
OUAF!

PIEP,
PIEP!

CUI, CUI!

PARFOIS, CE N'EST VRAIMENT PAS COMPLIQUÉ.

MANCHMAL IST ES GAR NICHT KOMPLIZIERT.

ANNEGRET KRAMP-KARRENBAUER

Neue Perspektiven für ein bewährtes Paar

Der Beziehungsstatus zwischen Deutschland und Frankreich ist regelmäßig Anlass angeregter Diskussionen zwischen Politikern, Journalisten, Wissenschaftlern und in der Zivilgesellschaft. Wären Deutschland und Frankreich ein Promi-Paar – sie würden die Seiten der bunten Blätter füllen mit Spekulationen und Dementi. Sie sind es aber nicht. Sie sind ein wichtiger Pfeiler und Garant für Stabilität der Europäischen Union. Dennoch ist es inzwischen gang und gäbe, bei der geringsten Meinungsverschiedenheit zwischen Berlin und Paris am deutsch-französischen Paar zu zweifeln.

Oftmals wird auch behauptet, dass das deutsch-französische Miteinander merklich an Intensität verloren habe und die besondere, über Jahrzehnte gewachsene Freundschaft zwischen Deutschland und Frankreich nicht mehr die Sonderstellung in Europa habe, die sie lange Zeit innehatte.

Obwohl seine Goldene Hochzeit mit dem 50. Jahrestag der Élysée-Verträge bereits hinter ihm liegt, ist die Beziehung des Paares aber äußerst lebendig. Bildet es doch ganz im Sinne der langjährigen Beziehung quasi einen Dreiklang aus Vergangenheit, Gegenwart und Zukunft.

Dabei war die deutsch-französische Freundschaft nie selbstverständlich, sondern gründet seit ihren Anfängen in einer rationalen Notwendigkeit. Eine rein bilaterale Vernunftehe also? Längst nicht nur, denn darüber hinaus ist diese besondere Beziehung ein Stabilitätsanker – um nicht zu sagen das Herz – der Europäischen Union. Insbesondere seit die Wirtschafts- und Finanzkrise, die terroristische Bedrohung und die Flüchtlingskrise Europa und seine Werte erschüttern, wird der Ruf nach einem starken deutsch-französischen Tandem wieder lauter.

Was aber macht diese deutsch-französische Beziehung so besonders?

Um das zu begreifen, bedarf es eines kleinen Exkurses in die Vergangenheit. Denn die heutige Freundschaft, die Deutschland und Frankreich und auch das Saarland und Lothringen in der deutsch-französischen Grenzregion verbindet, ist erst wenige Jahrzehnte alt.

Innerhalb von zwei Generationen haben sich auf der Grundlage einer historischen Aussöhnung nach den beiden Weltkriegen die Zusammenarbeit und die enge Freundschaft stets weiterentwickelt; und sie waren zugleich die Antriebskraft der europäischen Integration.

»Nie wieder Krieg durch europäische Einigung«, postulierte Robert Schuman bereits 1913; ein Satz, der schon früh die Vision eines geeinten Europas erahnen lässt. Schumans Pläne zur Gestaltung der Europäischen Union knüpfen an diesen ersten Gedankenfaden nach dem Zweiten Weltkrieg wieder an. Seitdem entsteht jeder neue Schritt zur Verwirklichung eines vereinten Europas aus dieser Vision, die Deutschland und Frankreich gemeinsam ist.

Es sind eben diese Fäden der engen Verbundenheit, die der Élysée-Vertrag 1963 aufgreift. Er hat die deutsch-französische Freundschaft nicht begründet, er hat die europäische Einigung nicht begründet. Aber er hat die begonnene Aussöhnung als Freundschaftspakt besiegelt. Er hat bestehende Fäden aufgenommen und diese so verwoben, dass ein fester Stoff entstanden ist, der diese deutsch-französische Freundschaft, der diese europäische Einigung zusammenhält. Das ist das große Verdienst von de Gaulle und Adenauer, das ist das große Verdienst all derer, die am Élysée-Vertrag mitgearbeitet haben. Sie haben der europäischen Einigung, sie haben der deutsch-französischen Freundschaft einen stabilen Rahmen gegeben, von dem wir bis zum heutigen Tag profitieren.

Für viele Menschen diesseits und jenseits der Grenze sind diese deutsch-französischen Beziehungen inzwischen eine vollkommene Normalität geworden. Insbesondere für die Jüngeren und für unsere Kinder stellen die Freizügigkeit und das Fehlen erkennbarer

Grenzen etwas vollkommen Normales dar. Normalität birgt jedoch auch das Risiko der Selbstverständlichkeit, und so gilt es, das, was normal erscheint, aber im Grunde außergewöhnlich ist, zu pflegen und sorgsam damit umzugehen. Wir müssen uns daher vor Augen führen, bis wohin wir bislang gekommen sind, uns aber auch vor Augen führen, wo die Notwendigkeit und die Herausforderungen für die Zukunft liegen. Wir müssen auch erkennen, wo wir in der Freundschaft zwischen Deutschland und Frankreich noch besser werden und intensiver arbeiten müssen. Das ist insbesondere unsere Aufgabe hier im Saarland, in unserer Grenzregion.

Lassen wir die Jahre nach der Unterzeichnung des Élysée-Vertrages Revue passieren, so sieht man ganz deutlich, dass die deutsch-französische Freundschaft sich nie immer nur ganz strikt, linear und ohne Brüche weiterentwickelt hat. Es war immer ein Auf und Ab. Das war zu allen Zeiten so. Interessanterweise war es jedoch immer dann, wenn es internationale Verwerfungen und europäische Probleme gab, so, dass gerade dann der deutsch-französische Motor ansprang und europäische Initiativen entstanden, die Europa insgesamt nach vorne gebracht haben.

Dabei schließt die deutsch-französische Zusammenarbeit niemanden aus, sondern ist tief in der Vision des geeinten Europas eingebettet und für die Stärkung gemeinsamer europäischer Projekte maßgeblich.

Der Élysée-Vertrag hat eine wichtige Grundlage für unsere heutige deutsch-französische Partnerschaft gelegt – ein historisches Meisterwerk, das gerade in den Grenzregionen ganz wesentlich das Miteinander der Bürgerinnen und Bürger gestaltet hat und tagtäglich gestaltet. Von diesen Früchten des Élysée-Vertrages zehren wir auch heute.

So ist im Laufe der Jahrzehnte ein beispiellos dichtes Netzwerk binationaler Institutionen entstanden, und wir im Saarland sind besonders stolz darauf, dass vier der Institutionen sich hier angesiedelt haben. Sie stehen beispielhaft für den Reichtum und die Vielfalt der deutsch-französischen Kooperation: das Deutsch-Französische Sekretariat für den Austausch in der beruflichen Bildung, die Deutsch-Französische Hochschule, der Deutsch-Französische Kulturrat und das Deutsch- Französische Jugendwerk.

Es gibt eine Vielzahl weiterer Institutionen, es gibt das Engagement von Verbänden und Vereinen ebenso wie die zahlreichen Partnerschaften von Gebietskörperschaften, die den deutsch-französischen Austausch auf allen Ebenen beleben und bereichern.

Dies sind beeindruckende Voraussetzungen für eine auch in Zukunft erfolgreiche Kooperation. Aber das darf nicht dazu führen, dass wir uns zurücklehnen und selbstzufrieden sagen: Wir haben vieles erreicht und das wird für die Zukunft genügen. Die deutsch-französischen Beziehungen und alle diejenigen Institutionen, die geschaffen worden sind, um Austausch, Begegnung, Freundschaft und Verständnis zu fördern, gilt es lebendig zu erhalten, damit das gegenseitige Verständnis und die Freundschaft zwischen beiden Nationen lebendig bleiben.

Diese Lebendigkeit zeigt sich deutlich in den zahlreichen Initiativen der neuen französischen Region «Grand Est» (Elsass, Champagne-Ardenne, Lothringen) und dem Saarland – entlang der deutsch-französischen Grenze. Hier wird die deutsch-französische Freundschaft Tag für Tag gelebt. Hier hat die deutsch-französische Freundschaft ihren Alltag und ihr Zuhause.

Wie sehr Frankreich und Deutschland zusammenstehen, wie tief ihre Freundschaft auch jenseits politischer Amtshandlungen ist, hat uns die gemeinsame Trauer nach den terroristischen Anschlägen in Frankreich gezeigt. Denn Freundschaft bedeutet, auch und gerade in schwierigen Zeiten zusammenzustehen.

Das Saarland sieht sich in der Rolle als Brücke nach Deutschland und als Tor zu Frankreich. Eine Bedeutung, der wir uns bewusst sind und die auch bei unseren Nachbarn zustimmend anerkannt wird. In unserer Region hat die deutsch-französische Freundschaft eine ganz besondere Wertigkeit, und zwar nicht nur historisch oder geografisch, sondern aus tiefster Überzeugung, aus tiefstem Herzen.

Die deutsch-französische Partnerschaft bedeutet aber auch: gemeinsame Perspektiven für die Zukunft zu entwickeln und gemeinsam voranzugehen.

Hatte Schuman die Vision eines vereinten Europas, so haben wir im Saarland die Vision, den Wunsch und das Bestreben einer noch engeren Zusammenarbeit mit Frankreich.

Die saarländische Landesregierung hat daher im Januar 2014 einen zukunftsweisenden Beschluss gefasst: Sie hat die Eckpunkte einer Frankreichstrategie für das Saarland beschlossen. Ziel der Frankreichstrategie ist es, das Saarland innerhalb einer Generation zu einer leistungsfähigen multilingualen Region deutsch-französischer Prägung zu entwickeln. Französisch soll dann als Verkehrssprache neben die Mutter- und Amtssprache Deutsch treten. Das Saarland würde dadurch zum einzigen mehrsprachigen Bundesland der Bundesrepublik Deutschland.

Diese Frankreich-Strategie umfasst als neues Leitbild also nicht nur eine Legislaturperiode, sondern die Gegenwart und Zukunft einer ganzen Generation und die Gegenwart und Zukunft des Saarlandes bis zur Mitte dieses Jahrhunderts.

Dabei ist die Mehrsprachigkeit kein Selbstzweck. Sie ist Basis für die Entstehung einer europäischen Referenzregion mit einem starken Standort im Herzen Europas, die dem Motto folgt: Mehr Sprachen – mehr Chancen.

Die zu entwickelnde Mehrsprachigkeit der kommenden Generation und damit einhergehend auch deren interkulturelle Kompetenz sind entscheidende Faktoren zum Erreichen dieses Ziels. Die Frankreichstrategie ist keine Französischstrategie. Sie ist eine

Mehrsprachigkeitsstrategie. Sie fördert nicht nur das Erlernen der französischen Sprache. In einer zunehmend verflochtenen und globalisierten Wirtschaft fördert sie auch das Erlernen der englischen Sprache sowie weiterer Fremdsprachen. Denn: Englisch gewinnt, wenn Französisch früh gelernt wird.

Durch die Entscheidung für eine bewusst freiwillige Mehrsprachigkeit im Sinne der Lissabon-Beschlüsse der EU kann das Saarland zu einer europäischen Referenzregion werden, die durch komplementäre Modelle und Entwicklungsstrategien im nahen Umfeld, beispielsweise in der neuen französischen Region Grand Est, erweitert werden könnte.

Ein in Vielfalt geeintes Europa bedeutet nämlich auch, vielfältige Sprachkenntnisse zu ermöglichen, die die Basis sind für Kommunikation, gegenseitiges Verständnis und Austausch. Die künftigen Generationen des Landes wachsen damit in einem internationaleren Umfeld auf und profitieren von den Vorteilen der Mehrsprachigkeit im persönlichen und beruflichen Bereich.

Das Saarland wird damit der wachsenden Rolle der Regionen in Europa als Identifikationsräume gerecht und stellt sich künftigen Herausforderungen unter dem Anspruch: Zukunft gestalten heißt Europa gestalten!

Die Frankreichstrategie ist anspruchsvoll, sie erscheint kühn, ist aber nicht tollkühn. Denn wir fangen nicht bei Null an: Das Saarland ist das »französischste« aller Bundesländer. Das können wir mit Fug und Recht behaupten. Im Saarland lernen bereits heute fast 60 Prozent aller Schüler Französisch. Es gibt bereits rund 200 deutsch-französische Kindergärten. Flächendeckend wird an allen Grundschulen Französisch ab Klasse 3 unterrichtet, in rund 30 Prozent der Grundschulen lernen die Schülerinnen und Schüler Französisch sogar schon ab Klassenstufe 1.

Auch in der beruflichen Bildung können wir Erfolge aufweisen: Zum Ausbildungsjahr 2015/2016 wurde im Rahmen der Deutsch-Französischen Berufsschule/lycée professionnel franco-allemand der Schulzweig «Automobil» am Berufsbildungszentrum St. Ingbert mit der Partnerschule Lycée Professionnel Régional André Citroën eröffnet. Der Ausbau dieses Ausbildungszweiges stellt ein wichtiges Projekt für die Zukunft dar. Und diese Erfahrungen können wir gleichzeitig in den Ausbau weiterer solcher Partnerschaften investieren.

Darüber hinaus pendeln täglich bis zu 18.000 Berufstätige von Lothringen ins Saarland, um dort zu arbeiten. Viele Saarländer wohnen auf der französischen Seite.

Die deutsch-französische Partnerschaft profitiert daher bereits heute täglich von der Frankreich-Kompetenz des Saarlandes. Grenzüberschreitende Expertise in den Unternehmen kann auf der Basis von mehrsprachig heranwachsenden jungen Mitarbeitern auf- beziehungsweise ausgebaut werden. So entsteht ein attraktives Umfeld für Ansiedlungen aus dem europäischen Ausland und darüber hinaus. Denn mit dieser Mehrsprachigkeit öffnet sich das Saarland nicht nur Frankreich. Es öffnet sich bewusst und gezielt der gesamten frankophonen Welt.

In seiner Rolle als Mittler zwischen Deutschland und Frankreich bietet das Saarland für die französische Wirtschaft zudem eine wichtige Brückenfunktion für den deutschen Markt: 106 französische Niederlassungen und Tochtergesellschaften mit circa 3.000 Arbeitsplätzen sind im Saarland registriert. Gleichzeitig sind 67 saarländische Unternehmen mit insgesamt 119 Niederlassungen im französischen Markt präsent. Zahlen, die belegen: Unsere Bemühungen um die Mehrsprachigkeit innerhalb einer Generation im Sinne einer ausgeprägten interkulturellen Kompetenz sind alles andere als aus der Luft gegriffen. Sie wachsen vielmehr auf einem fruchtbaren Boden und versprechen im Laufe der Zeit eine hohe Rendite in Form wirtschaftlichen Erfolgs und Prosperität.

Zukunftsweisende deutsch-französische Initiativen machen deutlich, dass der Élysée-Vertrag keine Monstranz ist, die es vor sich herzutragen gilt. Die deutsch-französischen Beziehungen sind nichts, was ins Museum gehört. Die deutsch-französischen Beziehungen, die deutsch-französische Freundschaft ist vielmehr etwas, was unser Leben aktuell und in der Zukunft gestaltet.

Deshalb ist der Beziehungsstatus des deutsch-französischen Paares alles andere als kompliziert. Er verharrt nicht, er entwickelt sich stets weiter, er lebt von den vielfältigen Beiträgen und Initiativen aus Politik, Wirtschaft und Zivilgesellschaft.

JEAN-CHRISTOPHE LAGLEIZE

Allemagne-France : Approche d'un évêque catholique français frontalier

Eine deutsche Übersetzung dieses Beitrages finden Sie auf Seite 408.

Je suis heureux de participer à cet ouvrage qui relate et souhaite faire perdurer les relations franco-allemandes ! Il me semble important de préciser que je ne suis pas originaire de Moselle ou d'une zone frontalière mais je suis prêtre d'un diocèse du Centre de la France, celui de Bourges, et qu'avant d'être évêque de Metz, je fus durant 11 ans évêque d'un diocèse de la vallée du Rhône, celui de Valence. Je découvre donc depuis trois ans cette réalité transfrontalière.

Mgr Benzler évêque de Metz 1901-1919. Foto: Diözese von Metz

Depuis les temps anciens, la Moselle et l'Allemagne ont une histoire commune : après avoir été détaché du protectorat du diocèse de Trèves en 1801, dont il dépendait depuis plus de mille ans, le diocèse de Metz a aussi partagé le destin de l'Allemagne à une période plus récente, en raison des turbulences de l'histoire.

Comme évêque de Metz, je désire saluer la mémoire et l'action de Mgr Willibrord Benzler, moine de Beuron, et Abbé de Maria Laach, nommé évêque de Metz en 1901, qui connaissait le français et qui fut très aimé des Mosellans. Les autorités françaises l'ont contraint à quitter la Moselle en 1919, quand celle-ci a retrouvé la France. Je suis allé consulter les archives de l'abbaye de Beuron où il est inhumé. J'ai trouvé de très nombreux témoignages d'affection des Mosellans pour leur évêque. Il a intensifié l'engagement du diocèse de Metz pour la formation, ainsi que pour la charité en fondant la Caritas-Moselle.

Katholikentag, Leipzig mai 2016. Mgr Lagleize, évêque de Metz, et le vicaire général de Spire Dr. Franz Jung. Foto: Diözese von Metz

En 1913, le Katholikentag est organisé à Metz. Mgr Benzler, confie à un jeune avocat messin, Robert Schuman la responsabilité de la section francophone de ce rassemblement des catholiques allemands. Nous sommes redevables à cet évêque d'avoir fait confiance et d'avoir contribué à la formation du futur Père de l'Europe. En

Monument dédié aux Pères de L'Europe. Scy Chazelles. Moselle. Foto: Diözese von Metz

mai 2016, j'ai eu la joie d'être invité à Leipzig à l'occasion du 100ème Katholikentag : ce fut une joie pour les évêques allemands que je côtoie, ainsi que pour moi-même de participer à ce grand rassemblement et d'échanger ensemble fraternellement.

Je suis heureux d'entretenir des relations fraternelles avec les évêques voisins d'Allemagne (Trèves et Spire), tout comme le font annuellement les vicaires généraux des diocèses frontaliers (Belgique, Luxembourg, Allemagne, France et Suisse). Des prêtres et animateurs laïcs en pastorale de nos diocèses frontaliers aiment se retrouver, échanger sur nos activités pastorales et nos projets. Il nous faut veiller à poursuivre avec les jeunes générations ces moments privilégiés.

Nous sommes fiers que des hommes politiques chrétiens, tels que le mosellan Robert Schuman, le rhénan Konrad Adenauer, l'italien Alcide de Gasperi, et le belge Paul-Henri Spaak, aient posé les premières pierres de l'Europe en mettant en place la CECA (Communauté Européenne du Charbon et de l'Acier). Ma visite de la maison de Konrad Adenauer à Rhöndorf, l'été dernier, m'a permis de comprendre la similitude de destins de ces deux hommes des frontières qui ont puisé dans leurs convictions chrétiennes la force pour surmonter les antagonismes qui opposaient les ennemis héréditaires, la France et l'Allemagne, afin de construire ensemble une Europe porteuse de paix et de promesses pour l'avenir. Elle a pour but de rendre désormais matériellement impossible une nouvelle guerre entre nations européennes, et spécialement entre la France et l'Allemagne. D'ailleurs le 9 mai devient par la suite la journée de l'Europe. Le diocèse de Metz a la charge de mener à bien la cause de béatification du Serviteur de Dieu Robert Schuman afin qu'il soit présenté comme un témoin de l'Evangile soucieux du bien commun.

Depuis de nombreuses années, les évêques et les responsables de la pastorale des Jeunes des diocèses de Trèves, Metz, Troyes, Luxembourg, Namur, et Liège se réunissent pour des propositions communes : en cette année 2017, 200 jeunes adultes venus de ces 4 pays européens se rassembleront à Verdun en mémoire du centenaire de la Grande Guerre, puis et à Metz où ils découvriront Robert Schuman et la réconciliation entre les peuples.

Un autre moment fort de collaboration entre la Moselle et l'Allemagne fut le pèlerinage pour la justice climatique juste avant la COP21. A Perl, nous avons célébré le passage de relai entre les pèlerins allemands et les français. Je souligne l'effort sportif, notamment de l'un des pèlerins allemands que j'ai accueilli à l'évêché, et qui venait de la côte de la Mer Baltique.

Je rappelle que la partie orientale du département de la Moselle est à la fois francophone et germanophone. Ce qui favorise les relations avec nos voisins allemands. Mais il faut reconnaître que les jeunes générations connaissant de moins en moins l'allemand. Le

Les pèlerins pour la justice climatique aux Récollets à Metz,
le 14 novembre 2015. Foto: Diözese von Metz

conseil départemental de Moselle en lien avec le Land de Sarre désire intensifier l'apprentissage de la langue allemande en France et la langue française en Allemagne.

Les paroisses frontalières entretiennent des liens forts avec leurs voisines allemandes. Des prêtres, diacres et laïcs se rencontrent. Il y a des lieux de pèlerinage communs où Français et Allemands se rencontrent, parmi lesquels la basilique Notre-Dame de Bon-Secours à Saint-Avold ou la chapelle Sainte-Oranne, patronne de la Lorraine germanique, à Berus, ou encore le sanctuaire de Notre Dame de Bonne Fontaine près de Phalsbourg. Outre ces lieux de pèlerinage, d'autres initiatives se réalisent ensemble : messes franco allemandes, processions de la Fête-Dieu, jumelages, concerts, célébrations durant les jours saints…). En 2016, par exemple la lumière de Bethléem a traversé la frontière, partie de Leidingen, elle a été reçue par les scouts à Heining-lès-Bouzonville.

Nous devons souligner aussi les rencontres annuelles depuis plus de 30 ans entre les professeurs du Centre de Pédagogie religieuse et leurs homologues de Trèves, il est dommageable que les étudiants de ces instituts ne puissent le faire pour cause de difficulté linguistiques.

pèlerinage de Ste Oranne. Bérus, Sarre. Foto: Diözese von Metz

Je suis heureux de ce dynamisme interfrontalier qui existe déjà, et je souhaite qu'il se poursuive !

Enfin, permettez-moi un souvenir personnel : d'octobre 1976 à août 1977, j'ai effectué mon service militaire en Allemagne dans la petite ville de Teningen à une vingtaine de kilomètres de Freiburg-en-Brisgau, et j'en garde un excellent souvenir.

Que chacune et chacun, animé par sa foi et ses convictions s'engage toujours plus à construire une Europe ouverte sur le monde, qui prend soin de ses habitants, et de son environnement !

NIKOLAUS MEYER-LANDRUT
PASCAL HECTOR

Von den Verheerungen der Machtpolitik und ihrer Überwindung

In der ersten Hälfte des vergangenen Jahrtausends hatte zunächst der französisch-englische Gegensatz Dramatik in die europäische Politik gebracht: Immerhin waren es in der Normandie siedelnde Normannen, die 1066 bei Hastings die Angeln und Sachsen besiegten, um fortan als Könige von England zu herrschen. Auch später noch hatte die Sorge der französischen Krone vor allem den Engländern gegolten, die als – meist wenig gefügige – Lehensleute einen großen Teil des späteren französischen Staatsgebiets beherrschten. Daher ist es nicht verwunderlich, dass der denkwürdigste Konflikt jener Zeit, der Hundertjährige Krieg, der in Wirklichkeit 116 Jahre währte, zwischen diesen beiden Gegnern ausgefochten worden war. Doch 1453 waren die Engländer, bis auf eine winzige Enklave um Calais, auf ihre Insel zurückgedrängt und der französisch-englische Gegensatz verblasste langsam.

Kurz darauf, ab 1461, begann ein neuer französischer König, Louis XI, genannt « l'universelle aragne » (die allumgreifende Spinne), seine diplomatischen Netze zu spinnen, gerne auch unterlegt mit – wie wir heute sagen würden – massiver militärischer Machtprojektion. Sein prominentestes Opfer war der Burgunderherzog Karl der Kühne oder vielleicht doch eher der Leichtfertige. Der verlor bei Grandson das Gut, bei Murten den Mut und, 1477, bei Nancy das Blut. Louis XI sah sich am Ziel und das reiche und prächtige Burgund schon als Teil seiner Herrschaft.

Doch da landeten die Habsburger den Coup des Jahrhunderts, wenn nicht gar des Jahrtausends.

1. Machtpolitik I: Der habsburgisch-französische Gegensatz

Maximilian, dem jungen und feschen Sohn des Kaisers in Wien, gelang es, das Herz und die Hand der frisch verwaisten burgundischen Erbtochter, Maria, zu gewinnen. Dem Herz verdanken wir den »Theuerdank«, eines der aufwendigsten und schönsten Liebesbücher der frühen Buchdruckkunst, teilweise von Maximilian selbst verfasst, der Hand danken wir den habsburgisch-französischen Gegensatz, der über zweieinhalb Jahrhunderte lang die europäische Politik bestimmen sollte.

Das burgundische Erbe war nun habsburgisch und blieb es größtenteils, auch wenn sogleich ein blutiger Erbfolgekrieg ausbrach. Da der Coup mit der Heirat so erfolgreich gewesen war, wiederholte man ihn in der folgenden Generation gleich noch einmal: Der Sohn von Maximilian und Maria, Philipp, genannt »der Schöne«, wurde 1496 verheiratet mit Johanna, »der Wahnsinnigen«, dafür aber immerhin Erbtochter Isabellas von Kastilien und Ferdinands von Aragon und damit Erbin von ganz Spanien mit allen seinen – Columbus sei Dank – schon entdeckten und noch zu entdeckenden überseeischen Besitzungen. Der Sohn dieses Paares herrschte denn auch als Kaiser Karl V. über ein Reich, in dem die Sonne nie unterging.

Zwischendurch hatte Maximilian, nachdem Maria schon 1482 bei einem tragischen Jagdunfall ums Leben gekommen war, sogar kurzzeitig noch die Erbtochter der Bretagne, Anne, *per procurationem* geheiratet. Doch als der französische König Charles VIII, der Sohn Louis' XI, davon erfuhr, bestritt er die Gültigkeit dieser nie vollzogenen Ehe und heiratete Anne selbst, ebenso nach seinem Tod auch sein Nachfolger Louis XII, auf dass die Bretagne sicher an Frankreich komme.

»Andere Länder mögen Krieg führen, du, glückliches Österreich, heirate!«, dieses Erfolgsrezept habsburgischer Hausmachtpolitik – und die Wiener Doppelhochzeit von 1515, mit der Habsburg Ungarn an sich brachte, haben wir hier noch nicht einmal betrachtet – zeigt übrigens schon für die frühe Neuzeit, dass andere, und wesentlich effizientere Methoden zur Regelung internationaler Fragen bestehen als militärische Gewaltpolitik. Ein Gedanke, dem wir später in modernerer Form wiederbegegnen werden.

Die Niederlande im Osten, Spanien im Süden und die Bretagne im Westen – das wäre eine Einkreisung der französischen Krone gewesen! Aber auch ohne die Bretagne war es noch ein aus habsburgischer Sicht beeindruckendes, aus französischer Sicht äußerst bedrohliches Ergebnis von nur zwei Generationen Heiratspolitik. Habsburger, wohin man nur schaute! Da verwundert es nicht, dass die französische Staatskunst ihre keineswegs zu unterschätzenden Ressourcen für die nächsten zweieinhalb Jahrhunderte auf das Ziel konzentrierte, diesen gefährlichen Gegner zu schwächen.

Dies geschah umso effizienter, als im 17. Jahrhundert zunächst mit Kardinal Richelieu als Chefminister Louis' XIII, und dann dem in Selbstherrschaft regierenden Louis XIV außergewöhnlich machtbewusste Staatenlenker in Frankreich das Ruder übernahmen. Im Dreißigjährigen Krieg unterstützte das katholische Frankreich mit dem Kardinal der Katholischen Kirche an der Spitze die protestantischen deutschen Fürsten und schließlich die ebenfalls protestantischen Schweden mit dem Ziel, den katholischen Kaiser zu schwächen. Bemerkenswert in einem Konflikt, der doch vordergründig um Religionsdinge ausgefochten wurde. Richelieu trug so erheblich bei zur Verlängerung dieses mörderischsten der frühneuzeitlichen Kriege auf dreißig Jahre und zur vollständigen Verwüstung breiter Landstriche Deutschlands auf Jahrzehnte hinaus.

Ganz dramatisch wurde es mit Louis XIV, dem »Sonnenkönig«, der mit seiner expansiven Außenpolitik die Stellung Frankreichs als europäische Großmacht im modernen Sinne begründete – mit Gewalt. Nun folgten die Nackenschläge für die Nachbarn im Osten und Süden dicht auf dicht: Der Devolutionskrieg von 1667 bis 1668, der Holländische Krieg von 1672 bis1678, der Pfälzische

Erbfolgekrieg von 1688 bis 1697 und der Spanische Erbfolgekrieg von 1701 bis 1714.

Vor allem der Holländische Krieg und der Pfälzische Erbfolgekrieg haben nachhaltige Spuren im kollektiven Gedächtnis der deutschen Nachbarn hinterlassen: Der Friede von Nijmwegen (1678) bestimmte die Abtretung weiter Gebiete von Elsass und Lothringen und legte so eine Grundlage für die tiefen Verwerfungen im deutsch-französischen Verhältnis bis ins 20. Jahrhundert hinein. Im Volksmund seiner Zeit hieß er daher auch bald nur noch »Frieden von Nimm weg«. Der Pfälzische Erbfolgekrieg führte zur systematischen Verwüstung von zahlreichen Burgen, ganzen Landstrichen und sogar bedeutenden Städten wie Speyer, Mannheim oder Heidelberg – vor allem in der Kurpfalz, Kurtrier und Württemberg. Speyer, immerhin Sitz des Reichskammergerichts, das in der Folge nach Wetzlar umziehen musste, wurde im Mai 1689 planmäßig zerstört und blieb mehrere Jahre eine Wüstenei. Der Name des für die Verheerung der Pfalz verantwortlichen Generals Mélac war den Pfälzern bis ins 20. Jahrhundert hinein ein geläufiges Schimpfwort.

Der Frieden von Utrecht (1713), der den Spanischen Erbfolgekrieg beendete, spielt übrigens noch heute regelmäßig eine Rolle in den Verhandlungen der Brüsseler EU-Gremien, da er die Sonderstellung Gibraltars als britische Enklave in Spanien begründete, die bis heute zu Blockaden im Gesetzgebungsverfahren der EU führt.

Nach all diesen Jahrzehnten des Krieges war Frankreich finanziell ausgeblutet: 1713 konnte ein Staatsbankrott nur mit Mühe in letzter Minute durch eine Finanzreform und drastische Einsparungen vermieden werden. Ob der Sonnenkönig bei seinem Tod 1715 wohl mit Genugtuung auf sein kriegerisches Lebenswerk zurückgeblickt hat? Immerhin überliefert Voltaire, allerdings erst Jahrzehnte später, von ihm den Ausspruch auf dem Totenbett gegenüber seinem Nachfolger Louis XV: « J'ai trop aimé la guerre … »

Immerhin: 279 Jahre nach der Heirat von Maximilian und Maria, 1756, gelang dem österreichischen Staatskanzler Kaunitz, zum Erstaunen der Zeitgenossen, das «renversement des alliances», die Umkehrung des habsburgisch-französischen Gegensatzes in eine Allianz. Allerdings war diese Annäherung nicht von Dauer. Ihr Unterpfand, Marie-Antoinette, die Tochter der Kaiserin Maria-Theresia, die 1770, erst 14-jährig, dem französischen Dauphin, dem späteren Louis XVI, zur Frau gegeben worden war, musste nur 23 Jahre später als »Witwe Capet« ihr Haupt unter die Guillotine legen.

2. Machtpolitik II: Der preußisch-französische Gegensatz

«Liberté, Égalité, Fraternité !»: Die große Hoffnung und der Aufbruch des Sommers 1789 hatten sich also schon 1793/94 in eine Terrorherrschaft, «la grande terreur», verwandelt – wie so oft bei Revolutionen, die bekanntlich »ihre Kinder fressen«; ihr Pendant von 1989, die zur friedlichen Wiedervereinigung Europas führte, ist da die rühmliche Ausnahme.

Eine zweite Janusköpfigkeit begleitete von Anfang an die jetzt rasch aufeinanderfolgenden Revolutionskriege: Einerseits galt es, den unterdrückten Brüdern und Schwestern im Osten die Fackel der Freiheit zu bringen. Andererseits forderte Danton schon 1793 im Nationalkonvent Annexionen, um die »durch die Natur gegebenen Grenzen Frankreichs« zu erreichen: »am Ufer des Rheins, an den Ufern des Ozeans, in den Pyrenäen und Alpen«. Den in Deutschland herrschenden hunderten von kleineren und größeren Fürstenhöfen erschienen sowieso beide Ziele, der Export der Revolution und der Gebietserwerb, gleichermaßen verdammungswürdig.

Insgesamt sechs Koalitionskriege zählt die Geschichtswissenschaft in den 23 Jahren zwischen 1792 und 1815, davon fünf von und gegen Napoleon, zunächst junger Offizier, der aufgrund seines militärischen Ausnahmetalents eine fulminante Karriere in der Revolutionsarmee gemacht hatte, bevor er sich 1804 selbst die Krone eines Kaisers der Franzosen aufs Haupt setzte. Die Einzelheiten ersparen wir Ihnen. Nur so viel: Vor allem die vernichtende Niederlage der Preußen bei Jena und Auerstedt 1806 hinterließ tiefe Spuren: Sie führte zum Zusammenbruch des preußischen Staates, wie ihn Friedrich der Große und sein Vater geschaffen hatten, und die darauffolgende völlige Neuorganisation des Staats unter den Reformern vom Stein und Hardenberg legte die Grundlage für das Ausgreifen Preußens im weiteren Verlauf des Jahrhunderts auf ganz Deutschland und darüber hinaus. Die andere politische Umwälzung war die Niederlegung der deutsch-römischen Kaiserkrone durch Franz II am 6. August 1806, welche 844 Jahre nach der Kaiserkrönung Ottos I die Existenz des Heiligen Römischen Reiches Deutscher Nation beendete.

Es war nicht alles schlecht im napoleonischen Deutschland: Es genügt, die Kalendergeschichten von Johann Peter Hebel zu lesen, um ein Rheinbund-Deutschland kennen zu lernen, in dem die Franzosen die Künder der Freiheit und des Fortschritts sind und die Preußen die dunklen Kräfte der Reaktion. Die Einführung des Code Napoleon, der in weiten Teilen Süddeutschlands bis zum Jahr 1900 galt, brachte ein modernes, auf die Privatautonomie gegründetes Rechtssystem nach Deutschland. Der Gedanke der unveräußerlichen und universellen Menschenrechte fand Verbreitung auch in Deutschland, man denke nur an Schiller: »Und holt herunter seine ew'gen Rechte, die droben hangen unveräußerlich und unzerbrechlich wie die Sterne selbst.« (Wilhelm Tell).

Aber eben immer diese Kriege: Man schätzt heute etwa 3,5 Millionen Tote der napoleonischen Kriege. Allein von den 610.000 Soldaten der Großen Armee, die Napoleon ab 1812 gegen Russland führte, darunter ein großer Anteil Deutsche aus den mit Napoleon verbündeten deutschen Staaten, erreichten nach Clausewitz nur 23.000 wieder das westliche Ufer der Weichsel.

Daher ist es nicht verwunderlich, dass nur ganz wenige, äußerst weitsichtige Zeitgenossen wenigstens das durchwachsene Urteil Goethes teilten, der gegen Ende seines Lebens zu Eckermann meinte: »Ich hasste die Franzosen nicht, wiewohl ich Gott dankte, als wir sie los wurden.« Die meisten Zeitgenossen hielten es eher mit Ernst Moritz Arndt, der den ursprünglich religiösen, auf den Teufel bezogenen Begriff der »Erbfeindschaft« auf Deutsche und Franzosen übertrug. Er dichtete 1813: »Das ist des Deutschen Vaterland, wo Zorn vertilgt den welschen Tand, wo jeder Franzmann heißet Feind …« und half damit, das Zeitalter des Nationalhasses einzuläuten.

Aber wenigstens war am 18. Juni 1815 mit der endgültigen Niederlage Napoleons bei Waterloo der seit fast einer Generation andauernde Krieg beendet und die vom Wiener Kongress ausgehandelte europäische Friedensordnung konnte in Kraft treten. Frankreich wurde – übrigens auch dank des Verhandlungsgeschicks Talleyrands, der bereits der Außenminister Napoleons gewesen war –, in dieser neuen Friedensordnung recht gut behandelt und behielt bis auf wenige Orte, wie z. B. die Festung Saarlouis, sein Territorium von 1789. Dies war vielleicht auch ein Grund dafür, dass die politische Ordnung von Wien im Großen und Ganzen fast ein Jahrhundert, bis 1914, Bestand hatte.

Gesellschaftspolitisch folgte nun eine bleierne Zeit, die Zeit der Demagogenverfolgungen, der Zensur und biedermeierlicher geistiger Enge. Heinrich Heine hielt es in diesem Deutschland nicht aus und übersiedelte in die Freiheit, nach Paris, wo er 1856 starb. Aber das ist eine andere Geschichte.

Auftritt Bismarck: Der preußische Juncker will Preußen wieder groß machen, zur eindeutigen Führungsmacht in Deutschland. Außerdem ist er überzeugt, dass die großen Fragen der Zeit »nicht durch Reden oder Majoritätsbeschlüsse (…), sondern durch Eisen und Blut« entschieden werden. So wirft er mit einem Krieg erst 1864 Dänemark, dann 1866 Österreich aus dem Reich hinaus, bevor er im Sommer 1870 Napoleon III, den Neffen des großen

Korsen, dem sein ewiger Widersacher Victor Hugo eine Streitschrift mit dem vielsagenden Titel «Napoléon le petit» gewidmet hatte, in eine Falle lockt: Der französische Botschafter hatte, etwas aufdringlich, Kaiser Wilhelm I während eines Spaziergangs im Kurort Bad Ems angesprochen und war mehr oder weniger höflich zurückgewiesen worden. Den sachlichen Bericht darüber, die Emser Depesche, verkürzte Bismarck vor der Veröffentlichung so sehr, dass Napoleon III sich beleidigt fühlte und Preußen den Krieg erklärte, den Bismarck angestrebt hatte.

Dieser Krieg war kurz und eigentlich schon am 2. September 1870 mit der Schlacht von Sedan entschieden, weshalb dieser »Sedanstag« im Deutschen Kaiserreich jedes Jahr ausgiebig gefeiert wurde. Jetzt begingen die Deutschen, die den Krieg so bravourös gewonnen hatten, zwei strategische Fehler, die sie auf Dauer den Frieden kosteten: Sie benutzten am 18. Januar 1871 den Spiegelsaal von Versailles, ein Nationalheiligtum Frankreichs, für die Ausrufung des preußischen Königs Wilhelm zum Deutschen Kaiser und damit zur Gründung des Deutschen Kaiserreichs. Und sie forderten im Frieden von Frankfurt die Abtretung von Elsass und Lothringen. Beides traf die französische Seele ins Mark. Der Nationalhass und das Gerede von der Erbfeindschaft hatten ihre giftige Wirkung getan.

Fortan beherrschte die Revanche das politische Denken der Franzosen. «Toujours y penser, jamais en parler !» (immer daran denken, nie davon reden), so das von Gambetta geprägte Leitwort. Früher oder später würde die Gelegenheit kommen. An Aussöhnung dachte niemand.

So schlafwandelte Europa 1914 in den Weltkrieg, den man später den Ersten nennen wird oder «La Grande Guerre». Manche strebten ihn an, viele hielten ihn für unvermeidbar, in manchen Ländern wusste die politische Hand nicht, was die militärische plante, fast alle setzten die »Ehre«, die »Größe« oder den »Rang« vor die Vernunft und niemand unternahm ernsthafte Anstrengungen, den

Krieg zu vermeiden, als noch Zeit war. Niemand machte sich auch eine zutreffende Vorstellung von dem grausamen Schicksal, das die Menschen erwartete, von der grässlichen Zerstörungswirkung moderner Kriegstechnik. In Verdun erreichte der deutsch-französische Bruderkampf seinen Tiefpunkt. 300.000 Tote allein in der Schlacht von Verdun, insgesamt fast 10 Millionen gefallene und etwa 20 Millionen verwundete Soldaten, dazu die Opfer unter der Zivilbevölkerung vor allem in den Hungerwintern. Der Wohlstand mehrerer Generationen war vernichtet in nur 4 Jahren.

Dann, 1919, wieder in Versailles, wiederholte man die strategischen Fehler, die den Frieden kosten. Wieder die Demütigung des Gegners, dem man die gesamte Kriegsschuld anlastete. Wieder der Versuch, ihn auf Dauer wirtschaftlich niederzuhalten, wo dies doch allenfalls auf Zeit möglich ist. Wieder hatten der Nationalhass und das Gerede von der Erbfeindschaft ihre giftige Wirkung getan. Wieder dachte niemand an Aussöhnung.

Aber die eigentliche Höllenfahrt stand erst noch bevor: Nach wenigen Jahren hatten sich die Besiegten der Fesseln entwunden, die sie doch auf Dauer niederhalten sollten und wandten sich, desorientiert nach dem Verlust der Gewissheiten der Vergangenheit und in ihrer Desorientierung allein gelassen, einer verbrecherischen Ideologie zu. Einer Ideologie, die noch stärker als jede zuvor bekannte, den Hass auf den anderen und insbesondere den Antisemitismus in das Zentrum allen Denkens und Handelns stellte, die den Geschwächten und Erniedrigten die Aussicht versprach, andere, noch Schwächere, ihrerseits erniedrigen und peinigen zu können, einer Ideologie, die das Hässlichste und Abgründigste im Menschen hervorkehrte.

Diese Weltsicht des Hasses entfaltete ihre zerstörerischste Wirkung in einem nie gekannten rassischen Vernichtungskrieg in Osteuropa, aber auch in Frankreich kam es zu entsetzlichen Massakern und Deportationen. Nach der Invasion Frankreichs im Mai 1940 und dem Waffenstillstand vom 22. Juni 1940 gingen die deutschen Besatzer auch hier rasch daran, Juden und andere rassisch Verfolgte in Internierungslagern zu sammeln, etwa im Camp de Gurs oder sie, zum Beispiel mit der «rafle du cirque d'hiver» vom 16./17. Juli 1942, direkt in die Vernichtungslager im Osten zu transportieren. Gegen die Besatzer leisteten einige heroischen Widerstand, in der «Résistance», dem «Service d'Evacuation et de Regroupement d'Enfants» oder dem «Œuvre de protection des enfants juifs». Andere kollaborierten. Einige, die «malgré-nous», wurden zum Dienst an der Waffe für die Deutschen gezwungen. Andere taten es freiwillig. Am Ende waren alle froh, als nach der Landung der Alliierten in der Normandie am 6. Juni 1944 die Deutschen besiegt wurden und schließlich Pierre Laval, der Regierungschef des Vichy-Staates, hingerichtet worden war.

Das war also der absolute moralische Tiefpunkt, auf dem die Verbrecher und ihre Helfershelfer 1945 angekommen waren. Ein ganzes Volk, die Deutschen, hatte sich in die Fänge einer mörderischen Ideologie begeben. Nicht wenige in Europa hatten Beihilfe geleistet. Deutschland war in vier Besatzungszonen aufgeteilt und das Gesetz Nr. 46 des Alliierten Kontrollrats stellte 1947 fest, dass Preußen, »seit jeher Träger des Militarismus und der Reaktion in Deutschland«, »in Wirklichkeit« aufgehört hat, zu bestehen.

Damit hatte sich der preußisch-französische Gegensatz erledigt. Aber wie sollte man nur mit Deutschland weiter verfahren, damit sich diese Verbrechen nie wieder wiederholten? Eine Repetition des immer gleichen, immer erfolglosen Rezepts? An solchen Vorschlägen mangelte es nicht, siehe den Morgenthau-Plan. Aber das hatte sich doch nun schon mehrfach als so kontraproduktiv erwiesen!

Wie also weiter? Große Ratlosigkeit!

3. Von der Herrschaft der Macht zur Herrschaft des Rechts

In dieser scheinbar ausweglosen Lage nahte die Rettung von völlig unerwarteter Seite: Einem Cognac-Händler aus dem Südwesten, der die Schule mit 16 Jahren ohne Abitur verlassen und nie ein hohes Amt im Bereich der internationalen politischen Beziehungen ausgeübt hatte, kam eine geniale Idee, die die zwischenstaatlichen Beziehungen revolutionieren sollte: Wie, wenn man den besiegten Gegner nicht erniedrigte, demütigte, fesselte, sondern ihm im Gegenteil die Hand zur Versöhnung reichte, um gemeinsam mit ihm das Zerstörte wiederaufzubauen? Wie, wenn man die Produktionskapazitäten für Kohle und Stahl nicht besetzte und einseitig kontrollierte wie 1920 an der Ruhr, sondern beide Kapazitäten zusammenlegte und gemeinsam betriebe? Wie, wenn man den Hass durch Aussöhnung ersetzte? Und noch visionärer: Was wäre endlich möglich, wenn es gelänge, in den internationalen Beziehungen die Herrschaft der Macht durch die Herrschaft des Rechts zu ersetzen, den Krieg durch die Verhandlungssitzung? Ja, das wäre die Umkehrung des verhängnisvollen Bismarck'schen Prinzips: dass die großen Fragen der Zeit nicht mehr durch Eisen und Blut entschieden werden, sondern durch die Nachtsitzung in Brüssel! Nun ja, Brüssel konnte Jean Monnet, der autodidaktische Cognac-Händler, damals noch nicht wissen, aber zwei Dinge wusste er sehr wohl: Versöhnung statt Perpetuierung des Hasses war der einzig erfolgversprechende Weg und man musste langsam, schrittweise vorangehen. Das vereinte Europa würde Schritt für Schritt gebaut werden, oder es würde nicht gebaut werden.

Dabei ist es angesichts der heutigen Entwicklung hin zum Brexit schon eine Fußnote wert, darauf hinzuweisen, dass Monnet im Juni 1940, nach der Invasion Frankreichs durch Deutschland, zunächst vorgeschlagen hatte, Frankreich und Großbritannien staatlich zu vereinigen, um gemeinsam im Kampf gegen Nazideutschland bestehen zu können. Dieser Vorschlag ist dann am Zusammenbruch des 22. Juni 1940 gescheitert, aber dazu beigetragen haben mag auch ein Eigenständigkeitsstreben von Churchill und dem Vereinigten Königreich. Man wollte sich wohl schon damals nicht endgültig einbinden lassen, trotz existenzieller Not. Und in seiner berühmten Züricher Rede nach dem Krieg, in der Churchill den Vereinigten Staaten von Europa das Wort redete, ging es natürlich nur um Kontinentaleuropa, nicht um eine Teilnahme des Vereinigten Königreichs.

Zum Glück für Jean Monnet und die Menschheit trifft er 1950 auf einen kongenialen Politiker, der seinen Plan, den er mit drei Freunden in wenigen Monaten in seinem Landhaus bei Paris ausgearbeitet hatte, ohne Zögern aufgreift und umsetzt: Robert Schuman, der französische Außenminister, war dafür prädestiniert wie kein zweiter. Als Reichsdeutscher in Luxemburg geboren, spricht er Luxemburgisch und Deutsch und lernt auf der Schule Französisch. Zunächst deutscher Verwaltungsangestellter in Lothringen, wird er infolge des Versailler Vertrags Franzose, kurz darauf Abgeordneter in der Nationalversammlung und 1948 französischer Außenminister. Er verkündet den von Monnet ausgearbeiteten Plan, der fortan seinen Namen tragen wird, am 9. Mai 1950 im Uhrensaal des Quai d'Orsay, ein Tag, der heute als Europatag jedes Jahr feierlich begangen wird.

Auch auf deutscher Seite regiert ein kongenialer Politiker, der das Potential des Schuman-Plans sofort erkennt und ohne zu zögern die Chance ergreift: Bundeskanzler Konrad Adenauer. Dies umso mehr, als Adenauer, wie er in seinem Antwortbrief an Schuman handschriftlich hinzusetzt, schon in den 20er Jahren ähnliche Ideen entwickelt hatte, die sich damals aber nicht durchsetzten. Schon weniger als ein Jahr später, am 18. April 1951, ist der Vertrag über die Europäische Gemeinschaft für Kohle und Stahl ausgearbeitet und tritt ein weiteres Jahr später, 1952, in Kraft. Damit ist das erfolgreichste Friedensprojekt der europäischen Geschichte an den Start gebracht. Erst 60 Jahre später erhält die Europäische Union den Friedensnobelpreis. Man kann sich wirklich fragen, warum eine so naheliegende Entscheidung so lange gedauert hat.

Schließlich ist es de Gaulle, der, französischer Staatspräsident geworden, die deutsch-französische Aussöhnung zu einer ersten Vollendung bringt, obwohl er dem supranationalen Europa Monnets distanziert gegenübersteht und eher an ein »Europa der Vaterländer« glaubt. Aber dass die deutsch-französische Beziehung die

Grundlage für einen dauerhaften Frieden in Europa ist, davon ist er überzeugt. Mit einem feierlichen Gottesdienst in der Kathedrale von Reims, der Krönungskirche der französischen Könige, die 1914 von den Deutschen beschossen worden war, setzen de Gaulle und Adenauer am 8. Juli 1962 ein erstes Zeichen. De Gaulle unterstreicht den französischen Willen zur Versöhnung weiter mit seiner auf Deutsch gehaltenen »Rede an die deutsche Jugend« am 9. September 1962 in Ludwigsburg. Das Wunder der deutsch-französischen Versöhnung findet schließlich seine Vollendung am 22. Januar 1963 im deutsch-französischen Freundschaftsvertrag, dem Élysée-Vertrag: Dies ist der wahrhaft historische Moment der Überwindung eines Gegensatzes zwischen Deutschen und Franzosen, der fast ein halbes Jahrtausend gewährt hatte. Und es ist der Beginn einer deutsch-französischen Partnerschaft, die im Laufe der Jahre zu einer echten Freundschaft zwischen den beiden Völkern herangewachsen ist. Daher wird der 22. Januar als Tag der deutsch-französischen Freundschaft jedes Jahr feierlich begangen.

Als ein Unterpfand dieser Aussöhnung erhielt Deutschland übrigens das im Krieg beschlagnahmte Hôtel de Beauharnais zurück, welches in napoleonischer Zeit für den Stief- und Adoptivsohn Napoleons, Eugène de Beauharnais, prächtig ausgebaut, 1818 vom preußischen König erworben und bis 1944 als preußisch-deutsche Gesandtschaft, später Botschaft genutzt worden war. Seitdem hält die Bundesregierung dieses einzigartige Juwel der Kunst des Empire als Residenz des deutschen Botschafters in besonderen Ehren und pflegt es als Symbol der deutsch-französischen Freundschaft.

Festzuhalten ist, dass es zunächst vor allem französische Politiker waren, die die Gedanken einer Überwindung des Hasses durch praktizierte Aussöhnung und einer Überwindung der Machtpolitik durch eine Rechtsgemeinschaft entwickelt haben: Monnet, Schuman und später de Gaulle. Auf deutscher Seite wurde diese ausgestreckte Hand der Versöhnung bereitwillig aufgegriffen, vor allem von Adenauer und seinem Staatssekretär des Auswärtigen Amts, Walter Hallstein. Die historische Größe und Weitsicht dieser

Gründerväter Europas kann nicht hoch genug geschätzt werden. Zum unschätzbaren Glück der Deutschen und Franzosen wurde dieses Wunder der Aussöhnung seither stetig fortgeführt durch alle französischen Staatspräsidenten und alle deutschen Bundeskanzler, man denke nur an die Bilder vom Händedruck Mitterands und Kohls in Verdun 1984, aber natürlich auch an das für Europa wegweisende Zusammenwirken von Schmidt mit Giscard d'Estaing und die intensive Zusammenarbeit von Bundeskanzlerin Merkel mit den beiden so verschiedenen Präsidenten Sarkozy und Hollande.

Aber die europäische Einigung weist weit über die deutsch-französische Aussöhnung hinaus, personell und konzeptionell: Personell sind die Namen der großen Europäerinnen und Europäer aus allen EU-Mitgliedstaaten, die seit 1950 zur Einigung Europas beigetragen haben, so zahlreich, dass sie hier unmöglich alle aufgeführt werden können. Konzeptionell ist der Gedanke der Rechtsgemeinschaft, in der alle Streitfragen durch rechtliche Verfahren und Verhandlungen gelöst werden, und nicht durch den Einsatz von Machtmitteln, zwar am Beispiel der innereuropäischen Beziehungen entwickelt worden, er lässt sich aber auch in einen weiteren, ja weltweiten Rahmen übertragen: als Konzept einer regelbasierten Ordnung der internationalen Beziehungen auf der Grundlage des Völkerrechts. Es gibt also auch und gerade heute noch eine friedliche Alternative für die Regelung der zwischenstaatlichen Beziehungen, jenseits militärischer Machtpolitik. Hier schließt sich der Kreis zu der über die vergangenen Jahrhunderte so erfolgreichen Heiratspolitik der Habsburger.

4. Die Mission des deutsch-französischen Paars

Wer aber glaubt, die deutsch-französische Aussöhnung und die auf ihr beruhende europäische Einigung in der Form einer Rechtsgemeinschaft sei eine ein für alle Mal gesicherte Errungenschaft, die man nun getrost abheften könne, irrt fundamental. Aus den Erfahrungen des 500-jährigen Machtgegensatzes und des Wunders der Aussöhnung folgen mindestens zwei dauerhafte historische Aufträge: zum einen die Sicherung und Fortentwicklung der Europäischen Union, zum anderen der weltweite Einsatz für eine regelbasierte Ordnung der zwischenstaatlichen Beziehungen. Beides ist heute in Gefahr. Beides zu bewahren und fortzuentwickeln ist die Mission des deutsch-französischen Paars.

Die Europäische Union steht heute unter einem nie gekannten Druck: Ein bedeutendes Land hat sich in einer Volksabstimmung für einen Austritt ausgesprochen. Dies ist nach Art. 50 EUV das gute Recht eines jeden Mitgliedstaats. Umso wichtiger ist es, die übrige Union nicht nur zusammenzuhalten, sondern auch weiterzuentwickeln, um unter Beweis zu stellen, dass die Völker Europas ihre Souveränität besser wahren können, wenn sie einzelne Ausprägungen dieser Souveränität zusammenlegen und gemeinsam, zum Wohle aller ausüben. Eine gemeinsame Kontrolle an den Außengrenzen der EU ist effektiver und kostengünstiger als eine Kontrolle an jeder der langen und zahlreichen Binnengrenzen. Ein gemeinsamer Wirtschaftsraum mit etwa einer halben Milliarde Menschen hat größere Möglichkeiten, seine Interessen gegenüber den quasi-kontinentalen Wirtschaftsräumen USA, Indien oder China durchzusetzen, als jeder der kleinen und mittleren Staaten europäischen Zuschnitts auf sich allein gestellt. Eine wirkliche gemeinsame Außen- und Sicherheitspolitik hätte viel mehr Einfluss in der Welt als 27 oder 28 divergierende oder sich gar widersprechende Politiken. Deshalb setzen sich Frankreich und Deutschland dafür ein, dass die Union nicht nur erhalten, sondern auch ausgebaut wird, derzeit etwa im Rahmen des Bratislava-Prozesses. Dies wird, weit über das Wahljahr 2017 hinaus, eine zentrale Aufgabe für beide Länder sein und bleiben.

Im Übrigen sind Krisen in der Entwicklung der EU nichts Ungewöhnliches. Im Gegenteil war bisher noch jeder Integrationssprung von einer Konsolidierungskrise gefolgt: Auf die erfolgreiche Montanunion folgte der Fehlschlag der Europäischen Verteidigungsgemeinschaft, auf die Vollendung der Zollunion die lange und quälende Zeit der »Eurosklerose« in den 80er Jahren, auf den Schock der Wiedervereinigung Deutschlands die Vollendung der Währungsunion. Und jedes Mal ist die Europäische Union aus der Krise gestärkt hervorgegangen.

Auch im Umgang mit dem britischen Wunsch nach einem Austritt der EU ist dies das oberste Interesse Frankreichs, Deutschlands und der übrigen 25: die Union zusammenzuhalten und möglichst weiter zu stärken. Das haben sie in ihrer Erklärung vom 29. Juni 2016 als Reaktion auf das Brexit-Votum unzweideutig zum Ausdruck gebracht. Nun ist es am Vereinigten Königreich, seinen Weg zu wählen. Fest steht nach dieser Erklärung jedenfalls, dass eine weitere Teilnahme am Binnenmarkt nur bei vollständiger Übernahme der vier Grundfreiheiten, darunter der Arbeitnehmerfreizügigkeit, in Betracht kommt – und man möchte hinzufügen: auch der obligatorischen Gerichtsbarkeit des Europäischen Gerichtshofs, ohne einen eigenen Richter zu stellen, sowie einer angemessenen Beteiligung an der Finanzierung der EU, und das alles ohne Recht zur Teilnahme an der Beschlussfassung. Zur Wahl stehen die bisher beschrittenen Wege, die alle auf diesen Grundsätzen aufbauen: der Europäische Wirtschaftsraum wie Norwegen, ein Geflecht von bilateralen Verträgen wie die Schweiz, eine Teilnahme nur an der Zollunion wie die Türkei oder eine Stellung als Drittstaat mit eigenem Abkommen wie etwa Kanada oder ohne. Für alle diese Formen gilt: Ein Status außerhalb der EU kann nie gleiche oder gar weitergehende Rechte beinhalten als derjenige eines Mitgliedstaats. Als weitere Möglichkeit bliebe natürlich der Verbleib in der Union mit allen bisherigen Rechten und Pflichten. Die Wahl obliegt, wie gesagt, dem Vereinigten Königreich. Sie will aber gut überlegt sein, denn ein Austritt ist nach Art. 50 EUV endgültig und ein Wiedereintritt ist nur in einem neuen Aufnahmeverfahren unter Übernahme des gesamten gemeinschaftlichen Besitzstands, wie er sich bis dahin fortentwickelt hat und unter Zustimmung aller Mitgliedstaaten möglich. Wir erinnern uns alle noch des Vetos de Gaulles, solange er Staatspräsident war.

Doch der Auftrag des deutsch-französischen Paars reicht über Europa hinaus: Auch der generelle Gedanke einer regelbasierten internationalen Ordnung auf der Grundlage der unantastbaren Würde des einzelnen Menschen, zu der sich zumindest alle Staaten der OSZE, damals noch KSZE, 1990 in der Charta von Paris verpflichtet haben, ist heute unter Druck wie nie. Ein Gespenst ist wieder auferstanden, das man schon endgültig in das Horrorkabinett der Geschichte gebannt glaubte: das Gespenst der Machtpolitik, wie wir sie aus den ersten beiden Abschnitten dieses Beitrags kennen, das Gespenst von *might is right*, vielleicht sogar von »Eisen und Blut«. Nicht innerhalb der EU, aber doch an ihren Grenzen. Territoriale Veränderungen werden wieder mit indirekter oder gar direkter Androhung oder sogar Anwendung von militärischer Gewalt angestrebt. »Grüne Männchen«, die erst im Laufe der Zeit zugeordnet werden können, tauchen auf, mit dem Ziel, Grenzen zu verschieben.

Die Charta der Vereinten Nationen, die für alle 193 VN-Mitgliedstaaten, also praktisch alle Staaten dieser Welt, gilt, legt in Art. 2 Abs. 4 ein allgemeines Gewaltverbot fest, das zum zwingenden Völkerrecht, dem *ius cogens*, gehört, so dass Gebietsveränderungen, die unter Verstoß dagegen angestrebt werden, von keinem VN-Mitgliedstaat anerkannt werden dürfen.

Diese Wertentscheidung, die die Staaten der Welt 1945 in der VN-Charta gemeinsam getroffen haben, könnte angesichts der Zeitläufte naiv erscheinen, in Wirklichkeit ist sie jedoch extrem weitsichtig und von entscheidender Bedeutung für die Wahrung des Weltfriedens, gerade im 21. Jahrhundert. Wie die zahllosen Beispiele aus den ersten 500 Jahren unserer Betrachtung zeigen, ist ein System der Machtpolitik inhärent instabil, da es auf dem Gleichgewicht verschiedener, konfligierender Mächte beruht, das immer wieder austariert werden muss, wenn eine Seite zu stark zu werden droht. Wenn dieser Ausgleich dann nicht in rationalen Verfahren erfolgt, die rechtlichen Regeln folgen, sondern mit Gewalt, ist dies mit dem unendlichen menschlichen Leid eines Krieges verbunden und die Gefahr einer Eskalation immanent. Es droht heute stets die Ausweitung zum totalen Krieg: Zu Zeiten des frühneuzeitlichen Kabinettskriegs mag ein solcher Mechanismus des Machtausgleichs über militärische Gewalt für hartgesottene Realpolitiker noch hinzunehmen gewesen sein, aber seitdem haben sich die Waffen und damit die Gefährdungspotentiale fundamental gewandelt. Dies nicht rechtzeitig erkannt zu haben, war eine wesentliche Ursache für den Ausbruch des Ersten Weltkriegs und damit der Katastrophen des 20. Jahrhunderts. Und es ist kein Zufall, dass die Staatengemeinschaft sich gerade 1945 zu dieser Festlegung durchgerungen hat, denn die Existenz von Atomwaffen hat das Gefährdungspotential noch einmal kategorial verändert: Jeder militärische Konflikt unter Beteiligung von Atommächten beinhaltet heute eine unmittelbare Gefährdung der Existenz der gesamten Menschheit.

Diese zutiefst machtpolitische Erkenntnis, nicht bloßer Idealismus, schließt Gewalt als legitimes Mittel der Politik in den internationalen Beziehungen im Zeitalter der Atomwaffen aus und erfordert rechtsförmliche Verfahren der Konfliktlösung, also eine regelbasierte internationale Ordnung – auf der Grundlage des Völkerrechts, insbesondere der Regeln der OSZE im OSZE-Raum und derjenigen der VN-Charta weltweit.

Frankreich und Deutschland haben diese Erkenntnis über fast 500 Jahre und ganz besonders im 20. Jahrhundert im wahrsten Sinne des Wortes am eigenen Leib erfahren und sie haben daraus die richtigen Schlüsse gezogen durch Gründung der Europäischen Union als Rechtsgemeinschaft. Aufgrund dieser Qualifikation ist es auch folgerichtig, dass Frankreich und Deutschland mit den Verhandlungen im Normandie-Format Verantwortung für die Überwindung der Ukraine-Krise übernommen haben.

Aber auch darüber hinaus verpflichtet die gemeinsame Erfahrung der Geschichte das deutsch-französische Paar, weltweit Machtpolitik entgegenzuwirken und für die Herrschaft des Rechts, für eine regelbasierte internationale Ordnung einzutreten.

ROLAND MÖNIG

Komplex, nicht kompliziert

Horizonte deutsch-französischer Museumsarbeit in der Grenzregion

© Iris Maurer

« Une expo, mais aussi le récit d'une part de notre histoire » – eine Ausstellung, aber auch die Erzählung eines Teils unserer Geschichte: Mit diesen Worten schloss die französische Wochenzeitung « L'Observateur » ihre Rezension der Ausstellung « Entre deux horizons – Avant-gardes allemandes et françaises du Saarlandmuseum / Zwischen zwei Horizonten – Deutsche und französische Avantgarden aus dem Saarlandmuseum«, die von Ende Juni 2016 bis Mitte Januar 2017 im Centre Pompidou-Metz zu sehen war.[1] In der Tat handelte es sich bei « Entre deux horizons » um ein ungewöhnliches Projekt – schon deshalb, weil es aus der engen Kooperation zwischen einem deutschen Museum und einem französischen Ausstellungshaus hervorging, die beide in derselben europäischen Großregion beheimatet sind. Ausgangspunkt und Basis der Schau waren die reichen Bestände der Modernen Galerie des Saarlandmuseums in Saarbrücken, aus denen über 230 Schlüsselwerke vom Impressionismus bis heute ausgewählt wurden: Gemälde und Skulpturen ebenso wie Arbeiten auf Papier und Fotografien. Sie wurden ergänzt und kontextualisiert durch Archivalien aus dem Centre Pompidou – Musée national d'art moderne in Paris, darunter seltene Autographen und wahre Zimelien aus der Bibliothèque Kandinsky. So entstand ein vielschichtig lesbarer Parcours, der die zahlreichen Facetten des künstlerischen und kulturellen Austausches zwischen Frankreich und Deutschland während der letzten rund 150 Jahre zu einer sinnlichen Erfahrung von großer Eindringlichkeit werden ließ.

Das explizit von einer europäischen Gesinnung getragene Vorhaben – als Schirmherren traten der französische Außenminister und der Beauftragte der Bundesrepublik Deutschland für

1 Bernard Géniès, La FrançAllemagne de l'art, in: L'Observateur, 01. September 2016.

kulturelle Angelegenheiten im Rahmen des deutsch-französischen Vertrages auf – gewann kurz vor der Ausstellungseröffnung eine für alle Beteiligten unerwartete Brisanz. Am 23. Juni 2016 entschieden die Wahlberechtigten des Vereinigten Königreichs sich im Rahmen eines Referendums mehrheitlich für den Austritt aus der Europäischen Union. «Entre deux horizons» wurde damit überraschend gleichsam zum Sinnbild eines über Jahrzehnte kontinuierlich sich entfaltenden europäischen Einigungsprozesses, dessen Sinn und Dynamik plötzlich in Frage zu stehen schienen.

Die visuelle Argumentation der Ausstellung war in vier Kapitel gegliedert. Das erste, «Impressions», setzte ein mit dem Jahr 1870, in dem der Deutsch-Französische Krieg begann, in dessen Folge Frankreich die Demütigung der deutschen Kaiserproklamation in Versailles hinnehmen musste. Trotz dieses Konflikts und seiner traumatischen Folgen für die französische Nation traten die Kunstszenen der beiden Länder im letzten Viertel des 19. Jahrhunderts in eine intensive, wechselseitig fruchtbare Interaktion. Denn wenn die deutsche Malerei, hier repräsentiert durch Liebermann, Slevogt und Corinth, von den Innovationen der Pariser Impressionisten und ihrer neuartigen Auffassung der sichtbaren Wirklichkeit profitierte, so erfuhren die französischen Künstler – u.a. durch richtungweisende Ankäufe der Museen in Berlin und Bremen – die erste öffentliche Anerkennung in Deutschland, ehe sie auch in ihrem Heimatland reüssieren konnten. Der zweite Teil, «Tempête», umfasste den Zeitraum zwischen 1905 und 1925 und legte den Schwerpunkt auf den deutschen Expressionismus, auf »Brücke« und »Blauen Reiter«, die – erstaunlich genug – ungeachtet beider untrennbarer Verflechtung mit den französischen Avantgarden, insbesondere mit Matisse und Delaunay, aber auch mit den Kubisten um Picasso und Braque, in Frankreich bis heute erstaunlich wenig bekannt und in den Museen und Sammlungen kaum vertreten sind. Aufgearbeitet wurde in diesem Zusammenhang auch der Erste Weltkrieg, der in beiden Ländern – schon der französische Begriff «La Grande Guerre» deutet das an – noch immer sehr unterschiedlich wahrgenommen wird.

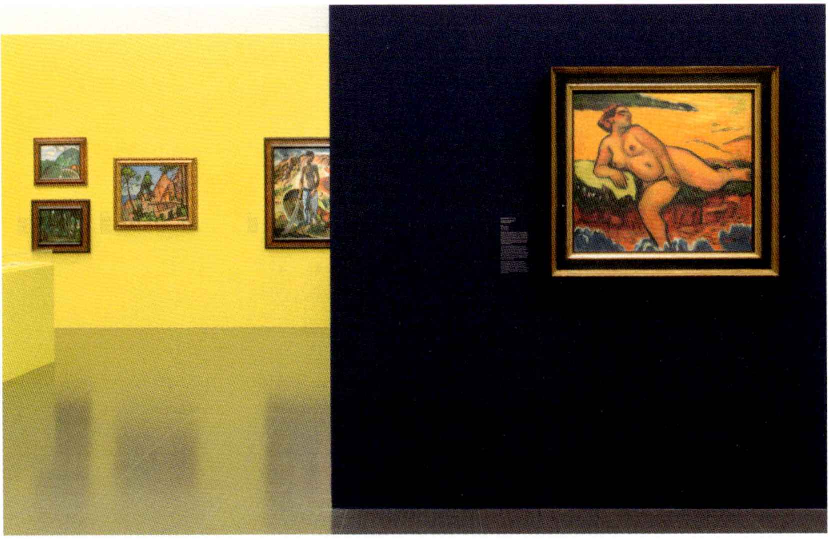

Ausstellungsansicht« Entre deux horizons – Avant-gardes allemandes et françaises du Saarlandmuseum », Centre Pompidou-Metz 2016-17, Kapitel « Tempête », im Vordergrund Max Pechstein, Liegender Akt (Nidden), 1911 © für Max Pechstein: Pechstein – Hamburg / Tökendorf 2017, Fotografie: Centre Pompidou-Metz / Christine Hall, 2016

Ein erstaunlicher Befund dabei war, dass der Krieg trotz der enormen Opfer gerade unter den Künstlern und ungeachtet der beiderseits zugespitzten Propaganda die grenzüberschreitenden Netzwerke der Kreativen nicht vollständig zerschlug, sondern im Zeichen des Pazifismus punktuell eher noch stärkte. Das dritte Kapitel der Schau indes, das unter dem Titel « Stupeur » die Jahre 1925-45 behandelte, illustrierte das finale Scheitern aller Visionen und Utopien, mit denen man die vom Ersten Weltkrieg geschlagenen Wunden zu heilen versucht hatte – und es zeigte exemplarisch die unterschiedlichen Strategien, mit denen die Künstler der sich verschärfenden gesellschaftlichen und politischen Situation mit Verfolgung und Krieg zu begegnen versuchten: Widerstand und Anpassung, Flucht und inneres Exil. Die Zeit von 1945 bis heute schließlich fasste der letzte Teil der Ausstellung zusammen, und zwar unter dem Schlagwort « Abstractions ». Wiederum ergab sich ein schillerndes Bild: Einerseits etablierte sich nach dem Zweiten Weltkrieg eine neue ungegenständliche »Weltsprache« der Kunst, und der École de Paris, allgemeiner: der französischen Szene, kam eine führende Rolle dabei zu. Ihr Einfluss auf die Entwicklungen in Deutschland, wo eine ganze Generation nach der überstandenen Diktatur des Nationalsozialismus mit ihrer von anti-modernem Furor gelenkten Kultur- und Kunstpolitik nach neuen Formen des Ausdrucks suchte, ist kaum zu überschätzen. Andererseits drifteten die Kunstszenen in Frankreich und Deutschland in den folgenden Jahrzehnten stetig weiter auseinander, so dass sie einander heute kaum mehr differenziert wahrnehmen, geschweige denn sich gegenseitig auf besonders bemerkenswerte Weise befruchten. So untrennbar die beiden Länder durch die Wechselfälle der Geschichte und die Konflikte, die sie miteinander ausgehalten und aufgearbeitet haben, auch verbunden bleiben mögen: Ihre Avantgarden sind längst Teil eines größeren, globalisierten Kunstgeschehens und Kunstmarktes geworden, und die Impulse, die sie antreiben, sowie die Maßstäbe, an denen sie sich orientieren, kommen eher von dort als aus dem jeweiligen Nachbarland.

Das Konzept von «Entre deux horizons» wie auch der begleitende umfangreiche Katalog wurden von den wissenschaftlichen Teams in Metz und Saarbrücken gemeinsam erarbeitet.[2] Jedes Haus brachte seine Sichtweisen und seine Stärken ein und begegnete den inhaltlichen Anliegen und institutionellen Bedingungen des jeweils anderen mit Respekt und Aufgeschlossenheit. Die Ausstellung kann insofern auch als Muster für künftige Kooperationen im deutsch-französisch-luxemburgischen Grenzraum gelten. Ihre Chance, eine besondere Energie zu entfalten, könnte darin liegen, dass jeder Partner sich im selben Maße seiner eigenen Identität bewusst ist, wie er die Potentiale und das gewachsene Selbstverständnis des Partners anerkennt und selbst zu stärken bereit ist. Bei «Entre deux horizons» gestattete das Saarlandmuseum dem

2 Vgl. dazu den Katalog der Ausstellung: «Entre deux horizons – Avant-gardes allemandes et françaises du Saarlandmuseum», Metz (Éditions du Centre Pompidou-Metz), 2016.

Centre Pompidou-Metz einen so gut wie vorbehaltlosen Zugriff auf seinen Kernbestand zur modernen und zeitgenössischen Kunst und ermöglichte die Ausleihe von Meisterwerken, die aufgrund konservatorischer Bedenken teils seit Jahrzehnten nicht gereist waren. Aber damit war keineswegs die Bedingung verknüpft, die Art und Weise zu bestimmen, wie die Skulpturen und Gemälde, Grafiken und Fotografien präsentiert und inszeniert werden sollten. Vielmehr herrschte gerade hier das Prinzip des offenen Dialogs, und seine Ergebnisse waren für beide Partner ein ums andere Mal überraschend und erhellend.

Möglich wurde das Projekt, weil die Moderne Galerie des Saarlandmuseums aufgrund der Arbeiten an ihrem Erweiterungsbau im Frühjahr 2016 vorübergehend ihren Ausstellungsbetrieb einstellen musste.[3] Es verdankt sich also einer einzigartigen und unwiederholbaren Situation – und der Bereitschaft und dem Willen beider beteiligter Häuser, innerhalb kürzester Zeit (nur ein knappes Jahr stand den Teams zur Verfügung) das Optimale aus ihr zu machen. Seinen tieferen Sinn indes erhielt « Entre deux horizons » durch die ungewöhnliche Geschichte des Saarbrücker Museums und seiner Sammlung, die direkt mit den bisweilen komplizierten politischen Beziehungen zwischen Deutschland und Frankreich verflochten ist.[4]

Denn dass die Moderne Galerie überhaupt entstehen konnte, ist auf zwei Perioden zurückzuführen, in denen das Saarland politisch und wirtschaftlich von Deutschland abgekoppelt und mit Frankreich assoziiert war: in Folge zunächst des Ersten und dann des Zweiten Weltkriegs. 1920-35 stand es als »Saargebiet« unter der Verwaltung der Regierungskommission des Völkerbunds, hing allerdings in erster Linie von Frankreich ab. Und auch nach 1945 gehörte das Saarland für zehn Jahre zur französischen Einflusssphäre.

3 Die Wiedereröffnung des vergrößerten Museums ist für den 18.11.2017 geplant.

4 Zum Folgenden vgl. Roland Mönig, La Modernité comme programme, in: Kat. d. Ausst. « Entre deux horizons – Avant-gardes allemandes et françaises du Saarlandmuseum », Metz (Éditions du Centre Pompidou-Metz) 2016, S. 21-25.

Zwar erhielt es 1947 als teilautonomer Staat eine eigene Verfassung, aber es war bis 1956 wirtschafts- und sozialpolitisch in vielen Hinsichten an die Weisungen eines französischen Hohen Kommissars gebunden und wurde außen- und sicherheitspolitisch von Frankreich vertreten.

Der erste hochrangige Bestand an moderner Kunst in Saarbrücken wurde in der Völkerbund-Zeit zusammengetragen, und zwar als Studiensammlung für die Lehrenden und Lernenden der Staatlichen Schule für Kunst und Kunstgewerbe, die einen Bogen schlug vom Impressionismus bis zu den seinerzeit aktuellsten Tendenzen.[5] So gut wie alle Protagonisten des Expressionismus in Deutschland waren vertreten, und ein besonderer Akzent lag auf der Pariser Kunstszene, mit Arbeiten und Werkgruppen u.a. von Honoré Daumier und Édouard Manet, von Aristide Maillol, Henri Matisse und Maurice de Vlaminck, von Amedeo Modigliani und Pablo Picasso. Angewachsen auf über 800 Blätter, wurde die Sammlung 1929 unter dem Namen »Staatliches Museum Saarbrücken« der Öffentlichkeit zugänglich gemacht und erwarb sich schnell nationales und internationales Renommee. Aber nach der Saarabstimmung am 13. Januar 1935, in deren Folge das »Saargebiet« ins Deutsche Reich einging, bekam das Haus die ganze Brutalität der nationalistischen Kulturpolitik zu spüren: Im Rahmen der Aktion »Entartete Kunst« verlor die Sammlung nicht weniger als 300 Arbeiten. Eine beachtliche Zahl wichtiger Werke – u.a. Blätter von van Gogh, Modersohn-Becker, Picasso, Matisse, Maillol, Kokoschka und Kollwitz – konnte aber vor den nationalsozialistischen Schergen gerettet werden und gehört bis heute zu den Schätzen der Kollektion moderner Kunst des Saarlandmuseums. In « Entre deux horizons » wurde die Bedeutung der Sammlungsaktivitäten der 1920er Jahre für die Geschichte der Modernen Galerie mit einem in sich geschlossenen Grafikkabinett angedeutet,

5 Michael Jähne, Die Sammlung des Staatlichen Museums Saarbrücken, in: Ralph Melcher/Christof Trepesch/Eva Wolf (Hrsg.), Ein Bild der Kultur – Die Geschichte des Saarlandmuseums, Blieskastel, 2004, S. 175-185.

das den insgesamt chronologisch arrangierten Parcours einerseits unterbrach und ihn andererseits, bestimmte Themen vertiefend, im kleinen Format wiederholte.

Nach dem Zweiten Weltkrieg dann schlug die Geburtsstunde des Museums, wie es heute existiert: Ausgehend von den Arbeiten auf Papier aus dem Staatlichen Museum Saarbrücken begann man mit dem Aufbau einer weit größeren und ambitionierteren Sammlung zur Kunst der Moderne. Denn nach dem Willen Frankreichs sollte die (Teil-)Autonomie des Saarlands dauerhaft festgeschrieben werden, und ein unabhängiger Staat benötigte, einem ministeriellen Memorandum aus dem Jahr 1950 zufolge, ein angemessen bestücktes Museum als »Ausdruck seines Kulturwillens«.[6] Mit großer Umsicht und sicherem Urteil entwickelt wurde das Konzept für eine »Moderne Galerie«, wie das neue Haus zwecks klarer Unterscheidung von der bereits bestehenden Sammlung zur regionalen Kunst- und Kulturgeschichte bald genannt wurde, ab 1952 von Rudolf Bornschein. Seine Maximen lauteten Internationalität und Modernität, und dank der ihm zur Verfügung gestellten zusätzlichen finanziellen Mittel konnte er – ungeachtet mancher Zoll- und Devisenprobleme, die sich aus der Zugehörigkeit des Saarlandes zum französischen Wirtschaftsraum ergaben – einem staunenden und zahlreichen Publikum nach nur drei Jahren nicht weniger als 130 Arbeiten der Moderne vorweisen. Insbesondere nach der Eingliederung des Saarlandes in die Bundesrepublik Deutschland 1956 verlangsamte der Takt der Erwerbungen sich merklich. Dennoch konnte Bornschein bei der Eröffnung eines eigenen, konsequenterweise kompromisslos zeitgenössischen Gebäudes für die Moderne Galerie[7] im Herbst 1968 eine Kunstsammlung auf nationalem, wenn nicht internationalem Niveau präsentieren, die vom ausgehenden 19. Jahrhundert über Expressionismus, Neue Sachlich-

6 Zit. n. Eva Wolf, Aufbaujahre – Das Saarlandmuseum 1952-1965, hrsg. v. Roland Mönig, Saarbrücken 2014, S. 26.

7 Zur Architektur des Museumsgebäudes s. Hanns Schönecker: Moderne Galerie, bearb. v. Hanna Büdenbender, hrsg. v. Roland Mönig, Saarbrücken 2016.

keit, Surrealismus und Bauhaus bis zu École de Paris und Informel reichte. Unverkennbar war auch die spezifische Ausrichtung, die Bornschein dem noch jungen Museum eingedenk seiner Genese und geografischen Lage gegeben hatte: Kaum eine andere öffentliche Sammlung zur Kunst der Moderne in Deutschland hebt derart auf den Dialog mit den französischen Avantgarden ab. Bis heute ist das Programm geblieben, und auch in Zukunft und angesichts der differenzierteren räumlichen Möglichkeiten, die der Erweiterungsbau bietet, wird der Bezug zum Nachbarland eine der Leitlinien für die Weiterentwicklung des Museums sein.

«Entre deux horizons» hat die einzigartige Rolle der Modernen Galerie des Saarlandmuseums am südwestlichen Rand Deutschlands, in der Mitte Europas und an der historischen Nahtstelle zwischen Deutschland und Frankreich für ein breites Publikum neu und auf sehr eindrucksvolle Weise erfahrbar gemacht.[8] Dabei fügte der Ort der Ausstellung, das von Shigeru Ban entworfene Centre Pompidou-Metz, dem Projekt noch eine zusätzliche symbolische Dimension hinzu. Denn durch das große Fenster an der nördlichen Stirnseite der betreffenden Galerie schaute man über die Werke aus der Saarbrücker Sammlung – u.a. Skulpturen von Alexander Archipenko, Rudolf Belling und Henri Laurens – hinweg auf das historische Zentrum von Metz, einer Stadt, die spiegelbildlich das Schicksal Saarbrückens teilt. Wie die Hauptstadt des heutigen Bundeslandes Saarland im 20. Jahrhundert zweimal unter französischem, so stand Metz nach dem Krieg 1870/71 massiv unter deutschem Einfluss. Tatsächlich sind dort die städtebaulichen Spuren der gut vier Jahrzehnte, in denen Lothringen als »Reichsland« zum Deutschen Reich gehörte, weit stärker wahrnehmbar als die Zeugnisse der französischen Interimsperioden in Saarbrücken. Ganze Stadtviertel tragen das Gepräge der wilhelminischen Gründerzeit-Architektur. Hinzu kommen buchstäblich herausragende Setzungen wie der neoromanische Bahnhof mit seinem markanten Uhr-

8 Die Ausstellung zählte insgesamt knapp 112.000 Besucher.

Ausstellungsansicht« Entre deux horizons – Avant-gardes allemandes et françaises du Saarlandmuseum », Centre Pompidou-Metz 2016-17, mit Ausblick auf die Silhouette von Metz, im Vordergrund Arbeiten von Alexander Archipenko und Rudolf Belling © für Alexander Archipenko und Rudolf Belling: VG Bild-Kunst, Bonn 2017, Fotografie: Felix Krebs

turm oder die um 1220 begonnene und auf Betreiben der Hohenzollern als Ausweis ihrer Macht im letzten Viertel des 19. Jahrhunderts fertig gebaute gotische Kathedrale Saint-Étienne. Die ganze Komplexität der deutsch-französischen Beziehungen und das Potential, das sie für museale Kooperationen in der Grenzregion bergen, wurden im direkten Gegenüber des Panoramas von Metz und der Kunstwerke aus der Modernen Galerie des Saarlandmuseums schlagartig evident. Auch darauf scheint der Rezensent des « Observateur » abgehoben zu haben, als er schrieb, « Entre deux horizons » sei nicht nur eine Ausstellung, sondern sie erzähle « une part de notre histoire ».

PATRICIA OSTER-STIERLE

Wirklich »lustlos, vollkommen lustlos«?

»Wir haben genug von Euch und Ihr habt genug von uns«, so übersetzte 1956 in seiner Abiturprüfung ein des Französischen wenig mächtiger Schüler den pathetischen Ausruf in Romain Rollands Roman *Jean-Christophe*, in dessen Mitte die deutsch-französische Freundschaft steht: « Nous avons besoin de vous, vous avez besoin de nous »[1] (»Wir brauchen Euch und Ihr braucht uns«). Weder der vor Ausbruch des Ersten Weltkriegs verfasste Appell Romain Rollands noch die in der Übersetzung zutage tretende Fehlleistung haben bis heute an Aktualität verloren. Das Nachbarland diesseits und jenseits des Rheins stand in den fünfziger Jahren noch im Fokus des Interesses. Man studierte seine Kultur und seine Sprache voller Neugierde, sicher zuweilen auch mit Misstrauen, vor allem aber in der Hoffnung auf ein Miteinander in Frieden. Das Pathos der Versöhnung ist heute einer neuen Form des europäischen, vielleicht fast zu selbstverständlichen Gemeinschaftsgefühls gewichen.

»Lustlos, vollkommen lustlos«: So beschreibt der große frankophile Regisseur Volker Schlöndorff im Mai 2016 das deutsch-französische Verhältnis.[2] Zweifellos gilt diese in einem Interview gefallene Bemerkung vor allem der politischen Ebene. Er selbst ist der beste Beweis für das Gegenteil. Denn er wurde als deutscher Regisseur vom französischen Staatspräsidenten gebeten, am 29. Mai 2016 die Gedenkfeier zum 100. Jahrestag der Schlacht von Verdun auszurichten. Er versammelte 4000 deutsche und französische Jugendliche in Verdun, die sich über ihre gemeinsame Geschichte austauschten. Volker Schlöndorff ließ diese Jugendlichen zunächst

1 Romain Rolland, *Jean-Christophe* (1904-1912), Paris: Ollendorf, 10. Bd., Bd. 4, Albin Michel, 2008, zit. nach. IV (1912), S. 270.

2 Schlöndorff im Gespräch mit Barbara Kostolnik, ARD-Studio Paris: http://www.tagesschau.de/ausland/verdun-gedenken-101.html (eingesehen am 30.01.2017).

in bunten T-Shirts durch den sogenannten »roten Wald« und dann zwischen den weißen Kreuzen laufen (Abb.1). Ein unvergessliches Bild voller Lebendigkeit, Eintracht und Dynamik vor dem Hintergrund von Tod und sinnloser Vernichtung jungen Lebens. Schlöndorff wollte vor allem das Genre der »Gedenkveranstaltung« in Frage stellen. So äußerte er bei einem Interview des SWR2: »Es geht ja nicht darum, sich mit Originalität auszuzeichnen, sondern unter der ganzen Kruste von Zeremonien dahin durchzudringen, worum es eigentlich geht: 300.000 junge Menschen, die innerhalb von 300 Tagen abgeschlachtet worden waren, ohne jeden Sinn und Verstand. Daran musste man mit den Jugendlichen aus Frankreich und Deutschland arbeiten, damit sie einen Bezug dazu herstellen, dass das ihre Geschichte ist.«[3]

Abb. 1: Volker Schlöndorff, *Verdun 1914-1918*

3 Schlöndorff im Gespräch mit Elske Brault: Das SWR2 Kulturgespräch mit Volker Schlöndorff über die Gedenkfeier zur Schlacht von Verdun, 27. Mai 2016 um 7.45 Uhr: http://www.swr.de/swr2/kultur-info/volker-schloendorff-plant-verdun-gedenken/-/id=9597116/did=17497550/nid=9597116/1ge0yd4/index.html (eingesehen am 02.01.2017).

Im Vorfeld hatte Schlöndorff deshalb die Jungen und Mädchen auf Handys die *Rue de Verdun* – es gibt in Frankreich 36.000 Straßen von Verdun – und in Deutschland Kriegsdenkmäler fotografieren lassen. Als bemerkenswert erwies sich für ihn, wie er mir im persönlichen Gespräch mitteilte, dass fast alle französischen Jugendlichen in ihren Familien Erinnerungsstücke an die *Grande Guerre* vorfanden, während in den Familien der deutschen Jugendlichen die Erinnerung an den Ersten Weltkrieg weitgehend verblasst war. Ganz offensichtlich legte Schlöndorff Wert darauf, junge Menschen mit ihrer eigenen deutsch-französischen Geschichte zu konfrontieren und auf diese Weise das Gedenken im Blick auf Europa mit Aktualität aufzuladen. »Keine Militärs und keine Reden«[4] hieß seine Devise. Auch der französische Präsident wollte eine pathetische Versöhnungsgeste vermeiden: »Die Geste von Mitterrand und Kohl, diese Hände, die sich suchen und finden, diese Geste ist das Symbol der Versöhnung, die müssen wir nicht wiederholen. Die Versöhnung ist geschafft, wir müssen das europäische Ideal wiederbeleben.«[5] Zugleich sieht Hollande, wie er bei der Zeremonie am Beinhaus von Douaumont erklärt, »[...] die Kräfte der Spaltung, der Abriegelung, der Abschottung wieder am Werk«.[6] Die »Wiederbelebung des europäischen Ideals«, die er in seiner Rede fordert, zählt nach Brexit und der Wahl Trumps zum neuen amerikanischen Präsidenten zweifellos zu den wichtigsten Aufgaben deutsch-französischer Politik.

Aus einer binationalen Meinungsumfrage (Juni 2016) der beiden Forschungsinstitute infratest-dimap und TNS-Sofres, die im Auftrag des Saarländischen Rundfunks und des Deutsch-Französischen

4 Schlöndorff im Gespräch mit Barbara Kostolnik: »Schlöndorffs Plan für das Verdun Gedenken«, Tagesschau im ARD vom 29. Mai 2016. http://www.tagesschau.de/ausland/verdun-gedenken-101.html (eingesehen am 02.01.2017).

5 Ebd.

6 »Merkel und Hollande beschwören die europäische Einheit«, in: *Der Tagesspiegel* vom 29. Mai 2016: http://www.tagesspiegel.de/politik/100-jahre-schlacht-von-verdun-merkel-und-hollande-beschwoeren-die-europaeische-einheit/13656638.html (eingesehen am 30.01.2017).

Journalistenpreises erhoben wurde, wird deutlich, dass das Ansehen Deutschlands und Frankreichs im jeweiligen Nachbarland von großer gegenseitiger Sympathie bestimmt ist: 85 Prozent der Deutschen halten den französischen Nachbarn für sympathisch, umgekehrt sind es 74 Prozent.[7] Auch die Solidaritätsbekundungen angesichts der Attentate in Frankreich und in Deutschland zeugen von dieser Sympathie.

Es ist bekannt, wie eng sich die Zusammenarbeit der beiden Länder auf Regierungs- und Parlamentsebene bis zu den Bundesländern und Regionen, in der Sicherheits- und Verteidigungspolitik und den bilateralen Wirtschaftsbeziehungen gestaltet. Die Frankreichstrategie des Saarlandes, der eine Deutschlandstrategie Lothringens antwortet und von der die Ministerpräsidentin des Saarlandes, Annegret Kramp-Karrenbauer, in diesem Band berichtet, ist Ausdruck des entschiedenen Willens eines ganzen Bundeslandes und einer Region Frankreichs, zusammenzuwachsen, indem der Jugend die Sprache des Nachbarlandes mit Hilfe einer stringenten Bildungspolitik gleichsam in die Wiege gelegt wird.

Freilich werden vor allem die Divergenzen zwischen Deutschland und Frankreich in der Flüchtlings- oder der Energiepolitik in den Medien besonders akzentuiert. Die Frage, ob aus einer Vernunftehe zwischen Merkel und Hollande Liebe werden könne, beschäftigt anlässlich des 50. Jubiläums des Élysée-Vertrags die Gemüter.[8]

Doch weit wichtiger erscheint, dass es unterhalb dieser als »kompliziert« wahrgenommenen oder gar als »lustlos« empfundenen höchsten politischen Ebene ein dichtes Geflecht deutsch-französischer Beziehungen gibt, die weniger sichtbar sind und deshalb auch nur selten den Weg in die große Presse finden, die aber den

7 Saarländischer Rundfunk, *Deutsch-Französische Meinungsumfrage* (29. Juni 2016): http://www.sr.de/sr/home/der_sr/kommunikation/aktuell/20160628_pm_deutsch_franzoesische_umfrage100.html (eingesehen am 08.07.2016).

8 Arnaud Leparmentier und Vanessa Schneider, Deutsch-französische Beziehungen, http://www.zeit.de/2013/47/merkel-hollande (eingesehen am 30.01.2017).

Humus bilden für eine lebendige und hochmotivierte deutsch-französische Antwort auf die Herausforderungen Europas.

Man muss hier die gut 300 deutsch-französischen Vereinigungen nennen, 22 Regional- und 2200 Städtepartnerschaften, die 4300 Schulpartnerschaften, zu denen weitere 40 Partnerschaften deutscher und französischer Schulen mit bilingualen Zweigen kommen, man muss das deutsch-französische Jugendwerk anführen, das seit seiner Gründung 8 Millionen Jugendlichen die Begegnung mit dem Nachbarland ermöglicht hat und das deutsch-französische Sekretariat, das den Austausch in der beruflichen Bildung mit viel Erfolg organisiert.

Aus der ganzen Vielfalt deutsch-französischer Initiativen möchte ich exemplarisch vier herausgreifen, die ich aus eigener Anschauung kenne, und die zeigen können, wie lebendig und zukunftsorientiert das deutsch-französische Verhältnis jenseits der großen öffentlichen Aufmerksamkeit gelebt wird.

Die Académie de Berlin

Auf Anregung des früheren Französischen Botschafters Claude Martin wurde 2006 die Académie de Berlin gegründet.[9] Ihr erster Président d'Honneur war Bundespräsident Richard von Weizsäcker. Seine Nachfolgerin ist Gesine Schwan. Protecteur de l'Académie de Berlin ist der jeweils amtierende französische Botschafter, zurzeit nimmt Botschafter Philippe Étienne diese Aufgabe wahr. Secrétaire perpétuel ist der Journalist und Schriftsteller Ulrich Wickert. Die Akademie, der unter anderem Tina Hassel, Wolfgang Ischinger, Anselm Kiefer, Wolf Lepenies, Thomas Ostermeier, Volker Schlöndorff, Nike Wagner, Christina Weiss und Wim Wenders angehören, hat sich zur Aufgabe gestellt, dem Kulturaustausch zwischen Frankreich und Deutschland neuen Schwung zu geben. Sie

9 http://www.academie-de-berlin.de/ (eingesehen am 30.01.2017).

lädt regelmäßig zu einer »Lecture« ein, bei der sie deutsche und französische Politiker bewegen will, über das deutsch-französische Verhältnis öffentlich nachzudenken. So wurden Hubert Védrine und Joschka Fischer, Daniel Cohn-Bendit und Heinrich August Winkler, Peer Steinbrück, Ursula von der Leyen und zuletzt die französische Mikrobiologin Emmanuelle Charpentier, Direktorin am Max-Planck-Institut für Infektionsbiologie in Berlin, zu einer »Lecture« eingeladen. Zugleich vergibt die Académie in jedem Jahr einen mit 10.000 Euro dotierten Preis für das Engagement im deutsch-französischen Kulturaustausch. Der Prix de l'Académie, der zuerst von der Bosch-Stiftung finanziert wurde und seit 2014 von der Firma Würth gestiftet wird, ging an Tomi Ungerer, an Johannes Willms, an die Verlage L'Arche (Paris) und Matthes & Seitz (Berlin), an den Schriftsteller Stéphane Hessel, an die Übersetzer Eva Moldenhauer und Bernard Lortholary, an den Autor und Übersetzer Georges Arthur Goldschmidt, an den großen Regisseur Luc Bondy, an die Kunsthistorikerin Bénédicte Savoy und die Schriftstellerin Cecile Wajsbrot. Darüber hinaus wird in Kooperation mit der Töpfer-Stiftung jährlich ein Stipendium der Académie an einen jungen Franzosen oder eine junge Französin vergeben, die im Rahmen des Studiums oder der beruflichen Ausbildung im kulturellen Bereich ein Jahr in Deutschland verbringen möchten. So ging die Kunstgeschichtlerin Julia Sissia ein Jahr als Volontärin an das Max Ernst-Museum in Brühl, die Filmwissenschaftlerin Sophie Kluge konnte ein deutsch-französisches Filmprojekt vorbereiten und die Regisseurin Cristèle Ortù arbeitete ein Jahr an der Schaubühne mit Thomas Ostermeier.

Der deutsch-französische Journalistenpreis

Es gibt zahlreiche Preise, mit denen deutsch-französische Kooperationsprojekte ausgezeichnet werden. Viele Institutionen wirken so zum Beispiel beim deutsch-französischen Journalistenpreis zusammen (Saarländischer Rundfunk, Deutschlandradio, Zweites Deutsches Fernsehen (ZDF), France Télévision, Saarbrücker Zeitung, ARTE, Deutsche Welle, Saar LB, Gustav-Stresemann-Institut, Deutsch-Französisches Jugendwerk, Deutsch-Französische Hochschule, Le Républicain Lorrain, Radio France, Fondation Robert Schuman und Deutsch-Französisches Institut), bei dem Journalistinnen und Journalisten prämiert werden, die deutsche Themen aus französischer Sicht, französische Themen aus deutscher Sicht oder deutsch-französische Themen im europäischen Kontext verfolgt haben. Hier wird das Engagement von Nachwuchsjournalisten ebenso gewürdigt wie das Lebenswerk großer Journalisten oder Politiker, die das deutsch-französische Verhältnis im europäischen Kontext zum Mittelpunkt ihrer Filme, Sendungen, Analysen oder Berichterstattungen machen. Die Auswahl der Preisträger und die Preisübergabe ist immer wieder Anlass für einen intensiven Austausch zwischen den beteiligten Institutionen, deren Repräsentanten keine Mühe haben, sich in der Sprache des Nachbarlandes zu verständigen. 2015 wurden die Karikaturisten von »Cartooning for Peace« für ihren Einsatz für die Pressefreiheit ausgezeichnet. In der Begründung heißt es: »Sie machen mit spitzer Feder deutlich, dass die Achtung der Menschenwürde ein universelles Recht ist, unabhängig von der Religionszugehörigkeit und sonstigen kulturellen Unterschieden. Die Vergabe des Deutsch-Französischen Medienpreises an ›Cartooning for Peace‹ soll auch ein Signal und eine Ermutigung an alle Journalisten und Zeichner sein, sich nicht einschüchtern zu lassen.«[10] 2016 erhielt der luxemburgische Außenminister Jean Asselborn den großen Medienpreis für sein Engagement für die europäische Integration und die europäischen Grundwerte.

10 http://www.dfjp.eu/Plone/preistraeger/preistraeger-2015 (eingesehen am 30.01.2017).

Der deutsch-französische Parlamentspreis

Eine andere Priorität hat der deutsch-französische Parlamentspreis, der alle zwei Jahre vergeben wird. Die beiden Parlamentspräsidenten stehen jeweils einer Jury vor, die ein deutsches und ein französisches wissenschaftliches Werk prämiert, das zu einer besseren gegenseitigen Kenntnis der beiden Länder beiträgt. In diesem Jahr waren es drei junge Juristen, Nikolaus Marsch, Yoan Vilain und Mattias Wendel, die gemeinsam ein Handbuch verfasst haben, das deutsches und französisches Verfassungsrecht in einer gut verständlichen, vergleichenden Betrachtung vorstellt: *Französisches und Deutsches Verfassungsrecht. Ein Rechtsvergleich.* Ein weiterer Preis ging an Dorothee Kohler und Jean-Daniel Weisz für ihr Werk *Les défis de la transformation numérique du modèle industriel allemand* (Die Herausforderungen der digitalen Transformation des deutschen Industriemodells), eine Arbeit über die deutsche Hightech Strategie 4.0 aus französischer Sicht. Auch diese Arbeit trägt zum vertieften Verständnis eines brisanten und vieldiskutierten Themas im Nachbarland bei. Der Preis wird jedes Jahr bei einem Treffen der Präsidien beider Parlamente abwechselnd in Frankreich und Deutschland von den beiden Parlamentspräsidenten persönlich überreicht. In diesem Jahr fand die Preisverleihung in Marseille statt und die Parlamentspräsidien tauschten sich dort am Tag nach der Preisverleihung über den Brexit und Fragen der Integration aus. Hier wird deutlich, wie eng die Kooperation der beiden Parlamente ist, die immer wieder zusammentreffen, um brennende aktuelle Fragen zu diskutieren. Auch ist der »Beziehungsstatus« hier keineswegs »kompliziert«. Ein großer Gewinn für die Verständigung über kulturelle Grenzen hinweg sind in diesem Zusammenhang die zahlreichen deutschen und französischen Austauschbeamten, die in den Ministerien und im Parlament des Nachbarlandes als geachtete Kollegen arbeiten und als sensible Diplomaten zwischen den Ländern im täglichen Umgang zu vermitteln wissen. Dies umso mehr, als sie die Sprache des Nachbarlandes perfekt beherrschen.

Die deutsch-französische Hochschule

Der deutsch-französische Ministerrat formulierte 2010 in seiner »Agenda 2020« ehrgeizige Ziele: »Die Anzahl zweisprachiger Hochschulkurse muss bis 2020 verdoppelt werden, die Anzahl der Studenten, Doktoranden und jungen Forscher, die in von der Deutsch-Französischen Hochschule geförderten Programmen arbeiten, muss sich bis 2020 verdoppeln, bis 2020 müssen mindestens 200 zweisprachige deutsch-französische Kindertagesstätten eingerichtet werden. Wir möchten, dass bis 2020 jeder zweite deutsche und jeder zweite französische Schüler einer weiterführenden Schule das jeweils andere Land zumindest ein Mal besucht hat, das Erlernen der Sprache des Partnerlands muss angeregt und gefördert und eine engere Verbindung beider Bildungssysteme angestrebt werden (z.B. bei Schulbüchern, Lehrplänen und Zeugnissen sowie dem Austausch von Lehrern und hohen Beamten).«[11] Es erscheint jedoch nicht leicht, mit einer politischen Vision den Französischunterricht in Deutschland und den Deutschunterricht in Frankreich zu beflügeln. Hier sind nach wie vor ein großes politisches – auch finanzielles – Engagement und eine unermüdliche Anstrengung erforderlich. Schon 1963 haben unsere beiden Länder im Élysée-Vertrag ein ambitioniertes Ziel formuliert. Sie streben eine einzigartige und tiefgreifende Kooperation an, um nationale Antagonismen zu überwinden und eine gemeinsame europäische Zukunft zu gestalten. Dies ist aber nur möglich auf der Basis einer vertieften Bereitschaft zum Verstehen, deren Voraussetzung die Beherrschung der Sprache des Nachbarn ist. Damit sich die freundschaftliche Verbindung zwischen Frankreich und Deutschland von Generation zu Generation immer wieder erneuert, ist eine Sprachkompetenz in der jeweils anderen Sprache unabdingbar. Hier reichen weder die Vor- oder Ersatzmünder von Übersetzern und Dolmetschern noch das Englische als bequemer Passepartout. Deshalb

11 http://www.france-allemagne.fr/Die-Deutsch-Franzosische-Agenda,5245.html (eingesehen am 20.01.2017).

wird im Élysée-Vertrag explizit angestrebt, konkrete Maßnahmen zu ergreifen, um die Zahl der deutschen Schüler, die Französisch lernen, und die der französischen Schüler, die Deutsch lernen, zu erhöhen. Das Deutsch-Französische Jugendwerk wurde gegründet, um die Verbindungen zwischen jungen Menschen in Deutschland und Frankreich auszubauen und ihr Verständnis füreinander im Austausch und bei gemeinsamen Veranstaltungen zu vertiefen. Ein Regierungsabkommen zwischen Frankreich und Deutschland, das 1997 in Weimar besiegelt wurde, stellte an die Seite des deutsch-französischen Jugendwerks als neue Institution die Deutsch-Französische Hochschule, deren Aufgabe es ist, Studierende und junge Wissenschaftler in gut strukturierten deutsch-französischen Studiengängen und gemeinsamen Forschungsinitiativen zusammenzuführen.

Als Präsidentin der Deutsch-Französischen Hochschule (DFH) möchte ich abschließend auf dieses deutsch-französische Modellprojekt eingehen, das einmal mehr die Lust auf Neues in der deutsch-französischen Kooperation bezeugt. Im Mai 2000 wurde die »Hochschule ohne Mauern«, wie sie auf Grund ihrer dezentralen Struktur genannt wurde, offiziell von den Bildungsministern Jack Lang und Edelgard Bulmahn eröffnet. Die Minister betonten die politische Brisanz des Gründungsakts. Diese »wegweisende Einrichtung unter den Partnerschaften zwischen europäischen Hochschulen« sei ein Symbol für den politischen Willen, die deutsch-französische Freundschaft neu zu beleben und könne zu einem Modell für »ein Europa des Wissens und der Kultur« werden.[12]

Die Programme werden inzwischen von einem Netzwerk aus 186 Universitäten, Fachhochschulen und Grandes Écoles in mehr als 100 deutschen und französischen Städten angeboten. Derzeit nehmen über 6.500 Studierende und rund 500 Doktoranden an den von der DFH geförderten Kooperationen teil. Es gibt weltweit

12 Vgl. Albert Hamm, Die Deutsch-Französische Hochschule. Doppelte Kultur als Ausbildungsziel, 1999-2014, Saarbrücken 2014, S. 46.

kein vergleichbares binationales Projekt. Deutsche und französische Studierende absolvieren die integrierten Studiengänge, die für fast alle Disziplinen angeboten werden, gemeinsam in beiden Hochschulsystemen. Sie lernen so verschiedene wissenschaftliche Lehrmethoden kennen, kommunizieren in der Sprache des Partnerlandes und tauchen in dessen Kultur ein. Dieser hohe Integrationsgrad unterscheidet die integrierten binationalen Studiengänge der DFH wesentlich von einfachen Austauschprogrammen oder Auslandsaufenthalten. Basis ist ein gemeinsames Curriculum, das von deutschen und französischen Hochschullehrern erarbeitet wird. Die DFH unterstützt die unter ihrem Dach kooperierenden Studiengänge und Doktorandenkollegs finanziell und zahlt den Studierenden und Doktoranden monatliche Mobilitätsbeihilfen während der Phase im Partnerland. Die Qualität der Studiengänge ist durch ein strenges Evaluationsverfahren gewährleistet, für das unabhängige Gutachter und der ebenfalls unabhängige wissenschaftliche Beirat der DFH verantwortlich sind. Alle vier Jahre werden die Studiengänge und Programme erneut evaluiert.

Der Reiz der Studiengänge besteht darin, dass deutsche und französische Studierende in der deutsch-französischen Gruppe gemeinsam ihr Studium in Deutschland und Frankreich absolvieren und immer direkt Anschluss im Partnerland finden. Rund 1.500 Absolventen schließen jährlich ihr binationales Studium erfolgreich ab und erhalten das DFH-Zertifikat. Die Abbruchquote bei den Studiengängen der DFH ist gering, weil die Studierenden in der deutsch-französischen Gruppe eine besondere Betreuung erfahren. Das Projekt ist ein großer Erfolg. Wurden 2010 rund 5.000 Studierende durch die DFH gefördert, so waren es 2016 schon 6.500. Auch die Anzahl der an den Mitgliedshochschulen, Universitäten, Grandes Écoles und Fachhochschulen in allen Disziplinen geförderten deutsch-französischen Studiengänge ist von 128 im Jahr 2010 auf 186 im Jahr 2016 gestiegen. Neben der Förderung von integrierten Studiengängen unterstützt die DFH Kooperationen im Bereich der Doktorandenausbildung und der Forschung zwischen Deutschland und Frankreich. So fördert sie die strukturierte Doktorandenausbildung durch deutsch-französische Doktorandenkollegs (DFDK), deutsch-französische Cotutelle-Verfahren sowie PhD-Tracks (fünfjährige kombinierte Programme, welche die Master- und die Promotionsphase miteinschließen). Momentan werden 20 Doktorandenkollegs von der DFH gefördert. Daneben werden zahlreiche wissenschaftliche Veranstaltungen zur Netzwerkbildung (Sommerschulen, Forschungsateliers etc.) von der DFH finanziell unterstützt. Aktuelle Themen wie die Fragen der Digitalisierung oder der Integration werden in den deutsch-französischen Sommerschulen der DFH in den Mittelpunkt gestellt. In Kooperation mit der Association Bernard Gregory wurde eine Servicestelle eingerichtet, um die berufliche Eingliederung von Promovierten in Deutschland und Frankreich zu begleiten und zu unterstützen. Zu den Instrumenten der DFH gehören ebenfalls die interkulturellen Bewerbertrainings, die dreimal jährlich angeboten werden.

Die Deutsch-Französische Hochschule garantiert eine binationale Hochschulausbildung, die ihre Absolventen erfolgreich auf den europäischen Arbeitsmarkt vorbereitet. Sie sind hervorragend ausgebildet, leistungsbereit, weltoffen, neugierig, flexibel, interkulturell geschult und sprechen in der Regel drei Sprachen. 70% der DFH-Absolventen finden innerhalb von drei Monaten eine Stelle. Dies ist ein gutes Argument für ein frühes und nachhaltiges Erlernen der Sprache unseres Nachbarn, der nach den USA unser wichtigster Handelspartner ist. Der deutsch-französische Ministerrat hat deshalb auch Ende März 2016 beschlossen, die Angebote der Deutsch-Französischen Hochschule auszubauen und den Willen bekundet, »sich dafür einzusetzen, dass die Zahl der Studierenden, der Doktoranden und Doktorandinnen sowie der jungen Forscherinnen und Forscher bis zum Jahr 2020 stetig zunimmt«.[13] Frei-

13 Vgl. gemeinsame Erklärung des Deutsch-Französischen Ministerrats vom 7. April 2016: http://www.deutschland-frankreich.diplo.de/IMG/pdf/dfmr_gemeinsame_erklarung_deu-2.pdf (eingesehen am 20.01.2017).

lich bedarf es dafür auch eines angemessenen Budgets. In dieser Hinsicht ist der »Beziehungsstatus« in der Tat zuweilen kompliziert.

Da die Studierenden der DFH in besonderer Weise offen sind für die Erfahrung kultureller Differenz, hat die DFH in Kooperation mit der französischen Botschaft in Berlin und der Deutschen Botschaft in Paris ein Zertifikat für Studierende geschaffen, die sich im Rahmen eines deutsch-französisches Tandems für die Integration von Migranten und Flüchtlingen engagieren. Denn die Studierenden der DFH sind es gewohnt, in einem internationalen Umfeld zu arbeiten, sie leben tagtäglich Interkulturalität und bringen somit die besten Voraussetzungen mit für die Vermittlung von Wissen über das Aufnahmeland sowie dessen Gesellschaft, Werte, Kultur und Lebensart. Schon vor der Vergabe des Zertifikats gab es in den Studiengängen der DFH erfreulicherweise bereits entsprechende Initiativen.

Wie sehr die Ausbildung in einem deutsch-französischen Studiengang die Studierenden prägen kann, macht ein Absolvent des deutsch-französischen Geschichtsstudiengangs zwischen der Universität Heidelberg und der École des Hautes Études en Sciences Sociales in Paris, Theo Müller, in seiner Rede bei der Vergabe der Exzellenzpreise der DFH deutlich, wo er für die Preisträger in der französischen Botschaft in Berlin das Wort ergriff[14]: »Wir haben viele der Vorteile am eigenen Leib erlebt, die Europa und speziell die deutsch-französische Zusammenarbeit uns bieten und noch mehr Menschen bieten könnten. Deshalb sollten wir auch diejenigen sein, die die wissenschaftliche, kulturelle, politische und wirtschaftliche Zusammenarbeit gegen einen neuen Nationalismus

14 Theo Müller hat einen deutsch-französischen Studiengang in Geschichte zwischen der Universität Heidelberg und der École des Hautes Études en Sciences Sociales in Paris. Am 26. Januar 2017 wurde ihm der von Arte gestiftete Exzellenzpreis für seine Masterarbeit « Journalistes et hommes politiques en contact. Conditions, formes et changements de la communication des journalistes de la capitale allemande et française avec des hommes politiques de premier rang, au cours des années 1970 et 1980 » überreicht.

verteidigen. In diesem Sinne ist ein internationales, ein deutsch-französisches Studium die beste Impfung gegen all den Hass und all die Intoleranz, mit der uns einige Menschen in letzter Zeit zu überschütten versuchen. Denn das Traurigste, was den Beziehungen zwischen unseren beiden Ländern widerfahren könnte, wäre wohl genau das: dass wir als Franzosen und Deutsche verlernen, über- und miteinander zu staunen. Lasst uns das gemeinsam verhindern!«[15]

Ein solches Engagement sollte »lustlos« sein? Es ist genau das Gegenteil!

15 Die Rede wird auf der Homepage der Deutsch-Französischen Hochschule veröffentlicht: https://www.dfh-ufa.org/aktuelles/pressemitteilungen/pressemeldung/news/business-speed-dating-und-verleihung-der-exzellenzpreise-der-dfh-unternehmen-treffen-studierende-und-absolventen-der-dfh-in-berlin/.

GERNOT ROHR

Die Folgen einer Nacht

Als am 8. Juli 1982 die deutsche Nationalmannschaft im Stadion Ramon Sanchez Pizjuan von Sevilla gegen Frankreich spielt, geht es um den Einzug ins Fußball WM-Finale. Letztendlich aber geht es um vieles mehr. Drei Jahrzehnte Nachkriegsbemühungen um die deutsch-französische Freundschaft stehen auf dem Spiel …

Das Foul von Torhüter Schumacher an Battiston löste in Frankreich eine Hetz-Kampagne aus: « La brute épaisse » (L'Equipe), « Le boucher de Séville » (France Football), « Le bourreau des Français » … Der dramatische Spielablauf und das aus französischer Sicht so ungerechte Ergebnis für die wohl beste Mannschaft des Turniers legten große Emotionen frei.

Für die Deutschen ist Schumacher zunächst ein Held, der zwei Elfmeter abwehrt und die Tür zum Finale öffnet. Bis dann die Tragweite des Zusammenpralls durch die schwere Verletzung von Battiston und die unglücklichen Äußerungen des deutschen Torhüters (»Ich kauf ihm Jacketkronen«) direkt nach dem Spiel auch im deutschen Lager für Zweifel und Kritik an dem Verhalten des Spielers sorgen. Die Folgen sind Morddrohungen, Pressekampagnen, Erinnerungen an die Brutalitäten der deutschen Besatzung im Zweiten Weltkrieg, aber auch die Entschuldigung Schumachers und ein gemeinsames Kommuniqué von François Mitterand und Helmut Schmitt, um die Wogen zu glätten.

Ein paar Monate davor bekam ich als Spieler von Girondins Bordeaux den französischen Pass. Unser Verein wollte zwei deutsche Spieler, Caspar Memering und Dieter Müller, verpflichten. Das Ausländerkontingent war damals auf die Zahl »2« beschränkt. Durch meine Einbürgerung war es möglich, die beiden Nationalspieler aus Deutschland zu verpflichten.

Seit fünf Jahren spielte ich in Bordeaux. Als Deutsch-Franzose mit französischem Pass hätte ich nach heutiger Regelung für Frankreich spielen können. Trainer Michel Hidalgo fragte mich vor der WM, ob ich nun für Frankreich antreten möchte. Damals galten die Schüler-, Jugend- und Olympiaeinsätze für Deutschland als diminuierender Faktor: Man durfte nicht mehr für ein anderes Land auflaufen. Dadurch blieb es mir erspart, in Sevilla gegen ehemalige Mitspieler wie Manfred Kaltz, Bernd und Karlheinz Förster, Uli Stielicke, alle aus meiner kurpfälzischen Heimat, antreten zu müssen. Oder sogar gegen Karl-Heinz Rummenigge, meinen Mannschaftskameraden der Bayern von 1974. Es wäre ein Dilemma gewesen!

Erinnerungen wurden wach: Juni 1969. Mein erstes Länderspiel mit der deutschen Schülernationalmannschaft fand in Berlin statt. Gegen Frankreich im Olympiastadion …

Die Beziehung zu Frankreich war bei den Rohrs schon immer da: Großonkel Oskar schoss in seinem 5. Länderspiel im März 1933 in Berlin zwei Tore beim 3:3 gegen Frankreich. 1934 ging er als erster deutscher Profi zu Racing Straßburg, wo er 1937 französischer Torschützenkönig wurde. In der Kriegszeit ging es ihm als »Fahnenflüchtiger« gar nicht gut: Er landete im KZ von Kislau bei Karlsruhe und wurde 1943 an die Ostfront geschickt …

Als ich im Juli 1977 in Bordeaux unterschrieb, wurden die deutsch-französischen Fußballbeziehungen der Familie Rohr weitergeführt.

Auf Klubbasis kam es zu vielen deutsch-französischen Duellen im Europa-Cup. Bis dann die WM 1982 mit dem historischen Halbfinale in Sevilla kam … Das Herz war gespalten. Zwischen den ehemaligen Kollegen in Deutschland und den aktuellen Mannschaftskameraden von Girondis Bordeaux Marius Trésor, Alain Giresse, Jean Tigana und später auch noch Patrick Battiston, sollten einfach die Besseren gewinnen. Das war nicht unbedingt der Fall …

Als nun ein paar Wochen später die französische Meisterschaft beginnt, gibt es schwere Zeiten für deutsche Spieler im Lande. Bei jedem Auswärtsspiel, ob in Marseille oder Lyon, in Paris, Metz oder Nizza, erschallten schrillende Pfiffe und laute Drohrufe. Der deutsche Bösewicht ist wieder da!

Die Heimspiele in Bordeaux mit einer tollen Mannschaft sind gut. Die beiden deutschen »Legionäre« und der Deutsch-Franzose werden angefeuert. Das Team gewinnt. Trainer Aimé Jacquet schafft Harmonie in der Elf. Bald danach wird Girondis Bordeaux französischer Meister. Die deutschen Spieler werden bejubelt und von Bürgermeister Chaban Delmas ausgezeichnet.

Die Spiele zwischen Frankreich und Deutschland sind immer etwas Besonderes geblieben, gerade für die Franzosen. Die »ziemlich besten Gegner«, wie beide Mannschaften im arte-Dokumentarfilm 2016 bezeichnet werden, liefern sich spannende Duelle. Das Trauma von Sevilla ist für Frankreich heute noch wach. Der Sieg im Halbfinale der Europameisterschaft in Marseille, im Sommer 2016, beruhigte das französische Gemüt. Das beispielhafte Auftreten der deutschen Mannschaft seit mehreren Jahren tut dem Ruf des deutschen Fußballs gut, wird sogar von vielen Trainern als Vorbild genannt. Auch wenn es immer wieder Zwischenfälle gab, wie bei den Ausschreitungen deutscher Hooligans bei der WM in Lens 1998 und dem fast zu Tode geschlagenen Gendarmen Nivel. Auch da gab es anschließend versöhnliche Begegnungen wie das Treffen Altinternationaler in Kehl und die Stiftung Nivel, die vom Deutschen Fußball-Bund gegründet wurde.

Als nun am 13. November 2015 in Paris das Freundschaftsspiel Frankreich – Deutschland zum Drama ausartete, gab es nach dem Spiel beispielhafte Solidarität: Die Spieler beider Nationen verharrten die ganze Nacht brüderlich in den Kabinen des Stade de France. Vergessen waren die dunklen Momente der Vergangenheit, vom Schicksal des ersten deutschen Profis in Frankreich über die Fouls und Aggressionen, den deutschen Adler, der den gallischen Hahn packt …

Der Sport und insbesondere der Fußball erzeugt Wettkampf, Emotion, Spannung, aber auch Verbindung, Versöhnung und Verbrüderung.

Mein Herzklopfen wird immer stärker, wenn Deutsche und Franzosen aufeinandertreffen. Dann bin ich als erstes Europäer und dann Deutsch-Franzose oder *Franco-Allemand.*

RALPH SCHOCK

… Ein außerordentlicher Kopf, eine erstaunliche geistige Potenz

Der Philosoph Heinrich Hellmund, geboren 1897 in Saarbrücken, gestorben 1937 durch Selbstmord im Wald von Salmaise

Frankreich war wegen der territorialen Nähe und seiner liberalen Asylpolitik im 20. Jahrhundert für die deutschsprachige Hitleremigration das mit Abstand bedeutendste Zufluchtsland. Dies betrifft vor allem die Jahre von 1933 bis 1939. Allein in den vier Monaten zwischen dem 1. März und dem 1. Juni 1933 erhielten 10.852 Deutsche französische Einreisevisa. Im Oktober 1933 stieg ihre Zahl sogar auf 17.000.

Nach der Saarabstimmung am 13. Januar 1935 emigrierten innerhalb von zwei Monaten auch 4.500 Saarländer nach Frankreich. Hinzu kamen etwa 750 reichsdeutsche Flüchtlinge.

Obwohl in den vergangenen vier Jahrzehnten unterschiedliche Aspekte des Exils erforscht wurden, fokussierte sich das Interesse allzu oft auf zwei bis drei Dutzend Autoren, deren Werke und Biographien ausführlich untersucht und gewürdigt wurden. Doch hinter jedem der Berühmten wären hunderte Andere zu entdecken, deren Namen und Schicksale meist völlig unbekannt sind, weil der Faschismus ihr Werk, die Erinnerung an sie und oft genug auch ihr Leben zerstört hat. Vom Schicksal eines dieser vielen Unbekannten berichtet diese Skizze.

»Freitod oder Ermordung eines emigrierten deutschen Gelehrten? – Ein schauerlicher Leichenfund im Walde bei Dijon«, so lautete in der deutschsprachigen »Pariser Tageszeitung« am 15. Dezember 1937 die Überschrift eines Artikels, der von einem grässlichen Ereignis berichtete: »Im Walde der Côte-d'Or hat in der Nähe von Salmaise ein Jäger ein fast ganz von Fleisch entblösstes menschliches Skelett gefunden, dessen wie zur Kreuzigung ausgebreitete Arme mit Stahlketten an zwei Baumstämme gebunden waren; auch das rechte Bein war an einen Baum gekettet, überdies war ein Vorlegeschloss angehängt. Der vom Rumpf losgelöste Kopf lag in einiger Entfernung auf einem Stück Stoff, wahrscheinlich einem Kleidungsstück. Der Mund war krampfhaft geöffnet.« Der in der Überschrift angedeutete Mordverdacht stellte sich nach polizeilichen Recherchen unter anderem in Schweden bald als falsch heraus. Der 1897 in Saarbrücken geborene, 1933 vor den Nazis geflohene Philosoph Heinrich Hellmund hatte vier Jahre nach seiner Emigration vermutlich nach dem 9. Juni 1937 seinem Leben ein Ende gesetzt.

In dem Artikel heißt es weiter: »Die sofort eingeleitete polizeiliche Untersuchung förderte einen in die Erde gepflanzten Spazierstock, eine Flasche mit einer schwärzlichen Flüssigkeit, einen Rucksack mit Seilen und Schnüren und eine blaue Reisetasche zutage. Bei der Leiche wurden 22 kleine Kofferschlüssel gefunden, sowie eine im Juni – der Tag ist nicht mehr zu lesen – ausgestellte Fahrkarte 3. Klasse Paris – Dijon, außerdem einige französische und ausländische Münzen und ein recht ansehnlicher Betrag von französischen, deutschen und schwedischen Banknoten.« Über die merkwürdig vielen Kofferschlüssel erfuhr man am folgenden Tag mehr: »Der Untersuchungsrichter Rabut hat unter den Ketten, mit denen das Skelett gefesselt war, eine große Anzahl von Vorhängeschlössern ausländischer Herkunft gefunden. Zu diesen Schlössern passten aber genau die gleichfalls bei der Leiche gefundenen 22 Schlüssel, die sich in einem Koffer befanden, auf dem der Tote lag« (Pariser Tageszeitung, 16.12.1937). »Der wichtigste Fund jedoch«, heißt es in dem Artikel weiter, »ist eine Besuchskarte auf den Namen der schwedischen Gräfin Kerstin Hamilton, und eine aus dem Juni stammende Quittung über 40 Francs auf den Namen Berger, die eine Pariser Transportfirma für den Transport von sechs Koffern ausstellte. Die Untersuchung ergab, dass Graf Hamilton schwedischer Generalpostmeister ist, und dass seine Frau Kerstin viel für die dem Hitlerregime zum Opfer gefallenen emigrierten deutschen Intellektuellen tut. Die Gräfin hält für wahrscheinlich, dass es sich um einen 1895 in Hamburg geborenen deutschen Emigranten Dr. Heinrich Helmund handelt, der eine philosophische

Arbeit vorbereitete und deshalb nach Dijon reiste. Er litt an Verfolgungswahn und behauptete, er müsse sich rehabilitieren, sonst könne er nicht weiterleben.« Hellmund hatte die Adlige aufgesucht, weil sie ihm Kontakt zu einem schwedischen Verlag verschafft hatte, der sein Werk »Die ewige Weltordnung« herauszubringen beabsichtigte.

Allerdings ist in dem Zeitungsartikel nicht nur Hellmunds Name falsch geschrieben, auch das angegebene Geburtsdatum und der Geburtsort stimmen nicht. Die biographischen Daten wurden in einem am 16. Dezember erschienenen Beitrag richtiggestellt (»Der mysteriöse Tod des emigrierten Gelehrten – Neue Ermittlungen über den Leichenfund im Walde bei Dijon«). Unkorrigiert blieb die falsche Schreibweise des Namens.

Die französische Polizei ermittelte, dass am 9. Juni 1937 mehrere Koffer und eine Schreibmaschine bei der Pariser Speditionsfirma Eduard Horn und J. Dernant, Boulevard de la Chapelle Nr. 10, deponiert worden waren. Ein Angestellter identifizierte »nach vorgelegten Photographien«, wie es in einem weiteren Artikel vom 21. Dezember 1937 heißt, Heinrich Hellmund eindeutig als Auftraggeber. Ungeklärt blieb, warum er sein Gepäck unter dem Namen »Berger« und gerade in jener Pariser Spedition hinterlegt hatte. Vermutlich bestieg Hellmund noch an diesem 9. Juni 1937, einem Mittwoch, mit den erwähnten Reiseutensilien: einem Koffer, einem Rucksack, einer blauen Tasche und einem Spazierstock in der Gare de Lyon einen Zug in Richtung Dijon. Er verließ ihn in der Nähe von Verrey-sous-Salmaise, knapp 40 Kilometer vor seinem Ziel, als, so die Recherchen der Zeitung, der Zug »wegen Bauarbeiten dort einen Augenblick hielt«. Ob der mit dem Fall betraute Untersuchungsrichter Rabut weitere Nachforschungen etwa zur Todeszeit oder den genauen Todesumständen unternahm, ist ungewiss.

Man mag sich die Verlassenheit und Verzweiflung nicht vorstellen, die Hellmund zu seiner so selbstzerstörerischen wie aggressiv-anklagenden Tat getrieben haben. Ebenso wenig seine Einsamkeit in dem abgelegenen, menschenleeren Wald, die Dunkelheit, die an diesem Juniabend langsam hereinbrach. Hat er noch am Abend des 9. Juni nach geeigneten Bäumen Ausschau gehalten? Es mag sein, dass er, bevor er sich festband, etwas gegessen und getrunken hat. Wie er wusste: zum letzten Mal. Vielleicht hat er versucht, die gewiss aufgekommene Panik angesichts des zu erwartenden Martyriums mit Alkohol zu betäuben. Doch irgendwann in den nächsten Stunden muss er die Entscheidung getroffen haben: seine Arme und ein Bein mit der mitgebrachten Eisenkette an die Baumstämme zu fesseln. Die Vorhängeschlösser in die Glieder der Kette einzuhängen. Die Bügel zuschnappen zu lassen oder die Schlösser zuzusperren, zweiundzwanzig Mal. Außer der Kette hatte er auch Seile und Schnüre in seinem Rucksack. Auch mit ihnen hätte er sich fesseln können. Waren sie ihm nicht verlässlich genug? Vielleicht fürchtete er, sollte sich sein Durst ins Unerträgliche gesteigert haben, schwach zu werden. Zu schwach, um seine so grausame wie spektakuläre Art der Selbsttötung bis zum Ende durchzustehen. Nach dem Verschließen der Schlösser warf er die Schlüssel in einen Koffer, der, glaubt man dem Zeitungsbericht, neben oder unter ihm lag. Offenbar ganz nahe, während des Sterbens stets vor Augen, aber unerreichbar wegen der angeketteten Arme.

Möglicherweise hat er, als der Durst quälend wurde, versucht, an die Schlüssel zu kommen. Wie lange musste er ausharren, bis das Verdämmern einsetzte? Was befand sich in der Flasche? Wasser? Oder Wein? Aufgelöste Schlaftabletten? Gift? Aus dem Zeitungsbericht geht nicht hervor, ob die Flasche verschlossen oder geöffnet im Wald stand. Nicht auszuschließen, dass sich die Flüssigkeit im Laufe der Monate dunkel verfärbte. Hatte er das Gift (wenn es denn Gift war) oder die aufgelösten Tabletten bald, nachdem er sich angekettet hatte, zu sich genommen? Oder erst später? Wie lange mag er noch gelebt haben?

Durchaus denkbar, dass er, ein Mann des Wortes seit seiner Jugend, etwas Schriftliches hinterlassen hat, bevor er sich die Kette umband. Eine Botschaft, ein Testament, um seine Einsamkeit, seine Verbitterung angesichts der politischen Situation, vielleicht auch seine Enttäuschung für die Nachwelt festzuhalten. Oder: War er trotz der Kette um seine Arme (wer dächte bei diesem Bild nicht an den Gekreuzigten oder an den im Kaukasusgebirge angeschmiedeten Prometheus) in der Lage, noch etwas aufzuschreiben? Wenn er mit einem Füllhalter und Tinte auf einzelne Blätter geschrieben haben sollte, dürfte Regen das Papier aufgelöst bzw. das Notierte weggewaschen haben. Nicht so, sollte er etwas mit Bleistift in ein Heft oder einen Block eingetragen haben. Vielleicht hat er auch nichts mehr aufgeschrieben. Sondern am Ende um sein Leben geschrien; der Mund des vom Rumpf abgetrennten Kopfes, so der Zeitungsbericht, sei »krampfhaft geöffnet« gewesen. Oder wurde er gar, noch bei Bewusstsein, aber nicht in der Lage, sich, außer mit einem Bein, zu verteidigen, von Füchsen oder Wildschweinen angefallen? Die fehlenden Skelettknochen seien »zweifellos«, heißt es in »Le Matin« vom 15. Dezember 1937 (»Le Mystère du bois de Salmaise«), »von Tieren verschleppt« worden.

Man könnte annehmen, dass Hellmund wegen des abgelegenen Waldstücks, das er für seine Tat auswählte, niemals gefunden werden wollte. Dagegen spricht das theatralische Arrangement, die fast horrorfilmartige Inszenierung. War dies eine letzte Botschaft an die Nachwelt, die ihn nicht ausreichend geachtet und gewürdigt hatte?

1927, zehn Jahre vor seinem spektakulären Selbstmord, war im Wiener Amalthea-Verlag sein philosophisches opus magnum erschienen: »Das Wesen der Welt«. Das mit 1.338 Seiten recht umfangreiche Werk wurde nicht nur von Fachkollegen stark beachtet. Wegen der großen Nachfrage brachte die angesehene Deutsche Verlags-Anstalt in Stuttgart bereits ein Jahr später eine Neuausgabe in drei Bänden heraus.

Geboren wurde Heinrich Hellmund (unter den Namen Ernst Rosenthal) am 14. Februar 1897 in St. Johann/Saarbrücken. Seine

Eltern waren der 1855 in der Nähe von Straßburg geborene Max Rosenthal und die 1870 in Tilsit geborene Clara Wolff, sie hatten 1895 in Berlin geheiratet. In den Saarbrücker Adressbüchern ist das väterliche Geschäft (»Rosenthal'sches Weiß- und Waarengeschäft«) in der Bahnhofstrasse 88 zum ersten Mal 1884 erwähnt. Max Rosenthal ist als Besitzer dieses Hauses vermerkt, die Familie wohnte in der nahegelegenen Viktoriastraße 17. Im März 1901 verkauften die Eltern das Geschäft und zogen mit ihrem einzigen Sohn nach München.

In seinem Lebenslauf, verfasst aus Anlass seiner Promotion an der Justus-Liebig-Universität in Gießen, beschrieb Hellmund am 12. Februar 1930 seine intellektuelle Entwicklung: »Bereits auf dem Gymnasium beschäftigte ich mich in all meiner freien Zeit mit Philosophie, die mein Leben bald gänzlich ausfüllte und mit ihm gleichbedeutend wurde. 1914 begann ich zum ersten Mal mein Werk niederzuschreiben und habe es im ganzen viermal geschrieben. Dies wurde mir teils durch die Notgemeinschaft der Deutschen Wissenschaft, teils durch Verlagshilfe und Zuwendungen privater Gönner ermöglicht. Die Leserstimmen, die ich vor allem aus Norddeutschland hörte, veranlassten mich 1928 nach Hamburg überzusiedeln, wo ich seit zwei Jahren lebe. Am meisten wurde ich durch Kant, Schopenhauer und Nietzsche beeinflusst. Das Denken ist meine einzige Leidenschaft; es erfüllt mich unausgesetzt. Ich hatte viele Jahre hindurch nach dem Kriege die schwersten Kämpfe mit der beispiellosen Ungunst der Zeit zu bestehen. Doch gab mir das Gefühl meiner inneren Bestimmung die Kraft, auf dem einmal erwählten Wege weiterzuschreiten.«

Mitte der 1920er Jahre bemühte sich Hellmund um die Gründung einer deutschen philosophischen Akademie. Bekannte Persönlichkeiten bat er um Unterstützung. Brieflich erklärten ihre Sympathie mit dem Projekt die Schriftsteller Walter von Molo am 17. Februar 1926, Jakob Wassermann am 21. April, Wilhelm von Scholz (2.7.), Fritz von Unruh (20.7.), Thomas Mann (3.12.) und zahlreiche andere.[1] Der von Hellmund offenbar persönlich angesprochene Arthur Schnitzler äußerte sich in einem Brief vom 8. April 1926 reserviert: »Ihre Denkschrift über die Errichtung einer deutschen philosophischen Akademie habe ich mit Anteilnahme gelesen und finde sie anregend, ja in gewissem Sinne verheissungsvoll. Dass ich Ihren Wunsch meinen Namen unter diese Denkschrift zu setzen, zu erfüllen nicht in der Lage bin, habe ich Ihnen mündlich auseinandergesetzt, will aber, um Missverständnisse auszuschließen, meine Gründe auch schriftlich in aller Kürze darlegen. Der wichtigste dieser Gründe ist, dass ich prinzipiell nur solche Schriftstücke unterzeichne, die ich selbst geschrieben habe, ein anderer, dass ich bei aller Sympathie für die Tendenzen Ihrer philosophischen Akademie Ihre Hoffnungen (die in Ihrer Denkschrift einen so bestimmten Ausdruck finden) keineswegs im entsprechenden Masse zu teilen vermag; – ein dritter Grund endlich, dass mir gewisse Einzelheiten, die auf die praktische Durchführung Ihrer Idee Bezug haben, noch reiflicher Erwägung bedürftig erscheinen.«[2]

Von 1932 an gab Hellmund in Hamburg die Zeitschrift »Die Philosophische Warte« heraus, in der er mehrere Essays publizierte. Als im März 1933 die achte und letzte Ausgabe erschien, war ihr Herausgeber bereits aus Deutschland geflohen. Der in Frankfurt lehrende protestantische Religionsphilosoph Paul Tillich, der 1933 selbst emigrieren musste, bemühte sich in den Jahren 1930/31, Hellmund eine Assistentenstelle an der Johann-Wolfgang-Goethe-Universität zu verschaffen. Als Hellmund deswegen Ende Oktober 1930 nach Frankfurt fuhr, um den berühmten Theologen zu treffen, erfuhr er, dass dieser nach Saarbrücken gereist sei. Seine Hoffnungen auf berufliche Unterstützung waren nicht unbegründet, denn Tillich hatte sein Hauptwerk außerordentlich positiv beurteilt. Es zeuge »von hoher Begabung, kraft geistiger Zusammenschau und

1 Hellmund Archiv Gernot Sommer, Hamburg

2 Deutsches Literaturarchiv Marbach, Handschriftenabtlg., Nr. 85.1.973, Mp. 370

leidenschaftlichem Ringen mit den geistigen und gesellschaftlichen Problemen der Gegenwart«.[3] Wenige Monate zuvor war Hellmund von August Messer, einem damals bekannten, an der Universität Gießen lehrenden Philosophen, mit seinem Hauptwerk »Das Wesen der Welt« mit summa cum laude promoviert worden.

Die Fahrt nach Saarbrücken verband Hellmund mit einem Abstecher nach Heidelberg, wo er Karl Jaspers aufsuchte, den er ebenfalls um eine Habilitationsstelle bat. »Er schien«, so Hellmund am 28. Oktober 1930 in einem Brief an seine Eltern, »nicht abgeneigt.« Im gleichen Brief schilderte er Eindrücke aus seiner Geburtsstadt: »Um 4 Uhr fuhr ich los und war abends ½ 9 in Saarbrücken, nach 30 Jahren zum ersten Mal. Die Anlagen an der Saar mit den Kastanienbäumen erkannte ich gleich wieder, ebenso die Brücke und die schmalen Seitenstraßen mit ihren kleinen Häusern und dem holprigen Steinpflaster, auf dem man so leicht hinfallen kann, wie 1900. Im übrigen aber ist Saarbrücken eine Großstadt geworden mit eleganten Geschäften und Warenhäusern, ganz modern. Auf Nr. 88, an der Ecke ist ein schönes Pelzgeschäft, wenige Minuten vom Bahnhof. Das Geld muß man wechseln lassen. Für 1 Mark bekommt man 6 französische Franken. Mein Zimmer im Rheinischen Hof kostete mit Frühstück 45 Frs. Anzüge und Mäntel kosten 3 – 6000 Frs. Mittag kostet 10 – 15 Frs. Sonst aber ist alles deutsch und die Leute sind sehr nett.«

Hellmunds Mutter antwortete am 6. November: »Mein geliebter Ernst! Heute vor 8 Tagen erhielten wir Deinen l[ieben] ausführlichen Brief, einige Tage vorher Deine Karte aus Saarbrücken, die uns sehr überrascht hat und gestern die Karte aus Berlin. Vielen Dank, mein lieber Ernst für all deine interessanten Mitteilungen. Deine Erlebnisse sind ja ganz wunderbar gewesen, sehr leid tut es mir nur, dass Du Dich so abjagen musstest, hin- und hergerast bist und Dir dabei Hühneraugen geholt hast, alles wegen der falschen Adresse,

3 Brief Paul Tillich vom 2.1.1931; zit. nach einer Abschrift im Hellmund-Archiv, Hamburg

die man Dir gedankenlos gegeben hatte. [...] Wenigstens hattest Du die Reise nicht umsonst gemacht, schließlich war es Dir doch möglich, Prof. Tillich zu sprechen, wenn er wohl auch anfangs ganz sprachlos gewesen sein muß, dass man ihn sogar in Völklingen aufgesucht hat. Hoffentlich wird er in Frankfurt mit Erfolg etwas für Dich tun können. [...] Ist es nun nicht merkwürdig, dass Du nach 30 Jahren zufällig wieder mal in Deinem Geburtsort gewesen? Zu bewundern ist aber doch, dass Du Dich an all die Strassen erinnert hast, an die Anlagen mit den Kastanienbäumen, wo Du als kleiner Junge gespielt und an das holprige Steinpflaster, wo ich mein Jungelchen immer wieder aufheben mußte. Ha, es sind Jahre darüber hingezogen, alles hat sich verändert, auch wir Menschen. Ich glaube gern, dass Saarbrücken inzwischen [eine] moderne Großstadt geworden ist, dafür sorgten wohl schon die Franzosen. So kann man nie wissen, wo man im Leben noch mal hinkommt. Von Saarbrücken nach Hamburg ist eine sehr lange Reise, ich habe sie zweimal mit Dir gemacht, 1898 und 1900.«[4]

Die Eltern sprechen in ihren Briefen den Sohn mit seinem ursprünglichen Namen Ernst an. Hellmund hatte den Namen Ernst Rosenthal allerdings Mitte der 20er Jahre abgelegt, die Hamburgische Landesjustizverwaltung hatte nach einem Gesuch die Namensänderung genehmigt. Begründet hatte Hellmund den Wunsch damit, dass »ich niemals in der Lage sein würde, [meine] Aufgaben zu erfüllen, wenn durch meinen ehemaligen Familiennamen auch nur der leiseste Schatten auf meine Person fällt, der mich sofort dem Vorurteil gewisser Kreise in bestimmter Weise abstempelt und verdächtig macht«.[5] »Verdächtig« war der Name Rosenthal, weil er die Abstammung aus einer jüdischen Familie nahelegte. Ob unter diesem Aspekt allerdings die Wahl des Namens »Hellmund« sinnvoll war, bleibt dahingestellt.

4 Abschrift: Hellmund-Archiv

5 Hellmund-Archiv; Forschungsvorhaben Heinrich Hellmund, Zwischenbericht v. 14.5.07, S. 3

Die Machtergreifung der Nazis am 30. Januar 1933 beendete zahllose Karrieren in Deutschland, auch die von Hellmund. Bereits am Vortag hatte dieser in einem Brief an den Hamburgischen Staatsrat Adolf Buehl, einen Förderer und Freund, seine Situation folgendermaßen beschrieben: »Ich fühle mich der heutigen Zeit nicht gewachsen. […] Sie wissen, wie ich all dies Niedere, Kleine, Selbstsüchtige, Erbärmliche, keines grossen Gedankens Fähige verachte und ich muss Ihnen offen sagen, daß ich nicht die Kräfte in mir fühle, es mit dieser Generation im Daseinskampfe aufzunehmen. […] Heute fühle ich mich fehl am Ort – und um mich mit denen um meiner Existenz willen herumzuschlagen, bin ich mir, offen gestanden, zu gut. […] Deshalb bin ich heute nicht existenzfähig.«[6]

Von Buehl ist folgende, vom Denken der Zeit nicht unbeeinflusste Charakterisierung Hellmunds überliefert: »Er war nichtarischen Geblüts und […] klein, schmächtig und zart; war […] in einem bei seinen Rassegenossen mir bislang nicht begegneten Maße von deutschem Empfinden; er spielte, das Klavier meisterhaft beherrschend, ausschließlich Bach, Beethoven und besonders Wagner. Eine grüblerische Natur und einsiedlerisch veranlagt, hing er schon früh philosophischen Problemen nach. […] Bei all seiner Bescheidenheit hatte man doch das unbedingte Gefühl, einen in wissenschaftlicher Hinsicht überlegenen Menschen vor sich zu haben. Im persönlichen Verkehr war Hellmund ein schlichter, bescheidener Mensch, der in einem Wesen etwas Kindlich-Rührendes haben konnte.«[7]

Hellmund floh zunächst in die Schweiz. Am 28. Oktober 1933 wandte sich der Schweizer Diplomat und Historiker Carl-Jacob Burckhardt an Thomas Mann: »Unter den unzähligen Flüchtlingen, die mich hier fast täglich aufsuchen, fiel mir ein merkwürdiger

6 Hellmund-Archiv, Hamburg

7 Hellmund-Archiv, Hamburg

Mann auf, der durch den Grad seiner Verzweiflung, die Bescheidenheit und Diskretion seines Auftretens und die ungeheure bittere Anspannung seines Selbstbewußtseins und Stolzes, mich mehr als andere bewegte und mir einen starken Eindruck hinterließ. […] In Hellmunds Gespräch kommt nun immer wieder Ihr Name vor, nicht im Sinne einer Absicht oder greifbaren Hoffnung, sondern im Sinne des Vertrauens und des Trostes: Sie haben ihm einmal mit der Äußerung über sein Werk sehr wohl getan und in seiner Verlassenheit zehrt er von dieser Freude. […] Das worum ich Sie bitten wollte ist folgendes: wäre es Ihnen möglich mir ein kurzes Wort zu seinen Gunsten zu schreiben, das ich einer zweiten Intervention bei der Rockefeller Stiftung beilegen würde, und von dem ich mir die Wirkung einer Ausnahmebehandlung dieses Falls verspreche.«[8]

Wenige Tage später, am 4. November 1933, antwortete Mann: »Das Schicksal Dr. Hellmunds hat mich sehr betroffen gemacht. Auch er also? Warum? Er ist also Jude? Ich habe das nicht gewusst, aber ich sage mir, daß es ihm draußen eigentlich nützlich sein müsste. Für Juden ist, nach allem, was ich höre, relativ am besten gesorgt, und in Paris heißt es oft: ›Sind Sie Israelit? Nicht? Dann wird nichts zu machen sein.‹ Daß für Hellmund jedenfalls etwas geschehen muß, ist ein Gefühl, das ich vollkommen mit Ihnen teile. Er ist ein außerordentlicher Kopf, eine erstaunliche geistige Potenz, die zeitweise auch mich ganz und gar in ihren Bann gezogen hat, und daß das neue Deutschland sie nicht zu erhalten wusste, ist ein weiterer Einwand zu denen, die man dagegen auf dem Herzen hat. Ich lernte ihn und die Grundzüge seines Denkens durch Emil Preetorius kennen, der eine feine Intuition für intellektuelle Werte hat; und ich muß sagen, daß sein großes philosophisches Werk, ›Das Wesen der Welt‹, für dessen Drucklegung ich mich mit eingesetzt, mir mächtigen Eindruck gemacht hat. Es ist eine Leistung großen Stils, ein aus einer Centralidee mit genialem Eigensinn entwickeltes

8 Zit. nach: Joachim Lilla: »Carl Jacob Burckhardt und Thomas Mann«, in: Thomas-Mann-Jahrbuch Bd. 17 (2004), Frankfurt/M. 2004, S. 172

und ausgebautes Gedankensystem von erstaunlichem Reichtum, das, wie ich wohl gesehen habe, in der philosophischen Fachwelt die ernsteste Anerkennung gefunden hat, aber darüber hinaus in der verworrenen und ratlosen Zeit ordnend und helfend zu wirken vermag. Nur soviel über das Buch und den Mann, dem man es wirklich ermöglichen sollte, der Welt das zu geben, was er seinem Vaterlande nicht mehr geben darf. Ihre Intervention bei der Rockefeller-Stiftung [...] unterstütze ich darum herzlich und hoffe, daß man dem Falle Hellmund den Ausnahmecharakter zugestehen wird, den er tatsächlich besitzt.«[9]

Fünf Wochen später, am 11. Dezember 1933, empfing Mann, wie aus seinen Tagebüchern hervorgeht, Hellmund »zum Thee«.[10] Der berühmte Autor setzte sich danach mehrfach für den Philosophen ein, so in einem Gespräch mit dem Schweizer Buchhändler Rentzsch (Tagebucheintragung vom 13. Dezember 1933) und mit einem Brief an den in Genf lehrenden Hochschullehrer Gottfried Bohnenblust (Eintragung vom 6. August 1934), der Hellmund an der dortigen Universität eine befristete Dozentenstelle verschaffte. Fast zwei Jahre später wandte sich, wie so viele andere vor ihm, auch Thomas Mann von dem unbequemen Zeitgenossen für immer ab. Seinem Tagebuch vertraute er am 9. Februar 1936 an: »Außerdem [gelesen] ein Exposee des Philosophen Hellmund in Genf, das ein typisches Produkt des Größen- und Verfolgungswahns ist.«

Im Sommer 1936 begab sich Hellmund in die Abgeschiedenheit der Schweizer Berge. Einerseits, um der behördlich verfügten »Ausschaffung« zu entgehen, weil er mit seiner Tätigkeit an der Genfer Universität das Arbeitsverbot für Emigranten übertreten hatte. Vielleicht suchte er aber auch einen Rückzugsort in der Natur. Durch eidgenössische amtliche Berichte ist belegt, dass Hellmund

9 Thomas Mann: »Briefe 1889 – 1936«, hg. von Erika Mann, S. Fischer, Frankfurt/M. 1961, S. 337

10 Thomas Mann: »Tagebücher 1933 – 1934«, hg. von Peter de Mendelssohn, S. Fischer, Frankfurt/M. 1977, S. 266

bereits in dieser Zeit zwei Selbstmordversuche unternahm. Ausgewiesen aus der Schweiz, reiste er im Juli 1936 nach Paris, weil er an der Sorbonne ein Stipendium bekommen hatte. Im Mai 1937 erfuhr er während einer Vortragsreise durch Schweden, dass sein beim französischen Unterrichtsministerium eingereichtes Manuskript »Die ewige Weltordnung – Die Begründung der Moral« mit einem Geldpreis ausgezeichnet worden war. »Mit den Stellern der Preisaufgabe bin ich einig«, hatte Hellmund in einem Begleitbrief zu seinem Essay erläutert, »daß die ›Begründung der Moral‹ zu den dringendsten Aufgaben unserer Zeit gehört.«

Dass, wie schon von Thomas Mann bemerkt, Hellmund ein im Umgang nicht unkomplizierter Mensch gewesen sein muss, bestätigt eine in der »Pariser Tagezeitung« am 17. Dezember abgedruckte Zuschrift eines ungenannt bleibenden Bekannten Hellmunds (»Die Emigrantentragödie von Dijon – Ein Brief des Dr. Helmund«, 17.12.1937). Darin heißt es: Hellmund, ein »besonders schwieriger Charakter, konnte sich mit der Tatsache seiner Emigration ebenso wenig abfinden wie er es verstand, seine philosophischen Gedankengänge anderen verständlich zu machen. Ausserdem glaubte er sich ständig von der Gestapo verfolgt.« So sei er allmählich in einen Zustand »seelischer Verzweiflung« geraten, »der durch die schweren materiellen Sorgen, die ihn bedrückten, noch verschlimmert wurde«. Die Zeitung zitiert anschließend aus einem ihr offenbar vorliegenden Brief Hellmunds: »Ich sehe niemanden. Ich spreche niemanden. Es fehlt mir an menschlicher Fürsorge und Wärme. Mein Leben ist traurig und bedrückt. Ich habe keine Freunde. Ich möchte mich anderen nähern, aber ich stoße auf Kälte, wenn nicht gar auf Feindschaft und dennoch kümmere ich mich mit der ganzen Seele um den Fortschritt der Menschheit. Ich sehe mich von einer Indifferenz umgeben, die ich mir nicht vorstellen kann, ich bin völlig verzweifelt.«

Es ist nicht bekannt, an wen dieser Brief Hellmunds adressiert gewesen ist. Eine der vielen Fragen, die bis heute ungeklärt sind.

ROLAND STIGULINSZKY

Mit leichter Feder

Karikaturen

Konrad Adenauer

Kurt Georg Kiesinger

Ludwig Erhard

Willy Brandt

Helmut Schmidt

Helmut Kohl

Gerhard Schröder

Angela Merkel

Jean Monnet

Charles de Gaulle

Pierre Mendès-France

Robert Schuman

Jacques Delors

Valéry Giscard d'Estaing

François Mitterand

OLIVER STRAUCH

»Ein echter Saarfranzose!«

Auch wenn die Fremdenlegion ihn erbarmungslos drillte, vergaß mein Vater nie, dass Frankreich ihn als einziges Land aufgenommen und damit sein Leben gerettet hatte. Gerettet vor Hitler, der Frankreich als »unerbittlichen Todfeind« des deutschen Volkes bezeichnet hatte.

Mir wurde die Liebe zu Frankreich also buchstäblich in die Wiege gelegt.

Der 22-jährige Robert Strauch, ein früher Gegner des Nationalsozialismus, verließ nach der Saarabstimmung 1935 wegen seiner politischen Karikaturen die Heimat, da er wusste, was ihn erwarten würde.

Ein »Flüchtling«, würde man heute sagen. Ein »Politischer Emigrant« trifft es genauer.

Am Tage des Volksentscheides meldete er sich freiwillig in Metz zur Fremdenlegion, die ihn zu Einsätzen in die Sahara schickte, wo er schon bald »auf der anderen Seite« kämpfte, was er später in der Heimat zu spüren bekam.

Was die ewig Gestrigen nicht wussten: Er hatte sich geweigert, auf seine Landsleute zu schießen. Den Vorwurf des Nestbeschmutzers ist er dennoch nie mehr ganz losgeworden.

Als Vichy Frankreich übernahm, lieferte man meinen Vater an das 1000-jährige Reich aus und verfrachtete ihn in das Gestapo-Gefängnis Stuttgart, wo er wegen Hoch- und Landesverrat sowie Wehrkraftzersetzung vom berüchtigten Volksgerichtshof angeklagt wurde.

Die Gestapo wollte seine Afrika-Erfahrung nutzen und bot ihm einen teuflischen Pakt an: Wenn der Afrika- und Geländeerprobte mit Rommels Wüstenfüchsen in den hohen Atlas einrücken würde, würde man ihm das Arbeitslager ersparen.

Konzentrationslager oder Mienensuchtrupp war also die Frage. Er »wählte« das afrikanische Himmelfahrtskommando.

Als er 1947 körperlich und seelisch verletzt aus britischer Kriegsgefangenschaft ins Saarland zurückkehrte, war er nach der Niederlage von El Alamein um die Erfahrung reicher, dass Menschen zu Dingen fähig sind, die selbst die Phantasie eines Künstlers überfordern.

»Bob«, von nun an sein Kürzel, konnte es nicht lassen. Er schrieb als Chronist des populären Satire-Magazins »Der Tintenfisch« Saar-Geschichte und das beleidigte »Joho«-Regime adelte ihn mit Berufsverbot.

Johannes Hoffmann, ebenfalls Emigrant, war ein großer Europäer, aber macht es ihn kleiner, wenn man damals wie heute ausspricht, was seine Regierung unter Meinungsfreiheit verstand? Im Gegenteil, es macht den Umgang mit einer Ära der Widersprüche ehrlicher, denn die Wahrheit ist: Im Saarland herrschte Zensur.

Viele der alten Nazis behielt Bob Zeit seines Lebens vor Augen und Zeichenpapier und ging den wieder in Würden und Ämtern Gelangten mächtig auf die Nerven damit.

Und so suchte er bei unseren Familienurlauben Erholung von den politischen Stürmen. Natürlich in « la douce France ».

Seine Liebe zu dem Land musste groß gewesen sein, denn jede kleinste romanische Kirche in Lothringen, jeder Landstrich in Burgund oder die wunderbaren feucht-fröhlichen Diskussionen in den Bistrots – und es waren viele – berauschten ihn.

Frankreich war für ihn mehr als eine Nation. Es symbolisierte eine Idee: Die Idee der Freiheit, niedergelegt für alle Zeiten in den Maximen der französischen Revolution.

Unvergessen: Als ein aufbrausender Landsmann Napoleon mit Hitler verglich, schmierte ihm mein Vater eine. So war Bob eben.

Und so schauten wir Kinder durch seine Brille und lernten Frankreich fast genauso lieben wie er selbst.

Sonntags nach Bitche, Phalsbourg, Saargemünd … und mit mehr als einem Fläschchen wieder zurück, so machten und machen das noch viele Saarländer heute.

»Saar-Franzosen«-Rufe begleiteten mich später bei den Auswärtsspielen des FCS (für die aus dem »Reich«: Der FCS ist der Traditionsclub 1. FC Saarbrücken, dessen unverbesserlicher Fan ich immer noch bin).

Mich, den blau-schwarz gestreiften Lausbuben, hatten die Schmähungen aber nicht überzeugt, denn ich fasste sie als Kompliment auf! Saarland und Frankreich, das gehörte doch zusammen!

Übrigens: Dass die »Molschder« (für die aus dem »Reich«: Damit ist der Stadtteil Malstatt gemeint) verpasst hätten, den späteren Weltstar Platini zu engagieren, ist sicher keinem bilingualen Konflikt geschuldet!

Nach meinen Lehr- und Wanderjahren fuhr ich immer öfter zu Gastspielen »rüber« (wir meinten nicht die DDR!) und lernte, dass zur Deutsch-Französischen Liaison auch Liebeskummer gehört.

Unvergesslich meine Konzerte in Paris im »New Morning«, dem »Duc de Lombard« oder dem »Sunside«, bei denen ich den Stolz der französischen Kollegen auf ihre Departements, ihre Kunst und Küche kennenlernte.

Ich beneidete sie, denn neigen wir Deutsche und wir Saarländer im Besonderen nicht dazu, unsere Geschichte und Leistungen zu bagatellisieren?

Doch bei aller Verehrung: Ich erkannte bisweilen auch Ansätze von übertriebenem Imagebewusstsein.

Waren französische Musiker-Kollegen zu Gast in Deutschland, orderten sie, ohne mit der Wimper zu zucken, « un bon vin français » und das natürlich in ihrer Landessprache! Wenn ich dann händeringend zu überzeugen suchte, dass auch hier hervorragende

Gewächse zu finden seien, sorgte dies für ungläubiges Kopfschütteln!

Kein französisches Konzertplakat, kein Pressetext, in denen ich nicht in »Olivier« umgetauft wurde, keine Chance, als Deutscher auf Festivals zu landen, ohne wenigstens einen französischen Künstler an Bord zu haben. Auch die Radiosender setzten die Vorgabe von Mindestquoten für heimische Interpreten ganz selbstverständlich um und auch heute noch engen nationalbewusste und sozialstaatliche Maßnahmen den französischen Kulturmarkt für viele ausländische Künstler immer noch ein. Dieses Selbstverständnis erscheint mir sehr französisch, ist aber zugegebenermaßen ein Segen für die eigenen Profis.

Erst später lernte ich dann die Konflikte kennen, die die Nation mit sich austrug.

Spätestens nach der Finanzkrise hatten sich Tristesse und der schwierige Abschied von der Rolle der « Grande Nation » bemerkbar gemacht. Unüberhörbare Skepsis und Murren, wenn die Rede auf »Angela« kam. Gleichzeitig Bewunderung für uns Teutonen, die wieder alles im Griff zu haben schienen. Auch Europa.

Seitdem ist viel Wasser Seine und Rhein hinuntergeflossen und die Denkstrukturen und Sprachbarrieren haben sich langsam geöffnet. Auf beiden Seiten.

Die Konzerte in Frankreich begannen oft mit einem reichhaltig fein abgestimmten Menu und wenn wir bisweilen digestifgeschwängert die Bühne betraten, war es besser, den Abend mit einer Ballade zu beginnen …

Dass ich während Konzerttourneen in Frankreich mit dem Guide Michelin reiste, war bekannt und es war herrlich, die paar Francs, die übrig blieben, in ein Dutzend »Escargots« oder ein deftiges »Cassoulet« zu investieren!

Wurde ich in die besten Restaurants geführt, landeten meine französischen Musiker beim Gegenbesuch oft an der Würstchenbude.

Wie schockierend musste auf sie die kalte Küche in Deutschland gewirkt haben? Mit viel Glück gab es in Berlin wenigstens eine tapfere Currywurst mit Zementbrötchen. Aber Rotwein? Wo war das Brot?

Wurde dann doch einmal in einem Restaurant aufgetischt, fehlte natürlich das Dessert! Die Blicke der Kollegen verfinsterten sich und ich ahnte (zu Recht) nichts Verheißungsvolles für den bevorstehenden Auftritt. Gottseidank gab es ja noch die Konzerte im Saarland!

Sieht man von diesen kleinen, aber so wichtigen Stilfragen ab, bleibt das überwiegend Gute und Schöne im Umgang miteinander und so begegnete ich vielen großartigen Menschen, die Frankreich und Deutschland in ihrer herrlichsten Vielfalt präsentieren.

Frédéric, der Hotelier in Mont de Marsan, der immer ein Zimmer und mehrere Bas Armagnacs für mich bereithielt. Oder Jacques Durand, der «Libération» über Jahrzehnte mitprägte und mit seiner »Bande« die Feria in Nîmes unsicher machte. Ein Existentialist in seiner romantischsten Ausprägung.

Und natürlich Mika.

Mika Biermann, Schriftsteller und Lebenskünstler aus Bielefeld, landete vor langer Zeit in Marseille und hat die Gegensätze von Ost-Westphalen und dem Bouches-du-Rhône aufgehoben. Das deftige Bielefelder Pickert müsste eigentlich eine Provokation für die Liebhaber einer Bouillabaisse darstellen, aber der ultimative Stilmix funktioniert!

2006 hatte ich die mediale Performancegruppe DIE REDNER gegründet (das Künstlerkollektiv mit Florian Penner und Claas Willeke).

Wir erhielten von Ministerpräsidentin Annegret Kramp-Karrenbauer, die in ihrer Funktion als deutsch-französische

Kulturbevollmächtigte das Elysée-Jahr 2013 plante, den Auftrag, die Gestaltung des Eröffnungsbeitrages zu übernehmen.

Eine große Chance, da die Veranstaltung europaweit gesendet werden sollte und somit medial hoch aufgestellt war.

Unsere szenische, multimediale Zukunftsvision »Elysée63« entwickelten wir aus der fiktionalen Idee heraus, dass Europa hundert Jahre nach der Ratifizierung des Vertrags gescheitert sei und eine junge Frau (gespielt von Anne Hoffmann) dieses Europa, in dem sie keine Zukunft mehr sieht, verlassen will.

Die Rede, die Charles de Gaulle 1963 in Ludwigsburg an die deutsche Jugend auf Deutsch gehalten hatte, war der Anker, an dem wir uns festhielten.

Der mythische General der Résistance hatte in dieser Rede, kaum 20 Jahre nach der Katastrophe, das Nach-Hitler-Deutschland auf unerhörte Weise ermutigt, an dem Projekt Europa mitzuwirken und dabei sogar eine entscheidende Rolle zu spielen.

»Man braucht doch nur die Flamme in Ihren Augen zu sehen «, hatte er den jungen Deutschen zugerufen und sein Glückwunsch an »… die Kinder eines großen Volkes« klingt in mir noch heute nach.

Wir griffen diese Sätze auf und übersetzten de Gaulles Phonetik in Klang, Bild und Musik, wollten aber andererseits auch eine kritische Verbindung der Ikonen von damals mit der Generation von 2013 schaffen. Also suchten wir helle Geister, die für eine kritische Auseinandersetzung mit der europäischen Zukunft standen und offen sein sollten für Neues.

Wir hofften dabei vor allem auf einen 95-jährigen weisen Greis, der weltweit Furore erregt hatte, und setzten alle Hebel in Bewegung, ihn für unsere Performance zu gewinnen: Stéphane Hessel. Sein spektakuläres Buch « Indignez-vouz! » (»Empört Euch!«) wurde gerade global und heiß diskutiert und so sahen wir zunächst kaum Chancen, dass der radikale Vordenker, der von den Medien ständig belagert wurde, zusagen würde.

Es grenzt für mich immer noch an ein Wunder, dass der hochbetagte Mann uns dann zu zwei langen Sitzungen zu sich einlud.

Kaum waren wir in seine Pariser Wohnung eingetreten, lächelte er uns rüstig an: »Es ist doch erstaunlich, was so ein kleines Büchlein für Staub aufwirbelt!«

Wir schlüpften in die Rolle unserer jungen Frau, um Hessel mit provozierender Haltung zu »widerstehen«:

»Europa ist gescheitert. Es gibt hier nur noch Hallen und Felder«, begannen wir nervös und nassforsch. Der Résistance-Kämpfer, Buchenwald-Überlebende und Mitverfasser der Menschenrechtserklärung der Vereinten Nationen konterte leidenschaftlich: »Europa ist natürlich nicht gescheitert …« und er ballte bei den Worten »Demokratie« und »Menschenrechte« die Fäuste: »WIR haben das erfunden und nicht die anderen.«

Er entflammte sich zusehends: »Der Gegner sitzt in dem Egotismus, in dem Selbstwillen. Diese Gier, die sich gerade in dem Aufbau des Weltkapitalismus so verstärkt hat in den letzten 20 Jahren, dagegen müssen wir jetzt kämpfen.«

Plötzlich saß ein blutjunger Mann vor uns, der jederzeit bereit schien, die Barrikaden zu stürmen und dessen Feuer in den Augen lichterloh brannte, weil er glaubte, dass die Schicksalsgemeinschaft Frankreich und Deutschland in der Lage sein würde, den Geist Europas zu retten.

Er wollte die junge Frau überzeugen, zu bleiben, und sprach von den Wurzeln dieses geeinten Europas: »Wir haben Europa gefunden nach einem fürchterlichen Weltkrieg, in dem allerlei Schreckliches passiert ist. Und wir haben neu aufgebaut. Wir haben die europäischen Staaten, die sich nicht gut kannten, die gegeneinander gekämpft hatten, wir haben sie zusammengebracht, wir haben eine Europa-Union aufgebaut. Auch heute, 2063, ist diese Europa-Union noch da.«

2063! Er begann nun sogar in unserem Stück mitzuspielen!

Als er dann die magischen Worte sprach, die unserer Inszenierung DIE entscheidende Wendung geben sollten, wussten wir, dass dies der Schlüssel zu »Elysée63« sein würde: »Wir müssen zusammen eine gelungene Welt bauen. Dazu gehört der Geist Europas, den dürfen wir nicht verlieren. Er ist der Geist des Zusammenarbeitens. Das haben die Europäer erfunden, nicht die anderen in der Welt. Daher sind wir schuldig, auch Sie, junge Frau, 2063, wenn Sie Europa aufgeben, dann sind Sie daran schuldig.«

Schuldig! Wir wollten provozieren und Hessel lieferte uns die Grundlage dafür!

Die letzte Begegnung mit Stéphane Hessel war ergreifend. »Ich weiß, dass ich bald nicht mehr hier sein werde.« Als er die Tür hinter sich schließen wollte, blitzte noch einmal der Schelm aus seinen Augen und er verabschiedete sich lächelnd: »Aber ich bin sehr neugierig auf das, was auf mich wartet!« Fünf Monate später war dieser große Franzose, Europäer und junggebliebene Alt-Berliner für immer gegangen. Ein großer Humanist. Was ihm wohl besser gefallen hätte: ein Mensch.

Seine Kampfeslust und sein unwiderstehlicher Charme sind das eindrucksvollste Zeugnis, das ich im Rahmen der Beziehungen beider Nachbarn untereinander erlebt habe.

Uns fehlte aber noch das historische Footage, denn die Produktion wurde als abendfüllender Spielfilm für arte produziert. Daher wollten wir unbedingt hochwertiges Material von den Originalschauplätzen der Begegnung Adenauer/de Gaulle drehen.

Top Locations waren de Gaulles Privathaus in Colombey-les-Deux-Églises und sein Büro in Paris.

Frédéric Joureau, unser agiler französischer Generalkonsul, schrieb mehrere Letter of intents, aber es dauerte Monate, bis wir vorsichtige Rückmeldungen aus den heiligen Hallen vernahmen. Die Premiere näherte sich und uns lief die Zeit davon.

Die ersten Antworten waren ernüchternd. »Außendrehs unter Umständen«, aber zum Gral selbst vorzudringen sei undenkbar. Man stelle sich vor: Künstler im Pantheon dieses (umstrittenen) Giganten!

Genehmigungen wurden zugesagt und wieder verworfen. Doch im deutsch-französischen Jubeljahr durfte man sich keine Blöße geben und schließlich durften wir doch noch ran!

Drei Nächte verbrachten wir in de Gaulles Privaträumen und Büros in Colombey und Paris, rückten Schränke, filmten einen fiktiven und spektakulären Einbruch, ließen unsere junge Frau durch die Räume hüpfen und taten Dinge, die uns der General hoffentlich verziehen hat. Es ist nichts zu Bruch gegangen!

Wir waren nächtelang in jenem Haus, vor dem am 14. September 1958 Adenauer gestanden und gebangt hatte: »Ich war von großer Sorge erfüllt, denn ich befürchtete, die Denkweise von de Gaulle wäre von der meinigen so grundverschieden, dass eine Verständigung zwischen uns beiden außerordentlich schwierig wäre.« Wie sehr »der Alte« sich getäuscht hatte!

Wir stellten detailliert die historische Begegnung der beiden Staatsmänner dar, die Adenauer später visionär zusammenfasste: »Wir sind beide von der Wichtigkeit und Bedeutung unseres Treffens zutiefst überzeugt. Wir glauben, dass die vergangene Gegnerschaft ein für alle Mal überwunden sein muss und dass Franzosen und Deutsche dazu berufen sind, in gutem Einvernehmen zu leben und Seite an Seite zu arbeiten.«

Ich sehe mich noch in der Nacht am Schreibtisch des Generals sitzen, vor mir seine Memoiren:

»Stille erfüllt mein Haus. Vom Eckzimmer aus, in dem ich die meiste Zeit des Tages verbringe, entdecke ich die Weiten im Westen. Auf eine Länge von fünfzehn Kilometern erscheint nicht ein einziges Gebäude. Über die Ebenen und die Wälder hinweg gleitet mein

Blick auf die sanften Hänge, die zum Tal der Aube hinabführen, dann hinauf zu den gegenüberliegenden Hügeln.

Von einem erhöhten Punkt meines Gartens aus umfasse ich die wilden Schluchten, wo der Wald die Landschaft umschließt wie das Meer an das Ufer brandet. Ich sehe, wie die Nacht das Land bedeckt.

Dann, wenn ich die Sterne betrachte, lasse ich die Dinge in ihrer Nichtigkeit auf mich einwirken.«

Wurde die Einsamkeit der Macht jemals eindringlicher beschrieben?

Ich durfte andächtig die Bücher mit den persönlichen Widmungen Malraux', Churchills öffnen, drehte den Globus mit den alten französischen Kolonien und fühlte mich wie in einem vernebelten Traum.

Nachdem wir die Teams abgezogen hatten, atmeten mehrere französische Verbände auf: Die Künstler waren weg!

»Elysée63« richtete sich besonders an Jugendliche beider Länder, daher mussten Handlung und Rhetorik verständlich sein. Zudem sollte sich der politische Aufmarsch bei der Premiere prominent gestalten und auch das hatten wir zu bedenken.

Es gab aber weitere Hürden zu nehmen: Nach der nervösen Preview für die deutsch-französischen Offiziellen hatte sich eine deutliche Unruhe im Saal bemerkbar gemacht.

Als der überlebensgroße Stéphane Hessel von den Projektionsflächen mahnte »Wenn Sie Europa aufgeben, dann sind Sie schuldig!«, konnte man die berühmte Nadel fallen hören!

»Schuldig? Verantwortung halten wir für richtiger. Die Jugend sollte Verantwortung übernehmen, aber Schuld …?«, entgegneten uns die entgeisterten Funktionäre.

»Nein. Hessel meinte schuldig und wir werden das so bringen«, blieben wir hart.

Ob man wenigstens die Zitate bezüglich Kapitalismus entschärfen könne? Auch hier ließen wir uns nicht beirren.

Im Nachhinein halte ich es immer noch für bemerkenswert, dass eine Ministerpräsidentin, der wohl kaum die Nähe zur europäischen Linken nachgesagt werden kann, den Mut hatte, einer politischen Künstlergruppe diesen Auftrag zu erteilen.

Letztendlich brachten wir alles so, wie wir es für richtig hielten. Die Premiere im Staatstheater Saarbrücken fand unter großen Sicherheitsbestimmungen statt, die Hymnen wurden gespielt und wir hatten uns an das Staatstragende gewöhnt, ohne uns zu verbiegen.

Der Abend endete mit den Worten de Gaulles: »Sie alle!« Dies war der Appell an die Jugend, sich zu engagieren und auch das Vermächtnis Stéphane Hessels.

»Elysée63« wurde ein großer Erfolg. Wir gastierten im Weltsaal Berlin, im Düsseldorfer Schauspielhaus, wo einst Gründgens stand, im Heinrich Heine-Haus in Paris, in den großen deutsch-französischen Gymnasien und im europäischen Parlament, wo wir ohne Mühe unser Requisit, einen Plastikrevolver, einschleusten!

Im Beisein von EU-Parlamentspräsident Martin Schulz diskutierten wir kontrovers mit Jugendlichen, denen dieses Europa fremd geworden war und spürten, wie sehr diese Generation Stéphane Hessel gebraucht hätte. Immer dann waren wir aber auch erleichtert: Wir hatten ihn ja in unserer Show!

Frankreich blieb auch in den folgenden Jahren immer präsent. Wir bereisten zweimal den Senegal, um für das Goethe-Institut Dakar eine Produktion über Léopold Sédar Senghor zu entwickeln und verstanden, wie weise der senegalesische Präsident gehandelt hatte, als er sich vom »Mutterland« nicht abspaltete. So blieben die Senegalesen von schrecklichen Bürgerkriegen und Völkermorden verschont. Wir lernten, dass die schwierige Kolonialgeschichte der Franzosen auch positive Spuren hinterlassen hatte.

2014: Nochmals das europäische Parlament.

Auch « Dany le rouge » konnte den REDNERN nicht entgehen!

Diesmal hatte uns Jo Leinen den langgehegten Wunsch erfüllt, ein Gespräch mit Daniel Cohn-Bendit zu Senghor und dessen Rolle während der Frankfurter Buchmesse 1968 zu führen.

Wir spürten rasch, dass die Ikone der europäischen Linken keine Lust hatte, die alten Klischees des »Frankfurter Barrikadensprungs« oder seiner legendären Rolle bei den Studentenunruhen in Paris zu diskutieren. Er blieb äußerst reserviert und wir hatten die Hoffnung fast schon aufgegeben, miteinander warm zu werden, als ich mich am Ende des steifen Gegenübersitzens nach seiner geliebten Frankfurter Eintracht erkundigte. Da blitzte er auf, der charismatische Cohn-Bendit-Blick!

Noch etwas mürrisch raunte er zunächst über Senghor: »Der war damals Präsident und hatte die Studentenunruhen niedergeschlagen …« und schon lebhafter: »Das war ein kluger Mann!«

Und als wir es nicht mehr erwarteten, endlich Dutschke und Paris und das furiose Finale: »68? It's over, Baby!«

Wir REDNER begegneten vielen großen Persönlichkeiten:

Ted Sorenson, dem Sonderbeauftragten JFKs in New York, Benediktinerpater Anselm Grün, dem Philosophen und Kirchenkritiker Eugen Drewermann und sogar dem Dalai Lama!

Sie alle waren kritisch, unbequem und hatten eines gemeinsam: Sie waren niemals langweilig!

Charlie Hebdo, Bataclan, Nizza … Frankreich bleibt auch in Zukunft »mein« Land, auch weil es Fürchterliches durchlebt. Ich schaue voll Bewunderung und ja, Liebe, nach »drüben«. Ich wünsche den Menschen, dass sie sich von ihrem Trauma befreien und dass die radikale Rechte dort auf Dauer keinen Fuß fassen kann, obwohl ich in dieser Hinsicht zurzeit nicht sehr euphorisch bin.

Mein Ausblick ist getrübt und trotzdem positiv: Die Grundwerte, die Frankreich der Welt weitergegeben hat, werden die eigene Nation tragen.

Nach all dem, was mich persönlich mit Frankreich verbindet, glaube ich nicht mehr an Zufälle.

Ist es Zufall, dass meine Frau in Bordeaux studierte und heute Frankreich in liebender Kritik verbunden ist? Zufall mein Heiratsantrag bei Paul Bocuse, den sie angenommen hat, denn wer wollte Bocuse schon widerstehen? Zufall der Lothringer Koch im Restaurant meiner Schwester?

Zufall, dass mein Stiefsohn deutsch-französische Wurzeln hat und meine zweite Schwester seit vier Jahrzehnten mit eigenem Bauernhof und französischem Pass im Département Tarn lebt? Zufall unser Häuschen im Elsass? Wenn ich dies alles bedenke, kann ich getrost behaupten: Ich bin ein echter Saarfranzose …

PATRICK SUEL

L'europe en deux, en trois, en quatre (pliée ?)

Eine deutsche Übersetzung dieses Beitrages finden Sie auf Seite 412.

Berlin : agonie ou épiphanie est le titre que voulait donner le poète Christian Prigent à la réédition d'un de ses textes sur Berlin en 2015.

Quelle Europe sommes-nous ? Sommes-nous constitués de quartiers et de villes ?

Nous sommes Berlin depuis une poignée d'années, avant que l'Allemagne réunifiée s'y rétablisse en 1999. Nous sommes aussi Paris, de façon redoublée depuis la funeste année 2015, surpris que nous étions dans nos retranchements de satiristes issus des Lumières françaises, gardant à cœur de mêler éthique et esprit. Et puis fin 2016 arriva dans les kiosques *Charlie-Hebdo* en langue allemande, alors que dans l'Allemagne entière ce titre était réclamé à cor et à cri depuis un an et quelques, dans le français de Molière. *Eulenspiegel*, *Titanic* et bien d'autres pouvaient bien s'aligner, nous étions bien perplexes.

Mais il n'y a pas que la satire qui nous unisse. Goethe s'étonnait que le *gothique* ait des airs si français, si étrangers à sa culture, nommé ainsi par quelques Italiens qu'il avait peu compris, en vue de désigner simplement de flamboyants barbares du Nord.

L'année 2017 est-elle l'occasion rêvée de célébrer le centenaire des mutineries des tranchées ? Qu'on se retrouve en *rang d'oignons*, scène de genre d'un goût douteux, comme les migrants de Hongrie soupçonnés de complot, à grand renfort de barbelés et de raisons *souveraines*. De Gaulle n'aimait-il pas parler de mettre à table Gaulois et Germains, aux dires des bardes, disant : « L' Europe ? C'est la France et l'Allemagne ; le reste, c'est les légumes ! »

Il y eut ces sautes d'humeur, ces sautes de temps. Le *Burgerfrieden* et l'*Union sacrée* que les idéologues des deux rives du Rhin conçurent avant que d'en découdre. Pour que les peuples s'écharpent, que des familles entières perdent leurs aînés mâles dans l'infantile et criminelle boucherie des tranchées. Et que les rescapés revinssent gazés, fumant comme des pompiers, fin prêts pour engloutir traités, alliances et pactes, que quelques démocrates bien-pensants leur proposeraient d'ingurgiter.

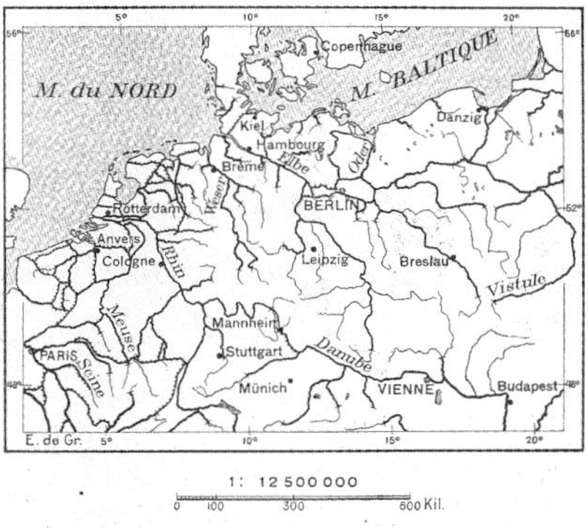

© Elysée Reclus, L'Homme et la Terre, tome V, Librairie universelle, 1905.

Quelle Europe sommes-nous ? Sommes-nous constitués de quartiers et de villes ? Achille Mbembe parle d'un sentiment *afropolitain* pour décrire l'état d'esprit des diasporas africaines d'aujourd'hui confrontées aux métropoles du monde.

© Anonym, Notre cuistot – Romigny, 1914.

Sommes-nous les enfants malencontreux d'un désaccord entre des élites improbables de soudards coloniaux ? Il y eut la conférence de WaHnsee mais aussi avant elle, la conférence de Berlin de 1884 opérant le *partage*.

Chez le libraire : pourquoi les clients de langue maternelle allemande réclament LA *Boussole* et LA *Soumission*, ces deux livres prisés de Mathias Enard et Michel Houellebecq, précédés tels quels d'un article, comme les outils archétypaux d'un temps, boîtes à idées de mots réparateurs ?

Belle-et-triste est le nom d'une librairie en activité dans le quartier Nord-Ouest de Berlin nommé *Wedding*, comme un mariage. *La Solitude*, *Mon Aise*, *Bon Repos*, *Sans Soucis*, étaient des noms de résidences de maître dans l'Allemagne du XVIIIe siècle.

AUTANT POUR MOI, belle expression française qui exprime l'excuse ou bien la connivence a quitté le registre littéral dans l'usage qu'en font les scripteurs en ligne. Orthographiée désormais *AU TEMPS POUR MOI*, vocable qui viendrait d'une ligne de roulement de tambour. Vous avez dit guerrier ? D'Anunzio, Malaparte, voire Cendrars ou Jünger auraient-ils donc perdu fortuitement leur do de clarinette ? Adolphe et Saint Barthélémy étaient-ils des noms interdits ?

Que s'est-il passé entre-temps ? De quelle Allemagne parlons-nous ?

Rimbaud n'était pas sur Twitter. Du Bellay n'a jamais envoyé de photographies sur Instagram. Heinrich Heine, jamais, n'eut de réseau où s'épancher. Charles de Villers et Germaine de Staël ont eu cette décontraction, ce désir de l'autre, en leur temps assez chaste.

Nous sommes ceux qui les suivent de la même manière qu'eux, dans toutes nos litanies de noms. Car ces quelques-uns-là ne sont qu'entre autres. Il y eut Olympe de Gouges et Georg Büchner, et Ingeborg Bachmann. Raoul Hausmann, Picabia et Soupault forgèrent un Almanach DADA bilingue.

Nous sommes l'Europe avec *L'Ode à la joie* comme hymne, qui reste un chant de Beethoven et de Schiller, en hommage à une sorte de créateur.

Français d'Allemagne au XXIe siècle, nous ne sommes pas là pour parler du *Visite ma tente* des soldats de Napoléon, ni pour citer le chant des soldats de Turenne – ceux qui ont traversé le Rhin, avec leurs fifres, leurs tambourins – que mon institutrice m'apprit, quand j'étais jeune.

Sommes-nous l'*Europe aux anciens parapets*, celle de Rimbaud qui en inventa l'expression, ou bien celle des Lumières ? Ou bien celle de Frédéric Metz, traducteur émérite de Georg Büchner, aux éditions Pontcercq de Rennes en 2015 ?

La revue européenne de géographie mentionne qu'Elysée Reclus, auteur de *L'Homme et la terre*, fut l'élève remarqué de Karl Ritter, auteur de *Géographie de l'Europe*.

La Revue des deux mondes titrant « France-Allemagne : la fin », en 2005, n'a jamais publié Landauer et Mühsam.

© Détail August Sander, Revolutionäre, Alois Lindner, Erich Mühsam, Guido Kopp, 1929.

À Baden-Baden, de Gaulle se réfugia. Daniel Buren y exposa son « Allegro Vivace », en 2011. Une Villa Boulez s'efforce d'y demeurer un lieu de culture.

O Falladah, die du hangest! était une chanson de Brecht décrivant la mort d'un cheval. Ledit animal du même nom Falladah venant d'un conte des frères Grimm. L'auteur Rudolf Ditzen qui se fit appeler Hans Fallada se l'est approprié en tant que pseudonyme.

Quelle Europe sommes-nous ? Sommes-nous constitués de quartiers et de villes ? Sommes-nous comptables d'un certain désordre ambiant ?

« Nous vivons une époque à ce point possédée par les démons que bientôt nous ne pourrons faire d'œuvres bonnes et justes que sous le sceau du plus grand secret, comme s'il s'agissait d'illégalités », disait Kafka.

© Elysée Reclus, L'Homme et la Terre, tome V, Librairie universelle, 1905.

Si la paix aux chaumières et la guerre aux châteaux sont des concepts graves, puissent les locuteurs de la langue européenne de demain s'en inspirer !

JOHANNES VON THADDEN

Satelliten und Flugzeuge, die Mainzer Republik und noch mehr Wundersames – das deutsch-französische Wunder aus der Nähe betrachtet

© Laurence Chaperon

Naiv stellen sich manche die sogenannte deutsch-französische Freundschaft als einen natürlichen Interessenverbund zwischen zwei Nachbarn vor. Nichts ist meistens weiter von der Realität entfernt. Sowohl in der Politik als häufig auch im Wirtschaftsleben ist die Erfahrung eine andere: Das wahre Geheimnis der deutsch-französischen Zusammenarbeit besteht darin, dass die Sichtweisen und Interessen zunächst meistens recht weit auseinanderliegen, sich aber jede der beiden Seiten darauf verlassen kann, dass der andere so lange um eine gemeinsame Lösung ringen wird, bis man einen für beide Seiten auskömmlichen Kompromiss gefunden hat. Für ein solches Miteinanderumgehen gibt es weltweit nicht viele Beispiele und das macht dieses Verhältnis so besonders. Franzosen und Deutsche lernen immer wieder neu: Keiner kann auf Dauer ohne den anderen, ohne sich selbst zu schaden.

Dies erklärt, warum der deutsch-französische Motor in der Europäischen Union so unersetzlich ist. Wenn man sich vorstellte, Frankreich und Deutschland seien sich in wesentlichen Fragen immer auf natürliche Weise einig, dann wäre dies für die anderen Europäer nicht akzeptabel. Häufig aber finden sich unsere anderen Partner mit ihren Positionen und Interessen in diesem deutsch-französischen Dialog und manchmal Ringen wieder. Deshalb ist dann der gefundene Konsens für andere meist eine gute, jedenfalls akzeptable Lösung.

Jede Generation von Franzosen und Deutschen macht diese Erfahrung erneut, manchmal zunächst widerstrebend: Bundeskanzler wie Gerhard Schröder oder Präsidenten wie Nicolas Sarkozy haben zunächst versucht, zu dieser privilegierten Partnerschaft eine Alternative zu finden, z. B. mit Großbritannien. Immer wieder machten Präsidenten und Kanzler jedoch die Erfahrung, dass es aus guten Gründen zum deutsch-französischen Motor keine sinnvolle Alternative gibt in Europa, auch wenn dieser durch ein »Weimarer Dreieck« mit Polen verstärkt werden soll. Historisch denkende Regierungschefs auf beiden Seiten des Rheins wie Konrad Adenauer und Charles de Gaulle, Valéry Giscard d'Estaing und Helmut Schmidt oder Helmut Kohl und François Mitterand haben dies ebenso verstanden wie mehr pragmatisch denkende Regierungschefs wie Angela Merkel und François Hollande. Deutsche sind manchmal immer noch erstaunt darüber, was Charles de Gaulle nüchtern so zusammengefasst hat: Staaten haben keine Freunde, sondern Interessen. Aber Menschen können diese Interessen klug zusammenbinden – und dabei Freundschaft zwischen sich wachsen lassen.

In Saarbrücken ist Frankreich ganz nahe, direkt hinter den Hügeln, der Goldenen Bremm. Heutzutage kann man sogar mit der Straßenbahn nach Saargemünd fahren. In meiner Jugend war dies noch anders: Da gab es echte Grenzkontrollen, und der »Deutsch-Französische Garten«, ein großer Park mit Kleinbahn und einem Sessellift, war schon ein Hauch der großen, weiten Welt. Hinter der Grenze war irgendwie noch nicht so richtig Frankreich, denn viele Lothringer sprachen Deutsch, jedenfalls mehr als umgekehrt Saarländer Französisch beherrschten. Eine meiner lustigsten Erfahrungen mit Deutschen im »Reich« – wie sich die Bezeichnung im Saarland in Folge der beiden Abtrennungen von Deutschland nach dem Ersten und dem Zweiten Weltkrieg festgesetzt hat, so wie man in Elsass und Lothringen vom übrigen Frankreich auf Grund ähnlicher historischer Erfahrungen immer noch vom « L'intérieur » spricht – war, als mir einmal jemand ein zweifelhaftes, wenn auch freundlich gemeintes Kompliment machte: »Für einen Saarländer sprechen Sie aber gut Deutsch.«

So nah an der Grenze trifft man natürlich überall auf Spuren des Nachbarn. Als Volksschüler, so hieß das damals, machten wir einmal einen Ausflug zum »Lulustein« auf einem Hügel oberhalb Saarbrückens. Der ließ mich etwas schaudern, soll doch von dort der Sohn Kaiser Napoleons III., Louis, genannt Loulou, am Beginn des Krieges 1870/71 eine Kanone auf die Stadt abgefeuert haben. Unser geschichtsbewusster Vater machte gerne dann und wann einen Ausflug mit uns Kindern über die Grenze. Dann ging es auf die Spicherer Höhen, wo wir die vielen Gedenksteine für dort gefallene Soldaten beider Seiten in diesem Kriege betrachten mussten. Mir gefällt bis heute das auf den Höhen gelegene Gasthaus Woll besser.

Mein Vater, später Chefredakteur der Saarbrücker Landeszeitung und CDU-Bundestagsabgeordneter, war schon als Jugendlicher im fernen Pommern während der Nazi-Diktatur ein Bewunderer General de Gaulles, der den Widerstand des Freien Frankreichs gegen die deutsche Besatzung anführte. Als der Einundzwanzigjährige den General am 4. Oktober 1945 zum ersten Mal sah, vertraute er seinem Tagebuch an: »Der Sieger im französischen Freiheitskampf und Staatschef Frankreichs war bis heute in Freiburg. Ahnte er, daß in der Menschenmenge ein junger Mensch war, der ihn verehrte seit 1940 als ein heroisches Symbol des Widerstands, ein Deutscher? Bestimmt nicht. Seit 5 Jahren besaß ich sein Bild und verfolgte seinen Weg. Unsere Jugend, die so arm ist an Begeisterungsfähigkeit, wählt sich manchmal für frühere Begriffe unglaubliche Helden. Aber das wird wohl später von einigen verstanden werden, warum ich General de Gaulle so verehre.« [1]

Dass das deutsch-französische Verhältnis nicht einfach nur einfach ist, erschloss sich an der Grenze schon einem Kind, auch wenn es nicht viel über die tieferen Hintergründe nachdachte. Gleichzeitig waren Frankreich und die Franzosen immer präsent: Bei mir durch Verwandte in Frankreich, und auch bei meinen besten Schulfreunden gab es französische Vettern und Cousinen im nahen Lothringen. Hier zeigten sich noch Reste des vor dem Ersten Weltkrieg ganz selbstverständlichen Zusammengehörens der Region

1 Die Welt ist weit, und ich bin jung. Das Leben des Franz-Lorenz v. Thadden, hrsg. v. Marielisa v. Thadden et al., Bonn 2016, S. 218 f.

Saar-Lor-Lux, die sich nicht in erster Linie an politischen Grenzen festmachte, die sowieso immer hin- und herwanderten.

Welche Züge das annehmen konnte, lernte ich später in der Familie meiner verstorbenen Frau kennen, die aus einer echt saarländischen Familie stammte: Die Schwester ihrer Urgroßmutter hatte sich nach dem Ersten Weltkrieg in einen französischen Zöllner verliebt, als die Zollgrenze zwischen Frankreich und Deutschland bis an die Pfalz verschoben wurde. Mit ihrem Mann zog sie 1935, nachdem die Saarländer sich für die Rückkehr zum inzwischen nationalsozialistisch gewordenen Deutschland entschieden hatten, auf die französische Seite der nunmehrigen Grenze zwischen Forbach und Saarbrücken. Ihr Sohn, Robert Hochard, wuchs in einer echt deutsch-französischen Familie auf. Er hätte sich für beide Seiten entscheiden können, wählte aber 1939 bei Ausbruch des Zweiten Weltkrieges die französische und schloss sich den Truppen unter General de Gaulle an, der in London zum Widerstand gegen den anscheinend übermächtigen Besatzer aufrief. »Onkel Robert« ging in den Untergrund, entkam in Bordeaux aus deutscher Haft, und sprang später im Krieg in einem Auftrag der Résistance heimlich bei Angers ab. Dort lernte er ein Mädchen kennen, das er nach dem Krieg suchte, wiederfand und heiratete. Als Soldat der Sieger kam er dann nach Berlin, wo er mit seiner wachsenden Familie lebte, bevor er ins schöne Angers zog. Seine Enkelkinder lernten Deutsch, so dass die Brücke von beiden Seiten erhalten blieb.

Französisch zu lernen ist im Saarland seit Langem fester Bestandteil der Lehrpläne. So lernte ich am Ludwigsgymnasium sieben Jahre Französisch, hauptsächlich unter den Herrn Schmidt-Köhl und Schmitz, die mühsam säten, wovon ich später so profitierte. Neben der Schönheit dieser Sprache, die sie uns nahezubringen versuchten, quälten sie uns intensiv mit den Gemeinheiten, z. B. dass das Partizip Perfekt eines Verbes, auch wenn es mit «avoir» konjugiert wird, ein zusätzliches «e» anhängt, wenn diesem Verb ein weibliches Objekt vorausgeht. «La lettre que j'ai lue» (der Brief, den ich gelesen habe) brach manchem von uns in Klassenarbeiten das Genick, ebenso wie ich hilflos versuchte, den Sinn eines Diktates zu erfassen und aufzuschreiben, bei dem ich schon die vorgetragene Überschrift nicht verstand, die für mich klang wie « song song song ». Erst bei Rückgabe des mit einer Fünf bewerteten Diktates erfuhr ich, dass es sich um « cent sans sang » gehandelt hatte, »hundert ohne Blut«. Aber gemerkt habe ich es mir. Manche Bildungsbemühung trägt übrigens spät, aber doch und völlig unerwartet Früchte: Einmal hatten wir uns beschwert, weil uns das Lehrbuch, wie wir fanden, völlig veraltete, unnütze Vokalen zu lernen hieß, z. B. « la batteuse-lieuse », die Dreschbindemaschine, was ich mir schon auf Deutsch nicht vorstellen konnte. Umso erstaunter waren französische Verwandte, als ich Jahrzehnte später auf einer Landwirtschaftsausstellung in Angers erfreut auf eine alte Maschine deutete und wortgewandt diese « batteuse-lieuse » bewunderte.

Wie viel ich dem saarländischen Französisch-Lehrplan verdankte, noch bevor sich das Saarland unter Ministerpräsidentin Annegret Kramp-Karrenbauer 2015 entschloss, als erstes deutsches Bundesland bis 2030 die volle Zweisprachigkeit anzustreben, ging mir auf, als ich zum europäischen, im Kern deutsch-französischen Unternehmen Airbus wechselte. Natürlich und aus guten Gründen ist Englisch hier die Geschäftssprache, aber mit jeweils etwa 30% der Belegschaft von über 130.000 Mitarbeitern bilden Franzosen und Deutsche den größten Anteil. So wie es erstaunlich viele Franzosen gibt, die hier gut Deutsch sprechen, so ist es umgekehrt unerlässlich, Französisch zu beherrschen, wenn man an einem französischen Standort arbeiten und sich dort integrieren will. Denn an jedem Standort dominiert natürlich die jeweilige Landessprache, ob in Frankreich, Deutschland, Großbritannien, Spanien, den Niederlanden oder den USA.

In Airbus ist zu erleben, wie Franzosen und Deutsche zusammenarbeiten, um die weltbesten Flugzeuge, Hubschrauber, Raketen und Satelliten zu bauen. Natürlich sieht man die kleinen, aber wichtigen kulturellen Unterschiede in der Denkweise, dem Blick auf die Welt und der Arbeitsmethodik. Man sieht die Ergebnisse der unterschiedlichen Sozialisationen und Bildungssysteme. Deutsche sind meist direkter, Franzosen geschliffener im Ausdruck. Letztere denken stärker hierarchisch, erstere fühlen sich in Gruppen freier, ihre Meinung zu sagen. Natürlich glauben viele Franzosen, dass außerhalb ihres schönen Landes die Barbarei herrscht. Und Deutsche glauben nicht wirklich, dass Franzosen gute Autos bauen können. Die frühere Dolmetscherin und Deutschland-Beraterin von Präsident Mitterand, Brigitte Sauzet, hat dies einmal in das nachdenkenswerte Bonmot gekleidet: Deutsche wollen von den Franzosen geliebt werden; sie werden aber nur geachtet. Franzosen wollen von den Deutschen geachtet werden; sie werden aber nur geliebt. Daran ist manch Wahres.

In Airbus treffen sich aber Menschen, die von demselben Willen beseelt sind, gemeinsam etwas Großes zu schaffen. Und Flugzeuge, Hubschrauber, Raketen und Satelliten jedenfalls können Franzosen wie Deutsche gleichermaßen entwickeln und bauen.

Airbus ist zudem ein Beleg dafür, dass weder Franzosen noch Deutsche in der Welt von heute alleine erfolgreich sein können. Dafür sind Spitzentechnologien und Spitzenprodukte wie in der Luft- und Raumfahrt viel zu anspruchsvoll und teuer. Die Konkurrenz ist weltweit, und nur gemeinsam ist der Wettbewerb auf den Weltmärkten erfolgreich zu bestehen. Und so ist für jeweils 40.000 Franzosen und Deutsche – und für ihre Familien – längst wahr geworden: Nur als Europäer haben wir eine Chance in der Zukunft, ohne unsere Wurzeln zu vergessen und in Offenheit der Internationalisierung gegenüber.

Wie wenig selbstverständlich dies angesichts unserer Geschichte ist, kann man an deutschen wie französischen Airbus-Standorten erleben: In Friedrichshafen am Bodensee gehören die ehemaligen Dornier-Werke heute zu Airbus. Claude Honoré Désiré Dornier, Kind eines eingewanderten Franzosen, begann unter Graf Zeppelin im Ersten Weltkrieg Flugzeuge zu bauen, die gegen sein ursprüngliches Heimatland eingesetzt wurden. Am Airbus-Standort in Suresnes bei Paris steht man auf dem Boden der ehemaligen Blériot-Werke, wo Flugzeuge gegen Deutschland gebaut wurden. Manchmal bleibe ich an der kleinen Gedenktafel stehen und frage mich, was Dornier und Blériot über die deutsch-französische Zusammenarbeit in Airbus gedacht hätten.

Teil der Gedenktafel für die Blériot Werke in Suresnes.
Foto: Johannes von Thadden

Meiner Arbeit in Paris verdanke ich ein vertieftes Verständnis der komplexen Verflochtenheit der französisch-deutschen Beziehungen: In Frankreich leben Verwandte der Familie meiner Mutter, die der Weg in den letzten 250 Jahren von Frankreich quer durch Europa zurück nach Frankreich geführt hat: Albert Louis comte de Pouilly, aus einer alten lothringer Familie und französischer Offizier unter Ludwig XVI., war mit Frau und Familie vor den Verfolgungen der Französischen Revolution 1792 geflohen, erst nach Luxemburg, dann ins heutige Deutschland, wo die Flüchtlinge zunächst mehr schlecht als recht ein Auskommen fanden, bevor einer der Söhne Karriere in der kaiserlich-österreichischen Armee machte und sich schließlich in Böhmen niederließ. 1945 mussten die Nachfahren wieder fliehen und verloren erneut alles. Ein Teil der Familie ging daraufhin zurück nach Frankreich.

1792 floh Albert Louis Pouilly übrigens auch vor seinem Schwager, General Adam de Custine, der sich auf die Seite der Revolution gestellt hatte und als Oberbefehlshaber der Rheinarmee während der Revolutionskriege Worms, Speyer, Mainz und Frankfurt eroberte und der Gründungsvater der kurzlebigen »Mainzer Republik« wurde, einer Keimzelle der Demokratiegeschichte in Deutschland. Custine war zudem 1789 der erste frei gewählte Abgeordnete im heutigen Saarland; denn sein Wahlkreis reichte von Thionville bis Saarlouis. Goethe schwärmte von diesem General, der bei seinen Soldaten als «général Moustache» (General Schnauzbart) bewundert wurde, und schrieb von »Custinens mutigen Taten«. Als Custine jedoch das neutrale Frankfurt eroberte, zu hohen Kontributionen zwang und Goethe die Heimkehr abschnitt, ließ Goethes Begeisterung für diesen Franzosen schnell nach, wie auch die sehr vieler anderer Deutscher, die in den französischen Revolutionstruppen bald nicht mehr die Befreier von feudaler Unterdrückung sahen, sondern einfach Besatzer. Damit legte Custine den Grundstein nicht nur für demokratische Bewegungen in Deutschland, sondern auch für die Entfremdung zwischen Deutschen und Franzosen und für die letztendlich verhängnisvolle Verbindung, die nationale Selbstbehauptung und Ablehnung der Demokratie bei vielen Deutschen bis 1945 eingingen.

Custine nach der Eroberung von Mainz. Stich, Original im Besitz des Autors

Custine hatte die Freiheit schmecken und schätzen gelernt während der drei Jahre, die er während des amerikanischen Unabhängigkeitskrieges in Amerika auf Seiten Washingtons, Jeffersons und La Fayettes gekämpft hatte bis zur entscheidenden Schlacht, die den Amerikanern die Unabhängigkeit von der britischen Herrschaft brachte. So sah er sich 1792 auch in Deutschland: Er träumte davon, die deutschen Lande zur Freiheit und zum Sturz ihrer Fürsten zu führen und richtete deshalb einen flammenden »Aufruf an die gedrückte Menschheit in Deutschland im Namen der Franken-Republik«, in dem er die Deutschen zum Aufstand gegen ihre Landesherren aufrief – vergebens.

Aufruf
an die
gedrückte Menschheit in Deutschland,
im Namen der Franken-Republik
von
Adam Philipp Cüstine,
Fränkischen Bürger, und General der Armeen der Republik.

Auszug aus dem Aufruf vom 21. Oktober 1792.
Geheimes Staatsarchiv, Berlin, GStA, I HA Rep. 63, Nr. 1597, S. 25.
Foto: Johannes von Thadden.

Als dann die verbündeten preußischen und österreichischen Truppen ihn und seine Armee nach Frankreich zurückdrängten, nahm seine Karriere, der für sein Vaterland buchstäblich Kopf und Kragen riskiert hatte, ein abruptes Ende: Er wurde 1793 in Paris auf Geheiß von Robespierre als Verräter durch die Guillotine hingerichtet. Solche bestürzenden Grausamkeiten vermehrten in Deutschland den Abscheu vor der Revolution und gaben Nahrung für das aufkommende Gerede von den Franzosen als den

»Erzfeinden« Deutschlands. Es brauchte hundertfünfzig Jahre und vier weitere grauenvollen Kriege (1806-1815, 1870/71, 1914-1918 und 1939-1945), bis mit de Gaulle und Adenauer Politiker in die Verantwortung kamen, die verstanden, dass beide Nationen nur gemeinsam eine gute Zukunft haben können.

Luc Chauvet, meinen engsten französischen Freund, habe ich 1980 in Polen kennengelernt. Als Studenten hatten wir uns unabhängig voneinander entschieden, in diesem uns unbekannten Land ein Praktikum zu absolvieren. Dies brachte uns nicht nur zufällig im Wohnheim in benachbarte Zimmer, sondern auch zu gemeinsamen zeithistorischen Erlebnissen. So standen der junge Franzose und Deutsche nebeneinander am 30. August 1980 vor der von streikenden Arbeitern besetzten Lenin-Werft in Danzig und erlebten dort die Geburtsstunde der freien Gewerkschaft »Solidarität«. Für ihn als Franzosen war an diesem Tag klar, dass die Freiheit auf Dauer gegen die Unterdrückung gewinnen werde. Und wenn Polen frei werde, werde auch die kommunistische Diktatur in der DDR fallen und Deutschland wiedervereinigt werden. Das war mutig nach vorne gedacht und hat mich damals beeindruckt. So standen wir am Anfang einer Art von persönlichem »Weimarer Dreieck«, das heute die Zusammenarbeit zwischen Frankreich, Deutschland und Polen beschreibt.

Mein eigenes Weimarer Dreieck habe ich vor gut zwei Jahren gegründet: Mein persönliches Glück habe ich in Polen gefunden und in Paris geheiratet. Und mit einer Erfahrung französisch-deutsch-polnischer Eigenheiten soll diese Betrachtung schließen. Manchmal ist alles anders, als man gemeinhin denkt: Die unkomplizierteste und modernste Verwaltung haben wir in Polen angetroffen; denn alle notwenigen Unterlagen gab es von einer zentralisierten mit modernen Geräten ausgestatteten Behörde in Warschau. Die mit Abstand nervenaufreibendste und ineffizienteste Verwaltung trafen wir in Berlin, aber man war auf dem Amt stolz darauf, die ungewöhnlichen Sonderzeichen der polnischen Sprache, z. B.

den Buchstaben »Ł«, abbilden zu können. In Paris war man dem Wunsch einer Polin und eines Deutschen gegenüber sehr zuvorkommend, hier heiraten zu wollen, klar: in der schönsten Stadt der Welt. Das muss man keinem Franzosen erklären. Einfließen ließ die sehr freundliche Standesbeamtin jedoch den Umstand, dass ihre Urgroßmutter nach 1871 von den Deutschen aus dem Elsass vertrieben worden war – ein trauriges Kapitel unserer gemeinsamen Geschichte, das heute in Deutschland zu Unrecht vergessen ist. Aber an einem ganz anderen Punkt wurde sie ganz stocksteif: als wir fragten, ob sie die Sonderzeichen im polnischen Namen meiner Frau übernehmen könne. «Non, il nous faut respecter la langue française.» Auf ihre Sprache lassen die Franzosen nichts kommen. Und so musste sich meine Frau entscheiden, ob sie mich ohne Sonderzeichen nehmen oder ihre Sonderzeichen behalten wollte …

Aber ist es nicht schön, was in Europa heute möglich geworden ist? Und ist es nicht schön, dass es solche Unterschiede zwischen uns Europäern noch gibt? Und lohnt es sich nicht, für all dies einzustehen gegen die wachsende Zahl nationalistischer und populistischer Dummköpfe in beiden Ländern? Die europäische Einigung und die deutsch-französische Zusammenarbeit haben uns schon über 70 Jahre Frieden und Zusammenleben geschenkt. Daher ein lautes: Es lebe die deutsch-französische Freundschaft! Vive l'amitié franco-allemande!

PASCAL THIBAUT

Dans les bras de l'Allemagne

Eine deutsche Übersetzung dieses Beitrages finden Sie auf Seite 417.

La photo est un peu jaunie. Autour d'une table à la fin d'un repas, une famille pose pour un cliché des plus communs. Les bouteilles vides, sur la table un peu désordonnée, témoignent d'un repas bien arrosé. Un monsieur d'un certain âge tient dans ses bras un bébé. Il pourrait être le grand-père, mais c'est un invité, plus exactement un étranger.

Dans cette bourgade de Bourgogne, vingt ans après la fin de la guerre, le jumelage fraîchement signé entre Selongey et Gundersheim près de Worms, ne reste pas lettre morte. Les premiers échanges sont organisés. Des familles dont la guerre avaient fait des ennemis, deux décennies plus tôt, se rencontrent. Les Stelzer débarquent chez les Thibaut. Mes premiers contacts avec l'Allemagne commencent donc dans les bras d'un monsieur inconnu qui me susurre des mots doux dont le sens m'échappe. Il me faudra encore attendre quelques années pour qu'une communication digne de ce nom soit possible entre nous.

Autour de la table, il y a le grand-oncle René qui habite dans une ferme de l'autre côté de la rue. Il était prisonnier de guerre en Allemagne dans une autre ferme. La chanson de Barbara, »Göttingen«, l'hymne de la réconciliation entre nos deux pays, est encore récente, et à la campagne aussi les fermes sont les mêmes en Bourgogne ou en Souabe. Un autre membre de la famille, lui aussi prisonnier de guerre en Allemagne, ne voudra jamais avoir à faire avec ces « Schleus » qui vingt ans plus tard voulaient célébrer la paix et l'amitié franco-allemande.

Pour les plus jeunes, dans un bourg campagnard des années 60, un tel jumelage, c'était l'exotisme garanti, même si les invités ne vivaient qu'à 500 kilomètres de là. Bien avant les voyages low cost, les déplacements se limitaient à l'Hexagone. Pour la génération de mon père, le seul grand voyage fut souvent de l'autre côté de la

Méditerranée, pour une autre guerre, en Algérie, contre un autre ennemi.

Un tel jumelage dans l'Europe des années 60/70 où les échanges restent encore réservés à une petite élite éclairée est une invention géniale pour rapprocher des personnes qui ne se seraient jamais rencontrées, qui ne connaissent pas ou peu le pays voisin et encore moins sa langue. Des ouvriers, des employés, des paysans, des sportifs se reçoivent et échangent en jouant des pieds et des mains.

Quand mon frère aîné avec d'autres joue au foot avec ou contre l'équipe de Gundersheim, les pieds prennent le dessus sur les langues. Et la troisième mi-temps permet d'achever le rapprochement viril sur le terrain. Les spectatrices des matchs rejoignent les messieurs fraîchement douchés. Pour les jeunes de ces bourgades où tout le monde se connait, ces échanges renouvellent également durant quelques jours l'éventail des conquêtes potentielles. Quelques décennies plus tard, les souvenirs avec Hannelore reviennent toujours durant les longs réveillons de Noël. Ces belles plantes blondes dont la descente dans les soirées imbibées impressionnait ont laissé un souvenir impérissable…

Quelques années et quelques biberons plus tard, je peux enfin participer de façon plus active à ces échanges. Je me souviens vaguement d'un voyage à Gundersheim, village propret dans cette région viticole du Rhin. A l'aller comme au retour, des petits cadeaux sont échangés : les Bourguignons sont bien sûr fiers d'offrir leurs plus beaux crus; les bouteilles de vin blanc que nous rapportons suscitent un « Danke schön » poli avant de finir leur carrière, oubliées et poussiéreuses, dans un coin de la cave. Lorsqu'étudiant, j'eu l'idée incongrue d'en emporter une ou deux avec moi dans ma coloc parisienne, il ne me resta plus sur place qu'à vider un liquide sirupeux et brunâtre dans l'évier.

Erasmus n'est à cette époque qu'un érudit hollandais que les plus cultivés connaissent. Mais les échanges existent déjà. Les universités de Dijon et de Mayence, les capitales des deux régions jumelées, la Bourgogne et la Rhénanie-Palatinat, sont pionnières en la matière. Et les étudiants en droit comme moi qui ont une fibre germanique découvrent les subtilités du BGB, le code civil allemand, et peuvent participer durant les vacances d'été à un échange d'un mois avec des étudiants de Mayence. Grâce soit rendue en passant à l'office franco-allemand pour la jeunesse sans lequel ces échanges n'auraient pas eu lieu et sans lequel ma vie aurait pris une toute autre tournure. Merci a posteriori pour les dîners à l'hôtel de La Cloche, une des meilleures tables de Dijon que l'OFAJ nous a offert; les budgets sont sans doute aujourd'hui plus serrés…

Chaque participant à ces échanges a un partenaire chez lequel il est hébergé; déjà on peut prendre le pouls de la vie quotidienne dans une famille allemande. Des années plus tard, j'ai retrouvé Peter, aujourd'hui fonctionnaire au ministère fédéral de l'Education. Cette plongée dans la réalité est un sain complément aux études théoriques et remet quelques clichés bien ancrés en cause. Les facs allemandes avec leurs travaux en groupe et des relations plus détendues avec les profs tranchent avec le côté assez scolaire du modèle français. Je le remarquerai quand plus tard, je débarque de Sciences Po à l'institut Otto-Suhr de l'université libre de Berlin, haut lieu de la contestation. Les demoiselles en carré Chanel et les petits messieurs en Burberry de la rue Saint-Guillaume prenaient soudain un sacré coup de vieux même si l'étudiant sage que j'étais avait l'impression que la chienlit dont parlait un général français à propos d'autres étudiants s'était exportée avec succès et durablement outre-Rhin, et même de l'autre côté du rideau de fer.

Avec mon tandem à Mayence, une des premières excursions, au bord d'un lac, provoque un choc culturel. A ma grande surprise, mes petits camarades se déshabillent sans pudeur tandis que je me tortille tel un vermisseau, ma serviette autour de la taille. La pruderie made in France et la Freikörperkultur : autant imaginer Yvonne de Gaulle dans un camp de nudistes. Ici, pas de ghettos, on se déshabille tout naturellement dans les parcs du centre-ville. Impensable aux Buttes Chaumont où les CRS rappliqueraient illico en masse. Bref, je découvrais au jour le jour que la société allemande pouvait être plus libérale que la française et que certains clichés sur les Allemands disciplinés et coincés avaient pris un coup de vieux.

Mais il y a des limites. Surtout lorsque les vaches sacrées germaniques, les voitures, sont concernées. Je me rappelle le petit message sur mon pare-brise d'une voisine attentive – peut-être une retraitée veuve, accoudée à sa fenêtre sur son coussin? – me communiquant le numéro de la voiture qui avait osé effleurer mon pare-choc.

Le semestre à l'université de Mayence en 1986 coïncide avec la catastrophe de Tchernobyl. Le Français encore marqué par l'infaillibilité du nucléaire hexagonal s'étonne de l'hystérie collective qui agite les indigènes : les bacs à sable aux possibles radiations sont désertés par les petits Allemands et les légumes sur les étalages des supermarchés boudés par des consommateurs qui ont garé sur le parking leur voiture diesel polluante affichant le célébrissime autocollant « Atomkraft, nein danke ».

Enfin, Berlin où je débarque en octobre 1990, lieu mythique pour l'amoureux de l'Allemagne avec son passé si complexe, des folles années vingt où on danse sur un volcan aux « Ailes du désir » et ses terrains vagues, punition d'une histoire bien trop brune. Ce dom-tom outre-mur de l'Allemagne de l'Ouest constitue un terrain d'expérimentations où tout paraît possible.

C'est plus tard que je découvre Berlin-Est en décembre 1989. Le mur est tombé depuis un mois mais les contrôles aux frontières demeurent. A la gare de Friedrichstrasse, avec d'autres camarades de l'école de journalisme, nous traversons le « palais des pleurs » où les contrôles s'effectuent dans des cagibis revêtus d'un horrible formica et surmontés d'un miroir inquisiteur, sous les yeux scrutateurs d'un policier à l'humeur maussade. Lorsqu'au printemps 1990, j'effectue un stage au quotidien « Berliner Morgenpost » et passe tous les jours d'Est en Ouest à Checkpoint Charlie, ils finissent par me saluer d'un signe de la main comme un habitué dans un bar.

En ce dimanche de décembre 1989, la ville paraît morte. Quelques voitures circulent. Nous nous rendons à la Zionskirche, haut lieu de l'opposition est-allemande et découvrons l'odeur du lignite utilisé pour les poêles des appartements et les effluves malodorantes des Trabant, dont le moteur à deux temps pétaradant reste encore aujourd'hui reconnaissable entre mille.

Les premières connaissances permettent d'en savoir plus sur ces Est-Allemands encore inconnus. De retour de Dresde après la manifestation impressionnante avec Helmut Kohl devant l'Eglise Notre-Dame en ruines où de nombreux drapeaux allemands traduisent une réunification inéluctable, un jeune étudiant essoufflé s'asseoit à côté de nous dans le train. Il nous dit d'oublier nos livres sur la RDA et nous promet de nous en dire beaucoup plus. Il tient parole. Avec Anselm, j'assiste à l'ouverture émouvante de la porte de Brandebourg quelques jours avant Noël 1989. Et un beau matin de janvier, un samedi, le téléphone sonne. Il est à Paris. Pratiquement sans un sou, il écume l'Europe sans dormir, assoiffé de découvrir un monde qui lui était interdit quelques semaines avant. Ses parents, son frère et sa sœur, deviennent après mon installation à Berlin une nouvelle famille. J'absorbe toutes ces informations sur la vie quotidienne en RDA, les démêlés avec le pouvoir, les nécessaires contorsions et les espaces de liberté dans la sphère privée. J'apprends plus tard comment allumer et nettoyer un poêle au lignite. Le téléphone met des mois avant d'être posé à Prenzlauer Berg. A l'époque où les téléphones portables restent des engins monstrueux et hors de prix. Longtemps encore, les petits rouleaux de papier restent accrochés aux portes des appartements permettant au visiteur passant à l'improviste –impensable aujourd'hui- de laisser un message.

Déjà les malentendus entre Wessis et Ossis apparaissent. Le Gaulois exotique observe et cherche à comprendre pourquoi le mur abattu rapidement subsiste dans les têtes. Dans des rencontres de l'office franco-allemand pour la jeunesse, les Français, neutres dans les démêlés des autres participants contribuent à pacifier les débats.

Je me rappelle de Bitterfeld après la réunification dans le triangle de la chimie est-allemande et son « lac » où des liquides multicolores se déversent en pleine nature. Je me souviens des blessures dans les façades pas encore rénovées de Berlin-Est avec les impacts de balles rappelant les combats de rue en 1945, les balcons arrachés car trop dangereux, les premiers squats et les skinheads qui parfois faisaient une descente le soir à Kollwitzplatz, symbole aujourd'hui d'un quartier, Prenzlauer Berg, totalement gentrifié.

L'ex-RDA est chamboulée de fond en comble. De nombreuses industries ferment. Dans les couloirs à n'en plus finir de l'ancien ministère de l'air de Göring , c'est le linoléum est-allemand et une odeur indéfinissable laissée par les détergents du socialisme réel qui règnent en maître. Là où peu de temps auparavant œuvraient des fonctionnaires est-allemands, les liquidateurs de la Treuhandanstalt privatisent à tout va. Je me rappelle de ces fringants Français, fraîchement débarqués à Berlin, qui au début de leur carrière prometteuse, tranchaient en un tour de main sur le destin des anciens « Kombinate ». Ceux que j'appellais les Treuhand-Wonderboys s'éclatent au travail, et le week-end, différemment dans les temples underground de la scène techno, comme le Trésor ou le E-Werk, à côté de leur lieu de travail. Une anecdote m'est restée qui met bien en exergue l'état d'esprit de certains Wessis. Un potentiel repreneur français se vit dire un jour par un concurrent allemand : « Laissez nous tranquilles ici. Nous ne vous avons pas dérangé quand vous faisiez vos affaires en Algérie ».

Tant d'années passées dans un pays, au départ étranger, modifient la personnalité. De nouvelles expériences, une culture et des pratiques culturelles différentes, ont bien sûr une influence. Et Berlin, la ville de tous les possibles renforce ce trait. La distance physique mais aussi mentale qui se crée avec son pays d'origine permet aussi d'évoluer. Mon coming out aurait peut-être pris un autre tour sans cette même distance. Etre dans un autre pays, particulièrement à Berlin, libère de nombreux carcans. Etranger dans un autre pays, on prend ses distances avec sa vie antérieure et on reste un électron libre dans un environnement auquel on n'est d'abord pas intégré.

Cela change avec le temps. La biculturalité s'impose. J'ai pris la nationalité allemande en 2004 sans abandonner la française. Je réfléchis parfois en allemand et mélange comme beaucoup d'autres dans ce cas des mots ou des expressions d'ici à mon français.

Cette biculturalité fait de nous des relais entre nos deux pays pour défendre la France quand un certain french bashing s'impose en Allemagne ou au contraire pour rectifier la vision idyllique de certains francophiles allemands – souvent d'un certain âge – qui ont transposé sur la France la passion qu'une identité brisée leur empêchait de cultiver pour leur propre pays. Et en France, où la méconnaissance de l'Allemagne et de sa langue restent abyssales, le médiateur de service doit expliquer le pays voisin ou s'attaquer à une germanophobie latente qui donne à des critiques parfois justifiées un relent nauséabond issu d'une époque qu'on croyait révolue.

BIRGIT VANDERBEKE

Aber die Sprache …

Bekanntlich sind Fremdsprachen für die überwältigende Mehrheit der Franzosen etwas Ähnliches wie der Gang durchs Fegefeuer für Katholiken. Eine Mischung aus Furcht und Entsetzen befällt sie, sobald sie auch nur daran denken, eine nicht französische Sprache erlernen und im Ernstfall sogar auch noch anwenden zu müssen.

Das betrifft das Englische ebenso wie alle anderen Sprachen, wobei das Deutsche womöglich eine Steigerung des Fegefeuers darstellt, weil es als schwierig gilt und somit die Fremdsprachenpein als solche noch einmal beträchtlich verschärft.

Deutsche hingegen lernen in ihren staatlichen Schulen – wenigstens behaupten die Statistiken das – Englisch. Irgendwie. Halbwegs praktikabel. Unvermeidlich auch, weil es auf die Deutschen niederprasselt, wo sie stehen und gehen. Manche nennen es Denglisch. In Frankreich, das wissen außerhalb des Landes nur wenige, steht Sprachpanscherei – zum Schutz der französischen Muttersprache – unter Strafe.

Neben dem Englischen soll es auch im Jahr 2017 in beiden Ländern noch eine »zweite Fremdsprache« als Schulfach geben. Ich kann die deutsche Situation von hier aus nicht einschätzen, vermute aber, dass auch dort das schulische Angebot dieser zweiten Fremdsprache die Klientel flächendeckend nicht erreicht, mir ist jedenfalls noch nie ein deutscher Staatsbürger begegnet, der die französische Sprache in der öffentlichen Schule tatsächlich gelernt hat.

Der Umstand, dass sich also Deutsche und Franzosen normalerweise nicht miteinander unterhalten können, wenn sie sich denn begegnen, ist allerdings nicht so tragisch, weil sie sich in der Regel nicht in einer Weise begegnen, in der es zu einer Unterhaltung kommen könnte. Franzosen meiden Deutschland, weil es dort kalt ist, dauernd regnet und die deutschen Frauen sich nicht die Beine rasieren. Deutsche wiederum, mit Ausnahme der wenigen frankophilen, deren Zahl im Schwinden begriffen ist, meiden die arroganten Franzosen, wenn sie trotz der horrenden Preise und der ununterbrochenen dortigen Streiks ihre Ferien einfach deshalb in der Nähe eines der unzähligen französischen maroden Atomstrommeiler verbringen müssen, weil Spanien ausgebucht und die Türkei und der halbe Rest der Welt terrorbedroht ist.

Dass sich Deutsche und Franzosen eigentlich nicht begegnen (außer wenn's offiziell ist und von jemandem bezahlt wird), hat einiges für sich: Auf die Art hat sich die deutsch-französische Erbfeindschaft, von der immerhin jahrhundertelang jedes Kind hier wie dort ein Lied singen konnte, ganz schlicht von selber erledigt, und zwar wirkungsvoller, als es die Élysée-Verträge je vermocht haben.

Zur Erinnerung: Mit den Élysée-Verträgen wurde am 22. Januar 1963 die deutsch-französische Erbfeindschaft beendet und durch die deutsch-französische Freundschaft ersetzt, und das war europapolitisch natürlich ein großartiger Akt.

Der Haken daran war, wie das so oft bei großartigen Akten auf höchster Ebene passieren kann, dass Adenauer und de Gaulle zwar durchaus davon ergriffen waren, die Sache selbst aber nicht bis zur Bevölkerung durchgedrungen und dort angekommen ist.

Als mein Mann, mein Sohn und ich vor dreiundzwanzig Jahren nach Frankreich zogen, gab es noch Menschen, die sich daran erinnerten, dass Deutschland einige Jahrzehnte zuvor zum zweiten Mal einen Weltkrieg vom Zaun gebrochen und unter anderem auch Frankreich überfallen und dessen Bürger zu Hunderttausenden getötet hatte.

Wir hatten das natürlich nicht getan, aber es war uns unangenehm, dass wir Bürger einer Nation waren, die mindestens vorübergehend von kollektivem Irrsinn der verbrecherischsten Sorte heimgesucht worden war, und man konnte ja nie wissen, ob das auch wirklich ausgestanden wäre, zumal nach dem Fall der Mauer Deutschland wieder ziemlich groß geworden war und die alliierten Besatzungsmächte demnächst abrücken würden. Der französische Präsident Mitterrand war nicht der Einzige, der darüber nachdachte, ob das mit der deutschen Führerschaft und dem kriegerischen Irrsinn möglicherweise in diesem neu aufgeblähten Land nicht doch wieder losgehen könnte, und dann könnte es vielleicht wieder gegen Russland oder Frankreich oder irgendwelche anderen Länder losgehen.

Die gute Nachricht ein Vierteljahrhundert später ist: Inzwischen weiß eigentlich keiner mehr, was da eigentlich in den letzten zweihundert Jahren los war zwischen den Deutschen und den Franzosen. Das ist eindeutig ein Verdienst von Europa. Europa entsorgt nach hinten seine Geschichte und denkt nach vorne global.

Global ist ein Synonym für Wettbewerb, und so erklärt die Europäische Union auch ihr Verhältnis zur Sprache:

»Die EU betrachtet die Mehrsprachigkeit als ein wichtiges Element der Wettbewerbsfähigkeit Europas.«

So gesehen, sind die Franzosen natürlich ziemlich blöd dran, weil sie mangels ihrer Mehrsprachigkeit erst mitkriegen, was Sushi ist, wenn die Thunfische, aus denen Sushi gemacht wird, schon eine ganze Weile ausgestorben sind. Letztens haben junge Leute in Paris einen Riesen-Boom losgetreten, als sie massenhaft angefangen haben, IT-Start-up-Unternehmen zu gründen. Eine tolle Idee, typisch für die innovative Kreativität der Franzosen. Ob sich das Projekt bis Silicon Valley herumsprechen wird, weiß ich natürlich nicht, aber wenn, haben die da drüben herzlich was zum Lachen.

Die Deutschen können zwar auch keine Fremdsprachen, allerdings haben sie keine Hemmungen, sie auch ohne Grammatik und

Vokabular zu praktizieren. Hier wie dort gilt seit etlichen Jahren: Wer es sich leisten kann, schickt sein Kind auf eine englischsprachige Privatschule, weil das internationale Business auf Englisch stattfindet.

Die chinesische Welle, die vor einigen Jahren in der untergehenden Mittelschicht aller westeuropäischen Länder eine etwas hysterische Sprachkonditionierung ab dem Kindergartenalter ausgelöst hat, ist inzwischen ein wenig abgeflaut, aber natürlich ist Chinesisch um Längen attraktiver als all diese überflüssigen europäischen Sprachen, die bei uns und um uns herum noch immer gesprochen werden, auch wenn sie auf der Bühne der transnationalen Konzerne, Banken, Institutionen und Universitäten nicht mehr die allergeringste Rolle spielen und sogar romanistische Fachtagungen längst auf Englisch abgehalten werden.

Mit den Sprachen ist es nicht anders als mit den anderen Gattungen: Womit sich kein maximaler Gewinn für die Aktionäre zuwege bringen lässt, das können wir nicht gebrauchen, das kann ruhig vom Erdball verschwinden. Ob das die Schwalben, der Ackerschachtelhalm, die Giraffen oder irgendwelche Sprachen sind, egal.

Bei genauerem Hinsehen ist das Wort »mehrsprachig« in der Selbstdarstellung der europäischen Sprachpolitik also kein Synonym für »polyglott«, sondern eines für »diglott«, für »zweisprachig«, weil eben der Wettbewerb, der aus Sicht der EU unsere Mehrsprachigkeit erfordert, weltweit nicht auf Französisch, Deutsch oder Polnisch, sondern auf Englisch ausgetragen wird. Somit hat in der europäischen Mehrsprachigkeit das Englische den oberen Rang, da es Karriere, Geld, Vorteile verspricht, die »andere« Sprache hingegen, die bedauerlicherweise nach dem Brexit für fast alle europäischen Bürger ihre nicht englische Muttersprache ist, fällt im internationalen Wettbewerb hinten runter, und wenn sie Glück hat, erbarmt sich Brüssel und stellt sie irgendwann unter Artenschutz. Eine dritte Sprache ist in der Mehrsprachigkeit nur nominell enthalten, faktisch eher nicht. Tertium non datur.

Der deutsche Bundespräsident Joachim Gauck hat diese verkürzte Auffassung der Mehrsprachigkeit, die in Wirklichkeit nur eine Zweisprachigkeit für Europa sein soll, in seiner Rede zu den Perspektiven der europäischen Idee am 22. Februar 2013 sehr deutlich formuliert:

»Mehr Europa heißt nicht nur Mehrsprachigkeit für die Eliten, sondern Mehrsprachigkeit für immer größere Bevölkerungsgruppen, für immer mehr Menschen, schließlich für alle! Ich bin überzeugt, dass in Europa beides nebeneinander leben kann: Beheimatung in der eigenen Muttersprache und ihrer Poesie und ein praktikables Englisch für alle Lebenslagen und Lebensalter.«

Diese vollkommen uneuropäische Haltung hat Folgen. Von hundert belletristischen Büchern, die aus einer anderen Sprache ins Deutsche übersetzt werden, kommen 70 bis 75 (das schwankt pro Jahr) aus dem angelsächsischen Sprachraum, bei den Franzosen sind es 66, also immerhin zwei Drittel. Für den Rest der Welt bleibt da nicht mehr so viel. Immerhin ein Zehntel aller übersetzten Bücher kommen bei den Deutschen vom französischen Nachbarn, den dritten Platz nehmen mit 7 % die Japaner ein, deren Mangas wiederum bei den Franzosen deutlich beliebter sind; überhaupt haben die nicht so übertrieben sprachlastigen BDs (also Comics) hier einen Übersetzungszulauf, und die Japaner landen bei den Übersetzungen ins Französische auf Rang 2, aus dem Deutschen stammen nur um die 7 % aller in Frankreich publizierten übersetzten Bücher.

Das ist schlecht für den Berufsstand der Übersetzer, insbesondere freiberuflicher literarischer Übersetzer, die in Brüssel keinerlei Lobby haben und sehen können, wie sie mit durchschnittlich 1000 Euro monatlich ihre Existenz am Minimum fristen können: Im vereinten Europa ist keiner an ihrer Arbeit interessiert. Jedenfalls nicht so, dass er dafür, sobald die Sonntagsreden zur Völkerverständigung verklungen sind, ein angemessenes Gehalt zahlen würde.

Gelegentlich fällt hier oder da einmal auf, dass es für den Beruf des Übersetzers keinen Nachwuchs mehr gibt, aber das kann doch wohl kaum an dem Hungerlohn liegen, den jemand nach einem langen Studium verschiedener Sprachen zu erwarten hat?

Dieser kleine EU-Exkurs sollte dazu dienen, den augenblicklichen Stand der deutsch-französischen Beziehungen im Leben der Bürger der beiden Länder verständlich zu machen. Der ist überhaupt nicht kompliziert, sondern durch politisch gewolltes, umfassendes gegenseitiges Desinteresse gekennzeichnet, allenfalls ein paar ausgelutschte, primitive Klischees bringen beim Gegenüber noch ein müdes Nicken hervor: So ist er eben, der Nachbar. Kann man nichts machen. Der Franzose fährt immer noch mit dem Baguette unterm Arm auf der Solex und trägt sommers wie winters Barett, auch wenn er keine Gauloise mehr dabei zerkaut. Der Deutsche trinkt hektoliterweise Bier und ernährt sich von Würstchen und Grundsätzen, aber Ordnung kann er, das muss man anerkennen, und wirtschaftlich hat er die Nase vorne, das kann man bewundern oder in die Kategorie unfairer Wettbewerb packen, sofern man es mit preisgedumpten Fleisch-, Milch- oder sonstigen Produkten zu tun hat, die brutal den französischen Markt überschwemmen und die Betriebe kaputtmachen, und so ganz genau wissen das eigentlich nur die Betriebe, die kaputtgehen, der Rest kriegt das gar nicht recht mit.

Wer viele Jahre im Land des Nachbarn lebt, steckt ganz nebenbei unvermeidlich randvoll mit harmlosen oder auch weniger harmlosen Anekdoten über die völlige Ahnungslosigkeit der einen über die anderen.

Ich will hier nur kurz eine kleine Geschichte erzählen, die unserem wunderbaren und ungewöhnlich weltoffenen Metzger kürzlich passiert ist, als er nach einem echten Schwarzwälder Rezept zu seinem Sauerkraut eine passende Kümmelwurst kreierte.

Die müssten wir als Deutsche unbedingt probieren.

Natürlich mussten wir.

Und nach dem kulinarischen Schreck fiel uns wieder ein, dass der deutsche »gemeine Kümmel« (auch als Wiesen-Kümmel bekannt) nicht das Gleiche wie der französische « cumin » ist, weil im Deutschen das Wort »Kümmel« die Spezies *carum carvi* bezeichnet, während der Franzose, wenn er »Kümmel« sagt, *cuminum cyminum* meint, und wer versehentlich einmal Kreuzkümmel an seinen Schweinebraten gegeben hat, wird sich entsetzlich gewundert haben.

Allerdings ist in der Gegend, in der ich lebe, kein gemeiner Kümmel zu bekommen, sondern nur Kreuzkümmel, weshalb ich Kümmel seit Jahren immer auf meiner Einkaufsliste für Deutschlandreisen stehen habe, unser germanophiler Metzger hatte also nicht die geringste Chance.

Eine Chance hingegen hatte eigentlich vor Jahren der Abiturprüfer unseres mehr-, nämlich dreisprachigen Sohnes.

Der hatte im Gymnasium seine Muttersprache Deutsch als zweite Fremdsprache gewählt.

Die Abiturprüfungen werden in Frankreich nicht von den Lehrern der Schüler abgenommen, sondern – wegen der Gerechtigkeit – von anonymen Prüfern, also von Lehrern anderer Schulen.

Es war die mündliche Prüfung für die zweite Fremdsprache. Ein Gespräch von etwa zwei Sätzen hätte genügt, um festzustellen, dass unser Sohn akzentfrei und äußerst eloquent Deutsch spricht, auch wenn er nicht Schneider, Schäfer oder Schmidt heißt, sondern meinen flämischen Nachnamen trägt.

Soweit ließ der Prüfer es allerdings nicht kommen, sondern ging aus Erfahrung und selbstverständlich davon aus, dass der (auch noch belgische? oder holländische?) Prüfling ganz bestimmt keine dritte (womöglich wäre das sogar die vierte?) Fremdsprache könnte, und gab eine vernichtende Punktzahl. Der Kandidat war durchgefallen.

Wochen später kam es zur Nachprüfung, der sogenannten « rattrapage ».

Unser Sohn betritt den Raum, der Prüfer schaut von seinen Unterlagen hoch und ihn an, und dann spricht er aus, wie es um das deutsch-französische Verhältnis steht: »Warum haben Sie letztens nicht gleich gesagt, dass Sie Deutscher sind?«

Die volle Punktzahl diesmal, aber wir hatten alle drei keine rechte Freude daran.

Als Jahre später unser Enkel geboren wurde, lebten wir immerhin schon zwanzig Jahre hier, aber was « Liniment » ist, wussten wir immer noch nicht, dabei ist Liniment phantastisch: Man kann es überall in Frankreich günstig kaufen oder überall auf der Welt noch günstiger selber machen, indem man 100 ml kalt gepresstes Öl erhitzt, 4 Gramm Bienenwachs darin schmelzen lässt, es sodann vom Feuer nimmt und unter sachtem Rühren 100 ml Kalkwasser dazugibt.

Das Resultat ist das beste Baby-Po-Pflegemittel, das man sich denken kann, es wird in jedem französischen Kleinkind-Haushalt eingesetzt, man kann sich damit auch abschminken, wenn man mag, und sage einer, die Franzosen hätten es nicht mit der Ökologie …

Kurz darauf lernten wir übrigens auch noch, wer Sophie, die Giraffe ist, « Sophie la girafe », die in Frankreich jedes Kind kennt und in den Mund nimmt, aber das ist eine andere Geschichte von der ökologisch nicht ganz so einwandfreien Sorte, in der eine ganze Menge Nitrosamine vorkommen und die ich jetzt nicht erzähle, weil ich die deutschen Vorurteile nicht bedienen mag (zur weiterführenden Information: Nitrosamine sind vor allem in gepökelten Fleisch- und Wurstwaren enthalten, von denen wiederum die Franzosen wissen, dass sich Deutsche vorwiegend damit ernähren und sie auch gern auf den Grill legen, was ihre Wirkung potenziert), sondern eigentlich wollte ich nur daran erinnern, dass es einmal die zugegebenermaßen komplizierte Verschiedenheit in der Welt war, was die Menschen neugierig aufeinander gemacht hat, und dass es ein unglaublich wirksames, friedliches und freudvolles

Mittel gibt, die Andersartigkeit des anderen und den anderen selbst zu erfassen. Man mag es nicht glauben, es ist aber die Sprache.

St. Quentin la Poterie, am 17. Januar 2017

WINFRIED VEIT

Kerneuropa als deutsch-französisches Projekt

© M. Bamberger / BZ (Badische Zeitung)

Die deutsch-französischen Beziehungen sind an einem Tiefpunkt angelangt. Die meiste Schuld daran trägt der nicht immer »wohlwollende Hegemon« Deutschland, der seit 2008 den europäischen Nachbarn den Stempel seiner ordoliberalen Austeritätspolitik aufdrückt. Agierte nach Ausbruch der Finanz- und Wirtschaftskrise 2008 Bundeskanzlerin Angela Merkel noch Hand in Hand mit Frankreichs Präsident Nicolas Sarkozy (»Merkozy«), so änderte sich dies spätestens mit dem Amtsantritt des Sozialisten François Hollande im Mai 2012. Doch schon zuvor war der deutsch-französische Motor wegen der französischen Schwäche ins Stottern geraten: geringes Wirtschaftswachstum (1,2 % im Jahr 2016), hohe Staatsverschuldung (annähernd 100 % des Bruttosozialprodukts) und anhaltend hohe Arbeitslosigkeit (über 10 %).

Hollande scheiterte letztlich nicht nur an seiner zögerlichen Reformpolitik, sondern auch am deutschen Widerstand gegen seine zaghaften Versuche, eine Lockerung des Europäischen Stabilitätspaktes zu erreichen. Das war immerhin eines seiner zentralen Wahlversprechen gewesen, mit dessen Hilfe er hoffte, den Arbeitsmarkt ankurbeln zu können. Ein weiterer Vorstoß in die gleiche Richtung, nämlich sogenannte Eurobonds zur Erhöhung der Kreditfähigkeit der Schuldnerländer einzuführen, erlitt ebenfalls eine kühle Abfuhr: »Nicht, solange ich lebe«, war die Reaktion der Kanzlerin. Auch Hollandes Versuch, mit Spanien und Italien ein Gegengewicht gegen die deutsche Hegemonie aufzubauen (»Club-Med«), scheiterte an der finanziellen Abhängigkeit der südeuropäischen Schuldnerländer. Als Deutschland 2015 seine Grenzen öffnete und über eine Million Flüchtlinge und Migranten ins Land ließ, um anschließend europäische Solidarität einzufordern, war für die Franzosen das Maß voll. »Uns hat niemand gefragt und wir haben sie nicht gerufen«, beschied Premierminister Manuel Valls auf der Münchner Sicherheitskonferenz ebenso kühl die Kanzlerin, um dann die Aufnahme von 30.000 Flüchtlingen anzubieten.

Große Länder sollte man nicht demütigen, lautet eine grundlegende Maxime der Realpolitik, denn irgendwann erwachen sie wieder zu neuer Größe. Das beste zeitgenössische Beispiel ist Russland, das unter Präsident Vladimir Putin mit aller (wortwörtlichen) Gewalt zeigen will, dass es wieder in den Kreis der Großmächte gehört. Nun ist Frankreich nicht Russland und auch der Grad der Demütigung (Russland in den 1990er Jahren!) lässt sich nicht vergleichen. Doch darf man bei allen Freundschaftsbekundungen und dem außergewöhnlich dichten Netz an institutionellen Verbindungen zwischen beiden Ländern die besonderen Sensibilitäten im deutsch-französischen Verhältnis nicht unterschätzen, die in Krisenzeiten immer wieder aufblitzen. So war es 1990, als Präsident François Mitterrand der deutschen Wiedervereinigung nur um den Preis der Aufgabe der D-Mark zustimmte, um die Hegemonie der Bundesbank zu brechen – rückblickend ein historischer Irrtum, denn heute ist Frankreich quasi im »Euro-Gefängnis« unter deutscher Aufsicht eingehegt. So war es auch auf dem EU-Gipfel von Nizza im Jahr 2000, als Präsident Jacques Chirac und Bundeskanzler Gerhard Schröder heftig aneinandergerieten, weil die Deutschen nunmehr ihre neue Größe auch zahlenmäßig in den europäischen Institutionen zum Ausdruck bringen wollten. Und so ist es seit dem Ausbruch der großen europäischen Krise, in deren Verlauf Berlin zur »Vormacht wider Willen« aufrückte, während Paris sich in die Rolle des nur noch dem Schein nach gleichberechtigten Partners gedrängt sah.

Auf Dauer kann dies nicht gutgehen. Der nächste französische Präsident, so viel lässt sich sagen, wird kein schwacher Partner à la Hollande sein, der Demütigungen unter der Maske des *bonhomme* wegsteckt. In der politischen und intellektuellen Elite Frankreichs von rechts bis links ist ein neuer, europaskeptischer Ton nicht mehr zu überhören. Souveränität und Schutz vor den Folgen der Globalisierung stehen im Vordergrund. Man braucht sich nur die

Debatten und programmatischen Äußerungen der Kandidaten im Vorfeld der Präsidentschaftswahlen im Frühjahr 2017 anzusehen.

So fehlte das Wort »Souveränität« in kaum einer Rede des konservativen früheren Premierministers François Fillon und auch das Thema »Identität«, ansonsten Markenzeichen des Front National, zählte zu seinem Repertoire. Mit seiner kleinen Schrift »Den totalitären Islamismus besiegen« grenzte er sich zudem in gewisser Weise vom herrschenden »mainstream« in Bezug auf den Islam in weiten Teilen Europas ab. Mit dieser Betonung traditioneller konservativer Werte unternahm Fillon offensichtlich den Versuch, die »etatistisch« geprägte Rechte mit seinem für französische Verhältnisse radikalen Reformprogramm der wirtschaftlichen Liberalisierung zu versöhnen. Dazu gehörten auch seine außenpolitischen Vorstellungen, die ein verbessertes Verhältnis zu Russland und die Aufhebung der Sanktionen vorsahen, auch, um gemeinsam mit dem syrischen Präsidenten Assad gegen die Terrormiliz »Islamischer Staat« vorzugehen. Dass er sich schon 2015 vor einer Versammlung von 2.000 Katholiken als Verteidiger der bedrohten Christen im Orient profilierte, verschaffte ihm in diesem Milieu zusätzlichen Rückhalt, den er sich schon durch seine traditionellen Wertevorstellungen in Bezug auf Familie und Sexualität erworben hatte.

Bei den zerstrittenen Sozialisten wurde mit Benoît Hamon ein »linker Reaktionär« (Neue Zürcher Zeitung) zum Kandidaten gewählt, der den Europäischen Stabilitätspakt in Frage stellte, für die Annullierung aller seit 2008 aufgelaufenen Schulden und deren Vergemeinschaftung im Rahmen der Europäischen Zentralbank eintrat. Er plädierte für ein stärker integriertes Europa, allerdings unter deutlich linkem Vorzeichen und mit anti-deutscher Stoßrichtung, wenn er die »Reisen nach Berlin« und den »Misserfolg des deutsch-französischen Direktoriums« kritisierte. Mit einer »Allianz der europäischen Linken« wollte er die herrschenden Kräfteverhältnisse in der EU, sprich: die deutsche Quasi-Hegemonie, beenden. Sein wie er vom linken Flügel kommender unterlegener Mitkandidat bei den »primaires« der PS, der ehemalige

Wirtschaftsminister Arnaud Montebourg, schlug in eine ähnliche Kerbe, allerdings mit stärkerer Betonung des Nationalstaats. Wie er in seinem Büchlein »Die Rückkehr Frankreichs« schrieb, solle dieser vor allem den Schutz vor der Globalisierung, dem »Dogma der Ultra-Konkurrenz« innerhalb Europas und vor dem »Dumping der restlichen Welt« bewahren. In der von Brüssel, und noch mehr von Berlin diktierten Spar- und Privatisierungspolitik sieht er eine Gefahr für die Demokratie: »Sie wählen die französische Linke und Sie bekommen das Programm der deutschen Rechten. Die Griechen wählen Syriza und erhalten Herrn Schäuble in der Regierung.«

Auf den extremen Flügeln des politischen Spektrums zeichnet sich derweil eine interessante Entwicklung ab. Sie wird von einer intellektuellen Diskussion befeuert, die Gemeinsamkeiten zwischen Rechtspopulisten und extremen Linken in den Vordergrund stellt. So konstatiert der bekannte Ökonom Thomas Piketty (»Das Kapital im 21. Jahrhundert«) die Übereinstimmung von Marine Le Pen, der Vorsitzenden des Front National (FN), und Jean-Luc Mélenchon, dem Chef der radikalen Linken, in einem zentralen Punkt: »Sie stellen die europäischen Verträge und das aktuelle Regime der übertriebenen Konkurrenz zwischen Ländern und Territorien in Frage, was viele Verlierer der Globalisierung anspricht.« In den Augen von Piketty ist der von beiden gepflegte Populismus »nichts anderes als die konfuse, aber legitime Antwort auf das Gefühl des Im-Stich-gelassen-seins breiter Schichten des Volkes in den entwickelten Ländern angesichts von Globalisierung und wachsender Ungleichheit«. Ein anderer linker Ökonom, Jacques Sapir, fordert gar eine »nationale Befreiungsfront« für den Austritt aus der Eurozone, dem sich auch der Front National anschließen könnte. Auch der Philosoph Michel Onfray findet Gemeinsamkeiten zwischen extrem rechts und links, wie den Widerstand gegen die Bedrohung der französischen Souveränität durch die EU.

In der Tat gibt es eine starke linksnationale Tradition in Frankreich, die sich auf das Erbe der Revolution von 1789 beruft, in der

Patriotismus und Revolution eine Einheit bildeten, die sich erst später in die politischen Lager der Rechten und Linken aufspaltete. Aber immer wieder hat es Versuche gegeben, diese Einheit wiederherzustellen, zuletzt unter dem früheren PS-Verteidigungsminister Jean-Pierre Chevènement in den 1990er Jahren. In mancher Hinsicht steht Arnaud Montebourg in dieser Tradition. Und umgekehrt gab es lange Zeit eine starke links-gaullistische Strömung auf der Rechten, die sich ebenfalls in den 1990ern vor allem in der Person von Philippe Séguin manifestierte. Dieser, nacheinander Sozialminister, Präsident der Nationalversammlung und Parteivorsitzender, gilt als politischer Ziehvater von François Fillon, der mit ihm gemeinsam 1992 die Kampagne gegen den Vertrag von Maastricht unter Schlagwörtern wie soziale Gerechtigkeit, Partizipation und Souveränität führte. Wenn bei Fillon offensichtlich das linke Erbe abhandengekommen ist, so sehen manche Beobachter, wie der Journalist Eric Zemmour, den Front National als gemeinsamen Erben dieser beiden Strömungen.

Daran ist richtig, dass der FN seit der Übernahme des Vorsitzes durch Marine Le Pen 2011 eine nicht nur optische Wandlung durchlaufen hat. Vor allem unter dem Einfluss des jungen »Chefideologen« und stellvertretenden Vorsitzenden Florian Philippot hat die Partei ein quasi »linkes Antlitz« angenommen. Im Gegensatz zum früher eher wirtschaftsliberal geprägten Programm werden nun stärker die Rolle des Staates und das sozialstaatliche Modell betont. Die programmatischen Schlüsselbegriffe sind aber nach wie vor Souveränität, Identität und Sicherheit. Zusammengenommen erinnert das in der Tat stark an die Tradition von Séguin und Chevènement, und es ist kein Zufall, dass Phillipot die Kandidatur des letzteren bei der Präsidentschaftswahl 2002 ebenso unterstützte wie die Kampagne gegen den Europäischen Verfassungsvertrag drei Jahre später. Der FN ist stark in der Arbeiterschaft und bei den jüngeren Wählern verankert, was die linke PS nicht von sich behaupten kann. Die von Philippot mit Unterstützung Marine Le Pens betriebene »Entdiabolisierung«, d. h. Öffnung hin zur Mitte, stößt freilich auf den Widerstand eines starken traditionellen Flügels der Partei unter Führung ihrer Nichte Marion Maréchal-Le Pen, die an der Basis große Popularität genießt. Zaghafte Andeutungen der Parteichefin, dass der Bruch mit der EU vielleicht doch nicht ganz so radikal ausfallen müsste, dürften bei diesem Flügel nicht auf Zustimmung stoßen.

Selbst der frühere Wirtschaftsminister Emmanuel Macron, das europafreundlichste Gesicht der französischen Elite, lässt sich nicht ohne weiteres in die Schublade des Merkel-Gefolgsmanns einordnen. In den (ausländischen) Medien zumeist als »sozial-liberal« etikettiert, vertritt Macron in Wahrheit einen »Ordoliberalismus à la française, einen Liberalismus durch den Staat, nicht gegen den Staat«, so der Essayist Mathieu Laine in *Le Monde*. Aus der Umgebung von Fillon wurde er hingegen als »Kandidat des Establishments« hingestellt, der den alten sozialistischen Schlendrian mit 35-Stunden-Woche und Verschuldung fortsetzen werde. Auch für Macron steht der Nationalstaat außer Frage: »Selbstverständlich ist das Herz unserer Souveränität national!«, sagte er in einem Interview.

Diesem ernüchternden Bild einer souveränitätsbesessenen politischen Elite steht erfreulicherweise das Bekenntnis der meisten Politiker zu einer verstärkten Zusammenarbeit Europas in außen- und sicherheitspolitischen Fragen entgegen. Und auch die deutsch-französische Kooperation steht – bei aller Kritik am Kurs der Bundesregierung – nicht zur Disposition. Die Wahl von Donald Trump zum amerikanischen Präsidenten und der voraussichtliche Austritt Englands aus der EU eröffnen neue Möglichkeiten. Trump hat mit seiner Ankündigung, den amerikanischen Schutz für Europa zu reduzieren, den Druck auf die Europäer erhöht, mehr für ihre gemeinsame Verteidigung zu tun; der Brexit eröffnet die Chance, diesen Weg nunmehr auch einzuschlagen, wenn die ewig blockierenden Briten nicht mehr dabei sind. Und damit sind wieder einmal Deutschland und Frankreich in erster Linie gefordert.

Ansätze dazu hat es in jüngster Zeit mehrere gegeben. So schlugen die Verteidigungsminister beider Länder, Jean-Yves Le Drian und

Ursula von der Leyen, im September 2016 eine verstärkte sicherheitspolitische Zusammenarbeit mit der Etablierung eines permanenten militärischen Hauptquartiers vor, um die militärischen und zivilen Operationen der EU zu planen und zu steuern. Eine solche »Permanente Strukturierte Zusammenarbeit« zwischen einigen Ländern erlaubt der Lissabon-Vertrag, doch wurde diese Möglichkeit – auch wegen des britischen Widerstands – bisher zu wenig genutzt. Dabei gab es schon in den 1990er Jahren eine Debatte über eine engere Zusammenarbeit in Form einer »differenzierten Integration«. 1994 stellten der damalige CDU/CSU-Fraktionsvorsitzende Wolfgang Schäuble und sein außenpolitischer Sprecher Karl Lamers ein Konzept vor, das später unter der Bezeichnung »Kerneuropa« in die Debatte einging. In diesem Papier plädierten die beiden für einen »festen Kern von integrationsorientierten und kooperationswilligen Ländern« mit der Aufgabe, »den zentrifugalen Kräften in der immer größer werdenden Union ein starkes Zentrum entgegenzustellen und damit die Auseinanderentwicklung zwischen einer eher protektionismus-anfälligen Süd-West-Gruppe unter einer gewissen Anführung durch Frankreich und einer stärker dem freien Welthandel verpflichteten Nord-Ost-Gruppe unter einer gewissen Anführung durch Deutschland zu verhindern«.

Das waren geradezu prophetische Worte, aber leider ohne die beabsichtigte Wirkung, denn wenn wir den heutigen Zustand Europas betrachten, dann spiegelt er mehr oder weniger genau diese Situation wider. Dazu hat gerade auch Wolfgang Schäuble als Chefarchitekt der europäischen Stabilitäts- und Austeritätspolitik beigetragen. Die souveränitätsorientierte und europakritische Debatte im Vorfeld der französischen Präsidentschaftswahlen und darüber hinaus ganz allgemein im politischen Diskurs Frankreichs war nicht zuletzt eine Reaktion auf diese Politik. Theoretisch hält Schäuble allerdings an seiner Idee fest: Auf einer Tagung zum 20. Jahrestag des Schäuble-Lamers-Papiers im September 2014 plädierte er erneut für eine Kerngruppe, die voranschreitet, aber für die anderen offen bleibt. Auf derselben Tagung brachte der Europakommissar (und frühere französische Finanzminister) Pierre Moscovici das Dilemma der europäischen Integration zwischen Vertiefung und Erweiterung auf den Punkt: Seit 1994 habe sich die Zahl der EU-Mitglieder verdoppelt, »was Europa größer, aber nicht notwendigerweise stärker gemacht hat«.

Das ist in der Tat die Quintessenz aus Jahrzehnten der voreiligen und fahrlässigen Erweiterungspolitik, ohne die dafür notwendigen Strukturen und Instrumente (»Vertiefung«) zu schaffen. Das wäre wahrscheinlich mit dem Europäischen Verfassungsvertrag möglich gewesen, der jedoch 2005 von den französischen (und niederländischen) Bürgern abgelehnt wurde. Dabei gab es gerade in Frankreich ab dem Jahr 2000 eine breite Debatte zum Thema »Kerneuropa«, angefangen vom früheren EU-Kommissionspräsidenten Jacques Delors über Intellektuelle wie Alain Minc und Alexandre Adler bis hin zu Politikern unterschiedlicher Couleur, wie Dominique Strauss-Kahn und Edouard Balladur. Zuletzt griff im Februar 2016 der neu ernannte Außenminister (und frühere Premierminister) Jean-Marc Ayrault diese Idee auf. In einem Interview sagte er, dass »jedermann ein differenziertes Europa akzeptieren muss, wo diejenigen, die mehr Europa wollen, voranschreiten können und diejenigen, die nicht weitergehen wollen, sie nicht daran hindern können«.

Es gibt also in beiden Ländern eine Tradition des Kerneuropa-Gedankens, an die man anknüpfen könnte (zu erwähnen wäre, dass in Deutschland der Philosoph Jürgen Habermas zu den energischsten Verfechtern dieses Gedankens gehört). Voraussetzung zu seiner Umsetzung wäre in Deutschland der Verzicht auf das seit 2008 ausgeübte Wirtschaftsdiktat und die (nicht nur von den USA) geforderte Reduzierung der immensen Außenhandelsüberschüsse, die gerade die europäischen Nachbarn treffen. Auf französischer Seite müsste man von den illusorischen nationalen Souveränitätsansprüchen abrücken und stattdessen diese Souveränität auf ein größeres Gebilde übertragen, das dafür auch größeren Schutz bieten könnte. Das wären für beide Seiten schmerzliche

Zugeständnisse, aber ohne die wird es nicht gehen. Die Richtung hat der im Ringen um die sozialistische Präsidentschaftskandidatur unterlegene frühere Premierminister Manuel Valls angegeben: Europa solle seine Außengrenzen besser schützen und seine »Naivität gegenüber der globalen Konkurrenz« aufgeben. Er plädierte für »eine strikte Kontrolle der ausländischen Investitionen auf dem Gebiet der Europäischen Union in den strategischen Bereichen: Verteidigung, Energie, Transport, Landwirtschaft, Kultur«.

Ein kleineres, aber stärkeres Europa, das nach innen stabil und nach außen handlungsfähig ist, das ist das Kennzeichen des Kerneuropa-Gedankens. Dieses Kerneuropa würde sich nach dem Subsidiaritätsprinzip auf die großen Angelegenheiten, wie Verteidigung, Währung und Finanzen, beschränken, und nicht wie die jetzige Brüsseler Bürokratie die Bürger mit Kleinlichkeiten in den Euroskeptizismus treiben. Deutschland und Frankreich müssen dabei vorangehen und andere mitziehen. Das gilt vor allem für Polen, das als dritter im »Gründungsbunde« wünschenswert wäre. Auch hier gibt es Ansätze, wie das 1991 aus der Taufe gehobene Weimarer Dreieck, das bisher vorwiegend im Dämmerschlaf verharrte, im Sommer 2016 jedoch von den drei Außenministern versuchsweise aus dem Schlaf geweckt wurde.

Insgesamt gilt, dass es sich bei Kerneuropa um ein Europa der konzentrischen Kreise handeln würde, mit vielleicht 8-12 Mitgliedern im Kern, um den sich die übrigen EU-Staaten als ersten Ring legen würden, denen der »Aufstieg« in den inneren Kern offen stünde, sofern sie dies wollen und die entsprechenden Kriterien erfüllen. Ein äußerer Ring würde die Länder der europäischen Nachbarschaft umfassen, die bisher in der Östlichen Partnerschaft (z. B. Ukraine) oder in der »Union für das Mittelmeer« Partner Europas sind. Ein so in sich gefestigtes und nach außen handlungsfähiges Europa wäre denn auch eher in der Lage, mit den Gefahren aus dem Europa umgebenden Krisenbogen fertig zu werden und als ernsthafter Spieler auf der Weltbühne aufzutreten.

FRANÇOIS VILLEROY DE GALHAU

Retrouver la confiance : un impératif

Eine deutsche Übersetzung dieses Beitrages finden Sie auf Seite 425.

»War es gestern unsere Pflicht Feinde zu sein, ist es heute unser Recht Brüder zu werden.« (Hier notre devoir était d'être ennemis, aujourd'hui notre droit est de devenir frères). C'est avec ces mots, empruntés à l'écrivain allemand Carl Zuckmayer, que Charles de Gaulle s'est adressé en septembre 1962 aux officiers de l'École de guerre allemande. Le formidable esprit de réconciliation qui a animé nos deux pays a eu raison des divisions d'hier.

Bien sûr, la relation entre l'Allemagne et la France ne va pas de soi. Je suis Français, à 100 %, mais je suis en même temps un ami de l'Allemagne, et un homme de la frontière. Quand je me rends dans le village allemand où j'ai mes racines, en Sarre, là où un de mes lointains ancêtres a fondé à la fin du XVIIIe siècle ce qui allait devenir la faïencerie Villeroy & Boch, j'y vois à quel point l'Allemagne peut nous paraître, pour nous Français, à la fois proche et lointaine. À mi-chemin entre Paris et Francfort, entre la Banque de France et la Banque centrale européenne où je me rends au moins deux fois par mois, mon village ressemble à beaucoup de bourgs du Nord ou de l'Est de la France reconstruits après les épreuves de la guerre. Ici, au-delà de la langue, il est quasiment impossible de distinguer un Allemand d'un Français. Pourtant, j'ai le sentiment que nos deux pays se connaissent finalement encore assez mal. Nous ressentons parfois des points de divergence, économiques notamment : depuis les réformes Schröder, l'Allemagne va mieux que la France, elle a plus de croissance et moins de chômage.

Les divergences entre nos deux pays existent, mais il faut les relativiser : ce qui nous rassemble pèse davantage que ce qui nous éloigne. La relation franco-allemande s'inscrit dans une histoire qui la dépasse : l'histoire de l'Europe et de son élan unique au monde pour passer enfin de la guerre à la paix. Nos deux pays ont peut-être encore beaucoup à apprendre l'un de l'autre, mais ils ont surtout encore beaucoup à apprendre aux autres : aux autres Européens qui ont besoin de notre force d'entraînement, et au reste du monde qui suit notre histoire avec plus d'intérêt que ce que nous croyons parfois.

*

Rappelons-nous le formidable chemin que nous avons parcouru et ce que nous avons construit.

Il y a exactement soixante ans, nos deux pays unissaient étroitement leurs destins en signant le Traité de Rome, avec la Belgique, l'Italie, le Luxembourg et les Pays-Bas. L'Allemagne et la France partagent aujourd'hui des éléments de souveraineté comme jamais des États ne les avaient construits librement : nous avons supprimé les droits de douane, nous avons créé un grand marché unique avec des règles communes, nous avons aboli nos frontières, et nous avons bâti l'euro, notre monnaie unique, une monnaie solide et reconnue dans le monde entier.

Notre monnaie unique, après notre marché unique

Josef Müller, le fondateur de la CSU bavaroise, qui fut déporté pendant la Seconde Guerre mondiale pour sa résistance au nazisme, a été un des premiers à dire en 1946 : « nous avons besoin d'une monnaie européenne, car des pays qui partageront une monnaie ne se feront plus jamais la guerre ». L'euro nous a apporté un puissant signe d'unité des peuples européens et des bénéfices économiques concrets : la maîtrise de l'inflation, la stabilité des changes, la reconnaissance internationale. C'est un acquis considérable auquel les citoyens sont très majoritairement attachés, en Allemagne, en France, mais aussi dans l'ensemble de la zone euro où 70 % des citoyens y sont favorables selon l'Eurobaromètre de la Commission européenne. L'euro n'est pas une utopie technocratique : c'est une décision politique, démocratique, soutenue vingt-cinq ans après Maastricht, à l'expérience, par une nette majorité des peuples. La Banque centrale européenne et les dix-neuf banques centrales nationales des États membres de l'euro en sont les gardiens.

Notre modèle social commun

Nous partageons aujourd'hui non seulement des atouts économiques forts – un grand marché unique et une monnaie unique – mais aussi un même modèle social. On en parle plus rarement, mais c'est au fond ce qui définit l'Europe continentale. Notre modèle social commun combine un haut niveau de service public, des inégalités relativement faibles – nettement moins fortes que dans la société américaine – et une bonne intensité des négociations sociales. Et ceci au sein d'une économie de marché. A l'heure où la question des laissés-pour-compte de la mondialisation agite le monde anglo-saxon, cette économie sociale de marché apparaît comme une bien meilleure réponse que la tentation du protectionnisme : l'Allemagne, comme nombre de pays européens, montre qu'on peut allier le succès économique et la cohésion sociale, avec moins d'inégalités.

Nous pouvons être fiers de ce que nous avons construit. Cette construction pacifique a une valeur unique parce qu'elle n'a aucun précédent. Dans la durée comme dans les difficultés, nous l'avons défendue ensemble. Notre première mission, pour demain, c'est de la maintenir. Et pour cela, l'amitié remarquable dont ont fait preuve nos deux pays doit continuer à nous inspirer. Comme le disait déjà le chancelier Konrad Adenauer en 1963 : « Imaginez, si cette amitié [entre la France et l'Allemagne] n'existait pas, toute tentative de créer l'Europe serait d'emblée condamnée à l'échec. »

*

Ce qu'il nous reste à faire, demain, ensemble.

Aujourd'hui en Europe, notre unité peut paraître menacée : l'euroscepticisme monte, porté par les courants populistes partout en Europe, le Royaume-Uni négocie sa sortie après la victoire du Brexit, et le nouveau gouvernement américain ne cache pas ses doutes vis-à-vis de la construction européenne. Face à ces turbulences, comment réagir ? Pas par moins d'Europe. Nous ne devons pas baisser le drapeau européen. Ce serait une erreur si nous voulons maîtriser collectivement notre destin dans ce monde nouveau. Mais par une « meilleure » Europe, moins dispersée dans les détails, plus concentrée sur ses priorités et plus efficace. Une Europe qui parle moins et qui agit plus.

Pour une meilleure Europe

Pour cela, l'Europe a besoin plus que jamais de l'énergie réunie de l'Allemagne et de la France. Aujourd'hui, il est temps pour nos deux pays de se retrouver, pour décider de quelques projets bilatéraux partagés et préparer une initiative commune pour l'Europe. Parce que pour l'Allemagne comme pour la France, l'autre pays est sans aucun doute aujourd'hui le meilleur partenaire possible : il n'y a pas aujourd'hui d'alternative sérieuse, ni à l'Est ni à l'Ouest pour l'Allemagne, ni au Sud pour la France. Et parce que si notre initiative commune ne suffit pas à faire la décision européenne, elle en est une condition nécessaire : s'il n'y a pas de moteur franco-allemand, la voiture européenne restera à l'arrêt.

Les projets pour une meilleure Europe doivent bien sûr être choisis avec soin et priorisés. Il nous faut suivre ce credo : « peu, mais bien et jusqu'au bout ». Nous ne devons pas simplement en parler, nous devons nous donner les moyens pratiques d'obtenir des résultats concrets. Il nous faut relever le défi de la défense et de la protection des frontières, du changement climatique, de l'éducation et de la formation des jeunes – un programme Erasmus Pro doit être une priorité pour mettre fin au drame de la jeunesse sans emploi ni diplôme. Mais dans le domaine économique, il nous reste beaucoup à faire également. Comme le disait souvent Helmut Schmidt, nous devons construire une union économique en complément de l'union monétaire. Il faut à mes yeux avancer sur deux projets.

L'Union de financement pour l'investissement et l'innovation

Le premier projet, c'est une « Union de financement pour l'investissement et l'innovation ». La Commission européenne a initié le plan d'investissement Juncker et l'Union des marchés de capitaux, et l'Union bancaire est désormais en marche. Mais il est aujourd'hui nécessaire de faire converger ces initiatives, dans l'intérêt des épargnants comme des entreprises européens. Pourquoi ? Car dans des économies proches de ce qu'on appelle la « frontière technologique », comme c'est le cas en France et en Allemagne, l'innovation est la clé de la croissance économique, et pas seulement pour les start-ups. Pourtant il y a aujourd'hui en Europe des entreprises qui veulent investir et innover, mais qui ne trouvent pas les financements adaptés, notamment en fonds propres, alors que les ressources ne manquent pas : la zone euro a plus de 350 milliards d'euros d'excédent d'épargne, soit plus de 3 % du PIB. Comme je l'ai écrit avec Jens Weidmann l'année dernière[1], l'Europe a besoin d'un meilleur partage des risques privés, grâce à des marchés de capitaux intégrés. Elle pourra ainsi mieux mobiliser son épargne abondante en faveur de l'investissement.

1 « Renforcer l'intégration européenne pour restaurer la confiance », Le Monde, Süddeutsche Zeitung, 08 février 2016.

Une meilleure stratégie économique collective

Le second projet, c'est une meilleure stratégie économique collective en zone euro. Quand chaque État agit sans se préoccuper de ses voisins, nous nous retrouvons tous dans une situation sous-optimale. Je sais que lorsque les Français parlent de coordination en Europe, les Allemands pensent parfois qu'il pourrait s'agir d'une nouvelle astuce pour éviter les réformes. Il faut sortir de cette impasse : il nous faut à la fois des réformes nationales et une coordination européenne. La croissance et l'emploi seraient plus forts en Europe avec davantage de réformes structurelles là où elles sont indispensables, comme en France et en Italie, et davantage de soutien budgétaire ou salarial là où des marges de manœuvre existent, comme en Allemagne. Mais nous devons pour cela retrouver la confiance entre nos pays. D'abord en accélérant les réformes chez nous, en France, c'est notre intérêt national. Ensuite, en créant une institution de confiance au niveau européen, une institution qui puisse incarner et faire vivre l'engagement commun des États. C'est pour cela que j'ai proposé, après d'autres, la création d'un ministre des finances de la zone euro. A l'inverse, la priorité n'est pas à mes yeux de construire une « Union de transferts » et une capacité fiscale commune.

*

L'amitié franco-allemande est une exigence parfois difficile, mais à l'aune de notre histoire douloureuse, nous devons relativiser nos incompréhensions actuelles. A la mesure de notre incroyable réconciliation, nous devons situer nos exigences d'Européens pour demain. Ce que nous avons réalisé ensemble est trop important pour que nous baissions les bras. Les mots de la déclaration de Rome du 25 mars 2017 valent bien sûr pour tous les pays de l'Union européenne, mais pour l'Allemagne et la France, ils résonnent avec encore plus de force : « Notre chance, c'est d'être unis. L'Europe est notre avenir commun. »

GERHARD WEBER
FLORENCE REYNAUD

Gerhard Weber et le Stube à Paris: une histoire d'amour franco-allemande et gourmande

© Privat

Eine deutsche Übersetzung dieses Beitrages finden Sie auf Seite 432.

Après 10 années passées en Allemagne, Florence Reynaud alias Flo Bretzel, auteur du blog Bretzel & Café Crème est rentrée à Paris. Venue au Stube retrouver des spécialités d'Allemagne, Gerhard Weber lui a exposé sa vision de la relation franco-allemande…

Lorsque Gerhard Weber arrive en France en 1986, il bénéficie d'un accueil cordial et rencontre des interlocuteurs extrêmement patients face à son français balbutiant. A la différence de son beau-père allemand, arrivé en France dans les années 50, il n'a à essuyer aucune animosité. Le traité de l'Elysée, symbole de la réconciliation et de l'amitié franco-allemande, est passé par là. La création de l'Office franco-allemand pour la jeunesse (OFAJ) et les jumelages permettent désormais de découvrir la langue et la culture de ce pays voisin.

Gerhard est bien décidé à s'intégrer en France où il a choisi de vivre et il a très vite compris que son intégration passe par l'apprentissage de la langue. Au cours de sa scolarité en Allemagne, il a étudié sans grande motivation le français pendant trois ans à raison de deux heures par semaine. A Paris, il apprend le français sur le tas. Pas question de rester enfermé dans une communauté d'étrangers. Il rencontre des francophones, ses collègues de la pâtisserie en premier lieu. Avec un jeune corse, débarqué en même temps que lui à la Pâtisserie viennoise, ils découvrent Paris. Curieux et gourmands, ils arpentent la capitale en tous sens pour dénicher pâtisseries françaises, cafés et bars. Gerhard fréquente des français de tous horizons et intègre de nouveaux mots à son vocabulaire, du plus familier au plus soutenu.

Il franchit un cap lorsqu'il se rend compte qu'il peut suivre les informations à la radio. Il faut ensuite apprendre à filtrer son vocabulaire en fonction de son interlocuteur. Devant la boutique

Delikatessen du Stübli est installé un stand pour vendre sandwichs et saucisses grillées. Gerhard sort de son laboratoire et se retrouve pour la première fois en contact direct avec la clientèle. La performance consiste pour lui à utiliser les codes de langage adaptés. Aujourd'hui, avec son petit accent venu d'on ne sait où (certains pensent qu'il est canadien), il joue volontiers avec les mots… encore plus en français qu'en allemand tant il trouve la langue de Molière ludique.

Avec le temps, Gerhard Weber a muri. L'année de l'ouverture au Stube est difficile. Il faut tout recommencer, se faire connaitre, se faire un nom. C'est là que son sens inné de l'accueil prend toute son importance. Ecouter le français qui veut placer ses quelques mots d'allemands, l'allemand qui pense détenir la meilleure recette (celle de sa grand-mère). Rester en retrait lorsque des clients se lancent sur le terrain glissant de la politique ou de la polémique. Savoir faire face avec tact à la question qui provoque. Dire non aux préjugés liés à l'Allemagne. Certes, le client est roi mais le commerçant a aussi son mot à dire. Alors, il affûte ses réponses, trouve le mot juste et répond aux grincheux en leur décochant un sourire dont il a le secret.

Le titre d'ambassadeur culinaire revient souvent à propos de Gerhard Weber. Dans un rôle à la fois diplomatique et subtil, il fait partager la richesse du patrimoine gastronomique des différentes régions de l'Allemagne. A la question « C'est comment chez vous ? », il répond en cuisinant sans compromis des plats germaniques typiques et fait la chasse aux clichés pour montrer que l'Allemagne ne se résume pas aux saucisses et à la choucroute. Il existe une curiosité de la part des clients du Stube par rapport aux produits allemands. Alors, il fait venir d'Allemagne du pavot, du marzipan mais aussi des bières régionales comme la Kölsch ou la bière blanche bavaroise. Il aime faire découvrir les vins allemands qui ont bien évolué ces dernières années. Ce qu'il apprécie également, c'est de mettre en valeur des spécialités allemandes inspirées de la

culture française comme le Himmel & Erde ou les Franzbrötchen, inspirés du croissant. Au cours de l'année, Gerhard met aussi à l'honneur les spécialités saisonnières liées à la table en Allemagne : Plätzchen et Stollen pour Noël, Faschingskrapfen au moment du Carnaval ou Osterlamm à Pâques.

Gerhard Weber vit son métier comme une passion et de ce fait, son cercle professionnel et son cercle personnel sont intimement liés. Dans le quartier du Stube, en plein cœur de Paris, à deux pas du Louvre et du Palais Royal, il connait tous ses voisins comme dans un village. Tel un français, il se régale d'andouillettes et d'huitres. Ses gouts éclectiques en musique le font naviguer des chants basques à l'électro berlinoise. Il aime le chic de la mode parisienne. Mais Gerhard Weber est et reste allemand. Il se tient à jour de ce qui se passe dans son pays et maintient des liens étroits avec sa famille, son frère et sa sœur restés en Allemagne. A la croisée des cultures, il apprécie la complémentarité des deux pays. Il est conscient que c'est une vraie chance d'habiter en Europe, jouissant d'une multitude de trésors à portée de main et d'une ouverture sur le monde.

Riche de ses trois décennies passées en France, Gerhard Weber a su tisser sa propre identité, une identité à multiples facettes. Et trente ans plus tard, Paris ville aux allures de métropole cosmopolite, le séduit toujours autant.

Biographie de Gerhard Weber

Sa jeunesse

Gerhard Weber est né le 27 mars 1965 en Allemagne, à Sachsenberg, petit village de la Hesse à 130 kilomètres au nord de Francfort. Chez les Weber, la boulangerie est une histoire de famille et leur commerce, en activité depuis 1845, se transmet de génération en génération. A la mort de son père en temps de guerre, le père de Gerhard quitte l'école à 13 ans pour faire son apprentissage, guidé par le maître boulanger qui œuvre dans le fournil familial. Il continue à se former après la guerre et plein d'allant, reconstruit une boulangerie moderne dans les années 60. Les Weber ont trois enfants, une fille et deux garçons. Gerhard, en tant qu'aîné des garçons, porte le même prénom que son père et se destine selon la tradition à reprendre la boulangerie familiale. Dès son plus jeune âge, il met la main à la pâte et accompagne fièrement son père au laboratoire tôt le matin. Mélomane, il joue de plusieurs instruments mais le piano a sa préférence et devient son plus fidèle compagnon. Il prend des cours avec une professeur extraordinaire qui lui enseigne les secrets du piano et lui fait partager son amour de la musique des après-midi durant. A l'âge de l'adolescence, Gerhard sent faiblir sa vocation de boulanger. Sa professeur l'incite alors à se tourner vers des études musicales. Ses parents refusent catégoriquement. C'est la crise à la maison, s'en suit une période chaotique de confrontations mais après réflexion, Gerhard choisit de suivre la voie tracée par ses parents. Le piano restera néanmoins toujours une passion, un moyen d'expression et le reflet de son humeur du moment.

Sa formation

Gerhard accomplit en 16 mois sa formation à l'école de la boulangerie et effectue son apprentissage chez un confrère à Korbach, petite ville voisine à 20 kilomètres de chez eux. L'enseignement est rude et les trajets compliqués à 3 heures du matin en hiver sur les routes enneigées. Confronté à la dure réalité de son métier, il traverse des périodes de découragement mais tient bon et devient maître ouvrier. Après avoir travaillé quelques mois dans l'entreprise familiale à Sachsenberg, Gerhard décide de prendre le large. C'est finalement son jeune frère, Dirk, qui reprendra direction de la boulangerie Weber, poste qu'il occupe toujours à aujourd'hui. Gerhard, lui, rejoint Bonn où il trouve un poste lui permettant de se former à la pâtisserie. Il habite avec sa sœur en colocation et la vie dans une grande ville lui plaît. Grâce à des amis de Frankenau, dont la ville est jumelée avec Die dans la Drôme, il vient en France pour la première fois. Il ne parle que quelques mots de français mais c'est un vrai coup de cœur ! En 1983, il visite Paris et sa première impression est extrêmement positive. Cette ambiance de grande ville cosmopolite le séduit et lui donne l'impression de pouvoir d'embrasser le monde. Il rentre en Allemagne et poussé par son envie d'apprendre, travaille pour la pâtisserie Bittner à Düsseldorf. Cette maison réputée pour ses méthodes de production traditionnelles et ses produits de qualité lui apporte beaucoup sur le plan du savoir-faire artisanal.

La Patisserie viennoise et le Stübli à Paris

Ses collègues de Düsseldorf, connaissant son attirance pour la France, lui montrent dans un journal professionnel une annonce publiée par la Pâtisserie viennoise à Paris. Gerhard vient se présenter en mars 1986 et est embauché pour un CDD de 6 mois à compter de juillet. Il rencontre alors Sylvie, la fille de la maison… et ne repartira pas ! Sylvie Blum est née à Paris mais son père allemand et sa mère française ont déjà œuvré pour le rapprochement des deux pays. Werner et Claudine Blum ont en effet fondé en 1956 La

Pâtisserie viennoise, premier établissement parisien à proposer des pâtisseries allemandes et autrichiennes. Après le décès de son papa, Sylvie devient gestionnaire de l'entreprise familiale. La pâtisserie se développe avec un salon de thé à l'étage et quelques spécialités salées font leur apparition sur la carte. Sylvie et Gerhard hésitent à reprendre l'affaire familiale de la famille Weber en Allemagne mais se décident finalement pour une vie citadine et parisienne. Ils se marient, fondent une famille et reprennent ensemble les rênes de la Pâtisserie viennoise. En 1987, ils créent une nouvelle enseigne, le Stübli, orientée sur la pâtisserie allemande et autrichienne et en 1991, ils installent le Stübli Delikatessen, une boutique traiteur, en face de la pâtisserie. Présents sur les marchés de Noël à Paris et en région parisienne, l'activité du Stübli augmente considérablement avec pas loin de 35 employés. Un vrai succès pour ce couple dynamique d'entrepreneurs. Mais arrive le moment où un besoin de changement se fait sentir.

Le Stube

En 2008, Sylvie et Gerhard Weber décident de céder le Stübli. Ils prennent une année sabbatique et sympathique afin de se ressourcer et de s'inspirer pour leur prochain challenge. Associant leur savoir-faire et leur spécificité, ils créent en 2010 un concept plus novateur de gastronomie franco-allemande à leur image et porté par une nouvelle enseigne : Le Stube est né ! Les français viennent y découvrir des produits emblématiques allemands comme la Forêt Noire. D'autres veulent retrouver le goût d'une authentique Currywurst après un week-end à Berlin, capitale désormais tendance. Les allemands, eux, viennent chercher un morceau d'Allemagne à Paris. Mais tous viennent également pour le sourire jovial de Gerhard. Gerhard, qui dans un français impeccable, mâtiné d'un soupçon d'accent allemand, sait offrir un accueil de qualité toujours personnalisé. Gerhard Weber, travailleur acharné et artiste inspiré, utilise son savoir-faire et sa connaissance des deux pays pour proposer chaque jour à ses clients des créations gourmandes réunissant le meilleur des deux cultures.

»Ich hätte noch viele kleine Geschichten, Anekdoten und Erlebnisse aus meinem bikulturellen Leben in Frankreich zu erzählen, aber Florence hat schon alles wichtige aus unseren Gesprächen festgehalten und mit ihrem journalistischen Talent zu Papier gebracht.

Zum Abschluss noch folgendes:

Ich wünsche allen jungen, selbstverständlich auch weniger jungen Leuten mit offenen Augen und Herzen andere Länder bereisen zu können.

Gemüt und Seele freuen sich.

Hoch lebe interkulturelles Bewusstsein und Austausch.

Vive l'Europe !«

MICHAELA WIEGEL

An jeder Straßenecke ein Stück Geschichte

Merktage des Lebens haben stärkere Leuchtkraft in sich als die gewöhnlichen, hat Stefan Zweig einmal geschrieben. Wenn es einen Merktag in den jüngeren deutsch-französischen Beziehungen gibt, dann diesen klirrend kalten, sonnigen Januartag des Jahres 2017 in Paris. Unserem Protagonisten war es nicht vergönnt, sich leichten Fußes über die Pont des Arts seinem Ziel zu nähern, den majestätischen Louvre im Rücken, den mit Eisschollen gespickten Seine-Fluss zu Füßen und die erhabene Kuppel des « Institut de France » fest im Blick. Aber auch durch die getönten Scheiben seiner Staatslimousine muss die prachtvolle, von den Sonnenstrahlen erleuchtete Kulisse der französischen Hauptstadt auf ihn gewirkt haben. Im Innenhof des Instituts, der sich zwischen den zweigeschossigen Bauten der fünf Akademien zur Rechten und Linken erschließt, hatten Arbeiter einen roten Teppich ausgerollt, die Republikanische Garde mit Säbel, Helm und Federschweif Aufstellung genommen. Die rüstige »immerwährende Sekretärin« der Académie française, die 87 Jahre alte Hélène Carrère d'Encausse, stand im Pelzmantel bereit, um sie herum vertraten sich einige der »unsterblichen« Dichter und Denker Frankreichs fröstelnd die Beine. Jean-Christophe Rufin, der frühere Arzt und Pionier der Hilfsorganisation « Médecins sans frontières », plauderte mit Xavier Darcos, dem früheren Bildungsminister, Schriftsteller François Cheng trippelte mit seiner Ehefrau am Arm heran. Da endlich rollte der Citroën des hohen Gastes durch das Tor, stieg behände Bundespräsident Joachim Gauck aus dem Wagen.

228 Jahre haben die »Unsterblichen« seit dem ersten Besuch eines Deutschen verstreichen lassen. Im Februar 1789, als Prinz Heinrich von Preußen in der Académie française empfangen wurde, »zogen die Wetter der Revolution immer drohender herauf«, wie es Theodor Fontane im ersten Band seiner »Wanderungen durch die Mark

Brandenburg« festgehalten hat. Und heute? Es wirkt, als stehe auch bei diesem zweiten historischen Besuch eines Deutschen in der 1635 begründeten Akademie Europa vor Umbrüchen und Umwälzungen mit ungewissem Ausgang. Oder wie es Joachim Gauck zu Beginn des Tages an der Sorbonne formulierte: »In den Jahren nach 1989 erstrahlte das europäische Versprechen noch einmal in ganz neuem Glanz: Das Versprechen von Freiheit und Solidarität, von Partizipation und Demokratie, von Liberalität und Rechtsstaatlichkeit, auch ein Erbe der Französischen Revolution, deren 200. Jahrestag 1989 gefeiert wurde, galt nun für den ganzen Kontinent. Das war nicht von einer überirdischen Macht gnädig geschenkt worden, sondern das ließen wir Europäer in Wort und Tat Stück für Stück Wirklichkeit werden. Gegenwärtig aber haben viele von uns das Gefühl, dass vor unseren Augen dieses Versprechen verblasst und dass unter unseren Händen ein Werk zu zerrinnen scheint, das wir alle für so sicher und für so fest gegründet hielten.«

Als Prinz Heinrich, der jüngere Bruder Friedrich des Großen, 1789 in der Académie vorsprach, stand diese noch gänzlich unter der Protektion des Königs und tagte in einem seiner Paläste, im Louvre. Die 5. Ausgabe des berühmten « dictionnaire », des Wörterbuchs zur Vereinheitlichung der französischen Sprache, war in Arbeit. Niemand ahnte, dass die Revolutionäre auch diese Arbeit unterbrechen würden. Prinz Heinrich formulierte seine Gedanken und Reden am liebsten in der französischen Sprache, oder wie es Fontane leicht ironisch formulierte: »Fast scheint es, als ob er der deutschen Rede nicht mächtig gewesen sei, was als wunderbares Resultat einer Erziehung gelten mag, die nur das Deutsche gewollt und alles Französische verpönt hatte.« Ein erster Aufenthalt in Frankreich, das er unter dem Decknamen Graf von Oels bereiste, hatte den preußischen Prinzen schwer beeindruckt. Fontane schreibt dazu: »Schon 1784 hatte er sich schweren Herzens von Paris getrennt und dem Herzoge von Nivernois die Worte zugerufen: Ich verlasse nun das Land, nach dem ich mich ein halbes Leben lang gesehnt habe und an das ich, während der zweiten

Hälfte meines Lebens, mit so viel Liebe zurückdenken werde, daß ich fast wünschen möchte, ich hätt es nicht gesehen.« 1789 war Prinz Heinrich eigentlich entschlossen, sich in der Nähe von Paris niederzulassen, er war bereits in Verhandlungen über den Kauf eines Grundbesitzes getreten. Aber dann machte die Revolution seine Pläne zunichte. »Er las mit nie sich abschwächender Vorliebe die Werke der französischen Philosophen, schwärmte für Voltaire und schrieb selber Verse«, hielt Fontane fest. Ob seine Liebe zu den Werken der Aufklärung so weit ging, dass er selbst die Revolution guthieß, daran zweifelte Fontane: »(...) Prinz Heinrich zeigte bis zuletzt gewisse Sympathien mit der Französischen Revolution. Ob diese Sympathien in wirklicher Vorliebe für freie Staatsverfassungen wurzelten oder nur ein Resultat der Anschauung waren, daß alles Französische gut sei, auch eine französische Revolution, mag dahingestellt bleiben«.

Diese Zweifel an der Freiheitsliebe kommen beim zweiten deutschen Ehrengast in der Académie française nicht auf. Joachim Gauck hat sich, auch unter Gefahr in der DDR-Diktatur, als unermüdlicher Freiheitskämpfer ausgezeichnet. Raphaël Glucksmann, der Sohn des unvergessenen André Glucksmann, wird ihn am Ende dieses Merktages im Quai d'Orsay einen »deutschen Vaclav Havel« nennen – den letzten Vertreter der Generation der Dissidenten, die den Eisernen Vorhang zu Fall brachten und die nun abtritt. Diese Lebensleistung Gaucks wie sein beständiges, wohlwollendes Interesse für Frankreich, dessen Geisteswelt, Politik und Geschichte, wurde von den Académiciens geehrt. Von ihrem Selbstverständnis her sind die Unsterblichen viel mehr als Sprachhüter. Die Debatten der Gelehrtenversammlung könnten eine »eminente Rolle für die Zukunft der Gesellschaft und der Nation spielen«, umschreibt die 40 Mitglieder zählende Académie française selbst ihre Aufgabe, der sie seit ihrer Gründung durch Kardinal Richelieu treu geblieben ist. Es zählt zur Tradition, dass den ausländischen Staatsgästen und gekrönten Häuptern ein Wort aus dem « dictionnaire » zur Erörterung vorgelegt wird. Gauck ist seit 1635 erst der 23. auswärtige Besucher, dem diese Ehre zuteilwurde, will man den Angaben der Académie française glauben. Die Unsterblichen arbeiten gerade an der 9. Ausgabe, deren erste drei Bände bereits erschienen sind. « Romantisme » – Romantik lautet der Begriff, den Gauck mit den Unsterblichen eruierte. Die Sitzung fand – wie es die Tradition will – hinter geschlossenen Türen statt. Aber der frühere Präsident Valéry Giscard d'Estaing, der seit 2003 auf dem Sessel Nummer 16 der Akademie Platz nimmt (auf dem zuvor Léopold Sédar Senghor saß), gewährte Einblick in seine Rede. Giscard zitierte einen der bekanntesten deutschen Dichter der Romantik, Novalis. »Was passt, das muss sich ründen – was sich versteht, sich finden – was gut ist, sich verbinden« und übertrug die Verse Novalis auf die deutsch-französische Freundschaft. »Die deutsch-französische Aussöhnung ist eine historische Leistung, aber auch eine tägliche Pflicht«, mahnte Giscard. Novalis zum Kronzeugen des deutsch-französischen Annäherungsprozess zu erheben, entbehrte dabei nicht gewisser Ironie. Denn Novalis war es gewesen, der 1799 in seinem Fragment »Die Christenheit oder Europa« das Programm der romantischen Gegenaufklärung zur Französischen Revolution umriss. Sein erster Satz lautete: »Es waren schöne, glänzende Zeiten, wo Europa ein christliches Land war.« Die Romantik war eine internationale Tendenz, die nicht nur die Literatur, auch Malerei und Musik eroberte, wie der « dictionnaire » festhält. Die Romantiker blickten sehnsüchtig zurück auf das im Glauben geeinte Mittelalter vor der Reform – höchst kurios vor diesem Hintergrund die Entscheidung, einem evangelisch-lutherischen Pfarrer wie Gauck ausgerechnet diesen Begriff zu unterbreiten. In seiner Rede an der Sorbonne, nachdem ihm der Doktortitel honoris causa verliehen worden war, nahm Gauck die Debatte vorweg: »Der lange Weg vom mittelalterlichen Investiturstreit bis zu den klaren und heilsamen Trennungen zwischen Religion und Politik, Kirche und Staat in der jüngeren Geschichte gehört unverlierbar zur europäischen Identität, auch wenn dieses Prinzip in unseren Staaten in unterschiedlicher Weise umgesetzt worden ist.«

In Frankreich begründete der bretonische Graf Chateaubriand die Romantik. Er hatte allen Grund, die Revolution zu hassen, riss sie ihn doch aus dem beschaulichen Landleben auf dem väterlichen Schloss. Chateaubriand (Sessel 19) ist auch in Deutschland in Erinnerung, vor allem wegen seiner Memoiren « Mémoires d'Outretombe », die er größtenteils Napoleon widmete. »Der Genius der Christenheit« ist weniger bekannt. Joachim Gauck bildet dabei eine moderne Gegengestalt zu dem berühmtesten Vertreter des französischen« romantisme », hatte er es doch konsequent abgelehnt, sich einem autoritären Regime anzupassen und sei es noch so glanzvoll wie das Kaiserreich Napoleons.

Die Haltung Gaucks ist an diesem deutsch-französischen Merktag vermutlich am besten vom Präsidenten der Sorbonne, dem Kunsthistoriker Barthélémy Jobert, charakterisiert worden. In seiner Laudatio auf Gauck berief sich der Universitätspräsident auf Paul Valérys »Rede zu Ehren Goethes«, die dieser kurz nach dem 100. Todestag des Dichters am 30. April 1932 an der Sorbonne hielt. Valéry war der deutschen Sprache nicht mächtig und näherte sich deshalb mit gewissen Einschränkungen seinem Subjekt. Er ließ seine Rede um die Begegnung Goethes mit Napoleon im Oktober 1808 in Erfurt kreisen, über die er schrieb: »Goethe ist geschmeichelt bis in den Grund seiner Seele.« Valéry überhöhte Goethes Bewunderung: »Napoleon, vielleicht seine größte Erinnerung, dessen Blick immer noch in seinen Augen haftet.« Zugleich träumte er von einem Europa, in dem Geist und Macht, Kultur und Politik verschmelzen. Hierin ähnelt Valéry Gauck, der wie er einst im großen Amphitheater der Sorbonne spricht. Gauck reißt Grenzen ein: »Nicht der große Glanz und die raffinierte Kunstfertigkeit sind das letzte Ziel unserer Kultur. Sondern das Erleben eines inneren Reichtums der Seele, des Zaubers der Natur, der Geheimnisse der Welt – und eine Ahnung dessen, was uns vielleicht transzendiert. Im Letzten aber ist es die echte Begegnung mit dem anderen: mit dem scheinbar vertrauten Antlitz des Nächsten und dem scheinbar verstörenden Antlitz des Fremden.« Beim Goethe-Bewunderer

Valéry klingt das ganz ähnlich: »Im ganzen genommen, bietet uns Goethe ein fast vollkommenes System aus Gegensätzen, eine seltene und fruchtbare Verbindung. Er ist abwechselnd ein Klassiker und ein Romantiker. Er ist ein Philosoph, der dem hauptsächlichsten Hilfsmittel der Philosophie, der Analyse des Subjekts, widerstrebt: Er ist ein Weiser, der sich des mächtigen Instruments der positiven Wissenschaft nicht bedienen kann oder will; er ist auch ein Mystiker, aber ein Mystiker von besonderer Art, ganz und gar der Versenkung in die Außenwelt hingegeben.«

Der alte Goethe beschrieb in seinen Gesprächen mit Eckermann Paris als faszinierenden Ort besonders für Deutsche, »wo jeder Gang über eine Brücke oder einen Platz an eine große Vergangenheit erinnert und wo an jeder Straßenecke ein Stück Geschichte sich entwickelt hat«. Gauck griff diesen Topos auf, indem er die « lieux de mémoire » im historischen Paris zwischen Sorbonne und Académie française in seiner Rede beschritt. »Mir scheint, dass es wenige Orte gibt, die besser von Europa erzählen können als das alte Quartier Latin und seine engere Umgebung«, sagte er. Da sind natürlich die Sorbonne und Cluny, aber vor allem die Kathedrale Notre-Dame. »Die Kathedralen und Kirchen von Paris über Mailand und Köln und in vielen anderen europäischen Städten, sie zeigen, wozu Europa in seinen besten Momenten auch fähig ist: zu Ehren des Guten und Erhabenen alle Kunstfertigkeit und allen Esprit aufzuwenden«, sagte Gauck. »Gerade in einer Zeit kritischer Debatten über Europa sollten wir uns bewusst machen: Europa kann verschwenderisch und großzügig sein und hat Geduld mit Projekten, deren Realisierung länger dauert als ein Menschenalter. Auch das ist eine Botschaft der Kathedralen, deren Gründer nie ihre Vollendung sahen: Es gibt Wirklichkeiten, die uns übersteigen, es lohnt sich, etwas aufzubauen, das erst für unsere Kinder und Kindeskinder wirksam wird. Was Europa groß gemacht hat, ist die Bereitschaft, über das eigene Leben, über die eigene Generation hinauszuschauen – und auch jenseits der eigenen Interessen Engagement und Leidenschaft zu entwickeln.« Treffender hat seit

Langem kein deutscher Politiker das europäische Projekt formuliert. Der Autor des »Glöckner von Notre-Dame«, Victor Hugo, ist es dann auch, der diesen denkwürdigen Tag des deutsch-französischen Geistesaustausches abschließt. Präsident Giscard zitiert Hugo, der von 1841 bis 1885 unter der Kuppel der Académie weilte, mit seinen geradezu prophetischen Worten: »Die unvermeidliche Zukunft des Menschen ist die Freiheit, die unvermeidliche Zukunft der Völker die Republik und die unvermeidliche Zukunft Europas die Föderation.«

STEFAN WOLTERSDORFF

Lothringen und der lotharingische Geist im Spiegel der Literatur

Die Geschichte Frankreichs und Deutschlands ist seit Jahrhunderten nur ein beständiges Bemühen, sich zu nähern, sich zu begreifen, sich zu vereinigen, sich in einander zu schmelzen, die Gleichgültigkeit war ihnen immer unmöglich, sie müssen sich hassen oder lieben, sich verbrüdern oder sich bekriegen. Das Schicksal weder Frankreichs noch Deutschlands wird nie einzeln festgesetzt und gesichert werden können. Deutschland und Frankreich finden sich überall vermischt, ohne sich je zu verschmelzen. Der wäre ein geschickter Diplomat, dem es gelänge, den Frieden zwischen den Nationen zu vermitteln, dadurch, daß man sie bewegte, ein neues gleichartiges Ganzes zu bilden, ohne ihre bezeichnenden Eigenschaften aufzuopfern. (…). Deutschland und Frankreich näher zu bringen ist unsere Aufgabe, und die Vergleichung der französischen Literatur mit der deutschen unser Ausgangspunkt. (Lützeler, S. 161/168)

Als der deutsch-jüdische Journalist und Schriftsteller Ludwig Börne in seiner Einleitung zur deutsch-französischen Revue *Balance* (1836) diese Zeilen formulierte, keimten gerade überall in Europa aggressive Nationalismen auf. In seiner deutschen Geburtsstadt Frankfurt/Main und in seiner französischen Wahlheimat Paris, wo er seit 1830 lebte, war Börne Zeuge dieser anti-französischen bzw. anti-deutschen Rhetorik geworden, die wenige Jahre später in einen deutsch-französischen »Sängerkrieg« (1840/41) und eine Generation später sogar in einen blutigen Waffengang (1870/71) münden sollte.

Früh erkannte Börne die Sprengkraft dieses schwelenden Konflikts, den er, im Unterschied zu den meisten seiner Zeitgenossen, nicht als Ausdruck von Fremdheit zwischen beiden Völkern, sondern im Gegenteil als Folge ihrer besonderen, schicksalhaften Verflechtung deutete. Daher kann dieser Konflikt aus seiner Sicht auch nicht durch weitere Abschottung, sondern allein durch wechselseitige Annäherung bis hin zur Verschmelzung aufgelöst und damit der Frieden in Europa gesichert werden. Von der Politik schien Börne wenig zu erhoffen, und schon gar nichts von der nur auf Konkurrenz ausgerichteten Wirtschaft. Der einzig gangbare Weg zum Nachbarn führte für ihn über die produktive Auseinandersetzung mit dessen Kultur, genauer gesagt: dessen Literatur. Eine überraschende Feststellung, denn schließlich ist diese (im Unterschied zu Musik, Bildhauerei oder Malerei) eine sprachliche Kunstform. Und ist es nicht gerade die Sprache, die Deutsche und Franzosen voneinander trennt?

Doch was im Alltag gelten mag, gilt eben nicht für die Literatur. Weder ist die deutsche Literatur ohne die französische Aufklärung denkbar, noch die französische ohne die deutsche Romantik. Wie sehr beide Literaturen schon in ihren Ursprüngen miteinander verflochten waren, konnte Börnes Kollege Hoffmann von Fallersleben 1837, also nur ein Jahr nach Erscheinen des obigen Texts, bei einem Besuch in der Bibliothek von Valenciennes feststellen. Dort entdeckte er eine dreisprachige Handschrift aus dem späten 9. Jahrhundert. Sie enthält neben einem lateinischen Text die altfranzösische Eulalia-Sequenz (das älteste Stück französischer Literatur überhaupt), gefolgt von einem Auszug aus dem althochdeutschen Ludwigslied. Beide Sprachdokumente stehen nicht nur auf dem gleichen (übrigens ziemlich löchrigen) Pergament, sondern wurden aller Wahrscheinlichkeit nach vom gleichen Schreiber aufgezeichnet. Ob es sich bei diesem um den im Frauenkloster Hasnon tätigen Musiker und Dichter Hucbald († 930) gehandelt hat, ist umstritten und für unsere Fragestellung auch nicht wichtig. Fest steht, dass er nicht nur selbst mehrsprachig gewesen sein muss, sondern offensichtlich auch von einem gemischtsprachigen Publikum ausgehen konnte.

Der Text führt uns zurück in die Zeit des zerfallenden Frankenreiches, aus dessen Trümmern ein romanisches West- und ein germanisches Ostreich entstand: Frankreich und Deutschland.

Dazwischen lag anfangs ein kulturell bunt gemischtes Mittelreich, das sich von der Nordsee bis ans Mittelmeer erstreckte und nach seinen Herrschern Lothar I. bzw. Lothar II. »Lotharingia« genannt wurde. Eigentlich sollte es als Klammer dienen, stattdessen entwickelte es sich zum Zankapfel seiner beiden eifersüchtigen Nachbarn. Die Folge war ein mehr als 1.000-jähriger deutsch-französischer Krieg, der – von nur kurzen »Waffenstillständen« unterbrochen – im Grunde bis 1945 andauern sollte.

Zwar existierte Lotharingien als eigenständiger Staat nur wenige Jahrzehnte, doch im Verborgenen lebte das alte Zwischenreich über die Jahrhunderte weiter, freilich nicht als politische, wohl aber als geistige Größe. Da es auf keiner Karte verzeichnet ist, sind seine »Bürgerinnen und Bürger« auch an keine Grenzen gebunden. Wo immer Deutsche und Franzosen zueinander finden, um das von Börne beschworene »gleichartige Ganze« zu bilden, wird jenes »Land, das nicht sein durfte«, zu einer lebendigen Realität. Börnes Vision ist also gar nicht so neu, sondern in Wirklichkeit sehr alt.

Der Nutzen, den beide Nachbarvölker aus einem solchen Miteinander ziehen können, aber auch der Schaden, den sie davontragen, wenn dies misslingt, ist nirgendwo deutlicher zu sehen als in jenem Teil des einstigen Zwischenreichs, der dessen Namen bis heute bewahrt hat: in Lothringen. »Grenzland, Zankapfel, Kriegsursache« nannte der Schriftsteller Joseph Roth die Region, die im Laufe ihrer Geschichte immer wieder zwischen Deutschland und Frankreich hin- und hergerissen, manchmal sogar zerrissen wurde.

Aber das Land an Maas und Mosel, an Seille und Saar war und ist auch eine überaus reiche Literaturregion, die aus der deutschen wie französischen Geistesgeschichte nicht wegzudenken ist. Der Bogen reicht von Montaigne und Fischart im 16. Jahrhundert, Bossuet und Moscherosch im 17. Jahrhundert, Voltaire und Goethe im 18. Jahrhundert, Lamartine und Fontane im 19. Jahrhundert sowie Sartre und Döblin im 20. Jahrhundert. Mit ihren Arbeiten auf Latein oder Französisch, auf Hochdeutsch oder Platt, auf Englisch oder einer der vielen »Migrantensprachen« bauten und bauen

Lothringens Schriftsteller seit Jahrhunderten, egal ob Einheimische oder Besucher, an einem gemeinsamen Raum jenseits aller Grenzen: einem geistigen Lotharingien. Wie sich der »entgrenzende« lotharingische Geist auf dem klar umgrenzten Gebiet der einstigen Region Lothringen (seit 2016 Teil der Großregion «Grand Est») immer wieder neu entfaltete, positionierte und schließlich in den europäischen Gedanken einmündete, soll im Folgenden an einigen Beispielen nachgezeichnet werden:

Durch die sich um das Jahr 1000 endgültig verfestigende Spaltung des alten Frankenreichs in einen Ost- und einen Westteil war Lothringen, einst Kernland der Karolinger, aus der Reichsmitte verbannt und in eine Randlage abgedrängt worden. Freilich sank es damit nicht zur geistigen Provinz ab, sondern bildete – aus der geografischen Not eine geistige Tugend machend – den weltoffenen »West-Balkon« des Ostreichs, zu dem es bis auf weiteres gehörte. Für diese Weltzugewandtheit des frühen Lothringens stehen zwei große Kleriker und Brückenbauer: Johannes von Gorze und Bruno von Dagsburg. Ersterer wurde von Kaiser Otto I. 953 an den Hof des Kalifen in Cordoba im damals muslimischen Andalusien gesandt. Sein Bericht über diesen zweijährigen Aufenthalt veränderte das Bild, das man sich im Abend- vom Morgenland machte, grundlegend. Vor allem aber wurde Lothringen durch die zahlreichen Schriften, die Johannes von dort mitbrachte, ein Zentrum der Vermittlung islamischer Philosophie, Wissenschaft und Literatur von europäischem Rang.

Auch Bruno von Dagsburg, der bald nach Johannes' Tod geboren wurde, war ein kultureller Grenzgänger. Als Bischof des lothringischen Bistums Toul wurde er 1049 zum Papst in Rom gewählt und nahm den Namen Leo IX. an. Das von ihm praktizierte (und später vielfach kopierte) Reisepapsttum führte ihn nach Frankreich, nach Ungarn und in das von Normannen beherrschte Süditalien. Außerdem trieb er Verhandlungen mit dem byzantinischen Kaiser in Konstantinopel voran, mit deren erfolgreichem Abschluss die Spaltung in eine Ost- und eine Westkirche überwunden worden wäre.

Bald nach seinem Tod wurde Leo heiliggesprochen und schon bald selbst zu einer literarischen Figur.

Machen wir einen Sprung von der Ottonischen in die Stauferzeit und damit ins hohe Mittelalter. Damals wurden die Klöster zunehmend von den Städten als geistige Zentren abgelöst. Neue literarische Moden kamen auf, die das höfische Ideal zelebrierten: In der westlich von Lothringen gelegenen Champagne begründete Chrétien de Troyes den französischen Artusroman, im östlich an Lothringen grenzenden Elsass schuf Reinmar von Hagenau den deutschen Minnesang. Im dazwischenliegenden Lothringen gab man sich bodenständiger und traditionsbewusster: Im 12. Jahrhundert entstand hier das Epos *Garin le Loherain* (Garin, der Lothringer), dessen Verfasser Jean de Flagy sich stolz (und für die damalige Zeit ungemein modern) ausdrücklich mit Namen nennt. Seine 15.000 Verse verfasste er in altfranzösischer Sprache, doch Inhalt und Stil des Textes erinnern an die germanische Heldenepik. So vermischten sich schon damals in der lothringischen Literatur Einflüsse aus beiden Ländern. Im deutschen Sprachraum wurde der Name Loherain-Garin übrigens zu Loherangrin (Wolfram von Eschenbach) bzw. zu Lohengrin (Richard Wagner) abgewandelt.

Im späten Mittelalter ging die Mehrsprachigkeit zurück, Vermittler und Übersetzer gewannen dadurch an Bedeutung. Und wieder war es eine Person aus Lothringen, die hierbei eine wichtige Rolle spielte: Elisabeth von Nassau-Saarbrücken. Die gebürtige Lothringerin war 1412 ihrem Gemahl Philipp I. von Vaudémont ins heutige Saarland gefolgt und übernahm nach dessen Tod für fast ein Jahrzehnt die alleinige Regentschaft. Daneben verfasste sie in Anlehnung an altfranzösische Heldenlieder vier deutsche Prosa-Erzählungen und wurde damit nicht nur zur ersten deutsch-französischen Übersetzerin, sondern auch zur (leider oft vergessenen) Begründerin des neuzeitlichen, deutschen Romans.

Im gleichen Jahr, in dem Elisabeth die Regentschaft übernahm, wurde in Reims Karl VII. zum französischen König gekrönt. An der Zeremonie nahm auch eine junge Lothringerin namens Jeanne d'Arc teil, zwei Jahre später starb sie auf dem Scheiterhaufen in Rouen. In der Literatur hingegen lebte sie weiter: in der französischen bei Villon, Voltaire und Anatole France, in der deutschen bei Schiller, Fontane und Bertolt Brecht, um nur einige Namen zu nennen. Auch die Geschichte Lothringens ist also ein Stoff, der sowohl die deutsche wie die französische Literatur bereicherte.

In jener Zeit begann in Europa eine neue Epoche, die Jules Michelet bzw. Jacob Burckhardt Jahrhunderte später als »Renaissance« bezeichneten. Die geistige wie räumliche Enge des Mittelalters war damit überwunden, die Menschen machten sich auf den Weg, Neues zu entdecken, im Großen wie im Kleinen. Wer nicht selbst reiste, las entsprechende Berichte, so auch Matthias Ringmann. Der junge Elsässer arbeitete seit 1507 als Revisor für die Druckerei von Vautrin Lud in Saint-Dié-des-Vosges, einem Städtchen in den lothringischen Vogesen. Bereits einige Jahre zuvor hatte er einen Reisebericht von Americo Vespucci aus dem (heute verlorenen) italienischen Original ins Lateinische übersetzt, in dem erstmals von einer Neuen Welt (Mundus novus) im Westen die Rede ist (Columbus glaubte ja noch, in Indien gelandet zu sein). Ringmanns Kollege, der aus Freiburg im Breisgau stammende Kartograf Martin Waldseemüller, zeichnete daraufhin eine Meereskarte, auf der er diesen Kontinent erstmals einzeichnete und ihm in Erinnerung an Vespucci den Namen »America« gab. Damit wurde Lothringen zum Geburtsland des neuzeitlichen Weltbilds.

Auch innerhalb Europas wurden Reisen nun selbstverständlicher. Das zwischen Frankreich und Deutschland gelegene Lothringen entwickelte sich dadurch zu einem wichtigen Etappenziel von Autoren beider Länder auf dem Weg ins jeweilige Nachbarland. Ich möchte mich hier auf drei französische »Besucher« des 16. Jahrhunderts konzentrieren, die zwar keine gebürtigen Lothringer, aber auf ihre Weise typisch lotharingische Grenzgänger waren: den Dichter Pierre de Ronsard, den Romancier François Rabelais, und den Philosophen Michel de Montaigne.

Ronsard lernte Lothringen 1540 bei seiner Reise ins elsässische

Haguenau kennen, wo er als Assistent des französischen Botschafters an einer deutsch-französischen Regierungskonsultation teilnehmen sollte. Dabei erkrankte er so schwer, dass er sein Gehör verlor und die Diplomatenlaufbahn aufgeben musste. In seinem neuen Beruf als Dichter kehrte er 1564 nach Lothringen zurück, wo im Schloss von Bar-le-Duc anlässlich der Taufe des künftigen Herzogs von Bar ein von ihm verfasstes Stück aufgeführt wurde. Heute gilt er als bedeutendster Renaissance-Dichter Frankreichs.

Bereits 1546 fand Rabelais in der noch zum Heiligen Römischen Reich gehörenden Freien Reichsstadt Metz eine Anstellung als Stadtarzt und damit politisches Asyl. Wegen seiner alle kirchlichen wie weltlichen Autoritäten verspottenden Romane hatte er in Frankreich um sein Leben fürchten müssen, während er im sicheren Lothringen an einer Fortsetzung seiner Geschichten arbeiten konnte. 1575 wurden diese übrigens von dem Straßburger Stadtschreiber Johannes Fischart ins Deutsche übersetzt. Auch er wurde von Amts wegen im Alter ein Lothringer: Von 1583 bis zu seinem gewaltsamen Tod 1590 lebte er als städtischer Verwalter im ostlothringischen Forbach.

Montaigne machte 1559 von der Champagne kommend einen ersten Abstecher nach Bar-le-Duc. 1580 erkundete er das damals selbständige Herzogtum im Westen Lothringens erneut, diesmal im Rahmen einer Badereise, die ihn von Lothringen über das Elsass ins italienische Lucca führte. Seinen Reisebericht verfasste er gemeinsam mit seinem Diener, teilweise auf Französisch, teilweise auf Italienisch. Damit überbrückt dieser Text die Grenze zwischen zwei Ständen und zwischen zwei Sprachen, ein in sozialer wie kultureller Hinsicht faszinierender Balance-Akt. Erst 1770 wurde die noch unveröffentlichte Handschrift in einer Holztruhe auf Schloss Montaigne entdeckt, 1908 übersetzte ihn der in Metz geborene Autor Otto Flake erstmals ins Deutsche.

Der französischen Blutauffrischung im 16. folgte ein für die gesamte Region beinahe tödlicher Aderlass im 17. Jahrhundert: Der Dreißigjährige Krieg (1618-48) hinterließ auch in Lothringen eine Spur der Verwüstung, deren Grad erst durch den Ersten und Zweiten Weltkrieg überboten wurde. Opfer, Mittäter und Zeuge dieser Zeit war der oberrheinische Schriftsteller Johann Michael Moscherosch, der von 1631-34 in Kriechingen/Créhange und von 1636-41 in Finstingen/Fénétrange als Amtmann tätig war und die Belagerung bzw. Zerstörung dieser beiden lothringischen Residenzen miterleben musste. Auch seine erste und zweite Ehefrau sowie einer seiner Söhne zählten zu den Opfern des Krieges. In seinem Roman *Die Wunderliche und Wahrhafftige Gesichte Philanders von Sittewalt* hat Moscherosch persönliche Erlebnisse verarbeitet. Der erste Band erschien 1640 in Straßburg, also noch während seines Aufenthalts in Lothringen, und entwickelte sich rasch zu einem der meistgelesenen Romane der Barockzeit.

Während Moscherosch unter den lothringischen Kriegsgräueln litt, saß im fernen Paris ein Lothringer in der Bastille: François de Bassompierre. Der ebenso charmante wie geistreiche Höfling aus Aroué, einem kleinen Adelssitz südlich von Nancy, hatte in Deutschland studiert und am französischen Königshof unter Heinrich IV. Karriere gemacht. Unter Ludwig XIII. wurde er zuerst zum Marschall von Frankreich befördert und dann durch eine Intrige zu Fall gebracht. Kurz vor seiner Verhaftung soll er noch rasch 6.000 Liebesbriefe verbrannt haben, die zahlreiche Damen des Hochadels kompromittiert hätten. Zwar waren seine Haftbedingungen akzeptabel: Bassompierre verfügte über einen eigenen Koch und zwei persönliche Diener, auch Besuche von Freunden und Freundinnen waren möglich. Dennoch fiel es dem lebensfrohen Mann schwer, sich in sein Schicksal zu fügen. Um der Langeweile zu entfliehen, schrieb er schließlich seine Memoiren, eine unterhaltsame Mischung aus Dichtung und Wahrheit, halb historisches Dokument und halb galanter Roman. Nach Bassompierres Tod wurden sie 1665 in Köln veröffentlicht und begründeten seinen literarischen Nachruhm. Seine Texte wurden unter anderem von Johann Wolfgang Goethe und Hugo von Hofmannsthal bearbeitet.

Zur gleichen Zeit, als Bassompierres Lebensgeschichte erschien, diktierte Paul de Gondy, besser bekannt als Cardinal de Retz, auf Schloss Commercy (West-Lothringen) seine Memoiren. Auch Retz hatte in Paris Karriere gemacht, war zum Erzbischof der Hauptstadt aufgestiegen, dann aber gestürzt und inhaftiert worden. Allerdings gelang ihm 1654 die Flucht aus seinem Kerker in Nantes. Nach einem längeren Aufenthalt in seiner italienischen Heimat ließ er sich 1662 im (damals noch von Frankreich unabhängigen) Herzogtum Lothringen nieder. Eine Burgruine in Commercy, die er 1640 geerbt hatte, ließ er dafür zu einer der schönsten Adelsresidenzen Lothringens ausbauen. Zu seinen Besucherinnen gehörte die Schriftstellerin Madame de Sévigné, mit der ihn eine lebenslange Freundschaft verband und die vermutlich identisch mit jener geheimnisvollen Dame ist, der er seine Memoiren widmete. Niemand geringerer als Friedrich Schiller hat den 1717 erstmals erschienenen Text, der in Frankreich als Lehrbuch der hohen Intrigen- und Liebeskunst galt, ins Deutsche übersetzt.

Der Auftritt von Commercy in der Literaturgeschichte war damit noch nicht zu Ende: Ab 1744 ließ Stanislas I. Leszczyński, ehemals polnischer König und letzter Herzog Lothringens, das Schloss zu einer prunkvollen Rokoko-Residenz umbauen. Zu seinen Besuchern zählten der Philosoph Voltaire und dessen Geliebte, die Naturwissenschaftlerin Emilie du Châtelet. Hier sowie in Lunéville, der östlich von Nancy gelegenen Sommerresidenz von Stanislas, entstanden mehrere von Voltaires Theaterstücken, während Emilie hier eine neue Liebe fand: den zehn Jahre jüngeren Garde-Hauptmann Jean-François de Saint-Lambert. 1648 ertappte Voltaire die beiden in einer eindeutigen Situation, die nicht folgenlos blieb: die immerhin bereits 42jährige Emilie wurde schwanger. Der Hofarzt von Stanislas betreute sie, und drei Männer fieberten an ihrem Lager der nahenden Niederkunft entgegen: der eigens angereiste Ehemann, den man im Glauben ließ, er sei der Kindsvater, Saint-Lambert, der es wirklich war, und der gehörnte Voltaire. Seine Briefe, die er in jenen Tagen an den Preußenkönig Friedrich II. schrieb, zeugen von echter, liebevoller Anteilnahme. Leider starb Emilie eine Woche nach der Geburt ihrer Tochter am 31. August 1749 in Lunéville.

Voltaire ist nicht der einzige Autor der französischen Aufklärung, dessen Name mit Lunéville verbunden ist. 1747 arbeitete der Philosoph und Schriftsteller Montesquieu hier an seinem berühmten Werk *Vom Geist der Gesetze* (1748), 1751 trat Stanislas auch noch in Kontakt zu dem jungen Jean-Jacques Rousseau. Und schließlich veröffentlichte der König auch selbst Traktate und Erzählungen, in denen er aufklärerische, bisweilen sogar republikanische und pazifistische Ansichten vertrat, sicher nicht immer zur Freude seines Schwiegersohns, des französischen Königs Ludwig XV. Damit machte er aus Lothringen einen Ort, an dem sich die französische Aufklärung besser entfalten konnte als in Frankreich, und von dem aus ihre Ideen sich in Deutschland ausbreiten konnten. Erst mit seinem Tod 1766 und der Angliederung Lothringens an Frankreich schloss sich diese kleine Parenthese der Freiheit.

Wenige Jahre später besuchte ein Student aus Straßburg die nunmehr französische Provinz, sein Name: Johann Wolfgang Goethe. Mit seinem elsässischen Freund Friedrich Leopold Weyland sammelte er im Auftrag seines Freundes und Mentors, des Philosophen Johann Gottfried Herder, lothringische Volkslieder. Drei Jahrzehnte später kehrte er wieder zurück, diesmal eher unfreiwillig: Am Feldzug gegen das revolutionäre Frankreich musste auch Preußens Bundesgenosse Sachsen-Weimar teilnehmen, und dessen Herzog Carl August befahl seinem Freund und Minister Goethe, ihn zu begleiten. Auch ein Corps emigrierter Franzosen schloss sich der Invasionsarmee an, unter denen sich der Schriftsteller René de Chateaubriand befand. Freilich hatten die beiden Autoren voneinander keine Kenntnis.

Der Feldzug endete für die Alliierten in einem Desaster, Chateaubriand wurde in Lothringen (vor Thionville) lebensgefährlich verletzt. Erst Jahrzehnte später schrieben sich beide Dichter ihre Erinnerungen von der Seele: Goethe in der *Campagne in Frankreich* (1822) und Chateaubriand in seinen *Mémoires d'outre-tombe*

(1849). Obwohl beide militärisch auf der gleichen Seite gestanden hatten, fiel ihre Bilanz sehr unterschiedlich aus: Chateaubriand akzeptierte auch im Alter nur das königliche Gottesgnadentum, während Goethe rückblickend gewisse Sympathien für die revolutionäre Sache durchblicken ließ und deren Sieg sogar als Beginn einer neuen Epoche der Weltgeschichte feierte.

In literarischer Hinsicht war Chateaubriand freilich moderner als sein deutscher Kollege: Er gilt als Begründer der französischen Romantik, einer Bewegung, die wesentlich in Deutschland wurzelte, die Goethe aber entschieden ablehnte. Bei der Vermittlung des neuen Gedankenguts an Frankreich spielte Lothringen, schon aus geografischen Gründen, eine Schlüsselrolle. Vor allem in der ersten Hälfte des 19. Jahrhunderts war das Land zwischen Argonnen und Vogesen ein Tummelplatz romantischer Schriftsteller beider Länder. 1827 etwa hielt sich der deutsche Dichter Clemens Brentano in Metz auf, 1832 sein französischer Kollege Charles Nodier. Ersterer wollte hier seinen Glauben stärken (er hatte eine Audienz beim Metzer Bischof), letzterer seine Gesundheit (im heimischen Paris wütete die Cholera). 1840 und '45 besuchte Prosper Mérimée die Mosel-Metropole: Als Generalinspekteur der französischen Baudenkmäler bereiste er in diesen Jahren sämtliche Provinzen des Landes und rettete in Metz unter anderem eine Templer-Kapelle sowie ein römisches Aquädukt vor dem Abriss. Ganz andere Sorgen hatte Honoré de Balzac, der seine Geliebte, die verwitwete polnische Gräfin Ewelina Hańska, gerne in Metz geheiratet hätte. Doch das Projekt, das den tief verschuldeten Autor der *Menschlichen Komödie* vor dem Ruin gerettet hätte, scheiterte an Ewelinas russischem Pass.

Neben Metz war der Badeort Plombières-les-Bains eine bei Romantikern beliebte Adresse. An dem bereits von den Römern geschätzten und durch Aufenthalte der Philosophen Montaigne und Voltaire auch literarisch geadelten Ort in den lothringischen Vogesen konnte man in gepflegter Atmosphäre »die Wasser nehmen« und dadurch seinen Weltschmerz und andere Leiden kurieren. Den Anfang machte 1822 Alphonse de Lamartine, gefolgt von Alfred de

Musset 1845. Von 1850 bis zu seinem Tod 1867 war der berühmte Komponist Hector Berlioz Dauergast in Plombières. Théophile Gautier entdeckte den Ort erst 1859/60, als er selbst und mit ihm die ganze romantische Schule bereits ein wenig in die Jahre gekommen war. Eine Wanderung, die er in seinem Essay *Les Vosges* beschreibt, kann bis heute nachvollzogen werden.

Nicht ganz so präsent sind auf lothringischem Boden die Autoren des literarischen Realismus, wohl auch deshalb, weil sich die Vertreter dieser Richtung weniger für die Provinz und mehr für die Großstadt interessierten. Und das heißt in Frankreich bekanntlich vor allem Paris. Trotzdem blieb Lothringen auch in der zweiten Hälfte des 19. Jahrhunderts, als die realistischen Autoren tonangebend waren, kein »unbeschriebenes Blatt«. Zu erwähnen sind die Brüder Edmond und Jules Goncourt, deren familiäre Wurzeln in Lothringen liegen: Edmond kam in Nancy zur Welt, der ehemaligen Hauptstadt des Herzogtums, beide hielten sich immer wieder gern im Haus ihres Großvater im südlothringischen Neufchâteau auf. Mit ihrem Tagebuch, das sie ab 1851 gemeinsam führten, waren sie die Chronisten des »realistischen« Paris.

Auch der Publizist und Autor Edmond About aus Dieuze (er diente Kaiser Napoléon III. als Berater) sowie die Romanautorin Sibylle de Mirabeau-Martel aus Nancy (sie wurde landesweit unter ihrem Pseudonym GYP bekannt) haben lothringische Wurzeln. In Lothringen selbst gelten Emile Erckmann und Alexandre Chatrian aus Phalsbourg als bekannteste Vertreter dieser Autorengeneration. Ab 1859 veröffentlichten sie unter dem Doppelnamen Erckmann-Chatrian ihre *Romans nationaux*, Vorläufer der Groschenromane. Erckmann erstellte die Rohfassung, Chatrian übernahm die Korrekturen und kümmerte sich um die Vermarktung. In nicht einmal zwei Jahren verkauften sie – zum Stückpreis von nur 10 Centimes – 1,5 Millionen Exemplare!

Mit dem Krieg von 1870 kam auch ein Vertreter des deutschen Realismus nach Lothringen: Theodor Fontane. Nachdem er sich (angeblich als harmloser Tourist) hinter den feindlichen Linien aufgehalten hatte, wurde er zunächst als vermeintlicher Spion in Domrémy-la-Pucelle, dem Geburtsort von Jeanne d'Arc, verhaftet und über Neufchâteau auf die berüchtigte Gefängnisinsel Oléron gebracht. Dank eines Gefangenenaustauschs bekam er zum Jahresende zwar seine Freiheit wieder, aber er war nicht mehr derselbe: Aus dem (allzu) patriotischen Preußen mit französischen Wurzeln (er war Abkömmling einer Hugenottenfamilie aus Südfrankreich) war ein ebenso präziser wie skeptischer Beobachter seiner Zeit geworden. Statt des von ihm erwarteten Jubelberichts zum siegreichen Feldzug schrieb er zwei eher nachdenkliche Kriegsbücher, in denen er Stimmen von beiden Seiten zu Wort kommen ließ. Bald darauf gab er den Journalistenberuf ganz auf und begann mit der Arbeit an seinen großen Romanen. Auch bekannte er sich zunehmend zu seiner deutsch-französischen Doppelkultur, schließlich sei er ja »Märker, aber noch mehr Gascogner« (17.12.1889 an Maximilian Harden).

Durch den Frankfurter Frieden wurde Lothringen 1871 geteilt: Der Nordosten wurde als Teil des »Reichslandes Elsass-Lothringen« dem neu geschaffenen Deutschen Kaiserreich einverleibt, der flächenmäßig größere, aber nur dünn besiedelte und kaum industrialisierte Westen und Süden dagegen blieb bei Frankreich. Wichtigste literarische Stimme dieses »Welsch-Lothringens« war in den nun folgenden Jahren Maurice Barrès aus Charmes, einer kleinen Gemeinde am Westufer der Mosel. Unermüdlich warb er mit seinen Büchern für eine Rückkehr der »verlorenen Provinzen« zu Frankreich, was er am Ende seines Lebens tatsächlich noch erleben durfte. Doch der Preis dafür war hoch: Gleich zu Beginn des Kriegs wurde sein Heimatort vollständig zerstört.

Um nicht Deutsche zu werden, wanderten aus dem annektierten Landesteil viele Menschen nach Frankreich ab, darunter auch manche Schriftsteller. Zu erwähnen sind neben Erckmann-Chatrian und Edmond About auch die aus Metz gebürtigen Dichter Paul Verlaine und Gustave Kahn. Trotz mancher Unterschiede gelten beide als wichtige Vertreter der symbolistischen Schule. Der mit

Barrès eng befreundete Stanislas de Gaïta dagegen, ein heute nahezu vergessener Dichter und Okkultist, verbrachte seine letzten Lebensjahre in Tarquimpol am Linderweiher (Etang de Lindre) und damit in »Deutsch-Lothringen«. Doch sein lyrisches Werk verfasste er weiter auf Französisch.

Bald nach der Annexion setzte eine gezielte Einwanderung deutscher Siedler ein, die der einheimischen Bevölkerung anfangs oft verständnislos gegenüberstand. Es dauerte eine Generation, bis diese Grenze in den Köpfen aufzuweichen begann. Junge Deutsche, die in Lothringen, und junge Lothringer, die in Deutschland aufgewachsen waren, kamen miteinander ins Gespräch, was auch literarische Früchte trug. Freilich reicht der Raum hier nicht, diese wichtige Phase zwischen 1871 und 1914 auch nur annähernd zu würdigen. Nur einige Namen sollen erwähnt werden: die in Metz geborenen deutschen »Neu-Lothringer« Otto Flake, Hermann Wendel und Ernst Moritz Mungenast, die sich alle mit ihrer zweiten, lothringischen Heimat literarisch auseinandersetzten, sowie die »Alt-Lothringer« Yvan Goll aus Saint-Dié-des-Vosges (ein Mitbegründer des Surrealismus, der zeit seines Lebens Metz verbunden blieb), Marya Delvard aus Réchicourt-le-Château (eine Schlüsselfigur des literarischen Kabaretts um 1900), Louis und Angelika Pinck aus dem Bitscherland (für die Überlieferung lothringischer Märchen, Sagen und Volkslieder waren beide ähnlich bedeutsam wie die Gebrüder Grimm für Deutschland) und Adrienne Thomas aus Saint-Avold, der wenigstens ein paar Zeilen gewidmet werden sollen:

Die Tochter einer Lothringerin und eines jüdischen Geschäftsmanns aus Preußen kam als Herta Adrienne Strauch zur Welt und wuchs in Metz zweisprachig auf. Während des Ersten Weltkriegs arbeitete sie als Rot-Kreuz-Helferin und verarbeitete ihre traumatischen Erfahrungen in dem autobiografisch geprägten Anti-Kriegsroman *Die Katrin wird Soldat* (1930), der in 16 Sprachen übersetzt, in Deutschland aber 1933 verbrannt wurde. Nach einer langen Flucht durch verschiedene Länder fand sie 1947 in Österreich eine neue Heimat.

Leider ist hier auch nicht der Raum, die überaus facettenreiche Literatur zum Ersten Weltkrieg auf lothringischem Boden vorzustellen. Dass von Ernst Jünger bis Alfred Döblin auf deutscher, von Henri Alain-Fournier bis Maurice Genevoix auf französischer Seite viele Autoren dieses Grauen miterlebten und darüber geschrieben haben, dürfte allgemein bekannt sein.

Immerhin hatte der Waffenstillstand die Wiedervereinigung Lothringens zur Folge, die aber nur wenige Jahre dauerte. Nach zwei Jahrzehnten kehrte der Krieg erneut nach Lothringen zurück, und wieder waren namhafte Autoren als Zeugen und (teilweise) als Akteure dabei: auf deutscher Seite der mittlerweile gereifte Ernst Jünger sowie der junge Heinrich Böll (im lothringischen Saint-Avold wurde der spätere Romancier auf seinen Einsatz an der Ostfront vorbereitet) sowie auf französischer Seite Jean-Paul Sartre (in Baccarat verbrachte der bekannte Philosoph 1940 einige Zeit in deutscher Kriegsgefangenschaft) und Hans Habe (ein ungarischer Jude, der seit dem Ersten Weltkrieg als Autor in Österreich lebte, im Zweiten Weltkrieg als Kriegsfreiwilliger für Frankreich kämpfte und schließlich als US-Bürger starb).

1945 fand Lothringen mit dem Frieden auch seine Einheit wieder, doch die Menschen beiderseits der Grenze trennte ein anfangs unüberwindlich scheinender Abgrund von Schuld und Verbrechen. Umso erstaunlicher ist es, dass bereits wenige Jahre nach dem Krieg mit dem Aufbau eines vereinten Europas begonnen wurde, einem Projekt, das bekanntlich untrennbar mit dem Namen eines großen Lothringers verbunden ist: Robert Schuman. Neun Jahrhunderte nach dem Zerfall des Frankenreiches fand der lotharingische Geist mit ihm endlich doch noch Eingang in die Politik. Ob freilich mit der Europäischen Union Börnes Traum eines »neuartigen Ganzen« die von ihm einst ersehnte Form angenommen hat, sei dahingestellt. Der Schriftsteller Alfred Döblin hatte zumindest die Hoffnung, dass dies gelingen könnte. Wie sein Zeitgenosse Schuman wurde auch er als Deutscher geboren und starb als Franzose, war also ein »Lotharingier« wie dieser. Obwohl er aus Stettin stammte, sollte das Land Lothringen in seinem Leben eine wichtige Rolle spielen, weshalb sein für unser Thema exemplarisches Schicksal zum Abschluss etwas ausführlicher vorgestellt werden soll:

Als Militärarzt hatte Döblin in Saargemünd (heute Sarreguemines) das Grauen des Ersten Weltkriegs miterlebt. 1918 war er aus dem nun wieder französischen Elsass-Lothringen nach Deutschland ausgewiesen worden, von wo er 1933 wegen seiner jüdischen Abstammung über die Schweiz zurück nach Frankreich fliehen musste. Zusammen mit seiner Frau und seinen Söhnen nahm er 1936 die französische Staatsangehörigkeit an. Sein Sohn Wolfgang, der nun Vincent hieß und ein brillanter Mathematiker war, wurde 1939 als französischer Soldat eingezogen und an der Saar eingesetzt, also eben dort, wo sein Vater gut zwei Jahrzehnte zuvor als deutscher Soldat gedient hatte. Nachdem sein Regiment bei Lunéville völlig aufgerieben worden war, setzte sich Wolfgang nach Housseras ab. In dem lothringischen Bauerndorf am Fuße der Vogesen verschanzte er sich in einer Scheune und schoss sich eine Kugel in den Kopf, um nicht in deutsche Hände zu fallen.

Seine Eltern, die 1940 in die USA geflohen waren, erfuhren davon erst bei Kriegsende. Nach Europa zurückgekehrt, arbeitete Alfred Döblin als Oberst für die Militärverwaltung in der französischen Besatzungszone, wo er das literarische und kulturelle Leben im deutschen Südwesten neu aufbaute. Enttäuscht von der politischen Entwicklung in der jungen Bundesrepublik kehrte er 1953 jedoch nach Paris zurück, wo er seine letzten Lebensjahre verbrachte. 1957 starb er im deutschen Emmendingen, wurde aber, seinem Wunsch entsprechend, neben seinem Sohn Wolfgang im lothringischen Housseras beigesetzt.

Einige Jahre zuvor hatte der bereits schwerkranke Dichter im Saarbrücker Rathaus, also quasi auf lotharingischem Boden, eine visionäre Rede über das »neue« Europa gehalten. Sein Aufruf zum Aufstand gegen eine nationalstaatliche Vergangenheit, die »nicht vergangen sein will und uns die Gegenwart und die Zukunft raubt«, war seine Abschiedsbotschaft an die Welt und soll am Ende dieser

Reise durch das lothringische Klein-Europa stehen. Es war ein Abschied, der zum Aufbruch mahnt und als Auftrag an kommende Generationen zu verstehen ist, aus lotharingischem Geist endlich ein geistiges Europa zu bauen:

Die Spatzen pfeifen es auf den Dächern. Man fühlt, man müßte dazu kommen. Männer und Frauen gehen in die Vortragssäle und lassen sich darüber allerhand erzählen. Es ist aber beinahe unnötig, daß man darüber redet, man ist längst einig in allen Ländern: Der gegenwärtige Zustand ist überaltert, ist undurchdacht, ist eigentlich der Männer und Frauen, die hier wohnen, unwürdig (…). Die Konferenzen allein können es nicht schaffen. Der drängende, ungestüme Wille vieler muß dazu kommen, sehr vieler. Mut, Mut, tut Euch zusammen. Zeigt hinter der alten rostigen Realität die junge und prächtige neue. Zeigt die Macht, die Ihr besitzt, um das alte Gemäuer niederzureißen. Tut euch zusammen! Keine kleinen Parolen. Der gerechte Kampf, der wahre Kampf, der einzige Kampf. Fordert Europa (Schock, S. 196/199).

Bibliografie:

Paul Michael Lützeler (Hrsg.): *Hoffnung Europa. Deutsche Essays von Novalis bis Enzensberger*, Frankfurt/Main: Fischer 1994.

Ralph Schock (Hrsg.): *Alfred Döblin. Meine Adresse ist: Saargemünd. Spurensuche in einer Grenzregion*, Merzig: Gollenstein 2009.

Stefan Woltersdorff: *Literarisches Lothringen. Spaziergänge mit Dichtern und Denkern Europas*, Saarbrücken: Conte-Verlag 2012 (Literaturpreis der Académie Stanislas in Nancy 2014).

VERA LOOS

Peu à peu

© Privat

ÜBERSETZUNGEN DER FRANZÖSISCHSPRACHIGEN BEITRÄGE

Charlotte Dellion
Endlich zuhause im Land der drei Grenzen

Durch unsere Erziehung und unsere Kultur können wir uns alle ein Bild von einem Land machen, wir haben alle unsere Voreingenommenheiten. Dies kann sowohl positiv als auch negativ sein. Was Deutschland und seine Bewohner betrifft, beschränkten sich meine Kenntnisse auf das, was man mir beigebracht hatte. Wenn man klein ist, saugt man die Worte der Erwachsenen auf, ohne zu wagen, sie infrage zu stellen. Meine Großeltern hatten den Krieg erlebt und erwähnten so manches Mal ihre Erinnerungen an die »Boches« und an die Quasi-Zerstörung meiner Heimatstadt Tours. Auch wenn sie ihre Worte sorgsam abwägten, verrieten die Art und Weise, wie sie redeten, und der Tonfall ihrer Stimmen eine tiefe Abneigung den ehemaligen Besatzern gegenüber. Natürlich war der Krieg weit weg, aber die Wunde war noch offen. Obwohl sie eifrig praktizierende Katholiken waren, war an Vergebung nicht zu denken. Ich wuchs also mit einem negativen Bild des ehemaligen Deutschland auf, jedoch ohne Hass oder Wut zu verspüren. Ich war und ich bin lediglich Beobachterin dieser Vergangenheit.

Merkwürdigerweise war es nicht die Geschichte, die mich schockierte, sondern der Klang der deutschen Sprache. Ich mochte es immer, Englisch zu sprechen, oder Spanisch oder Latein, aber ich gebe zu, dass es mich nie gereizt hat, Deutsch zu lernen. Ich fand die Laute zu hart, die Wörter zu abgehackt, eine Satzmelodie praktisch nicht vorhanden. Selbst »Ich liebe dich« fand als Ausdruck der Liebe in meinem Herzen kein Echo. Glücklicherweise änderte ich später meine Meinung, als ich die Texte deutscher Lieder studierte. Der Reichtum der metaphorischen Landschaften dringt bisweilen tiefer in die Romantik vor als manch französisches Gedicht. Der durch die Musik getragene Text öffnete sich schließlich meiner Gefühlswelt.

Diese Gefühle waren es, die mich im schönen Juli 2009 nach Deutschland führten. Zu dieser Zeit studierte ich am Conservatoire National Supérieur de Musique et de Danse de Paris (CNSMDP), wo ich meinen Master für Gesang bei Mireille Alcantara vorbereitete. Wie viele Studenten musste ich arbeiten gehen, obwohl ich ein Stipendium hatte. Ich lebte intensiv zwischen Paris und Tours, wohin ich jedes Wochenende fuhr, um meinen Chor zu dirigieren, « Sans nom, cent notes » von Rochecorbon, aber auch, um Gesangsunterricht zu geben oder Konzerte zu singen.

Trotz meiner jungen Jahre hatte ich bereits die Erfahrung einer verheirateten und geschiedenen Frau und wusste genau, was ich wollte, und besonders, was ich nicht wollte. Als Musikerin hatte ich natürlich den Ehrgeiz, Karriere zu machen, aber es war mir klar, dass ich nicht zu jenen gehörte, die ihr Leben oder ihre Familie der Kunst opfern, aus dem einfachen Grund, dass meine Kunst sinnentleert ist, wenn ich nicht Liebe gebe und empfange. Es war für mich also entscheidend, eine Familie zu gründen und ein Nest zu bauen, in das ich zurückkehren konnte. Dafür musste ich einen Partner finden, der meinen Beruf versteht, ihn akzeptiert und mich dabei unterstützt. Es ist gar nicht so leicht, zu akzeptieren, dass deine Geliebte länger als einen Monat für eine Produktion hunderte oder tausende Kilometer weit wegfährt, oder dir immer und immer wieder dieselben Gesangsübungen anzuhören. Unglücklicherweise hielt mich die Menge an Arbeit, die ich mir jede Woche auferlegte, davon ab, auf die Suche zu gehen.

Wie der Zufall es so wollte, sagt man. Ich glaube nicht wirklich an Zufälle. Die Dinge passieren dann, wenn man für sie offen ist. Eines Abends meldete ich mich aus purer Langeweile bei einer Partnervermittlungsplattform an, Anfang jenes Juni 2009. Es ging mir überhaupt nicht darum, den Partner fürs Leben zu finden, ich war nur neugierig, wie diese Art von Plattform funktionierte. Ich war der Überzeugung, dass das nicht klappen kann und dass solche Partnerbörsen für Verzweifelte konzipiert waren. Entgegen aller Erwartung gab es verschiedene Arten von Profilen: Verzweifelte, Neugierige wie ich, Schürzenjäger und seriöse Leute, die ihre Suche mehr oder weniger ernst meinten. Nachdem ich das Stadium der Neugier überwunden hatte, ließ ich mich tatsächlich auf das Spiel ein, die seltene Perle zu finden. Die seltene Perle fand mich, nur vier Tage, nachdem ich mich angemeldet hatte. Wie groß war die Überraschung, als sich herausstellte, dass es ein Deutscher war, mit italienischem Namen. Ein schöner Blonder mit einem umwerfenden Lächeln, Gitarrist und Geigenbauer: Tino.

Nach einem Monat fruchtbaren Austauschs, auf Französisch, beschlossen wir uns zu treffen, am 6. Juli 2009, um uns daraufhin nie wieder zu verlassen.

Von Anfang an machte ich es mir zur Aufgabe, jene fremde und schwierige Sprache zu lernen: Deutsch. Am CNSMDP hatte ich Kurse in deutscher Aussprache, die dazu dienten, korrekt in dieser Sprache zu singen, allerdings ohne sie sprechen zu können. Nach meiner Begegnung mit Tino schrieb ich mich für zusätzliche deutsche Sprachkurse ein, um sprechen zu lernen. Während des ersten Jahres pendelte ich zwischen Paris, Tours und Siersburg, meinen Kursen, meiner Arbeit und meiner Liebe. Langeweile kam seitdem nicht mehr auf. Aber der ständige Trennungsschmerz ließ mich eine radikale Entscheidung treffen: nach Deutschland zu ziehen. Dank des Erasmusprogramms beschloss ich, mein Studium in Karlsruhe beim Tenor Donald Litaker zu beenden. Karlsruhe hatte die dem Saarland nächstgelegene Hochschule, die Auswahl fiel also nicht schwer.

Diese Lebensänderung bedeutete, alles hinter mir zu lassen: Familie, Freunde, Arbeit, Schule, aber auch Orte voller wertvoller Erinnerungen. Dies war keine leichte Sache und es war wichtig, dass ich den Schritt für mich selbst machte. Für den Geliebten alles zu verlassen, ist nicht notwendigerweise eine gute Idee, denn wenn es nicht gutgeht, läuft man Gefahr, es ihm später vorzuwerfen. Ich beschloss also, mein Leben zuallererst für mich selbst zu verändern, um mich um eine außergewöhnliche Erfahrung zu bereichern: alles zurücklassen, bei Null wieder anfangen, alles geben, um in einem Land und einer Sprache, die ich kaum kannte, erfolgreich zu sein. Und ich wurde nicht enttäuscht! Die Erfahrungen waren zahlreich, nicht alle positiv, aber alle bereichernd.

Meine Abreise aus Tours war emotional am schwersten. Ich verließ meine geliebte Familie und eine weitere, die ich als Adoptivfamilie bezeichnen würde: meinen Chor. Ich hatte ihn fast vier Jahre geleitet, und es waren magische Jahre gewesen. Es ist unbeschreiblich, was ich mit diesen Menschen erlebt hatte, die fast alle dreimal so alt waren wie ich, und die mich aber trotzdem als Leiterin und Lehrerin betrachteten, und sie waren so undiszipliniert wie Schulkinder! Sie vertrauten mir, obwohl ich keine Erfahrung hatte. Ich war mit ihnen gewachsen, und sie mit mir. Das Band, das uns vereinte, war nicht normal zwischen einer Chorleiterin und ihren Sängern, und ich weiß, dass ich eine solche Verbindung mit keinem anderen Chor mehr haben werde. Ich bin keine Pessimistin, ich stelle nur fest. Ich war oftmals traurig, sie verlassen zu haben, aber gleichzeitig froh, eine so reiche menschliche Erfahrung erleben zu dürfen.

Fast genau ein Jahr nach meiner ersten Reise kam ich in Deutschland an. Tino hatte eine Überraschung für mich vorbereitet. Ich wurde von einigen Freunden und der Familie empfangen, und mir wurde warm ums Herz.

Der erste Schritt war, ein Studentenzimmer in Karlsruhe zu finden. Ich durchkämmte die Kleinanzeigen im Internet und legte die interessantesten Angebote beiseite, damit Tino anrufen konnte, um mit den Vermietern Termine zu vereinbaren. Beim ersten Anruf wurde er schnell vom Portier eines Wohnheims abgewimmelt, der ihm zu verstehen gab, dass er nicht an einer ausländischen Studentin interessiert sei, die kein Deutsch spreche und nicht in der Lage sei, selbst anzurufen. Ich hatte bereits Grundkenntnisse in Deutsch und ich konnte mich verständlich machen. Aber telefonieren war noch eine schwere Übung. Wenn man einer Person gegenübersteht, ist das anders, man kann sich mit Gesten verständlich machen, manchmal genügt sogar ein einfacher Blick. Das geht am Telefon nicht. Ich hatte keine Wahl, ich musste selbst anrufen. Dies ist ein Beispiel für eine negative Erfahrung, die sich ins Positive verkehrt hat. Dank ihrer lernte ich einen Standardsatz, mit dem ich die anderen Annoncen anrief, die ich gefunden hatte. Eine Stunde später hatte ich fünf Termine für den nächsten Samstag. Ich war stolz auf mich, aber erschöpft, mein Gehirn war überlastet von so viel Konzentration.

Das ist ein nicht zu vernachlässigender Aspekt, wenn man eine neue Sprache lernt, diese Erschöpfung, die aus exzessiver Konzentration resultiert, und die mehrere Monate dauern kann. Ich brauchte mehr Schlaf als vorher. Was auch interessant ist: Ich konnte keine anderen Fremdsprachen mehr sprechen. Zwei Jahre lang war ich praktisch unfähig, mich auf Englisch zu unterhalten. Erst später, während einer internationalen Produktion, fand ich meinen englischen Wortschatz wieder.

Mein Studentenzimmer befand sich in der Nähe der Hochschule und ich hatte das Glück, bei einer sympathischen Frau zu landen, die Französisch sprach. Ich fühlte mich sofort wie zu Hause, aber ich bestand darauf, dass wir Deutsch redeten.

Die ersten sechs Monate in Karlsruhe waren sehr geschäftig. Ich nahm an der Produktion von »Orpheus und Eurydike« teil, einer für Kinder angepassten Version der Oper, in welcher ich die Eurydike interpretierte. Ich besuchte die Meisterklasse von Júlia Várady, der Ehefrau des verstorbenen Dietrich Fischer-Dieskau. Und ich sang bei verschiedenen Künstleragenturen vor. Alles verlief sehr gut bis zu dem Moment, als ich herausfand, dass ich mein Abschlussexamen in Karlsruhe nicht machen konnte, sondern dafür nach Paris zurückkehren musste. Wegen eines Wechsels in der Leitung des CNSMDP war es nicht mehr möglich, seinen Master im Ausland abzulegen. Und das sechs Wochen vor dem schicksalhaften Datum. Ich wusste, dass die Anforderungen für eine solche Prüfung von einem Land zum anderen nicht die gleichen sind und ich musste mein Programm fast vollständig ändern. Ich kontaktierte einen befreundeten Pianisten, der bereit war, mich zu begleiten. Ich fuhr nach Paris in der Hoffnung, bei der Nachfolgerin meines Professors, der wegen eines Krebsleidens krankgeschrieben war, Unterstützung zu finden. Es war vergebens, sie lehnte mein Gesuch ab. Ich war auf mich allein gestellt, ein neues Prüfungsprogramm zusammenzustellen. Obwohl es den Prüfern nicht ganz in den Kram passte, war ich trotz allem stolz, in sechs Wochen das auf die Beine gestellt zu haben, was normalerweise ein ganzes Jahr Vorbereitung erfordert.

Am Tag nach meiner Masterprüfung änderte sich mein Leben schlagartig. Kein Examen mehr vor mir. Welch eine Befreiung! Aber sie war nur von kurzer Dauer, denn neue Herausforderungen warteten auf mich. Ich räumte mein Zimmer in Karlsruhe und zog mit Tino in eine Wohnung, die – ich gebe es zu – unsere Verhältnisse überstieg. Die wenigen Gesangsstunden, die ich gab, deckten nicht die Kosten einer solchen Wohnung, und ich musste ein Darlehen zurückzahlen, das ich bei meiner Ankunft in Deutschland in Anspruch genommen hatte. Ich musste arbeiten. Dank meiner Schwiegermutter fand ich eine Anstellung als Kassiererin in einem Supermarkt, dessen Namen ich hier nicht nennen möchte, und der von seinen Kassierern verlangt, die Kunden nach ihrer Zufriedenheit zu fragen. Meine Schwiegermutter, die selbst Chefkassiererin in demselben Supermarkt war, glaubte, dass es besser für mich wäre, im Sitzen zu arbeiten statt Ware auszupacken. Gut gemeinte Absichten sind aber nicht immer die besten. Sie hatte mein sprachliches Handicap nicht mit einberechnet. Ich sprach zwar immer besser Hochdeutsch, nur den Dialekt verstand ich nicht gut. Aber die meisten Kunden sprachen Dialekt. Von einigen Missverständnissen abgesehen, war es gar nicht das, was mich am meisten störte, sondern der totale Mangel an Respekt einiger Kunden. Wenn man die Bühne kennt, wenn man das Licht in den Augen der Menschen zum Glänzen gebracht hat, weil die Musik ein Gefühl in ihnen anspricht, ist es nur schwer zu ertragen, als notwendige und ärgerliche Durchgangsstation betrachtet zu werden. Sie warteten alle auf diese unangenehme und sich ständig wiederholende Frage »War alles OK?«, als ob ich ihnen eins draufhauen wollte. Ich musste mich mehrmals für das Stellen dieser Frage entschuldigen und erklären, dass ich verpflichtet war, sie zu stellen. Außerdem fing ich die ersten Wochen mit Minusstunden an, weil ich nach Südfrankreich reisen musste, um Fiordiligi in «Così fan tutte» von Mozart auf einem Sommerfestival zu singen. Ich kam zurück, um mein Defizit aufzuarbeiten und fand mich so manche Woche 40 Stunden an der Kasse wieder. Ungeduldig zählte ich die Stunden, die Minuten, die Sekunden. Das Geräusch des Scanners machte mich nervös und ich hörte das Piepsen in meinen Träumen. Ich wusste, dass die Situation nur vorübergehend war, aber das hinderte nicht die Tränen, jeden Abend zu fließen, wenn ich nach Hause kam.

Ich sang Rezitale und andere Konzerte mit meiner Pianistenfreundin Rita, die ich über meinen Schwiegervater kennen gelernt hatte. Ich hatte Erfolg auf der Bühne, und einen Tag später saß ich wieder an der Kasse, unbedeutend, und strich die Minuten auf einem alten Kassenbon. Das war sehr destabilisierend, in solchen Situationen kann man das Vertrauen verlieren. Zum Glück war Tino da und unterstützte mich. Er hatte selbst Schwierigkeiten mit seinem Geschäft. Ein Geigenbauer, der neu anfängt, braucht viel Zeit, um bekannt zu werden. Wir hatten beide unsere Hochs und Tiefs, und wir waren beide in Versuchung, aufzugeben. Aber das war etwas, was wir uns gegenseitig verboten hatten. Diese Unterstützung war für unsere jeweiligen Karrieren essentiell.

Das Eintauchen in die deutsche Kultur machte mir bewusst, was ich an Frankreich liebte, und was ich in Deutschland schmerzlich vermisste. Zum Glück war die Grenze nicht weit und ich konnte Croissants, Baguettes und andere Spezialitäten so oft wie möglich holen. Ich möchte die deutsche Küche nicht abwerten, aber ich kann nicht verbergen, dass einige Spezialitäten nicht meinem Geschmack entsprechen. Es gibt eine Sache, die ich besonders in

Deutschland schätze und die ich für nichts in der Welt eintauschen würde, und das ist das Bier. Kein Vergleich zu dem, was uns in Frankreich angeboten wird! Schließlich profitierte ich von meinem grenznahen Wohnort und kaufte in jedem Land, was mir am besten gefiel.

Bereits kurz nach meiner Ankunft fiel mir eine Sache auf: Ich sah zu der Zeit wenig fern, weil es anstrengend war, alles zu verstehen. Aber wenn ich zappte, gab es kein einziges Mal, wo ich nicht auf eine Sendung gestoßen wäre, in der es um Hitler oder den Zweiten Weltkrieg ging. Ich fand das erstaunlich, denn mir wurde klar, dass, obwohl so viel Zeit vergangen war, bei den Deutschen eine Art Schuld fortbesteht. Sie erlauben sich nicht, ein neues Kapitel aufzuschlagen, das ist wie Selbstkasteiung. Die Nachkriegsgenerationen tragen diese Last, und die künftigen werden sie weiter tragen. Ich persönlich finde das ungesund. Das hindert die neuen Generationen daran, stolz auf ihr Land zu sein. Es ist wahr, dass die Geschichte egal welchen Landes nichts hat, worauf die Nachfahren stolz sein könnten. Jedes Volk hat furchtbare Taten begangen, als Französin weiß ich, wovon ich rede. Das gehört in die Vergangenheit, ich bin dafür nicht verantwortlich und ich habe die Last der Fehler meiner Vorfahren nicht zu tragen. Meine einzige Pflicht ist, dieselben Fehler nicht zu wiederholen. Das Ungesunde an den Schuldzuweisungen ist, dass junge Generationen sich schließlich mit dieser Vergangenheit identifizieren. Wenn es die einzigen Wurzeln sind, die man ihnen bietet, dann orientieren sie sich daran. Das ist – glaube ich – einer der Gründe, warum extreme Parteien mit aller Kraft wieder an die Macht drängen, aber das ist nur meine bescheidene Meinung.

Im Frühjahr 2012 bekam ich die Rolle der Clarice in Haydns Oper « Il mondo della luna ». Diese Produktion war für das Théâtre Mouffetard in Paris und sollte zweieinhalb Monate dauern. Das war die erträumte Gelegenheit, meinen Posten als Kassiererin ohne Bedauern zu verlassen. Natürlich dachte ich nicht daran, was nach dieser Produktion passieren würde. Wenn man Künstler ist, lebt man von Tag zu Tag. Mein Aufenthalt in Paris erlaubte mir, vorzusingen und Zusagen für Rollen bis zum Ende des Jahres einzuholen.

Nach meiner Pariser Produktion hatte ich genügend Stunden gesammelt, um auf einen Platz als « intermittente du spectacle » in Frankreich Anspruch zu erheben. Es ist ein System, das Künstlern das Überleben sichert, auch wenn sie keine Arbeit haben. Das einzige Problem war, das ich nicht in Frankreich wohnte. Wir mussten also umziehen. Das kam uns sogar ganz gelegen, denn unsere Wohnung gefiel uns nicht mehr, oder – um die Wahrheit zu sagen – gefielen wir dem Vermieter nicht mehr. Um es kurz zu machen, der Vermieter war unser Freund. Er hatte uns diese Wohnung angeboten, die sich in der ersten Etage eines kleinen Mietshauses befand, in welchem er selbst im Erdgeschoss seine Arztpraxis hatte. Wir mussten also dafür sorgen, dass meine Gesangsübungen für seine Ohren und die seiner Patienten nicht allzu störend waren. Wir hatten einen Test gemacht und gleich anschließend den Vertrag unterzeichnet, der Geräuschpegel wurde als erträglich befunden. Einige Zeit nach unserem Einzug jedoch rief er mich abends an, um mir meine täglichen Übungsstunden vorzurechnen. Ich übte nicht mehr als eine Stunde am Tag, aber das war offensichtlich zu viel für ihn. Bald war ich genervt von diesen Anrufen und es wurde immer dringlicher, dass wir umziehen. Die Freundschaft endete leider an diesem Punkt.

Als hätte er nur darauf gewartet, wollte ein Onkel von Tino ein Haus auf der französischen Seite vermieten, das er renoviert hatte, und das sich nur zwanzig Minuten hinter der Grenze befand. Ohne zu zögern, zogen wir in jenes Haus nach Frankreich, das genug Platz bot für die Geigenbauerwerkstatt und für meine Gesangsübungen.

Danach fing ich an, mich bei den umliegenden Theaterhäusern bekannt zu machen, insbesondere bei dem Saarbrücker, wo ich einen Termin zum Vorsingen bekam. Ich war kurz davor, für das Ensemble des Theaters engagiert zu werden, als ich bemerkte, dass ich schwanger war. Tino und ich waren sehr glücklich, und für mein Engagement bedeutete dies lediglich einen Aufschub. Der Assistent des Direktors beruhigte mich, indem er sagte, dass es sogar besser so sei, denn schließlich garantiere das meine Bindung an die Region. Fünf Monate später – ohne dass ich von ihm gehört hätte – rief ich im Theater an und musste mir sagen lassen, dass mein Posten besetzt worden war. Ich widmete mich also meiner Tochter Luna und arbeitete wieder in Frankreich, am Metzer Theater. Trotz dieser ersten Enttäuschung ließ ich den Kopf nicht hängen und bewarb mich ein Jahr später erneut. Dieses Mal wurde ich als Gastkünstlerin engagiert, was mir nicht Unrecht war, denn es erlaubte mir, weiterhin Gesangsunterricht zu geben und genug Freiraum zu haben, um mich um meine Tochter zu kümmern. Ich glaube jedoch, dass mein Schicksal mich an andere Theater führen wird, denn seit zwei Jahren wechselt hier ständig das Leitungsteam, was so weit führt, dass ich von neuem vorsingen muss, weil mich niemand mehr kennt. Und das, obwohl ich in der letzten Saison hier gesungen habe.

Eine der Schwierigkeiten, wenn man alles verlässt, ist, dass man wieder bei Null anfängt und Fortschritte sich nur langsam einstellen. Und der Weg ist voller Stolperfallen. Aber meine Willenskraft, das Glück, diesen Beruf ausüben zu dürfen, bringt mich immer noch und immer wieder dazu, dass ich wieder aufstehe, wenn ich hinfalle. Mein Ruf verbreitet sich in der Region und die Leute fangen an, mich zu kennen. Endlich bin ich Teil der Musiklandschaft des Saarlandes, dies hat Zeit und logischerweise viel Geduld gebraucht. Das Glück trägt außerdem zum Erfolg bei. Man muss das Glück nur greifen, wenn es sich zeigt.

Ich bin außergewöhnlichen Menschen begegnet, die mich geliebt und unterstützt haben. Dank einer Freundin fand ich einen Platz als Gesangslehrerin an einer Merziger Schule, wo ich ebenfalls musikalische Früherziehung mache. Die Weitergabe meines Wissens ist für mich sehr wichtig und ich könnte mir nicht vorstellen, ausschließlich auf der Bühne zu stehen. Ich brauche es, mein

Wissen, die Gabe des Gesangs, besonders mit Kindern zu teilen. Es ist so schön, eine Stimme sich entwickeln und entfalten zu sehen. Die Stimme ist der Spiegel der Seele, und wenn sie sich entfaltet, dann entfaltet sich auch die Seele.

Das Abenteuer ist noch nicht zu Ende, ich stehe erst am Anfang. Mein Leben zwischen Deutschland und Frankreich ist ein Vorteil und ich bin stolz, die Werte beider Kulturen an meine Kinder weitergeben zu können. Ich habe keine Angst vor der Zukunft, denn ich bin endlich zu Hause angekommen.

Philippe Etienne, Jean-Claude Tribolet
Eine Pflanze, die man jeden Morgen gießen muss

Es ist für uns eine Ehre, an einem Werk mitzuarbeiten, das die Qualität der deutsch-französischen Beziehungen in allen ihren Dimensionen feiert: politisch natürlich, aber auch kulturell, wirtschaftlich oder einfach nur menschlich.

Die Enge der Bande und der Kooperation zwischen den Verwaltungen unserer beiden Länder ist allgemein bekannt. Seit der Erklärung von Schuman am 9. Mai 1950 – 1957 begründen die Römischen Verträge die EWG, 1963 schafft der Élysée-Vertrag die Grundlage für die besondere Beziehung unserer beiden Länder –, stellt sie ein in der Geschichte internationaler Beziehungen nie dagewesenes Phänomen dar: zwei souveräne Staaten, über lange Zeit Rivalen, beschließen, ihr innen- und außenpolitisches Handeln im Geiste des Friedens und der Freundschaft zu koordinieren. Diese Beziehung beschränkt sich nicht auf politische Führungskräfte, Verwaltung oder große Unternehmen, sie wird von einer Vielzahl wirtschaftlicher, freundschaftlicher, auch familiärer Bande getragen, auf allen Ebenen, in allen Städten und Regionen Frankreichs und Deutschlands.

Zum Anlass der Rolle Frankreichs als Ehrengast auf der Frankfurter Buchmesse ist es angebracht, dass dieses Werk sich über den zurückgelegten Weg und die Qualität unserer Beziehungen freut. Dieses Buch erscheint jedoch auch aus anderen Gründen zu einem guten Zeitpunkt: Die Enge der Bande und ihre Notwendigkeit rufen nach Bestätigung.

Das Jahr 2016 und Anfang 2017 waren durch verschiedene Ereignisse geprägt, die in ihrer Summe der Europäischen Gemeinschaft eine der schwierigsten Phasen ihrer jungen Existenz bereiten: Brexit, interne sicherheits- oder wirtschaftspolitische Krisen, Zweifel am amerikanischen Engagement, Spannungen und Konflikte in der Nachbarschaft ... All das fordert ihre Widerstandsfähigkeit heraus. Im Herzen des europäischen Projekts wird das deutsch-französische Paar zum Objekt vermehrter Aufmerksamkeit. Die deutsch-französische Beziehung erscheint mehr denn je als unverzichtbar.

Unsere Amtskollegen Herr Nikolaus Meyer-Landrut und Herr Pascal Hector werden in ihrem Beitrag meisterhaft den Übergang von einer Politik der rivalisierenden Kräfte hin zu einer Politik der Kooperation schildern, im Schoß der Europäischen Union und in einem Raum des Rechts und des Friedens. Gemeinsam mit ihnen können wir nur zu einem geeinten Europa aufrufen, in welchem das deutsch-französische Paar angesichts vermehrter Bedrohungen weiterhin der Motor des europäischen Aufbaus sein möge.

Um in diese Richtung zu gehen, möchten wir hier an die Beispielhaftigkeit der deutsch-französischen Kooperation auf europäischer Ebene und an die Kraft unserer bilateralen Beziehung erinnern. Da die praktischen Modalitäten dieser Beziehung oft nicht gut bekannt sind, möchten wir hier aus unserer Erfahrung als Diplomaten heraus aufzeigen, wie sie konkret funktionieren. Aber noch viel mehr als der Aspekt der institutionellen Beziehungen ist die entscheidende Herausforderung für uns die Annäherung der Völker, der Jugend, der Dialog der Kulturen und der Ideen. Das ist es, was unser tägliches Handeln bestimmt.

1. Europa braucht mehr denn je den deutsch-französischen Motor

Es ist unnötig, hier im Detail auf die zentrale historische Bedeutung des deutsch-französischen Paares für den Aufbau Europas zurückzukommen. Erinnern wir uns einfach nur daran, dass für Robert

Schuman, im Dialog mit Konrad Adenauer, die EGKS zunächst für Kohle und Stahl unserer beiden Länder konzipiert war, bevor sie auf unsere Partner ausgeweitet wurde – Symbole des Krieges, die zu Symbolen des Friedens wurden. Der Einheitsmarkt und die Einheitswährung, ebenso wie die Mehrzahl der großen Projekte der Europäischen Union sind an die deutsch-französische Einigung und an eine besondere Beziehung zwischen Regierungsführern gebunden: denken wir an Adenauer-de Gaulle, Schmidt-Giscard d'Estaing oder Mitterrand-Kohl.

Diese politische Kooperation ist weit davon entfernt, an Bedeutung verloren zu haben, sie bietet weiterhin die Basis für die europäischen Antworten auf die Krisen der letzten Jahre. Auf unseren Posten in Berlin oder Brüssel können wir beobachten, wie sehr trotz aller Schwierigkeiten zwischen Deutschland und Frankreich der Wille vorherrscht, Kompromisse und gemeinsame Lösungen zu finden, die es Europa ermöglichen, weiterzukommen und wichtige Hindernisse zu überwinden.

Alle heiklen Themen sind Gegenstand von Konsultationen im Vorfeld der gesamteuropäischen Versammlungen. Die Reformen der Eurozone und die Einrichtung der Bankenunion zum Beispiel erforderten extensive Beratungen, um die anfangs unterschiedlichen Positionen in Übereinstimmung zu bringen. Die Haltung gegenüber Russland nach der Annexion der Krim und der Krise im Donezbecken wurde eng miteinander abgestimmt, und die Verhandlungen mit Russland und der Ukraine auf Initiative unserer beiden Länder nach dem Normandie-Format (Russland, Ukraine, Frankreich und Deutschland) geführt.

Es wurde nicht immer hervorgehoben, aber die deutsch-französische Kooperation hat auch bei der Reaktion der EU auf die großen Migrationsbewegungen der letzten Jahre eine positive Rolle gespielt. Alle Maßnahmen, die ergriffen wurden, waren anfänglich gemeinsame deutsch-französische Impulse: Umbau der FRONTEX-Agentur, Änderung des Schengener Grenzkodex, Anpassung des Fluggastdaten-Registers (PNR) …

Auch wenn die erreichten Erfolge nicht zu übersehen sind, so bleiben die Herausforderungen enorm. Die europäischen Völker erwarten Lösungen für die Probleme, mit denen sie leben. Die Union muss ihre Versprechen von Schutz und Sicherheit nach innen und außen, nach sozialem Fortschritt, Wohlstand und Zukunftsinvestitionen halten.

Insbesondere den Herausforderungen, mit denen wir durch Globalisierung und digitale Revolution konfrontiert sind, können wir uns viel effektiver auf europäischer Ebene stellen, durch Kooperation und gemeinsames Handeln, als durch isolierte Alleingänge unserer Einzelstaaten. Auch hier tragen Frankreich und Deutschland die Hauptverantwortung bei der notwendigen Wappnung der Union angesichts der Zunahme interner und externer Krisen.

Wir sind überzeugt, dass die Verstärkung der deutsch-französischen Kooperation in Sachen Verteidigung, Sicherheit und Außenpolitik eines der Hauptziele unserer Partnerschaft bleiben wird. Sie ist die Grundsäule, die unseren Mitbürgern, die sich von Europa entfernen, den Gefallen daran zurückgeben kann. Dass sich die Europäische Gemeinschaft, basierend auf der Solidarität ihrer Mitgliedstaaten, als glaubhafte Kraft in der Welt behauptet, ist wichtiger als je zuvor. Die Verstärkung unserer Sicherheitspolitik gilt auch nach innen. Die ernsthaftesten Risiken sind übrigens oft die Folge einer Interaktion zwischen externer Bedrohung und innerer Verwundbarkeit. Dies ist der Fall bei der terroristischen Bedrohung, der unsere Polizei und unsere Nachrichtendienste durch bessere Kooperation und verstärkten Austausch begegnen. Die Ausweitung der deutschen Beteiligung an der Intervention in Mali geht in die oben genannte Richtung: Von nun an werden fast 950 deutsche Soldaten in diesem Land präsent sein, und die deutsch-französische Brigade hat bereits eine wichtige Rolle im Rahmen der europäischen Mission in Mali (EUTM) gespielt.

Eine weitere Voraussetzung für die Stabilität unserer beiden Länder und deren Einfluss in der Welt, ist die Vollendung der

Wirtschafts- und Währungsunion, sowie die Förderung des Europäischen Sozialmodells. Frankreich und Deutschland tragen die Hauptverantwortung für die Schaffung einer stabileren Eurozone, die fähig ist, ihre Interessen im immer härter werdenden weltweiten Wettbewerb zu behaupten. Die Übereinstimmung unserer Wirtschafts-, Sozial- und Steuerpolitik muss in diesem Kontext weiter verfolgt werden. Die Entwicklung eines europäischen Sockels der sozialen Rechte, der den Veränderungen des Arbeitsmarkts Rechnung trägt, oder die Überarbeitung der Richtlinie zur Entsendung von Arbeitnehmern zeugen von diesen Anstrengungen.

2. Der deutsch-französische Motor Europas stützt sich auf eine außergewöhnlich starke politische und wirtschaftliche bilaterale Beziehung

Wenn die Kooperation unserer Politik auf europäischer Ebene essentiell ist, so kann sie doch nur effektiv sein, wenn unsere bilaterale Beziehung stabil ist. Das ist die Hauptaufgabe einer Botschaft: diese Beziehung in allen Dimensionen mit Leben zu füllen.

Unsere politische Beziehung hat zur Besonderheit, dass sie sich auf eine Vielzahl von Möglichkeiten der Konsultation und Koordination stützt, was einen permanenten Dialog zwischen Politikern, aber auch Staatsbeamten erlaubt. Genau das war ein Ziel der Architekten der deutsch-französischen Versöhnung nach dem Krieg: Mechanismen zu schaffen, gemeinsamen Geist und Freundschaft, die einen Krieg undenkbar machen.

Der Élysée-Vertrag vom 22. Januar 1963 hat dies bereits zum Inhalt: regelmäßige Treffen zwischen Staatschefs, Regierungsmitgliedern, Außenministern, eine Konsultation des Partners »vor jeder Entscheidung in allen wichtigen Fragen der Außenpolitik (...) um so weit wie möglich zu einer gleichgerichteten Haltung zu gelangen« und eine Verwirklichung dieses permanenten Dialogs auf allen Ebenen der Verwaltung. Adenauer und de Gaulle wussten, wie sehr mangelnde Kenntnis, gegenseitiges Unverständnis und die Abwesenheit von Konsultationsinstanzen zum Anstieg der Feindseligkeiten und zum Ausbruch der Kämpfe vor den beiden Weltkriegen beigetragen hatten.

Die Beispiele könnte man fortsetzen: Der Deutsch-Französische Finanz- und Wirtschaftsrat (DFFWR) versammelt die Wirtschafts- und Finanzminister unserer beiden Regierungen, um die Wirtschaftspolitik so weit wie möglich zu harmonisieren und die Positionen Frankreichs und Deutschlands zu europäischen und internationalen Fragen der Wirtschaft und der Finanzen anzunähern. Der Deutsch-Französische Verteidigungs- und Sicherheitsrat (DFVSR) versammelt die Staats- und Regierungschefs und die Verantwortlichen des Militärs (Minister, Generalstabschefs). Seit 2003 trifft sich der Deutsch-Französische Ministerrat abwechselnd in beiden Ländern und versammelt einen Großteil der beiden Regierungen, um die wichtigsten Fragen zu beraten.

Auf einer mehr verwaltungstechnischen Ebene, aber nicht minder wichtig, senden immer mehr Minister ihre Beamten in den Austausch. Das war zunächst bei unseren diplomatischen Diensten Praxis und später bei den Finanzministerien. Heute wird in fast allen Behörden dieser Austausch gepflegt.

All diese Gelegenheiten der Begegnung bewirken, dass Verantwortliche aus beiden Ländern sich kennenlernen, nebeneinander arbeiten und gemeinsam die Politik ihres Landes gestalten. Sie lassen wirkliche Kollegialität entstehen.

Der regelmäßige Austausch beschränkt sich nicht auf Behörden und Verwaltung. Er findet in allen Wirtschaftsbereichen statt. So hatten es die Gründerväter Europas verstanden: Es wird nur eine Garantie für Frieden geben, wenn Wirtschaft und Finanzen sich annähern und sich miteinander verzahnen. Das ist der Sinn der Erklärung von Schuman vom 9. Mai 1950. Die stark internationalisierten Produktions- und Wertketten zeigen als Umkehrschluss, wie sehr die Wirtschaft eines unserer Länder vom Partnerland abhängt, und wie riskant und kostspielig es wäre, sie voneinander trennen zu wollen.

Auch in diesem Punkt haben die Gründerväter ihre Wette gewonnen: Frankreich ist der zweitwichtigste Handelspartner Deutschlands, und Deutschland der erste Frankreichs. Frankreich ist außerdem ein Investor ersten Ranges in Deutschland: Ungefähr 3000 französische Unternehmen sind in Deutschland ansässig, mit 352 000 Arbeitsplätzen, die einen Umsatz von mehr als 137 Milliarden Euro erzielen. Zwei Beispiele für Erfolgsgeschichten sind die Firmen Nexans und Thuasne, welche in Hannover angesiedelt sind und die wir vor kurzem besucht haben. Sie arbeiten in den Bereichen Kabelherstellung und Medizinprodukte, wo Innovation eine sehr wichtige Rolle spielt. Auf der anderen Seite haben sich mehr als 3200 deutsche Unternehmen in Frankreich angesiedelt und bieten ihrerseits mehr als 300 000 Arbeitsplätze.

Die kooperativen Bande zwischen französischen und deutschen Industrieunternehmen sind zahlreich und besonders dynamisch im Automobilsektor – denken wir an die strategische Partnerschaft zwischen Renault/Nissan und Daimler seit 2010, an die Annäherung von Opel und PSA, an die großen Zulieferer von Einzelteilen –, in der Luftfahrt, wie man am weltweiten Erfolg von Airbus erkennen kann, in der Informationstechnik (Kooperation Atos/Siemens), oder auch in der Rüstungsindustrie mit der Annäherung zwischen Nexter und KMW. Auch als Konkurrenten streben die großen französischen und deutschen Unternehmen nach Partnerschaft untereinander, um ihre Wettbewerbsfähigkeit und ihre Präsenz auf bestimmten Märkten, die eine kritische Masse implizieren, zu verbessern. Das deutsch-französische Unternehmertreffen in Evian, das seit fast 25 Jahren jährlich stattfindet, dient dazu, den deutsch-französischen Dialog auf Unternehmerebene zu vertiefen und persönliche Kontakte herzustellen.

Wir können also stolz sein auf die von unseren Verwaltungen, Unternehmen sowie Wirtschaftsakteuren geleistete Arbeit der Annäherung.

All dies schafft jedoch noch keine deutsch-französischen Beziehungen, die sich verselbständigen und von allein funktionieren. Es genügt, die Presse zu lesen, um zu sehen, dass Verständnislosigkeit und Missverständnisse fortbestehen. Diese Tatsache lässt das, was im Grunde die Hauptmission einer Botschaft darstellt, noch notwendiger erscheinen: Erklärungen liefern, Kontakte vermitteln und Verhandlungen anbieten, um über die Position des einen und des anderen mehr Aufschluss zu geben.

3. Die deutsch-französische Beziehung ist in erster Linie ein Dialog zwischen den Kulturen und den Gesellschaften, welcher ständig am Laufen gehalten werden muss

Die Notwendigkeit ständiger Konsultation, Kooperation und Koordination auf allen Ebenen ist umso größer, da die aus zwei verschiedenen historischen Prozessen hervorgegangenen politischen Systeme und Funktionsweisen beider Länder sehr unterschiedlich geprägt sind. Der Titel dieses Werks erinnert uns zum passenden Moment daran: Nichts ist einfach zwischen unseren beiden Völkern und zwischen unseren beiden Ländern.

Die lange Geschichte Deutschlands und Frankreichs, die von Konflikten und Faszination füreinander bestimmt ist, führt uns Folgendes vor Augen: Der universalistische Anspruch Frankreichs steht im Gegensatz zu einer – zu Recht oder zu Unrecht – romantisch genannten Vision der rechtsrheinischen Kultur; der Föderalismus der einen unterscheidet sich grundlegend vom Zentralismus der anderen, trotz zahlreicher Reformen der Dezentralisierung; die Bildungssysteme beider Länder entspringen unterschiedlichen Traditionen ...

Von diesen Unterschieden rühren oftmals die Missverständnisse her, mit denen wir immer wieder konfrontiert sind. Selbst inmitten unserer Behörden haben Beamte beider Länder Mühe, Entscheidungswege des anderen nachzuvollziehen, was Austauschprogramme so wichtig macht. Die in Deutschland ansässigen französischen Unternehmen, die wir regelmäßig besuchen, teilen uns oft ihre – übrigens spannenden – Erfahrungen mit und berichten von der Art und Weise, in der sie mit kulturellen Unterschieden zwischen französischen und deutschen Mitarbeitern, wie zum Beispiel der Arbeitsorganisation oder der Angewohnheit, mehr oder weniger unverblümt die Meinung zu äußern, umgehen.

Wenn es gelingt, diese kleinen Reibungen zu überwinden, stellt sich Erfolg ein. Unterschiede verwandeln sich in gegenseitiges Ergänzen, bilden eine Quelle von Kreativität, und das Beste aus beiden Kulturen wird miteinander kombiniert. So wie General de Gaulle es in seiner Vision, die sehr gut zur heutigen Globalisierung passt, geäußert hat: »Wenn die heutigen Zeiten die Distanzen verringern, die Wirtschaftsräume ausdehnen, die Aktionen konzentrieren, so entdecken Frankreich und Deutschland die Komplementarität ihrer Länder, ihrer Arbeit und ihres Geistes. Sie ermessen, welche Summe die Vereinigung ihrer Möglichkeiten ergibt.«[1]

Das Ziel ist simpel: beiden Völkern ermöglichen, sich zu verstehen, den treibenden Kräften unserer beiden Länder erlauben, sich zu begegnen, und aus der Verschiedenheit Früchte wachsen lassen.

Von diesem Punkt ausgehend kann man die Wichtigkeit kultureller, bildungspolitischer, wissenschaftlicher Beziehungen und des Wissensaustauschs unserer beiden Gesellschaften nicht oft genug wiederholen. Frankreich und Deutschland waren schon immer bemüht, das, was auf der anderen Seite des Rheins passiert, im bestmöglichen Sinne zu beeinflussen. 1744 beschloss Friedrich II., die Königlich Preußische Akademie der Wissenschaften nach dem Modell der Pariser Akademie der Wissenschaften neu zu gründen,

1 http://www.heidecker.eu/Rheinweinstube/D_RWSStory07.htm

ernannte Maupertuis zu deren Leiter, und wählte als Arbeitssprache Französisch (der Historiker Étienne François spricht in diesem Zusammenhang von « French Connection »!). 127 Jahre später war es Emile Boutmy, der, von der Niederlage bei Sedan geprägt, in Paris jene Schule gründete, die später zum Institut für politische Studien (« Sciences Po ») werden sollte, und sich dabei an der Überlegenheit des deutschen Universitätsmodells orientierte.

Diese Beziehung hat sich in Frieden und Kooperation ausgeweitet und hat bis jetzt noch nie dagewesene Dimensionen angenommen. Sie ist Urheberin großer Institutionen, die im Kielwasser der Wiederversöhnung (Deutsch-Französisches Jugendwerk), oder kurz darauf (Deutsch-Französische Hochschule) gegründet worden sind, und die jedes Jahr Tausenden von Jugendlichen und Studenten Reisen ins Partnerland ermöglichen, um Studien oder Begegnungen durchzuführen. Und sie stützt sich auf den absolut einzigartigen Kulturkanal Arte, den deutsch-französischen Sender. Unsere Beziehung profitiert von der Zusammenarbeit in einem außergewöhnlichen Netzwerk, welches zwischen unseren Forschungseinrichtungen besteht, und worüber Gérard Foussiers Buch « Forscher + Chercheur = Forcheur » sehr lebhaft berichtet, indem es deutsch-französische Forscherpaare vorstellt, die durch wissenschaftliche und freundschaftliche Bande vereint sind.

Unsere beiden Länder haben allen Grund, diese Bande zu fördern. Man ahnt nicht immer, wie produktiv eine intellektuelle Freundschaft für die Wissenschaft ist, wie zum Beispiel jene, die die zwei eminenten Spezialisten der Optik und der Quantenphysik Alain Aspect und Jürgen Mlynek vereint; wie wertvoll die Unterstützung der Deutsch-Französischen Förderkommission für Kinoproduktionen ist, die es Regisseuren wie François Ozon ermöglicht hat, seinen Film »Frantz« zu drehen. Man neigt dazu, den Wert von Schüleraustauschen zu unterschätzen, wie etwa jenen, der im Rahmen der Leipziger Buchmesse deutsche und französische Oberschüler in einer Schreibwerkstatt zum gemeinsamen Verfassen von Kriminalromanen vereint; solche Austausche helfen, Fachwissen zu erwerben, und lassen vor allem ein hohes Maß an gegenseitiger Sympathie entstehen. Es ist nicht ausreichend bekannt, dass doppelte Universitätsabschlüsse, wie der Masterstudiengang Rechtswissenschaften der Universitäten Paris I und Köln, der von der Deutsch-Französischen Hochschule unterstützt wird, Zugang zu beiden Arbeitsmärkten verschaffen.

Dieses Jahr wird ein neues Kapitel deutsch-französischer Geschichte geschrieben: Die Einladung Frankreichs auf die Frankfurter Buchmesse ist eine einmalige Gelegenheit für französische und frankophone Verlage, sich in Deutschland und darüber hinaus besser bekannt zu machen und ihre Beziehungen zu deutschen Verlagen zu vertiefen. Die zahlreichen Veranstaltungen, die »Frankfurt auf Französisch« begleiten, machen 2017 zu einem Jahr der französischen Kultur in ganz Deutschland.

»Frankfurt auf Französisch« bekräftigt außerdem die Wichtigkeit der Kultur und des interkulturellen Dialogs für das europäische Projekt. In den Zeiten, wo eine Politik der Abschottung hinter den eigenen nationalen Grenzen wieder an Terrain gewinnt und gleichzeitig die Erinnerung an den Krieg verblasst, die ja den Wunsch nach Frieden und Versöhnung bei den vorherigen Generationen ausgelöst hat, während also die Notwendigkeit, sich für Europa zu engagieren, den jungen Leuten weniger einleuchtet, müssen wir dafür sorgen, dass sie am Nachbarn wieder Geschmack finden – und das geschieht über Kultur.

Dass dem deutsch-französischen Paar die Puste ausgeht, verhindern wir, indem wir vermehrt Gedanken und Erfahrungen in allen Bereichen austauschen – Politik, Wirtschaft, Kultur –, aber auf allen Ebenen und für alle unsere Mitbürger. Wenn der Leser eine Vorstellung von unserem Terminkalender hätte, würde er feststellen, dass wir – anstatt in Berlin festzusitzen – quer durch alle Bundesländer Gemeinden, Unternehmen und Vereine besuchen und unterstützen, die die deutsch-französische Freundschaft fortleben lassen. Seit der ersten solchen Verkoppelung zwischen Montbéliard und Ludwigsburg im Jahr 1950 zählen wir heute mehr als

2300 Partnerschaften zwischen Städten und Gemeinden, die sich um Schülerreisen bemühen, um kulturelle und wissenschaftliche Austausche, sowie um Begegnungen zwischen Wirtschaftsakteuren. Man soll nicht glauben, dass diese Form der Kooperation veraltet sei: Am 11. März dieses Jahres haben wir der Unterzeichnung eines neuen Partnerschaftsabkommens zwischen Glienicke/Nordbahn in Brandenburg und Plobannalec-Lesconil im Finistère beigewohnt.

Es ist wichtig, dass die europäische Jugend die Sprachen der anderen lernt, und voneinander lernt, überall, wo es möglich ist. Französischunterricht in Deutschland und Deutschunterricht in Frankreich müssen geschützt und ausgebaut werden. Ehrgeizige regionale Initiativen wie die des Saarlandes, das sich vorgenommen hat, zweisprachig zu werden, sind begrüßenswert, ebenso Austauschprogramme zwischen Bundesländern und Akademien. Das »Jahr der französischen Sprache in Berlin« ist die Antwort auf das »Jahr der deutschen Sprache in Paris«. Solche Programme sind ein Schritt in Richtung des Rechts auf Bewegungsfreiheit aller jungen Europäer: Auszubildende, Studenten oder junge Berufseinsteiger. Das 2016 begonnene Experiment »Transnationale Mobilität junger Auszubildender« hat ebenfalls gezeigt, dass die deutsch-französische Kooperation die Rolle eines Labors übernehmen kann, von dem alle Bürger Europas profitieren.

Durch bessere Kenntnis des anderen, Teilen von Wissen und Dialog können Konflikte und mangelndes gegenseitiges Verständnis dauerhaft überwunden werden: Das ist der Sinn der vergangenen Erfahrungen und zukünftigen Investitionen, die unsere beiden Länder durch ihre vielseitige Kooperation miteinander teilen.

Was uns betrifft, so behalten wir wertvolle Erinnerungen an die Begegnungen und gemeinsamen Aktionen, die wir mit unseren deutschen Kollegen organisieren; wie alle, die an diesem großen Unterfangen »deutsch-französische Freundschaft« teilhaben. Ein Besuch in Sibiu oder Hermannstadt in meiner Funktion als Botschafter

Frankreichs in Rumänien, den ich zusammen mit dem Botschafter Deutschlands durchführte; die Einrichtung deutsch-französischer Lesesäle in Smolensk und Riazan in Russland, ein gemeinsames Projekt des Institut Français und des Goethe-Instituts. Aber auch – vor gar nicht langer Zeit – die Erinnerung an die außergewöhnliche Welle der Sympathie und der Solidarität unserer deutschen Freunde nach den Attentaten von Paris und Nizza, und die Solidarität der Franzosen nach dem Absturz eines deutschen Linienflugzeugs über der Provence. In solchen besonderen Momenten zeigt sich die deutsch-französische Freundschaft in ihrer ganzen Fülle, und wir sehen daran, dass Frankreich und Deutschland mittlerweile »Erbfreunde« geworden sind, die ihre Lektion aus der Geschichte gelernt haben: Das Gefühl eines gemeinsamen Schicksals wächst sowohl durch harte Prüfungen als auch durch Erfolge.

Die Gemeinsamkeit des Schicksals rechtfertigt, dass so viele Franzosen und Deutsche unerlässlich daran arbeiten, die europäische Solidarität zu stärken und das Verständnis zwischen unseren beiden Völkern zu verbessern. So wie es einer unserer hoch angesehenen Vorgänger, André François-Poncet, gesagt hat: »Die deutsch-französische Freundschaft ist eine zarte Pflanze, die man jeden Morgen gießen muss.« Jenseits der großen Begegnungen und der emotionalen Momente wachsen Tag für Tag, und jeden Tag neu, Bande des Vertrauens zwischen unseren beiden Ländern und unseren beiden Völkern.

Sylvie Hamard
Kultur – eine echte Herausforderung im Grenzland

Ich fühlte mich schon immer von Deutschland angezogen und habe mich auch immer gefragt, woran das liegt. Ich bin in Westfrankreich aufgewachsen, und niemand in meiner Familie hatte zu diesem Land jenseits des Rheins eine Verbindung oder kannte dessen Sprache.

Mein Großvater mütterlicherseits hatte den Zweiten Weltkrieg erlebt, und in seinem Verlauf sicher sehr schmerzhafte Momente, aber er sprach nie darüber. Klar war allerdings, dass er die Deutschen – die »Boches«, wie er sie nannte – verabscheute … Mein Großvater väterlicherseits hingegen hatte beide Weltkriege erlebt, er war Sanitäter und musste niemals eine Waffe benutzen. Er hatte einen Bauernhof, wohin während des Zweiten Weltkriegs deutsche Soldaten kamen, um sich mit Nahrungsmitteln zu versorgen, und die hatten nicht mehr Lust, Krieg zu führen, als die Franzosen. Mein Großvater väterlicherseits hat immer ohne jeden Hass über die Deutschen gesprochen, eher im Gegenteil mit einer Art Zuneigung. Zwei widersprüchliche Sichtweisen also.

Als ich in die Sekundarschule kam, war klar, dass ich Deutsch als erste Fremdsprache wählen würde. Vier Jahre lang hatte ich dieselbe Lehrerin, die es verstand, ihre Begeisterung für Deutschland auf mich zu übertragen.

Bald hatte ich eine Brieffreundin in der Nähe von Köln gefunden, und mit 13 Jahren fuhr ich für zwei Wochen zu ihr. Zu dieser

Zeit war die Mehrwertsteuer in Deutschland sehr viel niedriger als in Frankreich, alle Hightech-Geräte waren wesentlich billiger.

Ich wollte unbedingt zu Saturn gehen und dort einen preisgünstigen Fotoapparat kaufen, und vor allem aber die Schallplatte »99 Luftballons« von Nena, ein Lied, das zu dieser Zeit in den französischen Charts erfolgreich war.

Deutschland zog mich in seinen Bann: Ich entdeckte die Sprache, eine neue Kultur, das berühmte »Abendbrot«, ein aus Brot, Wurst und Käse bestehendes Abendessen. Ich habe anschließend versucht, meine Eltern von dieser Ernährungsweise zu überzeugen, aber vergeblich. Tatsache ist, dass ich an deutschem Brot Geschmack gefunden hatte, und dass, wenn ich die Wahl zwischen einem guten Baguette und einem guten Sonnenblumenbrot habe, ich mich für letzteres entscheide.

Nachdem ich ein Jahr als Au-pair-Mädchen in Hildesheim gearbeitet und anschließend Biologie studiert hatte, beschloss ich, Germanistik an der Universität des Saarlandes zu studieren, wo meine französischen Diplome als gleichwertig anerkannt wurden. Hier begann also meine gemeinsame Geschichte mit dem Saarland …

Ich kam im September 1991 in Saarbrücken an, und nach einigen Wochen grauer Tristesse auf dem Unicampus, wo ich zu jener Zeit wohnte, war ich überzeugt, dass ich höchstens ein Jahr bleiben würde – zu öde, zu grau. Am Ende sollten elf glückliche Jahre daraus werden, und mein Arbeitsplatz ist noch immer dort.

Das internationale Flair der Universität des Saarlandes hat mir sehr gefallen, eine Qualität, die an Hochschulen in der französischen Provinz deutlich weniger ausgeprägt ist. Ich traf Studenten aller Horizonte und aus aller Herren Ländern, was mich persönlich enorm bereicherte und mir die Welt öffnete.

Die saarländisch-lothringische Grenzregion faszinierte mich. Ostfrankreich und die »Franzosen von außerhalb« kannte ich überhaupt nicht. Ich hatte, beeinflusst durch die französischen Medien, das Bild einer deprimierten und deprimierenden Region, stillgelegte Bergwerke, Arbeitslosigkeit … Stattdessen fand ich eine Region mit reicher Geschichte vor, und mit gastfreundlichen, wahrhaftigen, interessanten Bewohnern. Ich durfte auf französischer Seite in eine Mine hinabsteigen, bevor die letzten Schächte geschlossen wurden, und auf deutscher Seite zog mich die Völklinger Hütte in ihren Bann. Eine völlig neue Kultur eröffnete sich mir.

Ich entdeckte die Aufgeschlossenheit der Deutschen, ihr ausgeprägtes Interesse an Sprachen und fremden Kulturen, ihre Toleranz und ihr gesellschaftliches Engagement.

Ich erinnere mich, dass mir bei meiner Ankunft das nordische Ambiente sehr gefallen hat, Einrichtungsgegenstände aus Holz, Feierlichkeiten im Winter, Weihnachtstraditionen, die in Frankreich leider etwas in Vergessenheit geraten sind; glückliche Kinder an den Adventsfeiern, wenn sie Lebkuchen backen und über die Weihnachtsmärkte laufen; die Großen versammeln sich abends um einen Glühwein, inmitten von Zimtgeruch, der seinen Teil zum Weihnachtszauber beiträgt.

Ich hatte das Glück, meine berufliche Karriere im «Carreau» zu beginnen, dem Nationaltheater in Forbach (Scène Nationale de Forbach et de l'Est), als es 1996 gegründet wurde. Meine Aufgabe war, Beziehungen zur deutschen Seite aufzubauen. Ich wohnte weiterhin in Saarbrücken und überquerte jeden Tag die Grenze in beide Richtungen.

Wir wollten Forbach um eine kulturelle Attraktivität bereichern und ein erstklassiges Programm auf die Beine stellen, indem wir Künstler engagierten, die sich weltweit einen Namen gemacht hatten. Wir wollten einen Ort der Begegnung schaffen, an dem man als Lothringer und als Saarländer nicht vorbeikommt, und warum nicht auch als Luxemburger? Alles musste neu aufgebaut werden …

Es war von Anfang an klar, dass das Nationaltheater « Le Carreau », nur 15 Minuten von Saarbrücken entfernt, eine deutsch-französische Bühne werden musste.

Das Projekt bestand aus mehreren Teilen, zum Beispiel aus einem nationalen und internationalen multidisziplinären Programm, das modernen Tanz und klassische Musik als wichtige Teile einschloss und das Publikum aus der Grenzregion (Saarland, deutsche Sprache) ansprechen sollte, was zweisprachige Dokumentation sowie übertitelte Aufführungen erforderlich machte; ein ausreichendes Angebot, das eine Kenntnis der französischen Sprache nicht voraussetzt (Tanz und klassische Musik), ein regelmäßiges Angebot an deutschsprachigen Theateraufführungen. Und schließlich sollten Partnerschaften mit saarländischen Kulturinstitutionen gebildet werden: das Saarbrücker Festival « Perspectives » – das zu dem Zeitpunkt noch nicht das deutsch-französische Festival war, zu dem es 2001 wurde, das Völklinger Festival »Schichtwechsel«, das Saarlouiser Theater in Kooperation mit der Volkshochschule, wo regelmäßig französische Produktionen des « Carreau » im Theater am Ring in Saarlouis aufgeführt wurden.

Der Aufbau starker Beziehungen zur saarländischen Presse, konsequent zweisprachige Pressemitteilungen und Veröffentlichungen, die Bemühungen um Kontakt mit dem Publikum im Saarland, all dies trug viel zum Erfolg des grenzüberschreitenden Projekts bei. Mit Begeisterung entdeckte ich die Qualität der deutschen regionalen Presse und ihre wichtige Funktion. Besonders die Kulturseiten, die wirklich meinungsbildend sind, haben kein Äquivalent in der französischen Presse. Qualitativ gute Kritiken, die dem Niveau der überregionalen Presse in Frankreich entsprechen. Ich vermute, dass sich dies mit der föderalen Struktur des Landes erklären lässt. Laurent Brunner, zu jener Zeit Direktor des « Carreau », und ich fühlten uns sehr geehrt, die Auszeichnung der »Goldenen Ente« für unsere gute Zusammenarbeit mit der saarländischen Presse zu erhalten.

Im «Carreau» wurde systematisch in beide Richtungen übertitelt: auf Französisch während der deutschsprachigen Aufführungen und auf Deutsch während der französischsprachigen. Dies erlaubte uns von neuem, Publikum aus beiden Ländern in demselben Saal zu vereinen. Das Übertiteln – heute eine Selbstverständlichkeit – war zu diesem Zeitpunkt aber noch wenig entwickelt.

Die Projekte für das deutsche Publikum erforderten ein Theaterprogramm in deutscher Sprache. Die Brechtsche Tradition des politischen Theaters existierte nicht in Frankreich, deutsches Theater übte Faszination aus.

1996 erlebte das deutsche Theater einen Bruch: Heiner Müller überließ das Berliner Ensemble sich selbst, welches daraufhin seinen Status als Avantgardebühne verlor. Frank Castorf kam an die Volksbühne und sorgte für die größte Bühnenrevolution in Deutschland seit zwanzig Jahren, insbesondere indem er den großen Schweizer Regisseur Christoph Marthaler dort inszenieren ließ. Diese beiden Künstler standen in den Augen der französischen Theaterwelt für eine Revolution: außergewöhnlich begabte Schauspieler, die radikal Partei ergriffen, oft auch musikalisch, und die die großen Klassiker auf umwerfende Weise neu interpretierten, ein Schub an Kreativität als Reaktion auf die Jahre der Diktatur, die noch nicht lang zurücklag. Virtuosität, Antikonformismus und Provokation begeisterten das Publikum auf der ganzen Welt, und kamen nur allzu zögerlich nach Frankreich.

Die Funktionsweise der deutschen Theater mit ihrem System des festen Repertoires erschwerte es, Tourneen durchzuführen. In Frankreich sind die Theater rar, die ihr festes Ensemble haben. Die «Comédie Française» zählt natürlich dazu, aber die Mehrheit der französischen Bühnen sind Gasttheater und haben kein festes Repertoire. Die Schauspieltruppen sind unabhängig und müssen Tourneen durchführen, um zu überleben.

Die Aufführung eines von Castorf inszenierten Stücks der Berliner Volksbühne in Forbach war ein bedeutendes Ereignis. Aber vor ihm war Thomas Ostermeier als erster gekommen. 1998 entdeckt, als er als einfacher Künstler an der Baracke des Deutschen Theaters in Berlin arbeitete, entfaltete er mit seinen Schauspielkollegen derselben Generation eine wahnsinnige Energie aus dem Nichts heraus und verwendete vorwiegend zeitgenössische Texte – oder die des jungen Brecht, was den Interpreten einen beachtlichen körperlichen Einsatz abverlangte. Die erste Tournee des Baracke-Ensembles führte Thomas Ostermeier nach Forbach: »Mann ist Mann« von Brecht, dann « Disco Pigs », mit der Entdeckung der erstaunlichen Bibiana Beglau, die ich kürzlich in Saarbrücken wiedersah, als sie den Faust-Theaterpreis als beste Schauspielerin des Staatstheaters erhielt. Zwei erstklassige Aufführungen, zweimal tosender Beifall von den Tribünen.

Unvergessliche Erinnerungen und starke Theatermomente. Und welch ein Glück, diese fürs deutsche Theater so prägende Phase der Baracke miterlebt zu haben. Zwei Jahre später übernahm Thomas Ostermeier die Leitung der Schaubühne und arbeitete auf Einladung von Vincent Baudriller und Horstense Archambault für das Festival von Avignon. Bei seiner ersten Aufführung am « Carreau » schenkte uns die Truppe das mittlerweile legendäre Eingangsschild der Baracke.

Wollte man Ostermeiers Arbeit zusammenfassen, müsste man seine Liebe für seltene Texte und bürgerliche Stücke, seine Leidenschaft als Schauspieler und seine subtile Mischung aus Provokation und rigoroser – fast klassischer – Disziplin hervorheben: Das deutsche Theater insgesamt befindet sich vielleicht an diesem Punkt … Und, natürlich, seine Leidenschaft für Frankreich und dessen Sprache …

Unsere energischen Bemühungen, das saarländische Publikum anzusprechen, führten dazu, dass bis zu 50% unseres Publikums deutschsprachig waren. Das eher herkömmliche Angebot des

Staatstheaters wurde durch das sehr »moderne« Alternativprogramm des « Carreau » ergänzt.

2002 wurde der Leiter des « Carreau » mit der Organisation des Perspectives-Festivals beauftragt, das bis dahin ein Festival französischen Theaters in Deutschland gewesen war. Er machte daraus mit finanzieller Unterstützung des Conseil Général de la Moselle, des Saarlandes und der Stadt Saarbrücken – die das Projekt gemeinsam finanzierten – ein deutsch-französisches Festival der Bühnenkunst. Das Team des « Carreau » konnte seitdem effektiv auf beiden Seiten der Grenze arbeiten und die Beziehung zum Saarland und seinem Theaterpublikum intensivieren.

Als ich die Region verließ, um als leitende Sekretärin des Théâtre Paris-Villette zu arbeiten, fiel mir der Abschied aus Saarbrücken schwer – das Saarland war mein »Zuhause« geworden. Zwei Jahre später beschloss ich, mich wieder dem deutschen Theater zuzuwenden und gründete die Deutsch-Französische Theateragentur, um französischen Theatern, die deutsche Künstler einladen möchten, aber die Arbeitsweise der Theater in Deutschland nicht kennen, zu helfen und sie zu beraten: Wen fragen? In welcher Sprache? Die Sprache war eine ernsthafte Barriere. Wie findet man herausragende deutsche Künstler? Wie verhandelt man? Dieses Wissen konnte ich anbieten und das Projekt begeisterte mich.

Ich begann damit, die Aufführung des Berliner Ensembles von »Artaud erinnert sich an Hitler und das Romanische Café«, inszeniert von Paul Pampler und meisterhaft von einem hervorragenden Martin Wuttke interpretiert, nach Frankreich zu holen.

Die Aufführung war ebenfalls zu Gast beim Théâtre National de Bretagne unter der Leitung von François Le Pillouër, welcher anschließend viel für die deutsch-französische Theaterszene arbeitete und insbesondere gemeinsam mit der Schaubühne und Thomas

Ostermeier das Prospero-Netz ins Leben rief, das europäische Theater vernetzt, die gemeinsam produzieren wollen.

Ich entdeckte die Arbeit des deutschen Autors und Regisseurs Falk Richter und verliebte mich buchstäblich in sein Stück »Unter Eis«, das an der Schaubühne aufgeführt wurde. Ich beschloss, dieses Meisterwerk in Frankreich bekannt zu machen. Das erste Gastspiel fand im MAC – Maison des Arts de Créteil – statt.

Ich arbeitete weiterhin regelmäßig mit Falk Richter zusammen und übernahm die Übertitelung seiner Aufführungen in Frankreich. Keine leichte Aufgabe, wenn man die Textmenge bedenkt, die jeder einzelne Schauspieler unter starker Rhythmisierung vorträgt – aber eine absolut faszinierende Aufgabe.

Als mein Mann 2006 zur französischen Botschaft nach Berlin wechselte, freute ich mich sehr, nach Deutschland zurückzukehren. Meine Kinder hatten ebenfalls eine starke Bindung zu Deutschland. Mein Sohn, der in Saarbrücken geboren wurde, besuchte einen deutsch-französischen Kindergarten und meine Tochter eine deutsche Kita. Und seit ihrer frühesten Jugend erfuhren wir die Unterschiede zwischen den Bildungssystemen unserer beiden Länder. In Deutschland keine Beschulung bis zum Eintritt in die Grundschule mit sechs Jahren, ein auf Spiel, Gemeinschaft und Teilen basierendes, hochentwickeltes Lernsystem, ein flexiblerer Tagesrhythmus, besser auf das Jahr verteilte Ferien zum Wohl der Kinder. In Frankreich beschult man die Kinder mit drei Jahren, verpflichtet sie im ganz jungen Alter, am Tisch zu sitzen und unter strenger Autorität zu lernen. Der Tagesrhythmus, für die Kinder schwer, besteht aus vielen Stunden Unterricht und anschließenden Hausaufgaben.

Und trotz sehr schlechter internationaler Bewertung gelingt es in Frankreich noch immer nicht, das Schulsystem grundlegend zu reformieren.

Kurz nach meiner Ankunft in Berlin wurde mir die Leitung des Perspectives-Festivals in Saarbrücken angeboten, und ich war stolz und sehr glücklich, ins Saarland zurückzukehren, zu seinem ehrgeizigen Festival, zu seinem neugierigen und begeisterungsfähigen Publikum.

Das Deutsch-Französische Festival der Bühnenkunst, einzigartig durch seine binationale Finanzierung und seine Verwurzelung im Saarland und in Lothringen, versammelt ein zahlreiches Publikum in der Großregion in Theaterstücken, Tanzaufführungen, zeitgenössischem deutschem und französischem Zirkus. « Perspectives » präsentiert gleichzeitig renommierte Künstler und junge, erst vor kurzem entdeckte Artisten.

Die Veranstaltungsorte befinden sich auf saarländischem und lothringischem Gebiet, und das Publikum aus dem Grenzland überquert zehn Tage lang immer wieder die Grenze, mischt sich, begegnet sich.

Ein gattungsübergreifendes und anspruchsvolles Programm, das aber dennoch ein breites Publikum ansprechen soll, Einrichtung von Shuttlebussen, systematisches Übertiteln, zweisprachige Kommunikation haben bewirkt, dass die Anzahl der Zuschauer aus der Großregion ständig wächst, insbesondere unter Studenten.

Die Suche nach alternativen und unkonventionellen Aufführungsorten bestimmt den Charakter des Festivals. Das Team besteht aus jungen Franzosen und Deutschen, alle zweisprachig, die gemeinsam Energie entfalten, um dieses bedeutende kulturelle Ereignis mit Leben zu füllen.

Ich habe erlebt, wie stark sich Unternehmen seit Jahren als Mäzene für die Künstler engagieren. In Frankreich hat Jean-Jacques Aillagon ein Gesetz über das Mäzenatentum durchgesetzt, die « Loi Aillagon » – ein fundamentaler Fortschritt. Tatsache ist, dass die Kultur des Mäzenatentums für Unternehmen in Frankreich und in Deutschland nicht dieselbe Tradition hat. Das Festival kann aber auf die großzügige Unterstützung saarländischer Unternehmen und Stiftungen zählen. In zehn Jahren haben wir zahlreiche Partnerschaften auf beiden Seiten der Grenze vermitteln können. Die

Kooperation zwischen saarländischen und lothringischen Kultureinrichtungen ist eine Selbstverständlichkeit geworden.

Aber selbst wenn viele Menschen die deutsch-französische Freundschaft als selbstverständlich ansehen, bleibt sie dennoch Utopie. Nichts ist selbstverständlich, wir müssen ständig an der Annäherung unserer beiden Länder arbeiten. Nichts ist einfach, und ein deutsch-französisches Projekt wird immer schwieriger umsetzbar sein als ein franco-französisches! Aber auch sehr viel spannender!

Was die administrativen Vorgänge betrifft, so müssten die Prozeduren inmitten der Europäischen Gemeinschaft eigentlich vereinfacht worden sein, aber sie sind es nicht. Im Gegenteil, einige sind vor kurzem erst wieder erschwert worden. Ich nenne immer gern das Beispiel der französischen Zirkuszelte, die in der ganzen Welt zum Einsatz kommen, aber in Deutschland nicht zugelassen sind. Auf deutscher Seite ist der Verwaltungsakt, damit französische Ensembles nicht doppelt besteuert und während ihrer Arbeit in Deutschland von der Steuer befreit werden, sehr viel komplizierter geworden. Ebenso ist in Frankreich in 2016 der Verwaltungsaufwand, ausländische Künstler auftreten zu lassen, zu einer wahren Geduldsprobe geworden … Diese vielen kleinen Dinge, die die Projekte erschweren, bewirken, dass mancher davon Abstand nimmt.

Zahlreiche Entwicklungen haben seit meinem ersten Aufenthalt im Saarland in den deutsch-französischen Beziehungen stattgefunden. Als ich ankam, gab es die Grenze noch und es wurde kontrolliert. Das Gefühl, derselben Region anzugehören, existierte nicht. Ich hatte französische Francs, deutsche Mark und belgische Franken in meinem Portemonnaie. Welch eine Befreiung, die Einführung des Euro und die Öffnung der Grenzen!

Zahlreiche Partnerschaften sind ins Leben gerufen worden, die Deutsch-Französische Universität wurde geboren, ebenso die Stiftung für die deutsch-französische kulturelle Zusammenarbeit, die seit 2007 Rechtsträgerin des Perspectives-Festivals ist, und die zu einer überall präsenten Vermittlerin für grenzübergreifende europäische Projekte geworden ist; und natürlich, erst kürzlich, die Festlegung der »Frankreichstrategie« durch Annegret Kramp-Karrenbauer. Diese soll den deutsch-französischen Beziehungen neuen Schwung geben, und insbesondere deren Wichtigkeit verstärkt ins Bewusstsein rufen.

Jean-Claude Juncker
Die deutsch-französische Freundschaft lässt Europas Herz höher schlagen

Bei meiner Rede zum Amtsantritt als Präsident der Europäischen Kommission, die ich am 15. Juli 2014 vor dem Europäischen Parlament hielt, erwähnte ich drei Namen: Jacques Delors, meinen Freund und Meister, François Mitterrand, der gesagt hat, dass Nationalismus zum Krieg führt, und er hatte Recht damit, und Helmut Kohl, den größten Europäer, den ich in meinem Leben kennenlernen durfte. Ich wollte sie für ihre Geduld, ihren Mut, ihre Entschlossenheit würdigen. Ich beabsichtigte keinesfalls, ihr Erbe zu beanspruchen, sondern ihre Inspiration, und wollte daran erinnern, dass die Beziehung zwischen Frankreich und Deutschland für Europa lebenswichtig ist, dass sie Unterstützung und Ermutigung braucht.

Jeder von uns erinnert sich an jenes starke Bild, als sich Kohl und Mitterrand 1984 in Doaumont die Hände hielten und mit dieser symbolischen Geste die deutsch-französische Freundschaft besiegelten, auf derselben Erde entlang der Maas, wo siebzig Jahre zuvor ihre beiden Nationen brutal aufeinander losschlugen. »Deutsche und Franzosen haben sich versöhnt: ein Foto, das in die Geschichte eingehen wird«, war auf dem Titelblatt der Frankfurter Allgemeinen Zeitung zu lesen. Das Foto ging in der Tat in die Geschichte ein, und Frankreich und Deutschland haben feierlich in einer gemeinsamen Erklärung daran erinnert, dass Deutsche und Franzosen aus der Geschichte ihre Lehre gezogen und beschlossen haben, »unwiderruflich den Weg des Friedens, der Vernunft und der freundschaftlichen Zusammenarbeit«

einzuschlagen und »im Geist der Brüderlichkeit« an der Einigung Europas zu arbeiten.

Der Wille Deutschlands und Frankreichs, Europa zu dienen, erscheint mir unerschütterlich. Wir wissen aber, wie sehr diese Freundschaft – wie jede Herzensangelegenheit – schwierig, ja aufwühlend und voller Krisen sein kann. Das wundert übrigens nur den, der nicht versteht, was ein Paar ist. Wir wissen auch, dass wenn bestimmte Mitgliedsländer sich oftmals über die Enge der Beziehung zwischen Paris und Berlin ärgern, so sind sie doch gleichermaßen beunruhigt, sobald Paris und Berlin sich nicht verstehen. Denn uns allen ist bewusst, dass die Nähe, ja ich sage sogar, die Komplizenschaft zwischen Frankreich und Deutschland für uns unerlässlich ist. Das deutsch-französische Paar ist eine treibende Kraft, auf die Europa nicht verzichten kann. Sie ist eine Chance für Europa. Eine wirkliche Gefahr für Europa ist, wenn sich zwischen beiden ein Graben auftut, wenn sich Unverständnis einstellt, und wenn sie es nicht schaffen, sich zu einigen.

Aus diesem Grund war ich schon immer der Meinung, dass es in unser aller Interesse ist, dafür zu sorgen, dass Franzosen und Deutsche starke freundschaftliche Bande aufrechterhalten und sich aufs allerbeste verstehen. Ich bin der erste, der sich freut, wenn Paris und Berlin gemeinsame Vorschläge präsentieren, denn Frankreich und Deutschland tragen eine schwere Verantwortung, die sie zusammen wahrnehmen müssen.

Ich bin froh über jeden Anlass, wie z.B. die Frankfurter Buchmesse dieses Jahr, der geeignet ist, die Bande zwischen Frankreich und Deutschland einmal mehr zu verstärken, kulturelle Bande, universitäre, menschliche. Ich war sogar manches Mal versucht, meinen französischen und deutschen Freunden zu empfehlen, das luxemburgische Bildungsmodell zu übernehmen, welches das Erlernen beider Sprachen vorschreibt. Und mehr als einmal gehörte ich zu denen, die dazu beitrugen, zwischen deutschen und französischen Vorstellungen Brücken zu schlagen, wenn sie auseinanderklafften, besonders, als wir uns in das – in den Augen mancher

– verrückte Abenteuer stürzten, 12 nationale Währungen (heute 19) zu einer einzigen zu verschmelzen.

Wir haben noch viel zu tun, um unsere gemeinsame Verwaltung des Euro zu verbessern. Aber falls es zutrifft, dass Politiker viel Unsinn machen, so haben wir doch zwei Dinge erreicht, auf die ich stolz bin, und das sind die EU-Erweiterung, die mit der historischen und geographischen Aussöhnung Europas einhergeht, und die Währungsunion. Denn für mich ist die Währungsunion der Garant für dauerhaften Frieden. Jener Frieden, nach dem sich unsere Völker schon immer sehnten und der die wichtigste Aufgabe Europas bleibt.

Mit ihren Anschlägen, die unlängst Frankreich, Belgien und Deutschland getroffen haben, attackierten die Terroristen unsere Art und Weise, gemeinsam in einem Europa zu leben, das seit 70 Jahren ununterbrochenen Frieden genießt, indem sie Unschuldige, Frauen, Kinder, junge und alte Menschen aller Religionen und Weltanschauungen zur Zielscheibe wählten. Ganz Europa wurde da angegriffen, alle Demokratien. Sie haben geglaubt, uns schwächen zu können. Sie sind gescheitert. Das war die Botschaft des Pariser « marche républicaine » im Januar 2015 nach dem Attentat auf Charlie Hebdo. Ich war an jenem Tag in Paris, mit allen Regierungschefs Europas, an der Seite von Präsident Hollande und Kanzlerin Merkel, die Hand in Hand schritten und zeigten, dass wir noch geeinter und entschlossener sind, dass wir niemals unsere Werte und unsere Freiheit aufgeben werden, und dass wir uns mit vereinten Kräften gegen den Terror verteidigen werden.

Ebenfalls Hand in Hand bereiten Frankreich und Deutschland die Zukunft Europas vor, insbesondere durch die Fertigstellung einer Digitalen Agenda für Europa, welche eine der wichtigsten politischen Prioritäten meiner Kommission darstellt. Ich habe an den von Berlin und Paris organisierten Digital-Gipfeln teilgenommen und ich weiß, ich kann auf die deutsch-französische Dynamik zählen, die uns in diesem Projekt unterstützt, um Europa eine Vorreiterrolle bei den zukünftigen Industrien zu ermöglichen. Paris und Berlin haben insbesondere beschlossen, einen deutsch-französischen Investitionsfonds von einer Milliarde Euro zu schaffen, der Start-ups und junge innovative Unternehmen finanzieren soll, um sie dazu zu bewegen, sich auf europäischem Boden zu entfalten anstatt sich anderswo anzusiedeln.

Auf diese Weise treten sie in die Fußstapfen ihrer Vorgänger, die 1984 in Doaumont erklärt hatten: »Es gilt nicht nur die Toten vergangener Kämpfe zu ehren, es gilt den Lebenden von heute eine Zukunft zu geben.« Europa wird immer die deutsch-französische Dynamik, die sich keinen Ruf mehr erarbeiten muss, brauchen, um allen jungen Europäern eine Zukunft zu geben und ohne Unterlass an der Erhaltung dessen zu arbeiten, was die wichtigste Errungenschaft der Europäischen Gemeinschaft ist: einen zerrissenen und kriegsgeschüttelten Kontinent in einen vereinten und friedliebenden Kontinent verwandelt zu haben.

(deutscher Text folgt)

Jean-Christophe Lagleize
Deutschland-Frankreich: Sichtweise eines katholischen französischen Bischofs an der Grenze

Ich bin glücklich, zu diesem Werk beizutragen, welches von den deutsch-französischen Beziehungen berichtet und sie fortleben lassen möchte. Es scheint mir wichtig, zu betonen, dass ich nicht aus der Moselle oder einer anderen Grenzregion stamme, sondern Priester einer Diözese in Zentralfrankreich war, in Bourges, und bevor ich Bischof von Metz wurde, war ich elf Jahre lang Bischof einer Diözese im Rhône-Tal, und zwar in Valence. Seit nunmehr drei Jahren erkunde ich die Realitäten auf beiden Seiten der Grenze.

Seit Urzeiten haben die Moselle und Deutschland eine gemeinsame Geschichte: Nachdem sie 1801 vom Protektorat der Diözese von Trier – der sie mehr als tausend Jahre angehört hatte – getrennt worden war, hat die Diözese von Metz das Schicksal Deutschlands in jüngerer Zeit erneut geteilt, aufgrund der Wirrungen der Geschichte.

Als Bischof von Metz würdige ich das Andenken und das Wirken von Mgr. Willibrord Benzler, Mönch aus Beuron und Abt von Maria Laach, der 1901 zum Bischof von Metz ernannt wurde, Französisch sprach und von den Mosellanern sehr geliebt wurde. Die französischen Behörden zwangen ihn 1919, die Moselle zu verlassen, als diese wieder zu Frankreich kam. Ich habe die Archive der Erzabtei von Beuron, wo er begraben liegt, konsultiert. Ich fand zahlreiche Zeugnisse der Zuneigung von Mosellanern ihrem Bischof gegenüber. Er hatte das Engagement der Diözese von Metz für Ausbildung intensiviert, ebenso für Nächstenliebe, durch die Gründung der Caritas-Moselle.

1913 findet der Katholikentag in Metz statt. Mgr. Benzler vertraut einem jungen Metzer Anwalt, Robert Schuman, die Verantwortung für die französischsprachige Sektion dieser Versammlung deutscher Katholiken an. Wir stehen in der Schuld dieses Bischofs, denn er hat dem zukünftigen Vater Europas vertraut und zu seiner Ausbildung beigetragen. Im Mai 2016 hatte ich die Freude, zum Anlass des 100. Katholikentags nach Leipzig eingeladen gewesen zu sein. Es war eine Freude für die deutschen Bischöfe, mit mir in Kontakt zu treten, ebenso für mich, an dieser großen Versammlung des gemeinsamen brüderlichen Teilens teilzunehmen.

Ich bin glücklich, mit den Bischöfen der benachbarten deutschen Diözesen von Trier und Speyer brüderliche Beziehungen zu pflegen, genauso wie es jährlich die Generalvikare der Diözesen der Grenzregionen tun (Belgien, Luxemburg, Deutschland, Frankreich und Schweiz). Priester und pastorale Laienmitarbeiter unserer grenznahen Diözesen lieben es, sich zu treffen und sich über unsere Projekte und unser seelsorgerisches Handeln auszutauschen. Wir müssen darauf achten, dass wir diese wertvollen Momente mit den jungen Generationen weiterhin ermöglichen.

Wir sind stolz darauf, dass christliche Politiker wie der Moselaner Robert Schuman, der Rheinländer Konrad Adenauer, der Italiener Alcide de Gasperi und der Belgier Paul-Henri Spaak die ersten Grundsteine für Europa legten, indem sie die EGKS (Europäische Gemeinschaft für Kohle und Stahl) ins Leben riefen. Mein Besuch im Adenauerhaus in Rhöndorf letzten Sommer erlaubte mir, die Ähnlichkeit der Schicksale dieser beiden Männer zu verstehen, die aus ihren christlichen Überzeugungen die Kraft schöpften, den Antagonismus zu überwinden, der die beiden Erbfeinde Frankreich und Deutschland trennte, mit dem Anspruch, gemeinsam ein Europa aufzubauen, das eine Zukunft in Frieden versprach. Ziel war es, künftig einen neuen Krieg zwischen europäischen Nationen faktisch unmöglich zu machen, insbesondere zwischen Deutschland und Frankreich. Im Übrigen wurde der 9. Mai danach zum Europatag. Die Diözese von Metz hat die Aufgabe, den Prozess der Seligsprechung von Robert Schuman, dem Diener Gottes, voranzubringen, damit er als Zeuge des Evangeliums gesehen werde, dem das Allgemeinwohl am Herzen lag.

Seit vielen Jahren versammeln sich die Bischöfe und die Verantwortlichen der Jugendseelsorge der Diözesen Trier, Metz, Troyes, Luxemburg, Namur und Lüttich, um gemeinsame Vorschläge auszuarbeiten: In diesem Jahr, 2017, werden sich 200 junge Erwachsene aus diesen vier europäischen Ländern in Verdun zum hundertjährigen Gedenken des Ersten Weltkriegs treffen, und anschließend in Metz, wo sie Robert Schuman und die Versöhnung der Völker entdecken werden.

Ein weiterer starker Moment der Zusammenarbeit zwischen der Moselle und Deutschland war die Pilgerreise für Klimagerechtigkeit kurz vor der 21. Klimakonferenz. In Perl feierten wir die Übergabe der Staffel zwischen deutschen und französischen Pilgern. Ich unterstreiche die sportliche Leistung, insbesondere die eines deutschen Pilgers, den ich im Bistum empfing und der von der Ostseeküste kam.

Ich erinnere daran, dass der östliche Teil des Département Moselle gleichzeitig französisch- und deutschsprachig ist, was die Beziehungen zu unseren deutschen Nachbarn begünstigt. Doch muss man zugeben, dass die jüngere Generation immer weniger Deutsch beherrscht. Der Conseil départemental de Moselle will in Zusammenarbeit mit dem Saarland das Erlernen der deutschen Sprache in Frankreich und der französischen in Deutschland fördern.

Die Kirchengemeinden an der Grenze unterhalten lebhafte Beziehungen mit ihren deutschen Nachbargemeinden. Priester, Diakone und Laien treffen sich. Es gibt gemeinsame Pilgerorte, wohin sich Deutsche und Franzosen gleichermaßen begeben, unter anderem die Basilika Notre-Dame de Bon-Secours in Saint-Avold, oder die Kapelle der Hl. Oranna, Schutzpatronin Deutsch-Lothringens, in Berus, oder auch der Altarraum der Notre-Dame de Bonne-Fontaine bei Phalsbourg. Neben diesen Pilgerorten wurden andere gemeinsame Initiativen ins Leben gerufen: deutsch-französische

Messen, Prozessionen an Fronleichnam, Städtepartnerschaften, Konzerte, Feierlichkeiten an den Heiligentagen ... 2016 zum Beispiel überquerte das Friedenslicht von Bethlehem die Grenze bei Leidingen und wurde von Pfadfindern in Heining-lès-Bouzonville in Empfang genommen.

Ich möchte auch die seit 30 Jahren jährlich stattfindenden Begegnungen zwischen den Professoren des Centre de Pédagogie religieuse in Metz und ihren Trierer Kollegen hervorheben. Es ist sehr schade, dass die Studenten der beiden Einrichtungen dies aufgrund sprachlicher Barrieren nicht tun können.

Ich bin sehr froh über die bereits existierende grenzüberschreitende Dynamik und ich wünsche mir, dass es in diese Richtung weitergehen möge!

Patrick Suel
Europa zweimal, dreimal, viermal (zusammengefaltet)[1]

»Berlin: Agonie oder Epiphanias« ist der Titel, den der Dichter Christian Prigent der Neuauflage eines seiner Texte über Berlin geben wollte.

Was für ein Europa sind wir? Bestehen wir aus Städten und Vierteln?

Wir sind Berlin, seit einigen Jahren, schon bevor das wiedervereinte Deutschland sich 1999 hier wieder niederließ. Wir sind auch Paris, erst recht seit dem verhängnisvollen Jahr 2015, überrascht darüber, dass wir in einer Satirikernische hockten, Kinder der Aufklärung, unsere Herzensangelegenheit war, Ethik und Esprit zu vermischen. Und dann kommt Ende 2016 plötzlich *Charlie-Hebdo* auf Deutsch in die Kioske, wo doch dieser Titel in ganz Deutschland seit mehr als einem Jahr in der Sprache von Molière verzweifelt nachgefragt wurde. *Eulenspiegel*, *Titanic* und andere konnten sich schön hinten anstellen. Wir waren ganz schön perplex.

Aber es gibt nicht nur die Satire, die uns verbindet. Goethe hatte sich gewundert, dass die *Gotik* dem Französischen ähnlich war, fremdartig für ihn, von einigen Italienern, die er kaum verstand, so bezeichnet, um schlicht und ergreifend flamboyante nordische Barbaren zu benennen.

Ist das Jahr 2017 die langersehnte Gelegenheit, um das 100jährige

1 Anmerkungen in Klammern vom Übersetzer

Jubiläum der Armeemeuterei zu feiern? Stellen wir uns auf, *in Reih und Glied*, wie die der Verschwörung verdächtigten Flüchtlinge in Ungarn, mit Hilfe von viel Stacheldraht und *souveräner* Gründe, eine Szene mit bitterem Beigeschmack. Hat es nicht schon de Gaulle gefallen, davon zu reden, Gallier und Germanen an einen Tisch zu setzen, um es im Bardenjargon auszudrücken, und zu sagen: »Europa? Das ist Deutschland und Frankreich; der Rest ist kleines Gemüse.«

Der Humor änderte sich, die Zeiten änderten sich. Der *Burgfrieden (1914)* und die *Union Sacrée,* die sich die Ideologen beider Seiten des Rheins ausgedacht hatten, bevor sie aufeinander losgingen. Damit die Völker sich zerfleischen, damit ganze Familien ihre älteren männlichen Mitglieder im kindischen und kriminellen Schlachthof der Schützengräben verlören. Und die Überlebenden wurden vergast, rauchten wie die Schlote, waren endlich bereit, Verträge, Allianzen und Pakte zu schlucken, die einige biedere Demokraten ihnen zum Fraß vorwarfen.

Was für ein Europa sind wir? Bestehen wir aus Städten und Vierteln? Achille Mbembe spricht von einem *afropolitischen* Gefühl, um den Gemütszustand der afrikanischen Diaspora zu beschreiben, die heute mit den Weltmetropolen konfrontiert ist. Sind wir die unleidlichen Kinder der Missstimmung unter zweifelhaften Eliten von Kolonialsoldaten? Es gab die *WaHnsee*-Konferenz, aber die *Teilung* war schon viel früher auf der Berliner Konferenz von 1884 beschlossen worden.

Beim Buchhändler: Wieso verlangen Kunden deutscher Muttersprache « LA *Boussole* » und « LA *Soumission* », die beiden begehrten Bücher von Mathias Enard und Michel Houellebecq, setzen den Artikel davor, wie archetypische Werkzeuge ihrer Zeit, Kummerkasten der wohltuenden Worte?

« *Belle-et-triste* » (»Schön und traurig«) ist der Name einer Buchhandlung in einem Viertel im Nordwesten von Berlin, das *Wedding* heißt, wie die Hochzeit. *La Solitude (Einsamkeit), Mon Aise (mein Wohlbefinden), Bon Repos (Ruheort), Sans Soucis (ohne Sorgen),* waren Namen von Herrscherresidenzen im Deutschland des 18. Jahrhunderts.

« *AUTANT POUR MOI* » *(genauso gut für mich),* ein schöner französischer Ausdruck der Entschuldigung oder Empathie, ist aus dem Rechtschreibregister der online-Schreiberlinge verbannt worden. Schreibweise von jetzt an « *AU TEMPS POUR MOI* » *(im Takt für mich),* eine Vokabel, die eher von einem Trommelwirbel stammen könnte. Haben Sie von Kriegern gesprochen? D'Annunzio, Malaparte, Cendrars oder sogar Jünger, haben sie vielleicht zufällig das hohe C auf ihrer Klarinette verloren? Sind Adolf und Sankt Bartholomäus etwa verbotene Vornamen?

Was ist inzwischen passiert? Von welchem Deutschland sprechen wir?

Rimbaud war nicht auf Twitter. Du Bellay hat niemals Fotos auf Instagram gepostet. Heinrich Heine hatte kein Netz, zu keiner Zeit, um sein Herz auszuschütten. Charles de Villers und Germaine de Staël hatten eine gewisse Ungezwungenheit, eine Begierde nach dem anderen, in ihrer doch so keuschen Zeit.

Wir folgen ihnen wohl oder übel auf die gleiche Weise, mit allen unseren Wortlitaneien. Denn die paar-da-hinten sind nur unteranderem. Da waren Olympe de Gouges und Georg Büchner und Ingeborg Bachmann. Raoul Hausmann, Picabia und Soupault haben einen zweisprachigen DADA-Almanach erstellt.

Wir sind ein Europa mit »*Ode an die Freude*« als Hymne, was nichts als ein Gesang von Beethoven und Schiller ist, in dem eine Art Schöpfer verehrt wird.

Franzosen im Deutschland des 21. Jahrhunderts, wir sind nicht hier, um über das « *Visite ma tente* » (Fisimatenten) der napoleonischen Soldaten zu reden, auch nicht, um das Lied der Soldaten von Turenne – welche mit ihren Pfeifen und Trommeln den Rhein überquerten – zu rezitieren, das meine Lehrerin mir beigebracht hat, als ich klein war.

Sind wir das *Europa der alten Brüstungen*, von dem Rimbaud sprach, der diesen Ausdruck erfunden hat, oder vielleicht das der Aufklärung? Oder das von Frédéric Metz, emeritierter Übersetzer von Georg Büchner beim Pontcercq-Verlag in Rennes im Jahre 2015?

Die Zeitschrift für Europäische Geographie erwähnt, dass Elysée Reclus, Autor von »*Der Mensch und die Erde*« ein Schüler von Carl Ritter, Autor der »*Erdkunde Europas*« war.

Die « *Revue des deux mondes* », die 2005 den Titel »*Frankreich-Deutschland: das Ende*« trug, hat Landauer und Mühsam nie vergessen.

Nach Baden-Baden war de Gaulle geflüchtet. Daniel Buren stellte 2011 dort sein »*Allegro Vivace*« aus. Eine gewisse Boulez-Villa strengt sich an, dort ein Ort der Kultur zu bleiben.

»*O Falladah, die du hangest!*« ist ein Lied von Brecht, das den Tod eines Pferdes beschreibt. Das besagte Tier mit dem Namen »*Falladah*« stammt aus einem Märchen der Gebrüder Grimm. Der Schriftsteller Rudolf Ditzen, der sich »Hans Fallada« nennen ließ, machte ihn sich als Pseudonym zu eigen.

Was für ein Europa sind wir? Bestehen wir aus Städten und Vierteln? Sind wir Buchhalter einer allgemeinen Unordnung?

»Wir leben in einer Zeit, die so sehr von Dämonen besessen ist, dass wir bald gute und gerechte Taten nur noch unter dem Mantel der größten Verschwiegenheit vollbringen können, als handele es sich um Gesetzesbruch«, sagte Kafka.

Wenn Friede den Hütten und Krieg den Palästen schwerwiegende Konzepte sind, mögen die Sprecher der europäischen Sprache von morgen sich davon inspirieren lassen!

Pascal Thibaut
In den Armen von Deutschland

Das Foto ist ein bisschen vergilbt. Um einen Tisch herum, nach dem Essen, posiert eine Familie in typischer Manier. Leere Flaschen, ein wenig unordentlich über den Tisch verteilt, zeugen von einer feuchtfröhlichen Mahlzeit. Ein in die Jahre gekommener Mann hält einen Säugling im Arm. Er könnte der Großvater sein, aber er ist ein Gast, genauer gesagt, ein Ausländer.

In diesem Dorf der Bourgogne, zwanzig Jahre nach Kriegsende, besteht die frisch besiegelte Städtepartnerschaft zwischen Selongey und Gundersheim bei Worms nicht nur aus leeren Worthülsen. Die ersten Austausche werden organisiert. Familien, aus denen der Krieg zwei Jahrzehnte zuvor Feinde gemacht hat, begegnen sich. Die Stelzers treffen bei den Thibauds ein. Meine ersten Kontakte mit Deutschland beginnen also in den Armen eines unbekannten Herrn, der mir Worte zusäuselt, deren Sinn sich mir verschließt. Ich muss noch einige Jahre warten, bis eine Kommunikation, die diesen Namen verdient, zwischen uns möglich wird.

An besagtem Tisch sitzt Großonkel René, der auf einem Bauernhof auf der anderen Straßenseite wohnt. Er war Kriegsgefangener in Deutschland, ebenfalls auf einem Bauernhof. Das Lied »Göttingen« von Barbara, Hymne der Versöhnung zwischen unseren beiden Ländern, ist ganz neu herausgekommen, und auch die Höfe auf dem Lande ähneln einander, ob in der Bourgogne oder in Schwaben. Ein anderes Familienmitglied, ebenfalls Kriegsgefangener in Deutschland, wollte niemals mit den »Schleus«, die zwanzig Jahre später Frieden und deutsch-französische Freundschaft feiern wollten, etwas zu tun haben.

Für die Jüngeren auf dem Dorfe in den sechziger Jahren war eine solche Partnerschaft etwas völlig Exotisches, auch wenn die Gäste nur 500 km entfernt wohnten. Lange vor der Zeit der Billigflüge beschränkte sich die Reiselust der Leute ausschließlich auf Frankreich. Für die Generation meines Vaters führte die einzige große Reise oft auf die andere Seite des Mittelmeeres, nach Algerien, für einen anderen Krieg gegen einen anderen Feind.

Eine solche Städtepartnerschaft, die im Europa der sechziger und siebziger Jahre einer erlesenen Minderheit vorbehalten bleibt, ist eine geniale Erfindung, um Personen zueinander zu bringen, die sich sonst niemals begegnet wären und das Nachbarland kaum oder gar nicht kennen, von der Sprache ganz zu schweigen. Arbeiter, Angestellte, Landwirte, Sportler besuchen sich und unterhalten sich mit Händen und Füßen. Als mein älterer Bruder mit anderen Jugendlichen aus dem Dorf gegen die Gundersheimer Mannschaft Fußball spielt, ergänzen die Füße eben die Zungen. Die dritte Halbzeit beendet dann die männliche Annäherung auf dem Spielfeld. Die Zuschauerinnen gesellen sich danach zu den frisch geduschten Herren. Für die Jugend aus dem Dorf, wo jeder jeden kennt, erweitern solche Austausche für ein paar Tage jedenfalls das Spektrum möglicher Eroberungen. Einige Jahrzehnte später, während langer Abende an Weihnachten, kommen Hannelore und mir die Erinnerungen. Jene hübschen Blondinen, von denen einige während der feuchtfröhlichen Abende sehr tief fielen, haben unauslöschlichen Eindruck hinterlassen.

Einige Jahre und Trinkbecher später kann ich endlich aktiver an solchen Austauschen teilnehmen. Ich kann mich vage an eine Reise nach Gundersheim, ein gepflegtes Städtchen im Weinanbaugebiet am Rhein, erinnern. Bei der Ankunft und bei der Abreise werden immer Geschenke ausgetauscht. Die Bourgogner sind natürlich stolz, ihren Grand Cru anzubieten. Die Weißweinflaschen, die wir nach Hause bringen, ernten ein artiges »Dankeschön«, bevor sie in einer staubigen Kellerecke in Vergessenheit geraten. Als Student hatte ich die unpassende Idee, eine oder zwei von ihnen mit in meine Pariser Studenten-WG zu nehmen. Es blieb mir nichts anderes übrig, als die bräunlich-klebrige Flüssigkeit umgehend in den Ausguss zu schütten.

Erasmus ist zu jener Zeit nichts als ein holländischer Gelehrter, den nur die gut Belesenen kennen. Aber es gibt bereits Austauschprogramme. Die Universitäten Dijon und Mainz, Hauptstädte der Partnerregionen Bourgogne und Rheinland-Pfalz, sind Vorreiter in dieser Sache. Und Jurastudenten wie ich, die ein Faible für alles Germanische haben, entdecken die Feinheiten des Bürgerlichen Gesetzbuches und können während der Sommerferien an einem einmonatigen Austausch mit Mainzer Studenten teilnehmen. Nebenbei sei hier dem Deutsch-Französischen Jugendwerk gedankt, ohne das diese Begegnungen nicht stattfinden würden, und ohne das mein Leben eine völlig andere Wendung genommen hätte. Danke im Nachhinein auch an die Abendessen im Hôtel de La Cloche, eine der besten Adressen in Dijon, welche das DFJW für uns arrangierte; was das Budget heutzutage sicher nicht mehr zuließe ...

Jeder Austauschteilnehmer hatte einen Partner, bei dem er untergebracht war, weshalb man schnell mit dem deutschen Familienalltag auf Tuchfühlung gehen konnte. Jahre später traf ich Peter wieder, der heute als Beamter beim Bildungsministerium arbeitet. In die Realität des anderen einzutauchen ist eine sinnvolle Ergänzung zum theoretischen Studium und stellt einige fest verankerte Klischees in Frage. Die deutschen Hochschulen, wo man in Teams arbeitet und wo das Verhältnis zu den Professoren entspannter ist, brechen mit dem in Frankreich üblichen sehr verschulten Modell. Diese Erfahrung mache ich, als ich von der Pariser Sciences Po ans Otto-Suhr-Institut der Freien Universität Berlin komme, Hochburg des Studentenprotests. Die Fräulein im schickem Seidenschal und die jungen Herren im Designerhemd, die in der Rue Saint-Guillaume verkehren, erscheinen im Vergleich plötzlich altbacken, auch wenn ich braver Student den Eindruck hatte, dass ein heilloses Chaos, so wie es ein französischer General im Zusammenhang mit anderen Studenten nannte, dauerhaft und erfolgreich auf die andere Seite des Rheins exportiert worden war, und sogar auf die andere Seite des Eisernen Vorhangs.

Einer der ersten Ausflüge mit meinem Austauschpartner in Mainz an irgendeinen See löste einen Kulturschock aus. Zu meiner großen Überraschung zogen sich meine Kameraden ohne Scham nackt aus, während ich mich mit meinem Handtuch um die Hüften schrecklich genierte. Prüderie made in France und deutsche Freikörperkultur: Man stelle sich Yvonne de Gaulle in einem Nudistencamp vor. Hier braucht man kein Ghetto, man zieht sich ganz selbstverständlich aus, im Park, mitten im Stadtzentrum. In den Buttes Chaumont undenkbar, wo nach kurzer Zeit massenhaft Polizei anrücken würde. Kurz, ich entdeckte im Lauf der Zeit, dass die deutsche Gesellschaft sich liberaler zeigte als die französische, und dass so manches Klischee über die disziplinierten und engstirnigen Deutschen reichlich veraltet schien.

Aber es gibt Grenzen. Insbesondere, wenn es um die heiligen Kühe der Germanen geht, die Autos. Ich erinnere mich an die kleine Mitteilung einer aufmerksamen Nachbarin – vielleicht eine pensionierte Witwe, die auf ein Kissen gestützt an ihrem Fenster kauert – auf meiner Windschutzscheibe, in der sie mir die Nummer des Autos mitteilte, das es gewagt hatte, meine Stoßstange zu berühren.

Das Auslandssemester an der Universität Mainz im Jahr 1986 fällt mit der Katastrophe von Tschernobyl zusammen. Der von der Unfehlbarkeit der heimischen Nuklearenergie geprägte Franzose wundert sich über die kollektive Hysterie, die die Eingeborenen hier befällt: Die kleinen Deutschen verlassen fluchtartig möglicherweise verstrahlte Sandkästen, und die Gemüse in den Supermärkten werden vom Kunden, dessen Diesel-Rußschleuder mit dem berühmten Aufkleber »Atomkraft nein danke« auf dem Parkplatz steht, tunlichst gemieden.

Und schließlich Berlin, wo ich 1990 strande, mystischer Ort für jeden Deutschlandliebhaber, mit seiner komplexen Vergangenheit, den verrückten zwanziger Jahren, als man mit »Ailes du désir« (französischer Titel des Films »Der Himmel über Berlin«, H.N.) auf dem Vulkan tanzte, und seinen Brachflächen, Relikte einer allzu braunen Vergangenheit. Diese Stücke Niemandsland jenseits der Mauer in Ostdeutschland sind wie Experimentierfelder, wo alles möglich scheint.

Später, im Dezember 1989, entdecke ich Ostberlin. Die Mauer ist vor über einem Monat gefallen, aber Grenzkontrollen existieren noch. Am Bahnhof Friedrichstraße durchlaufe ich mit Kommilitonen der Journalistenschule den »Tränenpalast«: enge, aus hässlichen Resopalplatten gezimmerte Gänge und Kammern, über denen Spiegel hängen, die einen von oben mustern. Dort finden unter den scharfen Blicken griesgrämiger Polizisten die Kontrollen statt. Als ich im Frühjahr 1990 ein Praktikum bei der Berliner Morgenpost absolviere und jeden Tag die Grenze von Ost nach West am Checkpoint Charlie überquere, grüßen sie mich schließlich mit einer Handbewegung, wie einen Bekannten in der Bar.

In jenem Dezember 1989 scheint die Stadt wie tot. Ein paar Autos fahren. Wir begeben uns zur Zionskirche, wichtiger Ort für die ostdeutsche Opposition, und lernen den beißenden Braunkohlegeruch kennen, den die Kohleöfen in den Wohnungen absondern; und die übel riechenden Abgase der Trabis mit ihrem Zweitaktermotor, dessen Knattergeräusch man heute noch unter tausenden sofort heraushört.

Erste Bekanntschaften erlauben es mir, mehr über die bis dahin unbekannten Ostdeutschen zu erfahren. Im Zug, zurück aus Dresden von der beeindruckenden Demonstration mit Helmut Kohl vor den Ruinen der Frauenkirche, wo zahlreiche deutsche Flaggen die unvermeidbare Wiedervereinigung vorwegnehmen, setzt sich ein atemloser junger Student neben uns. Er rät uns, alle Bücher über die DDR, die wir gelesen haben, zu vergessen und verspricht uns, noch einiges mehr zu erzählen. Er hält sein Wort. Zusammen mit Anselm erlebe ich die bewegende Öffnung des Brandenburger Tors, einige Tage vor Weihnachten 1989, und, eines Morgens im

Januar, es war Samstag, klingelt das Telefon. Er ist in Paris. Praktisch ohne einen Pfennig Geld tingelt er durch Europa, getrieben von der Sehnsucht, eine Welt zu entdecken, die ihm einige Wochen vorher noch verschlossen war. Seine Eltern, seine Schwester und sein Bruder werden nach meinem Umzug nach Berlin zu meiner neuen Familie. Ich sauge alle Information über das Alltagsleben in der DDR auf, die Auseinandersetzung mit der politischen Macht, die notwendigen Verrenkungen, und die Freiräume, die man sich im privaten Leben geschaffen hat. Später lerne ich, wie man einen Kachelofen anzündet und saubermacht. Es dauert Monate, bis ein Telefon im Prenzlauer Berg installiert wird. Zu einer Zeit, wo Mobiltelefone klobige Geräte zum exorbitanten Preis sind. Lange noch bleiben Papierrollen an den Eingangstüren der Wohnungen hängen, die es dem spontanen Besucher erlauben, eine Nachricht zu hinterlassen – heute undenkbar.

Missverständnisse zwischen Wessis und Ossis tauchen auf. Der exotische Gallier beobachtet und versucht, zu verstehen, warum die eilig abgerissene Mauer in den Köpfen fortbesteht. Bei Begegnungen im Deutsch-Französischen Jugendwerk kommt den Franzosen, die – anders als die deutschen Teilnehmer – bei Meinungsverschiedenheiten Neutralität bewahren können, in den Debatten eine Schlichterrolle zu.

Ich erinnere mich an Bitterfeld nach der Wiedervereinigung, im ostdeutschen Chemie-Dreieck, und seinen »See«, wo Abwässer in allen Farben mitten in die Natur eingeleitet werden. Ich erinnere mich an die Verwundungen der unrenovierten Häuserfassaden in Ostberlin, wo noch die Einschusslöcher der Straßenkämpfe von 1945 zu erkennen waren, an aus Sicherheitsgründen abgerissene baufällige Balkone, an die ersten besetzten Häuser, und an die Skinheads, die manchmal auf dem Kollwitzplatz auftauchten, der heute für ein völlig gentrifiziertes Viertel Symbol steht: den Prenzlauer Berg.

Die Ex-DDR ist völlig auf den Kopf gestellt. Zahlreiche Fabriken schließen. Betriebe werden privatisiert. In den endlosen Gängen in Görings ehemaligem Reichsluftfahrtministerium regiert jetzt ostdeutsches Linoleum und ein undefinierbarer Geruch nach den Hinterlassenschaften des real existierenden Sozialismus. Dort, wo kurz zuvor noch ostdeutsche Funktionäre ihr Handwerk betrieben haben, privatisieren jetzt die Liquidatoren der Treuhand, was das Zeug hält. Ich erinnere mich an schneidige Franzosen, erst seit kurzem in Berlin, am Anfang ihrer vielversprechenden Karriere, die mit einer einzigen Handbewegung das Schicksal eines ganzen »Kombinats« besiegelten. Solche Typen nannte ich Treuhand-Wonderboys. Sie amüsieren sich prächtig auf ihrer Arbeit, und am Wochenende haben sie auf andere Weise Spaß, in den Untergrundtempeln der Techno-Szene, wie dem »Tresor« oder dem »E-Werk«, gleich neben ihrer Arbeitsstelle. Eine Anekdote, die die Geisteshaltung einiger Wessis gut veranschaulicht, ist mir in Erinnerung geblieben. Ein potentieller französischer Käufer musste sich von einem deutschen Konkurrenten sagen lassen: »Lasst uns hier in Ruhe. Wir haben euch auch nicht belästigt, als ihr eure Geschäfte in Algerien getrieben habt.«

Wenn man so viele Jahre in einem Land verbringt, das einem anfänglich fremd ist, verändert das die Persönlichkeit. Neue Erfahrungen, andere Kultur, andere Sitten, all das hat natürlich einen Einfluss. Und Berlin, die Stadt, wo alles möglich ist, verstärkt dies. Die geographische und geistige Distanz zum Herkunftsland, die sich mit der Zeit aufbaut, erlaubt einem auch zu wachsen. Mein Coming-out hätte ohne diese Distanz vielleicht anders ausgesehen. In einem anderen Land zu leben, speziell in Berlin, befreit einen von zahlreichen Zwängen. Als Fremder in einem anderen Land entfernt man sich von seinem früheren Leben, und man wird zu einem freien Elektron in einer Umgebung, an die man zunächst nicht angepasst ist.

Das ändert sich mit der Zeit. Bikulturalität stellt sich ein. Ich habe 2004 die deutsche Staatsangehörigkeit angenommen, ohne die französische aufzugeben. Manchmal denke ich auf Deutsch, und ich mische, wie viele andere in meiner Situation, Wörter und Ausdrücke von hier unter mein Französisch.

Diese Bikulturalität macht aus uns ein Verbindungsglied zwischen beiden Ländern, um Frankreich zu verteidigen, wenn so etwas wie »french-bashing« sich in Deutschland ausbreitet, oder – im Gegensatz dazu – um das idyllische Frankreichbild einiger deutscher Frankophiler zu korrigieren, die ihr Heimatbedürfnis auf Frankreich übertragen. Oft haben diese Deutschen ein gewisses Alter, und die gestörte Beziehung zu ihrem eigenen Land verhindert, dass sie sich damit identifizieren. In Frankreich, wo mangelnde Kenntnis Deutschlands und der deutschen Sprache weiterhin vorherrscht, muss der Mediator vom Dienst das Nachbarland erklären, oder eine latente Deutschenfeindlichkeit bekämpfen, die manch berechtigter Kritik einen bitteren Beigeschmack verleiht, der aus einer Zeit stammt, die man eigentlich überwunden glaubte.

François Villeroy de Galhau
Vertrauen wiederherstellen: Das Gebot der Stunde

»War es gestern unsere Pflicht, Feinde zu sein, ist es heute unser Recht, Brüder zu werden.« Mit diesen Worten, die dem deutschen Schriftsteller Carl Zuckmayer entlehnt sind, wandte sich Charles de Gaulle im September 1962 an die Offiziere der Führungsakademie der Bundeswehr. Dieser wunderbare Geist der Versöhnung, der unsere beiden Länder antreibt, hat seinen Ursprung in den Streitigkeiten von gestern.

Selbstverständlich funktionieren die deutsch-französischen Beziehungen nicht von allein. Ich bin 100%iger Franzose, aber ich bin gleichzeitig ein Freund Deutschlands, ein Grenzgänger. Wenn ich nach Deutschland fahre, in den Ort meiner Wurzeln im Saarland, dort, wo am Ende des 18. Jahrhunderts einer meiner weitläufigen Vorfahren das, was später die Keramikfabrik Villeroy & Boch sein sollte, gründete, sehe ich, wie sehr Deutschland uns Franzosen gleichzeitig nah und fern erscheinen kann. Auf halbem Weg zwischen Paris und Frankfurt, zwischen der Französischen Nationalbank und der Europäischen Zentralbank, wo ich mindestens zwei Mal im Monat hinfahre, ähnelt mein Ort vielen Dörfern Nord- oder Ostfrankreichs, die nach den Kriegszerstörungen wiederaufgebaut wurden. Hier ist es – abgesehen von der Sprache – beinahe unmöglich, Deutsche von Franzosen zu unterscheiden. Dennoch habe ich das Gefühl, dass sich unsere beiden Länder letztlich noch nicht besonders gut kennen. Manchmal nehmen wir Unterschiede wahr, insbesondere in wirtschaftlicher Hinsicht: Seit den Reformen von Schröder geht es Deutschland besser als Frankreich, es hat mehr Wachstum und weniger Arbeitslosigkeit.

Es gibt Unterschiede zwischen unseren Ländern, aber man muss sie relativieren: Das, was uns verbindet, wiegt schwerer als das, was uns trennt. Die deutsch-französischen Beziehungen fügen sich in eine Geschichte, die sie überholt: die Geschichte Europas und ihr weltweit einzigartiger Antrieb, endlich vom Krieg zum Frieden überzugehen. Unsere beiden Länder haben vielleicht noch einiges voneinander zu lernen, aber sie haben vor allem den anderen etwas zu zeigen: den anderen Europäern, die unsere Antriebskraft brauchen, und dem Rest der Welt, der unsere Geschichte mit mehr Interesse verfolgt als wir manchmal glauben.

Erinnern wir uns an den wunderbaren Weg, den wir gegangen sind und den wir aufgebaut haben

Vor genau sechzig Jahren vereinten unsere beiden Länder ihre Schicksale, indem sie gemeinsam mit Belgien, Italien, den Niederlanden und Luxemburg die Römischen Verträge unterzeichneten. Frankreich und Deutschland haben heute eine Verschmelzung ihrer Hoheitsrechte, wie sie niemals andere Länder aus freien Stücken herbeigeführt haben: Wir haben die Zölle abgeschafft, wir haben einen großen Binnenmarkt mit gemeinsamen Regeln ins Leben gerufen, wir haben die Grenzen beseitigt und wir haben den Euro geschaffen, unsere gemeinsame Währung, eine solide Währung, die auf der ganzen Welt respektiert wird.

Unsere gemeinsame Währung und unser gemeinsamer Markt

Josef Müller, Gründer der bayerischen CSU, der während des Zweiten Weltkriegs wegen seines Widerstands gegen das Naziregime deportiert worden war, war einer der ersten, der 1946 sagte: »Wir brauchen eine gemeinsame europäische Währung, weil Länder, die einen gemeinsame Währung haben, nie mehr Krieg gegeneinander führen.« Der Euro hat uns ein wirkungsvolles Symbol der Einheit der europäischen Völker und außerdem konkrete wirtschaftliche Vorteile gebracht: Inflationskontrolle, stabile Wechselkurse, internationale Anerkennung. Er ist eine beachtliche Errungenschaft, welche bei der großen Mehrheit unserer Bürger Zustimmung findet, in Deutschland, in Frankreich, aber auch in der gesamten Eurozone, wo – dem Eurobarometer der Europäischen Kommission zufolge – sich 70% aller Bürger zu seinen Gunsten aussprechen. Der Euro ist keine technokratische Utopie, er ist eine politische und demokratische Entscheidung, die 25 Jahre nach Maastricht, wie sich gezeigt hat, von einer deutlichen Mehrheit der Völker getragen wird. Die Europäische Zentralbank und die 19 nationalen Zentralbanken der Euro-Mitgliedstaaten sind dessen Wächter.

Unser gemeinsames soziales Modell

Wir teilen heute nicht nur eine starke funktionierende Wirtschaft – einen großen Binnenmarkt und eine Einheitswährung –, sondern auch ein gemeinsames soziales Modell. Darüber spricht man seltener, aber letztendlich ist es das, was das kontinentale Europa ausmacht. Unser gemeinsames soziales Modell verbindet eine hohe Qualität an öffentlichen Dienstleistungen, relativ wenig Ungleichheit – deutlich weniger als in der amerikanischen Gesellschaft – und einen intensiven sozialen Dialog. Und all dies eingebettet in eine Marktwirtschaft! In dem Moment, wo die Frage nach den Verlierern der Globalisierung die angelsächsische Welt beschäftigt, erscheint die soziale Marktwirtschaft als eine deutlich bessere Antwort als der Protektionismus. Sowohl Deutschland als auch andere europäische Länder zeigen, dass man wirtschaftlichen Erfolg und sozialen Zusammenhalt bei weniger Ungleichheit miteinander verbinden kann.

Wir können stolz sein auf das, was wir erreicht haben. Unser friedliches Konstrukt ist von einzigartigem Wert, denn es ist etwas nie Dagewesenes. Über die Jahre hinweg und in schwierigen Zeiten haben wir es gemeinsam verteidigt. Unsere wichtigste Aufgabe für morgen ist, es zu erhalten. Aus diesem Grund soll die bemerkenswerte Freundschaft, die unsere beiden Länder unter Beweis gestellt haben, uns weiterhin inspirieren. Wie Bundeskanzler Konrad Adenauer 1963 schon sagte: »Stellen Sie sich vor, diese [deutsch-französische] Freundschaft würde nicht existieren, jeder Versuch, Europa aufzubauen, wäre zum Scheitern verurteilt.«

Das, was uns morgen zu tun bleibt, gemeinsam

Unsere europäische Einheit mag heute bedroht erscheinen: Der Euroskeptizismus steigt, vor allem von populistischen Strömungen überall in Europa propagiert, das Vereinigte Königreich verhandelt über seinen Austritt nach dem Sieg des Brexit-Referendums, und die neue amerikanische Regierung verhehlt nicht ihre Zweifel an der europäischen Einigung. Wie sollen wir angesichts dieser Turbulenzen reagieren? Jedenfalls nicht mit weniger Europa. Wir dürfen die europäische Flagge nicht sinken lassen. Das wäre ein Fehler, wenn wir unser Schicksal gemeinsam in dieser neuen Welt meistern wollen. Aber mit einem »besseren« Europa, einem, das weniger in Details zersplittert ist, sich besser und effektiver auf seine Prioritäten konzentriert. Ein Europa, das weniger redet und mehr handelt.

Für ein besseres Europa

Um das zu erreichen, braucht Europa mehr denn je die vereinten Kräfte Deutschlands und Frankreichs. Heute ist es an der Zeit, dass unsere beiden Länder sich wieder finden, dass sie bilaterale Projekte beschließen und eine gemeinsame Initiative für Europa starten. Denn sowohl für Deutschland als auch für Frankreich ist das jeweils andere Land ganz zweifellos der ideale Partner. Es gibt keine vernünftige Alternative, weder im Osten noch im Westen für Deutschland, und auch nicht im Süden für Frankreich. Und wenn unsere gemeinsame Initiative stark genug sein soll für den europäischen Willen, dann gibt es dafür eine notwendige Bedingung. Denn wenn es keinen deutsch-französischen Motor gibt, bleibt das europäische Auto stehen.

Die Projekte für ein besseres Europa sollten natürlich sorgfältig ausgewählt werden und sie sollten Priorität haben. Wir müssen dem Credo folgen: »Wenig, aber gut, und bis zum Ende.« Wir dürfen nicht nur einfach davon reden, wir müssen uns praktische Mittel kreieren, um konkrete Ergebnisse zu erzielen. Schutz und Verteidigung unserer Grenzen, Klimawandel, Erziehung und Ausbildung der Jugend – das Erasmus-Pro-Programm muss Priorität genießen, um dem Drama der Jugend ohne Arbeit und Abschluss ein Ende zu setzen – , das sind die Herausforderungen, denen wir uns stellen müssen. Aber auch im Wirtschaftsbereich bleibt viel zu tun. So wie Helmut Schmidt oft gesagt hat, müssen wir nach der Währungsunion eine Wirtschaftsunion schaffen: Meiner Meinung nach sollten wir beide Projekte vorantreiben.

Finanzunion für Investition und Innovation

Das erste Projekt ist eine »Finanzunion für Investition und Innovation«. Die Europäische Kommission hat außer Junckers Investitionsplan auch die Kapitalmarktunion initiiert, und die Bankenunion ist bereits auf dem Weg. Aber heutzutage ist es wichtig, die Initiativen in Einklang zu bringen, sowohl im Interesse der Sparer als auch der europäischen Unternehmen. Warum? Denn in Volkswirtschaften, die sich der sogenannten »Technologiegrenze« nähern, wie es in Deutschland oder Frankreich der Fall ist, ist Innovation der Schlüssel zum Wirtschaftswachstum, nicht nur für Start-up-Unternehmen. Dennoch gibt es heute in Europa

Unternehmen, die investieren und innovieren wollen, aber keine passende Finanzierung finden, besonders beim Eigenkapital, obwohl genügend Ressourcen vorhanden sind: Die Eurozone hat mehr als 350 Milliarden Euro Sparüberschuss, oder drei Prozent vom Bruttoinlandsprodukt. Wie ich mit Jens Weidmann letztes Jahr geschrieben habe, braucht Europa eine bessere private Risikoteilung anhand integrierter Kapitalmärkte. So könnte die hohe Sparneigung zugunsten von Investitionen mobilisiert werden.

Eine bessere kollektive Wirtschaftsstrategie

Das zweite Projekt ist eine bessere kollektive Wirtschaftsstrategie in der Eurozone. Wenn jeder Staat handelt, ohne sich um seine Nachbarn zu kümmern, bleiben wir unter unseren Möglichkeiten. Ich weiß, dass wenn die Franzosen von Koordination in Europa reden, glauben die Deutschen, es handele sich um einen neuen Trick, um Reformen zu vermeiden. Aus dieser Sackgasse müssen wir heraus. Wir brauchen gleichzeitig Reformen auf nationaler Ebene und eine europäische Koordination. Wachstum und Arbeitsplätze fördern wir in Europa mit mehr strukturellen Reformen da, wo sie unvermeidbar sind, wie in Frankreich und Italien, und da, wo mehr Handlungsspielraum besteht – wie in Deutschland –, mit mehr Haushalts- oder Lohnzuschüssen. Aber dafür müssen wir das Vertrauen zwischen unseren beiden Ländern wiederherstellen. Zunächst, indem wir Reformen bei uns in Frankreich vorantreiben, denn das liegt in unserem nationalen Interesse. Und schließlich durch die Schaffung einer Vertrauensinstitution auf europäischer Ebene, die das gemeinsame Engagement der Länder verkörpern und beleben soll. Aus diesem Grund habe ich unter anderem die Einrichtung eines europäischen Finanzministeriums vorgeschlagen. Im Gegensatz dazu ist es meiner Meinung nach nicht vorrangig, eine »Transferunion« oder gemeinsame Steuerkraft zu schaffen.

Die deutsch-französische Freundschaft ist manchmal ein schwieriger Anspruch, aber wenn man unsere schmerzvolle Geschichte betrachtet, sollten wir unser gegenseitiges Unverständnis relativieren. Wir sollten unsere Ansprüche als Europäer von morgen an der Messlatte unserer unglaublichen Wiederversöhnung ansiedeln. Das, was wir gemeinsam erreicht haben, ist zu wichtig, als dass wir den Kopf hängen lassen dürfen. Der Wortlaut der Erklärung von Rom vom 25. März 2017 gilt selbstverständlich für alle Länder der Europäischen Gemeinschaft, aber für Deutschland und Frankreich in noch stärkerem Maß: »Wir sind zu unserem Glück vereint. Europa ist unsere gemeinsame Zukunft.«

Florence Reynaud / Gerhard Weber
Gerhard Weber und die Pariser »Stube«: eine deutsch-französische Gourmet- und Liebesgeschichte

Nach 10 Jahren Deutschland ist Florence Reynaud alias Flo Bretzel, Autorin des Blogs »Bretzel und Café-Crème«, nach Paris zurückgekehrt. Als sie in die »Stube« einkehrt, um deutsche Spezialitäten zu genießen, eröffnet ihr Gerhard Weber seine Vision der deutsch-französischen Beziehungen.

Als Gerhard Weber 1986 in Frankreich ankommt, wird er herzlich aufgenommen und trifft auf sehr geduldige Gesprächspartner, trotz seines gestammelten Französisch. Im Gegensatz zu seinem deutschen Großvater, der in den 50er Jahren nach Frankreich kam, muss er sich nicht mit Feindseligkeiten herumschlagen. Der Élysée-Vertrag, Symbol der deutsch-französischen Freundschaft und Versöhnung, ist längst unter Dach und Fach. Die Einrichtung des Deutsch-Französischen Jugendwerks und die Städtepartnerschaften erlauben von nun an, Sprache und Kultur des Nachbarn zu entdecken.

Gerhard ist entschlossen, sich in seiner Wahlheimat Frankreich zu integrieren, und er versteht schnell, dass Integration durch Erlernen der Sprache gelingt. Während seiner Schulzeit hat er ohne große Motivation drei Jahre lang zwei Stunden Französischunterricht pro Woche genossen. In Paris lernt er Französisch an Ort und Stelle. In einer Gesellschaft von Fremden gefangen zu sein, kommt für ihn nicht in Frage. Er trifft frankophone Menschen, vor allem seine Kollegen in der Bäckerei-Konditorei. Mit einem jungen Korsen, der zur gleichen Zeit wie er in der Konditorei gestrandet war, erkundet er Paris. Als neugierige Feinschmecker durchkämmen sie die Hauptstadt in allen Richtungen nach französischen Feinbäckereien, Cafés und Bars. Gerhard verkehrt mit Franzosen aller Horizonte und bereichert seinen Wortschatz ständig um neue Wörter, von Umgangssprache bis gehobenem Sprachstil.

Er hat eine Hürde genommen, als er feststellt, dass er Nachrichten im Radio verfolgen kann. Jetzt gilt es zu lernen, den Wortschatz zu filtern und seinem jeweiligen Gesprächspartner anzupassen. Vor dem Delikatessengeschäft »Stübli« ist ein Stand, der Bratwürstchen und Sandwichs verkauft. Gerhard beendet die Versuchsphase und tritt zum ersten Mal direkt in Kontakt mit der Kundschaft. Die Kunst besteht für ihn darin, verschiedene Sprachcodes passend zu verwenden. Heute, mit seinem schwachen Akzent, von dem niemand genau sagen kann, woher er kommt (manche denken, er sei Kanadier), spielt er gern mit Worten ... mehr noch in Französisch als in Deutsch, denn er findet die Sprache von Molière sehr viel verspielter.

Mit der Zeit ist Gerhard Weber gereift. Das Eröffnungsjahr der »Stube« ist schwierig. Er muss ganz neu anfangen, sich bekannt machen, sich einen Namen machen. Dort kommt seine angeborene Gastfreundschaft voll und ganz zur Entfaltung. Dem Franzosen zuhören, der seine paar deutschen Wörter anbringen will, und dem Deutschen, der glaubt, das beste Rezept zu besitzen (das seiner Großmutter). Sich zurückhalten, wenn seine Kunden sich auf politisches oder polemisches Glatteis begeben. Mit Taktgefühl provokante Fragen kontern. Nein sagen zu Vorurteilen gegenüber Deutschland. Klar ist der Kunde König, aber der Wirt hat auch sein Wörtchen mitzureden. Also feilt er an seinen Antworten, findet die richtigen Worte und antwortet dem Griesgram mit einem gekonnten charmanten Lächeln.

Oft wird Gerhard Weber als kulinarischer Botschafter bezeichnet. In einer Rolle als feinzüngiger Diplomat lässt er am Reichtum des gastronomischen Erbes verschiedener Regionen Deutschlands teilhaben. Auf die Frage »Wie ist es denn so bei Ihnen?«, antwortet er, indem er unverfälschte deutsche Gerichte zubereitet. Und er sagt Vorurteilen den Kampf an, um zu zeigen, dass sich Deutschland nicht auf Bockwurst mit Sauerkraut reduzieren lässt. Die Kunden der »Stube« zeigen sich interessiert an deutschen Produkten. Also lässt er Mohn und Marzipan aus Deutschland kommen, aber auch regionale Biere, wie Kölsch oder bayerisches Weißbier. Er mag es, deutsche Weine zu verkosten, die sich in den letzten Jahren sehr gut entwickelt haben. Außerdem liebt er es, deutsche Spezialitäten zur Geltung zu bringen, die von der französischen Kultur inspiriert sind, wie z.B. Himmel und Erde oder Franzbrötchen, die den Croissants nachempfunden sind. Über das Jahr hinweg bringt Gerhard auch Spezialitäten zur Geltung, die nur zu bestimmten Anlässen auf die deutsche Speisetafel kommen, Plätzchen und Stollen an Weihnachten, Faschingskrapfen an Karneval oder Osterlamm zu Ostern.

Gerhard Weber lebt sein Metier wie eine Leidenschaft, und aus diesem Grund sind sein Kundenkreis und sein Freundeskreis eng miteinander verknüpft. In dem Viertel, wo die »Stube« liegt, mitten im Herzen von Paris, fußläufig vom Louvre und vom Palais Royal, kennt er alle Nachbarn wie in einem Dorf. Wie ein Franzose schlemmt er Andouillettes und Austern. Sein Musikgeschmack lässt ihn zwischen baskischen Gesängen und Berliner Elektrobeat hin- und herpendeln. Er mag die Eleganz der Pariser Mode. Aber Gerhard Weber ist und bleibt Deutscher. Er hält sich über das, was in seinem Land passiert, auf dem Laufenden, und pflegt eine enge Beziehung zu seiner Schwester und seinem Bruder, dem Teil seiner Familie, der in Deutschland lebt. Am Kreuzungspunkt beider Kulturen lebend schätzt er deren Übereinstimmung. Er ist sich bewusst, dass es ein Glück ist, in Europa zu leben, genießt es, eine große Zahl an Schätzen in unmittelbarer Reichweite zu haben und schätzt die Weltoffenheit.

Bereichert von drei Jahrzehnten Leben in Frankreich hat sich Gerhard Weber seine eigene Identität kreiert, eine facettenreiche Identität. Und dreißig Jahre später verführt ihn Paris noch immer, diese Stadt mit dem Charakter einer kosmopolitischen Metropole.

Biographie von Gerhard Weber

Seine Jugend

Gerhard Weber wird am 27. März 1965 in Deutschland geboren, in Sachsenberg, einem kleinen hessischen Dorf 130 km nördlich von Frankfurt. Bei den Webers ist die Bäckerei Familientradition, und ihr Betrieb, der seit 1845 besteht, wird von einer Generation zur nächsten weitervererbt. Als sein Vater im Krieg fällt, verlässt Gerhards Vater die Schule, um beim Bäckermeister der familieneigenen Backstube seine Ausbildung zu machen. Nach dem Krieg bildet er sich weiter und baut voller Elan in den sechziger Jahren eine moderne Bäckerei auf. Die Webers haben drei Kinder, ein Mädchen und zwei Jungen. Gerhard, als der ältere, trägt den Vornamen des Vaters und soll gemäß der Familientradition die Bäckerei übernehmen. Seit seiner frühesten Jugend knetet er Teig und begleitet stolz seinen Vater früh morgens in die Backstube. Er liebt Musik und spielt mehrere Instrumente, bevorzugt aber das Klavier, das zu seinem treuesten Begleiter wird. Er nimmt Stunden bei einer außergewöhnlichen Lehrerin, die ihn an langen Nachmittagen die Geheimnisse des Klaviers lehrt und mit ihm ihre Liebe für die Musik teilt. Als Gerhard heranwächst, fühlt er seine Berufung als Bäcker schwinden. Seine Lehrerin ermuntert ihn, sich einem Musikstudium zuzuwenden, was seine Eltern kategorisch ablehnen. Der Haussegen hängt schief, es folgt eine wüste Zeit des Streitens. Nach reiflicher Überlegung beschließt Gerhard jedoch, dem Weg zu folgen, den seine Eltern für ihn vorbestimmt haben. Das Klavier wird dennoch immer seine Leidenschaft bleiben, ein Ausdrucksmittel und ein Spiegel seiner momentanen Stimmung.

Seine Ausbildung

Gerhard beendet in 16 Monaten die Berufsschule für Bäckerei-Konditorei und beginnt eine Ausbildung bei einem Berufskollegen in Korbach, 20 km von seinem Heimatort entfernt. Die Lehrzeit ist mühselig und der Arbeitsweg kompliziert, im Winter um drei Uhr morgens auf verschneiten Straßen. Konfrontiert mit der harten Realität seines Berufs, ist er oftmals entmutigt, hält aber durch und macht die Meisterprüfung. Nachdem er einige Monate im Familienbetrieb in Sachsenberg gearbeitet hat, beschließt er, das Weite zu suchen. Am Ende wird sein jüngerer Bruder Dirk die Bäckerei Weber übernehmen und bis heute weiterführen. Gerhard seinerseits gelangt nach Bonn, wo er eine Arbeit findet, die ihm eine Weiterbildung zum Konditor erlaubt. Er teilt die Wohnung mit seiner Schwester, das Leben in der Großstadt gefällt ihm. Durch Freunde in Frankenau, deren Partnerstadt Die in der Drôme ist, kommt er zum ersten Mal nach Frankeich. Er spricht nur ein paar Wörter Französisch, aber es ist Liebe auf den ersten Blick! 1983 besucht er Paris und sein Eindruck ist außerordentlich positiv. Das Ambiente der kosmopolitischen Großstadt verführt ihn und verleiht ihm ein Gefühl, als könne er die ganze Welt umarmen. Er kehrt nach Deutschland zurück und arbeitet – getrieben von seiner Lust am Lernen – für die Konditorei Bittner in Düsseldorf. Dieser für seine Arbeitsweise und die Qualität seiner Produkte berühmte Traditionsbetrieb bringt ihm viel neues handwerkliches Wissen.

Die Feinbäckerei und das »Stübli« in Paris

Seine Kollegen in Düsseldorf, die seine Begeisterung für Frankreich kennen, zeigen ihm in einer Fachzeitschrift eine Anzeige der Feinbäckerei in Paris. Gerhard fährt sich im März 1986 vorstellen und wird mit einem auf sechs Monate befristeten Vertrag ab Juli angestellt. Er lernt Sylvie kennen, die Tochter des Hauses ... und wird nie wieder abreisen. Sylvie Blum wurde in Paris geboren, und ihr deutscher Vater und ihre französische Mutter hatten sich schon viel um die Annäherung der beiden Länder bemüht. Werner und Claudine Blum gründeten nämlich 1956 die Feinbäckerei, das erste Geschäft in Paris, das deutsche und österreichische Backwaren anbot. Nach dem Tod ihres Vaters übernimmt Sylvie die Leitung des Familienunternehmens. Die Bäckerei vergrößert sich, ein Salon de thé wird in der ersten Etage eingerichtet und einige herzhafte Spezialitäten erscheinen auf der Speisekarte. Sylvie und Gerhard überlegen, ob sie nicht den Familienbetrieb der Webers in Deutschland übernehmen sollen, aber entscheiden sich schließlich für das Pariser Stadtleben. Sie heiraten, gründen eine Familie und führen gemeinsam die Feinbäckerei. 1987 rufen sie ein neues Markenzeichen ins Leben, das »Stübli«, das sich auf deutsche und österreichische Backwaren spezialisiert, und 1991 gründen sie das »Stübli Delikatessen«, ein Geschäft mit Catering, gegenüber der Bäckerei. Sie präsentieren sich auf den Weihnachtsmärkten in Paris und Umgebung und weiten die geschäftlichen Aktivitäten ihres »Stübli« aus, mit der beachtlichen Zahl von fast 35 Mitarbeitern. Ein echter Erfolg für dieses dynamische Unternehmerpaar. Aber es kommt der Moment, wo der Wunsch nach Veränderung spürbar wird.

Die »Stube«

2008 beschließen Sylvie und Gerhard Weber, das »Stübli« aufzugeben. Sie nehmen ein Sabbatjahr, um neue Kraft zu schöpfen und nach Inspiration für ein neues Projekt zu suchen. Sie verbinden ihr handwerkliches Können mit ihrer Einzigartigkeit und kreieren 2010 ein innovativeres Konzept deutsch-französischer Gastronomie nach ihren eigenen Vorstellungen und unter neuem Markenzeichen: Die »Stube« ist geboren. Die Franzosen kommen, um symbolträchtige Produkte wie die Schwarzwälder Kirschtorte zu entdecken. Andere wollen den Geschmack einer authentischen Currywurst, nachdem sie ein Wochenende in Berlin, der neuen Trendstadt, verbracht haben. Die Deutschen ihrerseits suchen ein Stück Deutschland in Paris. Aber alle kommen auch wegen Gerhards fröhlichem Lächeln. Gerhard empfängt seine Gäste immer auf ganz persönliche Weise, in einwandfreiem Französisch, mit einem Hauch von deutschem Akzent. Gerhard Weber, hart arbeitender Handwerker und inspirierter Künstler, nutzt sein Knowhow und seine Kenntnisse beider Länder, um seinen Gästen jeden Tag kulinarische Kreationen, die das Beste aus beiden Kulturen vereinen, anzubieten.

(deutscher Text folgt)

DIE AUTOREN

Roger Bichelberger

Geboren 1938 in Alsting (Moselle, F). Nach seiner Tätigkeit als Grundschullehrer an der Schule von Petite-Rosselle, wird Bichelberger Lehrer an den Schulen in Freyming-Merlebach und Forbach. Promotion über Julien Green. Bichelberger verfasst parallel zu seiner Lehrtätigkeit mehrere Romane und Theaterstücke. Vereinzelt schreibt er für die Zeitschriften Vie et Fraternité Marianistes sowie Croire Aujourd'hui, arbeitet u. a. als Literaturkritiker beim Républicain Lorrain und nimmt an der Sendung Auhourd'hui la vie auf Antenne 2 teil. Bichelberger ist Mitglied in der Académie nationale de Metz und der Académie d'Alsace. Vielfache Auszeichnungen, u.a. Peter-Wust-Preis, Preise der Académie française und Grand Prix du Roman der Société des gens de lettres.

Charlotte Dellion

Geboren in Tours (F). Dellion studierte an der Fakultät Tours Musikwissenschaft und schloss ihren Master im Jahr 2011 am Nationalen Konservatorium für Musik in Paris ab. Es folgte ein weiterer Studienaufenthalt an der Hochschule für Musik in Karlsruhe. Die Sopranistin sang in « Le Nozze di Figaro », « Così fan tutte » sowie »Hänsel und Gretel«. Seit September 2014 singt Dellion am Saarländischen Staatstheater in Saarbrücken und musiziert weiterhin mit Jugendorchestern in Frankreich, Deutschland und Luxemburg.

Christiane Deußen

Geboren 1952 in Gelsenkirchen (D). Nach dem Studium der Germanistik und Politikwissenschaften promovierte Deußen an der Eberhard-Karls-Universität in Tübingen. Von 1983 an war sie acht Jahre lang als Lektorin an École Nationale d'Administration (ENA) in Paris tätig und leitete anschließend bis 1994 das Büro II des Bevollmächtigten der Bundesrepublik Deutschland für kulturelle Angelegenheiten im Rahmen des Vertrages über die deutsch-französische Zusammenarbeit in Bonn. 1996 bis 1997 hat sie am Cycle international court der ENA teilgenommen. Nach weiteren Tätigkeiten als Referatsleiterin im Kultusministerium des Saarlandes und als stellvertretende Generalsekretärin der deutschen UNESCO-Kommission in Bonn, bekleidet Deußen seit dem Jahr 2002 den Posten der Direktorin des Heinrich-Heine-Hauses in Paris.

Jo Enzweiler

Geboren 1934 in Merzig (D). Nach dem Studium der Rechtswissenschaften in Saarbrücken und Hamburg entschloss sich Enzweiler, Malerei und Kunsterziehung in München, Toulon und Aix-en-Provence und anschließend in Saarbrücken zu studieren. Von 1959 bis 1972 war er als Kunsterzieher am Staatlichen Mädchengymnasium in Saarbrücken tätig, anschließend Akademischer Rat an der Pädagogischen Hochschule des Saarlandes und Professor an der Fachhochschule des Saarlandes im Bereich Design. 1989 wurde Enzweiler Gründungsdirektor der Hochschule der Bildenden Künste Saar und übernahm über zehn Jahre hinweg die dortige Professur für Malerei. Seit 1993 ist Jo Enzweiler Direktor des Instituts für aktuelle Kunst in Saarlouis. Enzweilers Schaffen und Wirken zeigt sich in Projektrealisationen, seiner Herausgeberschaft für Veröffentlichungen im Verlag St. Johann und wurde überdies mehrfach ausgezeichnet.

Philippe Étienne

Geboren 1955 in Neuilly-sur-Seine (F). Nach seinem Studium an der École normale supérieure sowie der École nationale d'Administration (ENA) und dem Erwerb eines Diploms in Serbokroatisch am Institut national des langues et civilisation orientales in Paris, trat Étienne in den Dienst des französischen Außenministeriums. Von 1985 an besetzte Étienne verschiedene diplomatische Posten im In- und Ausland, ab 2002 in der Funktion eines Botschafters. Von 2009 bis 2014 war er Ständiger Vertreter Frankreichs bei der Europäischen Union in Brüssel, ab 2014 französischer Botschafter in Berlin. Im Mai 2017 wurde Philippe Étienne zum diplomatischen Berater des französischen Präsidenten Emmanuel Macron ernannt.

Martin Graff

Geboren 1944 in Munster (F). Nach dem Studium der evangelischen Theologie, Romanistik und Philosophie, war Graff bis 1972 als Pfarrer und Lehrer tätig. Seit 1973 arbeitet er als Schauspieler, Fernsehregisseur und Schriftsteller. Martin Graff ist u.a. mehrfacher Preisträger des deutsch-französischen Journalistenpreises. Zuletzt erschien sein Buch »Der lutherische Urknall. Die Franzosen und die Deutschen« im Morstadt Verlag.

Daniel Hager

Daniel Hager, geboren 1972, ist im Saarland aufgewachsen, hat ein Internat in der französischsprachigen Schweiz besucht und in Berlin, Paris und Oxford studiert. Der Vorstandsvorsitzende der Hager Group spricht Französisch genauso gut wie Deutsch und träumt wechselseitig in beiden Sprachen. Hager hat einen deutschen Pass, ist seit 2004 mit einer Französin verheiratet und hat drei Kinder, die mit zwei Sprachen und Kulturen aufwachsen. Bei der Fußball-Weltmeisterschaft 2014 feuerte der Hager-Nachwuchs zunächst Les Bleus an, wechselte aber, nachdem die Franzosen ausgeschieden waren, dauerhaft auf die deutsche Seite. Sehr zur Freude ihres Vaters.

Sylvie Hamard

Die studierte Biologin ist in der Nähe von Tours (F) aufgewachsen und kam 1992 für ein Aufbaustudium (deutsch-französische Studien) nach Saarbrücken. Schon als Praktikantin lernte sie das Festival PERSPECTIVES kennen und nach ihrem zweiten Abschluss arbeitete sie als Pressereferentin und Kuratorin für deutsche Gastspiele in Le Carreau – Scène Nationale in Forbach. Um das zeitgenössische deutsche Theater in Frankreich bekannter zu machen, gründete sie 2004 in Paris ihre eigene deutsch-französische Theateragentur, vertrat u.a. den Autor und Regisseur Falk Richter und den Schauspieler Philipp Hochmair. Seit 2007 ist Hamard die künstlerische Leiterin des Festivals PERSPECTIVES und sie hat es geschafft, das Festival wieder populärer zu machen. Sylvie Hamard lebt in Versailles, wo sie seit 2008 auch für Château de Versailles Spectacles arbeitet.

Pascal Hector

Geboren 1962 in Saarbrücken (D). Nach seinem Studium in Saarbrücken, Genf und Singapur trat er 1991 in den Auswärtigen Dienst ein. Es folgten Tätigkeiten im OSZE-Referat, Pressereferat und wiederholt an der Ständigen Vertretung bei der EU. Von 2002 bis 2004 arbeitete Hector als Berater im Europäischen Konvent und deutscher Vertreter im Redaktionsausschuss am Vertrag über eine Verfassung für Europa. Nach den europäischen Finanzverhandlungen

2005, wechselte er 2009 als Gesandter an die Deutsche Botschaft in Ankara und war danach Beauftragter für Völkerrecht im Auswärtigen Amt. Seit 2016 ist er Gesandter an der Deutschen Botschaft in Paris. Neben seiner Tätigkeit im Auswärtigen Amt lehrt Pascal Hector als Honorarprofessor am Europa-Institut in Saarbrücken.

Jean-Claude Juncker

Geboren 1954 in Redingen (L). Nach Abschluss seines Studiums der Rechtswissenschaften, wurde Juncker 1982 zum Staatssekretär für Arbeit und soziale Sicherheit ernannt. Für fast 20 Jahre war er Premierminister von Luxemburg (1995 bis 2013), von 2005 bis 2013 zudem Präsident der Eurogruppe, also der Finanzminister der Eurogruppe. 2014 wurde Jean-Claude Juncker als Spitzenkandidat der Europäischen Volkspartei (EVP) für die Europawahl aufgestellt, vom Europäischen Rat als Kommissionspräsident nominiert und schließlich am 15. Juli 2014 vom Europäischen Parlament zum Kommissionspräsidenten gewählt. Sein politisches Programm basiert auf der Sozialen Marktwirtschaft und seiner Verpflichtung als Präsident des sozialen Dialogs.

Bernd Kissel

Geboren 1978 in Saarbrücken (D). Von 1998 bis 2000 besuchte Kissel das Lycée Technique des Arts et Métiers in Luxemburg und schloss dort seine Ausbildung zum Trickfilmzeichner mit dem Diplom BTS Animation ab. Neben einem Engagement als Cartoonist bei der Zeitschrift »Schrot & Korn«, arbeitete er als Background- und Propdesigner an verschiedenen Projekten und produzierte 2012 den Online-Comic »Tödliches Wolfsrudel« für ZDF.de. Im Saarland ist der freischaffende Künstler vor allem für seine Comic-Reihe »Saar-Legenden« bekannt, die 2007 erschienen sind. In Zusammenarbeit mit Freund und Kollege Flix veröffentlichte Kissel im Carlsen Verlag eine moderne Version des Münchhausen Stoffs.

Annegret Kramp-Karrenbauer

Geboren 1962 in Völklingen (D). Nach dem Studium der Rechts- und Politikwissenschaft an den Universitäten Trier und Saarbrücken wurde Kramp-Karrenbauer Grundsatz-Planungsreferentin der CDU Saar und im Anschluss persönliche Referentin des Vorsitzenden der CDU-Landtagsfraktion. Von 2000 bis 2007 besetzte sie in der Regierung von Peter Müller das Amt der saarländischen Innenministerin, danach zwei Jahre lang das der Bildungsministerin. Von 2009 bis 2011 war Kramp-Karrenbauer Arbeits- und Familienministerin bevor sie im August 2011 zur Ministerpräsidentin des Saarlandes gewählt wurde.

Jean-Christophe Lagleize

Geboren 1954 in Soisy-sous-Montmorency (F). Lagleize empfing am 28. Juni 1981 das Sakrament der Priesterweihe und wurde 2001 von Papst Johannes Paul II. zum Bischof von Valence ernannt. Seit dem 3. November 2013 ist Jean-Christophe Lagleize Bischof von Metz und Mitglied des Rates für Kinder- und Jugendpastoral.

Vera Loos

Geboren 1955 in Saarbrücken (D). Nach dem Studium der Sprachwissenschaft, Kunstgeschichte und Germanistik begann Vera Loos ihre künstlerische Ausbildung, u.a. bei Rolf Viva, Natascha Popp, Tina Stein, Wolf Werdigier, Lois Renner, Nemanja Nikolic u.a. Seit

1988 ist sie als freie Literaturübersetzerin und Malerin tätig. Ihre Werke wurden u.a. in Hamburg und Quingdao (CN) ausgestellt.

Nikolaus Meyer-Landrut

Geboren 1960 in Düsseldorf (D). Nach dem Studium der Geschichte und Germanistik sowie anschließender Promotion, ging Meyer-Landrut in den Vorbereitungsdienst für den höheren Auswärtigen Dienst. Im Folgenden besetzte er unterschiedliche Posten im Auswärtigen Amt sowie der deutschen Botschaft in Wien. Bis 2002 fungierte er als politischer Berater für Außenbeziehungen und war im Anschluss daran für ein Jahr Leiter des Pressereferats des EU Verfassungskonvents. Nach neunjähriger Tätigkeit im Bundeskanzleramt, wurde Nikolaus Mayer-Landrut im Jahr 2015 zum Deutschen Botschafter in Frankreich und Monaco ernannt.

Roland Mönig

Geboren 1965 in Bochum (D). Mönig studierte Kunstgeschichte und Germanistik an der Ruhr-Universität Bochum und promovierte anschließend über Franz Marc und Georg Trakl. Ab 1997 war er Kurator und stellvertretender Leiter des Museum Kurhaus Kleve, 2011/12 kommissarischer Museumsleiter. Er realisierte zahlreiche Ausstellungen, publizierte zu Themen der modernen und zeitgenössischen Kunst und nahm Lehraufträge an der Ruhr-Universität Bochum sowie an der Hochschule der Bildenden Künste in Hamburg wahr. Seit Dezember 2013 ist er kunst- und kulturwissenschaftlicher Vorstand der Stiftung Saarländischer Kulturbesitz und Direktor des Saarlandmuseums in Saarbrücken.

Patricia Oster-Stierle

Nach ihrem Studium der Romanistik, Germanistik und Komparatistik an den Universitäten Bonn, Toulouse und Harvard sowie anschließender Promotion und Habilitation war Oster-Stierle als wissenschaftliche Mitarbeiterin an der Universität Tübingen tätig. Seit 2003 ist sie Inhaberin des Lehrstuhls für Französische Literaturwissenschaft an der Universität des Saarlandes und bekleidet zudem seit 2015 das Amt der Präsidentin der Deutsch-Französischen Hochschule. Patricia Oster-Stierle ist u.a. Mitglied in der Académie de Berlin, Officier des Ordre des Palmes Académiques sowie Chevalier im Ordre du Mérite.

Florence Reynaud

Geboren 1971 in Versailles (F). Über zehn Jahre lebte Reynaud gemeinsam mit ihrem Mann und ihren drei Kindern im Ausland, darunter ein Jahr in Wien und neun Jahre in München. Im September 2016 kehrte sie nach Paris zurück. Florence Reynaud ist selbstständige Redakteurin des deutsch-französischen Food & Lifestyle-Blogs « Bretzel & Café Crème ».

Gernot Rohr

Geboren 1953 in Mannheim (D). In seiner Jugend spielte Rohr elf Jahre lang für den VfL Neckarau, bevor er in die DFB- und später in die UEFA-Jugendauswahl kam. Für zwei Jahre wurde er vom FC Bayern München verpflichtet, danach spielte er in Mannheim und Offenbach und studierte parallel Romanistik und Germanistik. 1977 wechselte Rohr zu den Girondins Bordeaux. Seit 1982 ist er französischer Staatsbürger. Mit dem Jahr 1989 startete Rohr seine Laufbahn als Trainer, zunächst bei den Girondins Bordeaux, später bei OGC Nizza, AC Ajaccio und dem FC Nantes. Ab 2010 trainierte er die Nationalmannschaften von Gabun, Niger und Burkina Faso (bis 2015). Gernot Rohr ist Fußballbotschafter des Jahres 2016 und derzeit Nationaltrainer von Nigeria.

Ralph Schock

Geboren 1952 in Ottweiler (D). Schock studierte Philosophie und Germanistik an der Universität des Saarlandes und promovierte 1984 über Gustav Regler. Seit 1987 ist er Literaturredakteur beim Saarländischen Rundfunk, seit 1998 Leiter der Redaktion. Schock ist Mitglied des Verbandes Deutscher Schriftsteller (VS) und des deutschen PEN-Zentrums.

Roland Stigulinszky

Geboren 1926 in Saarbrücken (D). Nach Notabitur und Kriegsdienst sowie russischer Kriegsgefangenschaft bis 1946 arbeitete Stigulinszky zunächst als Gebrauchsgrafiker und Texter bevor er Karikaturist für die Satirezeitschrift Der Tintenfisch wurde. Es folgten ab 1953 weitere Tätigkeiten für die Satirezeitung Pardon, die Jugendzeitschrift Twen, die Süddeutsche und die Saarbrücker Zeitung. Stigulinszky bekleidete u.a. das Amt des Präsidenten des Bundes Deutscher Grafikdesigner (1967-1969) und das des Präsidenten des Deutschen Designertages (1982-1995). Roland Stigulinszky ist Träger des Saarländischen Verdienstordens.

Oliver Strauch

Geboren 1966 in Saarbrücken (D). Strauch studierte an der Freien Kunstschule Stuttgart und in Frankfurt a.M. Er erhielt 1990 den Förderpreis der Stadt Saarbrücken, 1996 ein Förderstipendium des Deutsch-Französischer Kulturrats. 2005 wurde er in den «Drummer's Directory-The World Greatest Drummer's» aufgenommen. Strauch hat bei über 40 CD-Produktionen als Leader und Sideman mitgewirkt, u.a. mit Lee Konitz, Martial Solal, Randy Brecker und Roy Hargrove. Heute bewegt er sich mit der Künstlergruppe DIE REDNER im Grenzbereich von Kunst und Musik. Seit 2009 ist er Professor für Jazzschlagzeug an der Hochschule für Musik Saar. 2016 wurde er mit dem saarländischen Landespreis Hochschullehre ausgezeichnet. Oliver Strauch arbeitete für Film, Fernsehen und Theater u.a. mit Konstantin Wecker und Dieter Hildebrandt – Tourneen führten ihn u.a. nach Vietnam, Senegal, USA, Russland, Kanada und Brasilien.

Patrick Suel

Geboren 1966 in Bourgoin-Jallieu (F). Suel studierte zunächst Kunst und Philosophie, wagte sich dann an eigene musikalische und lyrische Experimente, die ihn Anfang der 1990er Jahre nach Bordeaux führten. Dort ging er verschiedenen Berufen im Handel, der Kommunikationsbranche und dem Marketing nach. Als Suel 1993 Berlin mit seinem hektischen Treiben für sich entdeckte, beschloss er sich dort niederzulassen und ein Buchgeschäft zu eröffnen, das sich ausschließlich der frankophonen Literatur widmet. Nachdem er sich für das Buchwesen in Produktion und Buchführung gebildet hatte, eröffnete Patrick Suel im Jahr 2003 seine Buchhandlung ZADIG in Berlin-Mitte.

Johannes von Thadden

Geboren 1956 in Leutkirch im Allgäu (D). Von Thadden studierte Volkswirtschaft, Politikwissenschaft und Geschichte an der Universität des Saarlandes und als Fulbright-Stipendiat an der University of Washington (Seattle, USA). Nach kurzer Tätigkeit als Mitarbeiter am Institut für Politikwissenschaft in Saarbrücken, durchlief er beim Deutschen Industrie- und Handelskammertag verschiedene Positionen, zuletzt als Leiter des Bereiches Auslandshandelskammern mit Büros in 80 Ländern. Von Thadden war 2003 stellvertretender Generalsekretär der Konrad-Adenauer-Stiftung in St. Augustin und Berlin, danach bis 2007 Bundesgeschäftsführer der CDU. Von 2007 an war er für das europäische Luft- und Raumfahrtunternehmen EADS, heute Airbus, drei Jahre Vizepräsident und Leiter des Bereichs Institutionelle Beziehungen in der Astrium GmbH. Derzeit ist Johannes von Thadden Mitglied der Geschäftsführung der Airbus DS GmbH und viel in Frankreich tätig. Daneben hat er den Co-Vorsitz der Stiftung für deutsch-polnische Zusammenarbeit in Warschau inne.

Pascal Thibaut

Nach seinem Studium der Rechts- und Politikwissenschaften, besuchte Pascal Thibaut eine Journalistenschule in Paris. Ab 1990 arbeitete er als freier Journalist in Berlin, unter anderem für France Soir, La Croix, Le Monde diplomatique, die Deutsche Welle und den Deutschlandfunk. Seit 1997 ist er Auslandskorrespondent des Radiosenders Radio France Internationale (RFI) und bekleidet seit 2009 den Vorsitz des Vereins der ausländischen Presse in Deutschland (VAP). Pascal Thibaut betreibt den RFI-Blog « L'Allemagne hors les murs », in dem er neben politischen Ereignissen auch das alltägliche Leben in Deutschland schildert.

Jean-Claude Tribolet

Geboren 1958 in Bühl (Baden, D). Nach Abschluss seines Studiums der deutschen Literatur war Tribolet zunächst als Beamter im Wirtschaftsministerium in Lille und Paris tätig, ab 1985 dann für fünf Jahre als Redakteur beim öffentlich-rechtlichen Sender France 3. Ab 1990 arbeitete er zunächst als Presseattaché, später als Austauschdiplomat in Bonn, war Leiter verschiedener Abteilungen in den französischen Botschaften u.a. in Canberra, Berlin, Neu-Delhi und London. Nach seinem Posten als Generalkonsul der Republik Frankreich in Frankfurt a. M. bekleidet Jean-Claude Tribolet seit 2013 das Amt des Gesandten in der Französischen Botschaft von Berlin.

Birgit Vanderbeke

Geboren 1956 in Dahme/Mark (D). Vanderbeke studierte Germanistik, Romanistik sowie Rechtswissenschaft in Frankfurt a. M. 1990 erschien ihre erste Erzählung, »Das Muschelessen«, die mit dem Ingeborg-Bachmann-Preis ausgezeichnet wurde. Im Jahr 2007 übernahm Vanderbeke die Brüder-Grimm-Professur an der Universität Kassel. Ihr mittlerweile umfangreiches Werk wurde u.a. mit dem Kranichsteiner Literaturpreis und dem Hans-Fallada-Preis ausgezeichnet. Heute lebt Vanderbeke in ihrer Wahlheimat Südfrankreich.

Winfried Veit

Geboren 1946 in Horgen bei Rottweil (D). Nach seinem Studium der Politikwissenschaft, Volkswirtschaft und Geschichte sowie anschließender Promotion an der Freien Universität Berlin, war Veit ab 1976 für die Friedrich-Ebert-Stiftung (u.a. in Paris) tätig und veröffentlichte in dieser Zeit zahlreiche Bücher und Aufsätze. Er unterrichtet seit 2007 deutsche und französische Außenpolitik am Frankreich-Zentrum der Universität Freiburg und seit 2013 europäische Außen- und Sicherheitspolitik am EU Center des « Institute for the International Education of Students » in Freiburg.

François Villeroy de Galhau

Geboren 1959 in Straßburg (F). Villeroy de Galhau studierte an der École nationale d'Administration (ENA) und arbeitete ab 1988 im französischen Finanzministerium. 1990 wurde er Europaberater des Finanzministers, später des Premierministers Pierre Bérégovoy. Es folgten diverse Posten im Finanzbereich, u.a. in der Ständigen Vertretung in Brüssel und dem Wirtschaft- und Finanzministerium. Im Jahr 2003 wurde er Vorstandsvorsitzender der Bankengruppe Cetelem und wechselte 2008 zu BNP Paribas. Im November 2015 trat François Villeroy de Galhau auf Vorschlag des französischen Präsidenten und nach der Zustimmung des Parlaments das Amt des Gouverneurs der Banque de France an. Zu seinen wichtigsten Publikationen gehören « 18 leçons sur la politique économique » (Seuil, 2003) und « L'espérance d'un Européen » (Éditions Odile Jacob, 2014).

Prof. Rudolf Warnking

Geboren 1937 in Münster/Westfalen. Nach der Schulzeit und dem Abitur am dortigen humanistischen Gymnasium Paulinum nahm er im Jahre 1956 das Studium der Rechtswissenschaften an den Universitäten Bordeaux, Lausanne und Münster auf. Es folgten die 1. Juristische Staatsprüfung am OLG Hamm und der juristische Vorbereitungsdienst, der mit der 2. Juristischen Staatsprüfung am OLG Düsseldorf im Jahre 1966 abschloss. Die berufliche Tätigkeit begann

1966 als geschäftsführender wissenschaftlicher Mitarbeiter des Europa-Instituts der Universität des Saarlandes. Es folgte 1971 die Berufung an die Fachhochschule das Saarlandes mit einer Lehrtätigkeit in verschiedenen Bereichen des Zivilrechts. 1977 wurde er zum Rektor der Fachhochschule gewählt. 1978 war er Mitbegründer des Deutsch-Französischen Hochschulinstituts (DFHI), in dessen Lehrprogramm er an den Universitäten Metz und Nancy Vorlesungen auf dem Gebiet des deutschen und französischen zivilen Baurechts übernahm. 1990 folgte die Wahl in den Landtag des Saarlandes. Dort war er Mitglied der CDU-Fraktion und übernahm den Vorsitz des Europa-Ausschusses. 1995 erfolgte die Rückkehr an die Hochschule (zwischenzeitlich in Hochschule für Technik und Wirtschaft–HTW umbenannt). Das Konzil der HTW wählte ihn im April 1996 zum Rektor. Seit dem Jahre 2001 ist Rudolf Warnking ehrenamtlich Vorsitzender des Vorstandes der Union Stiftung und Mitglied in verschiedenen Aufsichtsräten. Rudolf Warnking ist verheiratet und hat vier Kinder.

Gerhard Weber

Geboren 1965 in Sachsenberg (D). Nach seiner Ausbildung an der Bäckerfachschule geht Gerhard Weber zunächst nach Bonn und lässt sich dort zum Patissier ausbilden, arbeitet später für die Confiserie Bittner in Düsseldorf. 1986 zieht es Weber nach Paris: Er wird in einer Wiener Patisserie eingestellt und lernt die Tochter des Hauses Blum kennen. Sie heiraten und übernehmen das elterliche Unternehmen in Paris. 1987 wird es in «Le Stübli» umbenannt und konzentrierte sich bis 2008 auf deutsch-österreichische Spezialitäten. 2010 wurde »Le Stube« geboren, ein Restaurant, in dem Gerhard und Sylvie Weber Franzosen bis heute auf den Geschmack der deutschen Küche bringen.

Michaela Wiegel

Wiegel studierte am Institut d'Études Politiques de Paris und an der John F. Kennedy School der Harvard University und erwarb sowohl ein Diplom als auch einen Master in Public Administration. Während ihres Studiums arbeitete sie als freie Mitarbeiterin beim ARD-Studio in Paris, dem Tagesspiegel in Berlin und der Berliner Wochenpost. Seit 1995 ist Michaela Wiegel politische Redakteurin für die Frankfurter Allgemeine Zeitung, seit Anfang 1998 Frankreichkorrespondentin der FAZ in Paris.

Stefan Woltersdorff

Geboren 1965 in Stadthagen (D). Nach dem Studium der deutschen und französischen Literatur in Toulouse und München war er als Hochschullehrer in Ungarn (Szeged), Deutschland (München) und Frankreich (Metz, Straßburg) tätig. Nach seiner Promotion über den elsässischen Schriftsteller René Schickele leitete er von 2001 bis 2013 die deutsch-französische UP Pamina VHS in Wissembourg. Seit 2014 konzipiert und leitet er hauptberuflich Literaturreisen durch Frankreich, Deutschland und die Schweiz und schreibt literarische Reiseführer. 2012 wurde er als erster Deutscher mit dem Literaturpreis der Académie Stanislas in Nancy ausgezeichnet.

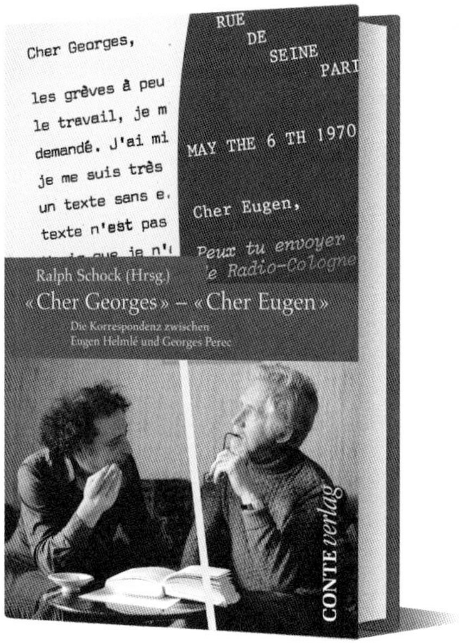

Ralph Schock (Hrsg.)

«Cher Georges» – «Cher Eugen»

Die Korrespondenz zwischen Eugen Helmlé und Georges Perec, 1966-1982

416 Seiten, Hardcover mit Schutzumschlag, ISBN 978-3-95602-033-9, 19,90 €

Der saarländische Übersetzer Eugen Helmlé bekam 1965 den Auftrag, den spektakulären Debütroman »Die Dinge« des Pariser Autors Georges Perec ins Deutsche zu übertragen. Aus einer Nachfrage wegen einer unklaren Vokabel entstand über die Jahre ein intensiver Briefwechsel zwischen zwei Männern, die die Lust an Sprache und Literatur über die Landesgrenzen hinweg verband. Helmlé besuchte Perec in Paris, Perec Helmlé in Sulzbach. Perec offenbarte seinem Übersetzer viele in seinem Werk verwobene Inspirationen und Anspielungen, Helmlé ließ ihn an seiner Arbeit an den Grenzen der Sprache teilhaben.

Elise Clement und Tilla Fuchs wurde Zugang zu den Briefen gewährt und durch ihre behutsame Übersetzung offenbart sich dem Leser das Entstehen einer tiefen Freundschaft zweier wichtiger Protagonisten der französischsprachigen Gegenwartsliteratur.

Ralph Schock (Hrsg.)

Reden an die Abiturienten

1999–2015

368 Seiten, Hardcover mit Schutzumschlag, ISBN 978-3-95602-075-9, 19,90 €

Renommierte deutschsprachige Autoren halten seit 1999 zum Ende eines jeden Schuljahres Reden an und für die Abiturienten im Saarland – oft mit Ratschlägen und Empfehlungen, manchmal mit Warnungen oder Mahnungen, mitunter wurde auch kritisiert, gar geschimpft. Und manchmal schauten sie auch bloß zurück auf die eigene Biographie mit ihren Irrungen und Wirrungen.

Im Saarland ist die von Autoren gehaltene zentrale Abiturrede inzwischen Kult: Tausende Schüler, Lehrer, Eltern und Literaturinteressierte strömten seit 1999 jeweils kurz vor Beginn der Sommerferien zu den unterschiedlichsten Veranstaltungsorten, um die Reden zu hören. Der Band dokumentiert die zwischen 1999 und 2015 gehaltenen Reden. Auf der beiliegenden CD-ROM kann man sie auch hören.

Johannes Hoffmann
Das Ziel
war
Europa
Der Weg der Saar
1945–1955
CONTE verlag

Stefan Woltersdorff

Literarisches Lothringen

416 Seiten, französische Broschur, ISBN 978-3-941657-40-3, 19,90 €

Stefan Woltersdorffs Buch ist Reiseführer und zugleich eine literarische Anthologie. Es lädt dazu ein, die Landschaften Lothringens auf unterhaltsame Weise zu erkunden. Dabei kommen einheimische Autoren beider Sprachen ebenso zu Wort wie deutsche, französische und andere Besucher der Region. Französische Originaltexte sind ins Deutsche übersetzt. Sprachliche Vorkenntnisse sind ebenso wenig erforderlich wie literaturgeschichtliche, wohl aber die Lust, bekannte und weniger bekannte Autoren und Autorinnen aus unterschiedlichen Epochen, Ländern, gesellschaftlichen und politischen Lagern zu entdecken.

Der Weg führt durch sechs Teilregionen: in den vielsprachigen Nordosten und den von den Winden der Weltgeschichte durchpeitschten Nordwesten, in den friedlicheren Südwesten und den quellenreichen Südosten. Die beiden miteinander konkurrierenden Metropolen des Landes nehmen einen wichtigen Platz ein: das alte Nancy und das noch ältere Metz.

André Weckmann
Zeitenwende

Elsässische Erzählungen
176 Seiten, französische Broschur, ISBN 978-3-941657-72-4, 14,90 €

André Weckmann war der große, alte Mann der Literatur im Elsass und am Oberrhein. Zuhause in drei Sprachen, wenn man den elsässischen Dialekt mitzählt, war er einer der ersten Ansprechpartner für die Identität der Region im Herzen Europas. In fünf meisterhaft komponierten Erzählungen, aufgeteilt in jeweils zwölf gleichlange, aufeinander folgende Kapitel, schrieb Weckmann das Vermächtnis seiner Heimat in den Zeiten der Globalisierung: Das Elsass als multikulturelle Region, die alle Einflüsse und Zuwanderungen aufnimmt und zu einem Weltbürgertum verschmilzt. Offenheit, Toleranz und Akzeptanz sind die Schlüssel für ein gedeihliches Miteinander von jung und alt, von nah und fern.

Ulrike Kolb

Schönes Leben

318 Seiten, Paperback, ISBN 978-3-9808118-2-8, 12,90 €

Schauplatz des Romans ist das Saarland der Nachkriegszeit: die erste deutsche Region, in der das heutige Europa vorweggenommen ist – wenngleich unter anderen Vorzeichen. *La Sarre* ist damals weder richtig französisch noch ist das Saarland richtig deutsch. Der Krieg ist zwar vorbei, aber die Feindschaft zwischen Franzosen und Deutschen ist lebendig, die Bewunderung der Deutschen für französische Lebensart und französische Frauen ungebrochen.

Eine Fülle anrührender Lebensgeschichten verarbeitet Ulrike Kolb zu einem Gesellschaftspanorama des Alltags der „kleinen" und „großen" Leute. Ein ermordeter Fabrikant und seine Witwe, Arbeiter in einer Marmeladefabrik, ein jüdischer Student auf der Suche nach seinem Nazivater, eine Tochter aus höherem Haus, ein Homosexueller, der das KZ überlebt hat, Flüchtlinge, Spanienkämpfer und Altnazis. Der Roman verknüpft zahllose Geschichten, die die Autorin erlebt, gesammelt oder erfunden hat: das Unglaubliche ist vorgefunden, das Plausible erfunden.

Gaston Leroux

Die Hölle an der Ruhr

170 Seiten, Paperback, ISBN 978-3-941657-21-2, 11,90 €

An der Front des Ersten Weltkriegs erfüllt Rouletabille seine Pflicht. Erst ein Geheimauftrag ermöglicht es dem französischen Journalisten, seine überragenden Talente einzusetzen. Kriegsgegner Deutschland hatte das Ingenieursgenie Fulber zu Krupp nach Essen entführt, um die Geheimwaffe Titania zu bauen. Rouletabille schleust sich in die Schlüsselstelle im Herzen des Industriemolochs ein. Sein Auftrag lautet, Fulber zu befreien – oder zu töten. Der deutsche Kaiser inszeniert im Werk einen pompösen Auftritt …

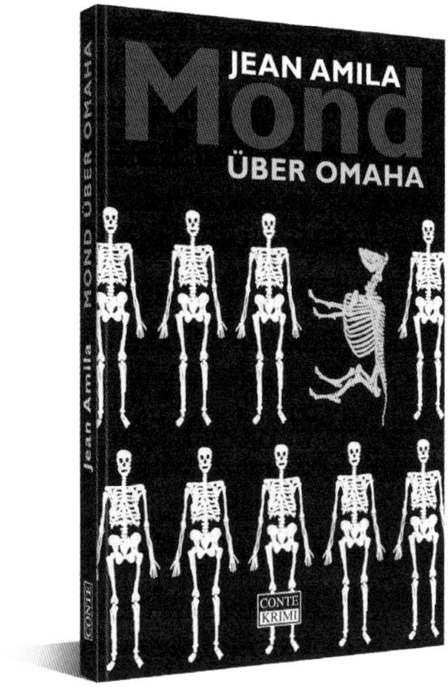

Jean Amila

Mond über Omaha

214 Seiten, Paperback, ISBN 978-3-936950-33-5, 10,00 €

Zwanzig Jahre nach der Landung der Alliierten in der Normandie wacht Sergeant Reilly über die Gräber seiner Kameraden am Omaha Beach. Als einziger Überlebender seines Zuges sieht er sich in der Pflicht, ihnen die letzte Ehre zu erweisen. Ihre weißen Kreuze stehen in Reih und Glied, der grüne Rasen ist tadellos gepflegt und nichts scheint die Ruhe des Gedenkens stören zu wollen. Doch dann stellt sich heraus, dass in den Gräbern nicht immer die liegen, deren Namen auf den Kreuzen verzeichnet sind …

In der Reihe Amila des Conte Verlages sind neben *Mond über Omaha* noch fünf weitere Kriminalromane von Jean Amila erschienen.